黄 灿主编

韦 茜 杜红玉 李 露 韦克俭 潘连乡 叶传财 李春醒 柴云清 副主编

桂台交流合作研究论丛

清华大学出版社

北京

内容简介

本书是一本专门探索与研究中国广西和台湾在20世纪80年代以来交流合作发展的论文集。论文作者是广西和台湾两地的相关专家、教授、学者及研究人员。广西与台湾的交流合作是多方面的，而且发展很快。本书记载了祖国两岸特别是广西和台湾在大陆改革开放以来的交流合作状况、发展趋势及问题研究，同时做了一些经验总结和未来探索。本书的内容包括桂台经济贸易、旅游、物流、投资交流合作研究，桂台教育、文化交流合作研究，桂台民族、艺术、新闻及科技信息交流合作研究三大方面，共有50篇文章。

该论文集是对区域经济社会发展进行点对点研究的尝试，一方面记载了特定区域某个时期的发展状况；另一方面揭示了当代社会区域经济交流合作与发展的必然性。

图书在版编目(CIP)数据

桂台交流合作研究论丛/黄灿主编. —北京：清华大学出版社，2016
ISBN 978-7-302-45468-7

Ⅰ. ①桂…　Ⅱ. ①黄…　Ⅲ. ①区域经济合作—广西、台湾—文集 ②区域文化—文化交流—广西、台湾—文集　Ⅳ. ①F127-53 ②G127-53

中国版本图书馆CIP数据核字(2016)第265259号

责任编辑：左卫霞
封面设计：常雪影
责任校对：袁　芳
责任印制：沈　露

出版发行：清华大学出版社
网　　址：http://www.tup.com.cn，http://www.wqbook.com
地　　址：北京清华大学学研大厦A座　　**邮　　编**：100084
社 总 机：010-62770175　　**邮　　购**：010-62786544
投稿与读者服务：010-62776969，c-service@tup.tsinghua.edu.cn
质量反馈：010-62772015，zhiliang@tup.tsinghua.edu.cn
印 装 者：北京嘉实印刷有限公司
经　　销：全国新华书店
开　　本：185mm×260mm　　**印　　张**：21.5　　**字　　数**：496千字
版　　次：2016年10月第1版　　**印　　次**：2016年10月第1次印刷
定　　价：38.00元

产品编号：070479-01

前　言

大陆和台湾同属于一个中国，改革开放近四十年来，两岸的往来交流合作越来越频繁、越来越密切。广西作为大陆纬度和气候与台湾大致相同的自治区，有丰富的土地、人口、森林、旅游和矿产资源，有自治灵活的区域政策，有临海、靠江、沿边、靠山、与东盟国家接壤的地缘优势。台湾同胞非常聪明，既看到了岛内土地缺少、人口稠密、资源缺乏的劣势，更看到了大陆特别是广西可与台湾劣势互补的优势，纷纷到广西投资创业。广西也认识到了台湾的长处与强项，特别是工农业经济和科技发达，理念和管理先进，教育、文化进步，市场意识领先，中华民族传统文化保存良好，资金雄厚，对外开放程度高，注重环境保护等，在多方面对广西发展有很大的补充作用。因此，广西纷纷扩大与台湾的交流与合作，桂台交流合作顺理成章、顺应潮流，符合发展的规律。

为了记载两岸特别是广西和台湾近四十年来在经济贸易、旅游、物流、投资、教育、文化、民族、艺术、新闻及科技信息等领域多方面的交流合作发展情况，探索桂台多领域多方面交流合作存在的问题，使国人更多、更好地了解两岸特别是广西和台湾的交流合作发展状况，让人们更深入地了解两岸居民的同宗同族、血肉相连、血脉相承，隔断只是暂时的，交流合作与共同发展是永远的。为此，我们组织编写了这本论文集。

近四十年来广西和台湾的交流合作是多领域、多方面的，主要涉及农业、工业、经济贸易、旅游、物流、投资、教育、文化、民族、艺术、新闻及科技信息等，编者们编写的论文对桂台多领域多方面的交流合作发展情况，分门别类地进行了探索、研究、分析、归纳、总结、预测，经过两年多的努力，编成了这本书。

该书由50篇研究论文组成，分为上、中、下三篇。上篇主要研究桂台经济贸易、旅游、物流、投资交流合作研究，由26篇论文组成；中篇主要研究桂台教育、文化交流合作研究，由15篇论文组成；下篇主要研究桂台民族、艺术、新闻及科技信息交流合作研究，由9篇论文组成。

系统研究桂台交流合作的书籍编者尚未见到。本书可作为研究海峡两岸交流合作与发展的资料，可以作为了解广西和台湾经济贸易、旅游、物流、投资交流合作的用书；也可以作为了解两岸特别是桂台教育、文化交流合作的用书，尤其是两岸学校和学生交流和互换学习、了解对方的用书；还可以作为了解两岸特别是桂台的民族、艺术、新闻及科技信息交流合作的用书。本书比较适合全社会想了解两岸特别是桂台交流合作发展状况的人员，两岸各类学校欲了解桂台交流合作关系的师生，区域经济社会研究人员，台湾计划到广西进行开发投资的企业及人员，两岸期望到对方考察、互访和旅游观光的人员等阅读。

本书由广西外国语学院桂台交流合作研究院组织编写。广西外国语学院是广西唯一独立建制的外语类本科高等院校，位于广西壮族自治区省会南宁市。该校与台湾多所高等院校有多年密切的交流合作关系，与广西壮族自治区人民政府台湾事务办公室共建有桂台产学研用一体化基地，校内设有桂台交流合作研究院、台湾馆、桂台经济贸易合作与发展服务基地等专门的研究和服务机构。桂台交流合作研究院设有三个研究所：桂台经济贸易与投资合作研究所、桂台教育文化艺术交流与合作研究所、桂台交流合作信息大数据研究所。学校聘请有多位台湾的专家、教授、学者来校任教，与台湾地区学术界有广泛深厚的联系，本书是广西外国语学院组织两地专家、教授、学者和研究人员开展跨境内外区域经济社会发展研究的重要成果，突出了该校深入研究和服务桂台交流合作的特色。

由于我们的研究水平有限，研究人员的水平也有差别，所编写的论文难免存在缺点和错误，敬请专家、教授、学者和读者朋友给我们提出宝贵意见，我们深表感谢。

编　者

2016 年 6 月于广西南宁市

目　录

上篇　桂台经济贸易、旅游、物流、投资交流合作研究

中篇　桂台教育、文化交流合作研究

下篇　桂台民族、艺术、新闻及科技信息交流合作研究

上　　篇

桂台经济贸易、旅游、物流、投资交流合作研究

桂台农业交流合作的回顾与展望

广西外国语学院国际经济与贸易学院　韦克俭　唐万欢

摘要：本文对广西与台湾的农业交流合作发展历程进行研究，探索了台湾农业发展的优势与劣势、广西农业发展的强项和弱点，对桂台几十年来的农业交流合作进行了回顾，并对桂台农业交流与合作进行了展望，指出桂台农业资源优势互补，交流合作前景广阔；桂台农业技术取长补短，交流合作大有可为；桂台农业交流合作产品市场广大，交流合作前途宽广。

关键词：广西与台湾　农业交流合作　回顾及展望

一、台湾及广西的农业发展概况

（一）台湾农业发展的优势与劣势

台湾地处中国东南沿海的大陆架上，东临太平洋，西隔台湾海峡与福建省和广东省相望，地处东经119°18′03″至124°34′30″，北纬20°45′25″至25°56′30″之间，2014年年底台湾人口为2343万余人。台湾气候温暖，雨量充沛，北回归线横跨中部。探讨台湾农业发展的优势与劣势，需了解台湾农业发展的过程。从第二次世界大战之后至今70年，台湾农业经过了“恢复—发展—停滞—调整—新发展”等五个阶段。现分述如下。

1. 1945—1952年的台湾农业恢复阶段

1945年之前的50年间，台湾被日本占领，台湾农业在日本占领期间曾获得较大发展，日本推行“农业台湾、工业日本”的殖民政策，形成以稻米、甘蔗为主的“米糖农业”生产形态，但在第二次世界大战期间遭到了很多破坏，战后才得到恢复。1951年，台湾农业生产恢复到战前最高水平，稻米产量达到148.5万吨，甘蔗产量为202.2万吨。该阶段，台湾农业生产年平均增长率约为13%。

2. 1953—1968年的台湾农业快速发展阶段

该阶段是台湾农业发展的“黄金时期”。1953年起，台湾当局确定了“以农业培养工业，以工业带动农业”的经济发展战略。实行“耕者有其田”的农地改革，极大地激发了农民的生产积极性，促进了农业生产的发展。该时期，台湾连续实施了四期“四年经济建设计划”，其中，农业发展的主要目标是开发农业资源，增加农业生产，拓展农产品外销，向工业提供廉价的劳动力与原料。在增加粮食生产方面，采取了“肥料换谷”（以化肥配销交换稻谷）、“田赋征实”（以粮食实物上缴农业税）、随赋收购（以低于市场价格的官定价格，按田赋赋额另外再加征部分稻米）等方式掌握粮源，维持低廉米价。该期间，农业生产获得较快发展，农业产值从1953年的103.9亿新台币增加到1968年的488.8亿新台币，增长了3.7倍；最重要的谷物稻米产量从164.2万吨增加到251.8万吨；农业生产年平均增长率达到5.5%。不仅保证了粮食的充足供应，维持较低的物价，农产品外销取得的外汇增加了资金积累，剩余农村劳动力大量流入工商业，支撑了非农业产业的快速发展。

3. 1969—1980年的台湾农业停滞阶段

1969年之后台湾农业进入停滞阶段。主要原因是从20世纪60年代中期开始，台湾经济结构开始转型，由以农业为主的经济形态向以工商业为主的经济形态转变，农业开始走向衰落，农村劳动力开始大量流入城市与工商业。农业就业人口比例下降，1969年首次降至40%以下，耕地废耕现象明显，土地利用粗放经营，农作物复种指数下降，出口农产品因工资成本上涨逐渐失去海外市场。农业生产于1969年出现第二次世界大战后的第一次负增长，农业生产进入停滞阶段。农村专业农户占总农户的比例从1970年的30.2%降到1980年的8.9%，农民来自农业的收入下降，所得来自农业净收入的比重从48.7%降至26.4%。农业生产年平均增长率为4.1%，其中有3年为负增长。

4. 1980—1990年的台湾农业产销调整阶段

20世纪80年代初期台湾出现了严重的稻米生产过剩问题，因此调整生产结构成为该阶段的重要措施。1984年起执行稻田转作计划，抑制稻谷、甘蔗生产，发展玉米、高粱、大豆等农产品生产，及资本和技术密集型产品，如发展渔业和乳业养殖等。该年继续推动“第二阶段农地改革方案”，奖励家庭农场推行共同委托及合作经营、全面推动农业机械化，执行“农产运销改进方案”。1985年推出“改善农业结构提高农民的所得方案”，使农产品产销得以平衡。

5. 1991年至今的台湾“三生农业”新发展阶段

为了顺应世界贸易自由化及重视生态保护的发展趋势，1991年台湾制定了“农业综合调整方案”，强调从人力、土地、市场、技术、组织、福利及保护等方面综合考虑来发展生产、生活、生态“三生农业”。1998年进一步实施“跨世纪农业建设方案”，提出了12项行之有效的措施。

(1) 建立安全与均衡的粮食生产制度，推动“水旱田利用调整计划”，稻米生产目标由自给自足调整为供需平衡，提高优质米市场占有率，逐年调减保价收购杂粮的收购数量。

(2) 发展有高度竞争力的农牧渔产品，扶持具有比较利益的重点农业项目发展，实施“提升农业产业竞争力计划”。

(3) 扶持有企业经营理念的产销组织，推广设置重要农产品产销机构，培育专业化、现代化的农业工作者。

(4) 建立高效服务的运销体系，推广计算机网络批发市场销售制度，整合区域直销网。

(5) 保持农业经营环境的稳定，对重要农产品或价格波动大的产品，建立产销预警制度，加强农业自然灾害救助及农产品进口损害救助。

(6) 发展政策导向的产业科技，研发兼顾市场需求与生态保护的重点产业科技，加强生物技术研究，加速农业自动化与资讯科技应用，强化农业科技研究群功能。

(7) 推动兼顾人文与自然的农渔村建设；结合实质建设、景观维护与农村产业，推动整体性农渔村建设；结合产业特性，整体规划休闲农业区，塑造地方产业文化特色；健全农渔民社会安全体系。

（8）推广和谐永续的农业经营，推动"全民造林运动纲领暨实施计划""多目标森林生态系经营及集水区整体规划"，加强野生动植物保护及自然景观维护；执行"肥料政策调整方案"，并提高畜牧场污染防治设施率及辅导养殖业合理使用水土资源。

（9）促进农业资源的合理利用，落实推动"农地释出方案"，合理分配及利用农地资源，建立农地合理租赁制度；有效维护与调配利用灌溉用水。

（10）建立消费者对本土农业的信心与支持，建立农产品卫生检验制度，加强农药管理与检测；强化畜产品卫生检验体系，推动养殖水产品品质卫生监视检验体系，确保产品品质卫生。

（11）强化互惠互利的国际农业合作，推动南向农业合作；参与亚太经济合作等区域性国际组织，加强推动国际生态保育计划。

（12）推动双赢的两岸农业交流，加强农业科技、人才与种源交流，建立两岸贸易秩序，并协商调处两岸渔事纠纷，建立两岸渔船海上作业发生纠纷时的有效处理模式。

从台湾的农业发展过程可见台湾农业的优势主要是台湾省气候温暖，雨量充沛，十分重视农业的进步、农业的科学研究、农业新优品种的培育，特别是农业技术改进、品种改良、结构调整、效益提高是台湾现代农业的最主要特征，精细农业做得好，还有农业生产环境的保护、农业产品的安全卫生与质量、农业产品的供求平衡、农业产品的市场占有率、农业生产的开放与交流等。

台湾的农业发展也有劣势，主要是台湾省地狭人稠，土地总面积仅 3.6 万平方千米，总人口达 2343 万多人，境内 2/3 为山地丘陵，农业用地资源不足，常受台风和地震灾害影响，岛内市场狭小，农产品外销物流运输不便等。

（二）广西农业发展的强项和弱点

广西地处中国的南疆，位于东经 104°28′至 112°04′、北纬 20°54′至 26°23′；全区土地总面积 23.76 万平方千米，其中现有耕地面积 430.92 万公顷，占土地总面积的 18.14%；2014 年年底全区常住人口为 4754 万人。北回归线横跨广西中部，日照适中、冬短夏长，气候温暖，雨量充沛，干湿分明。广西近 70 年的农业发展概况大致如下。

1. 第二次世界大战后至新中国成立前

旧中国的广西，是典型的农业省份，土地私有，耕作技术落后，产品单一，产量低下。

2. 1949—1957 年的土地改革和农业合作化运动时期

1949 年新中国成立以后，广西根据国家统一布置进行土地改革，消除了农村的封建剥削制度，使农民从地主手中分得了土地，调动了农民的生产积极性，并引导农民走互助合作的道路，实施农业合作化运动，把土地集中作为集体财产，并通过互助组、初级农业生产合作社、高级农业生产合作社三种形式，组织农民把个体经济变为集体经济。农业合作化运动是对农村生产关系的一次深刻变革，促进了广西农业规模发展和经营，产量有所提高，但产品仍然比较单一，平原或丘陵有水地区以种植水稻为主，山区或缺水地区以种植玉米为主。广西的农业合作化运动从 1951 年开始，到 1956 年结束。

3. 1958—1965 年的人民公社化和“大跃进”及“四清”运动时期

1958 年开始开展人民公社化运动，其特点是“一大二公”，即规模大，公有化程度高，公权力过分集中，生产单位没有自主权，生产中缺乏责任制，分配实行平均主义，这极大地挫伤了农民的生产积极性。“大跃进”运动强调农业“以粮为纲”，工业“以钢为纲”，盲目求快、急于求成，兴起浮夸风，在 1958 年的“大跃进”中，广西农业生产曾经放出稻谷亩产 130434 斤的“卫星”。当时的人民公社化和“大跃进”运动违背客观规律，给全国和广西的农业发展带来很多消极后果，导致了 1959—1961 年粮食供给的严重困难。1962 年和 1963 年，在国家经济政策的调整下，广西农业生产得到了恢复和较大发展。

“四清”运动是指 1963—1965 年开展的社会主义教育运动。运动的内容，在农村前期是“清工分，清账目，清仓库和清财物”，后期表现为“清思想，清政治，清组织和清经济”。“四清”运动对于解决部分干部中存在的作风问题和经济管理问题起了一定的作用，但由于把多种性质的问题简单归结为阶级斗争，致使不少农村干部遭到错误的处理和打击。在“四清”运动的极“左”思想影响下，广西的农业生产发展缓慢。

4. 1966—1977 年的“文化大革命”时期

“文化大革命”是指 1966 年至 1976 年在中国发生的一场影响很大的政治运动，这场运动的负面影响直到 1978 年中国共产党的十一届三中全会召开后才告一段落。

“文化大革命”期间，广西是重灾区，各方面都受到负面影响，对社会经济和农业生产影响很大，基本没有得到发展，耕作技术仍然比较落后，产品仍然较为单一，产量仍然不高。

5. 1978 年至今的现代农业发展时期

1978 年中国改革开放以后，广西从 1979 年实行联产承包责任制，农民有了生产自主权，最大限度地调动了农民对农业生产的积极性，农业生产开始全面发展，基本解决了农民的温饱问题。但广西作为边疆地区和欠发达地区，农业比许多地方落后。为了改变这种状况，从 1985 年开始，广西开展调整农业产业结构，改革农村经济的管理体制，逐步实施绿色工程、种子工程、流通工程、“三田”建设工程、教育培训工程，目的是要使广西农业生产走上因地制宜、立足优势、发展特色产业的道路，并沿着这条道路走上产业化、规模化、商品化的生产经营方式，在全国形成具有区域特色并占有一席之地的农业经济，粮食、蔗糖、桑蚕、木薯、蔬菜及热带水果生产等农业优势产业跻身全国前列。

广西农业发展的强项主要是土地面积比较多，气候温暖，雨量充沛，现代交通运输物流比较发达，向东可直达广东省各地，向北可到湖南、湖北、河南、河北、北京等，向西和西北可到云南、贵州、重庆、四川，向南可到海南省和东盟国家，市场广阔。

广西的农业发展也有弱点，主要是农民观念比较落后，农业科技人员较为缺乏，农业科学技术水平不够高，农业生产比较粗放，新品种培育较为落后，自然灾害较为频繁、旱涝灾害比较突出等。

二、桂台农业交流合作的回顾

（一）20 世纪 80 年代前的桂台农业交流合作

20 世纪 70 年代末中国大陆改革开放前，由于两岸隔离，桂台无法开展包括农业在内的各种交流与合作。改革开放后进入20世纪80年代初期，桂台农业开始出现交流合作，主要表现如下。

1. 广西引进台湾的蔗种发展糖业

台湾的甘蔗育种历史悠久，成绩显著，先后引进27个国家和地区的甘蔗品种，1920年开始进行杂交育种，到1979年先后育出台糖品种(F)178个，并把新育成的品种改称新台糖品种(ROC)，到1995年先后育成并命名为新台糖的品种21个，推广商业品种18个，以新台糖10号为最好。1981年广西甘蔗研究所的农业科技人员，为了发展广西的蔗糖产业，开始引进台湾的蔗种进行研究对比和推广。特别是1988年国务院明确把广西作为中国的食糖生产基地以后，广西加强了桂台农业的交流合作，大力引进台湾的优良甘蔗品种，从而促进了广西蔗糖产业的发展，提高了广西的蔗糖产量。

2. 台湾农业企业家到广西发展菠萝种植

菠萝在台湾又称为凤梨，是著名的热带水果之一，由于广西气候与台湾基本相同，土地比较丰富，地租较为廉价，也适合种植菠萝，台湾农业企业家在20世纪80年代就到广西租地合作种植菠萝。

3. 广西引进台湾青枣发展水果新品种

早在20世纪80年代广西就开始引入台湾小果型青枣品种，但发展缓慢。1996年后又从台湾引入大果型青枣品种(又称台湾大青枣或毛叶枣)，使广西青枣种植进入了全新发展阶段。大青枣在广西表现为速生、早果、丰产，果实营养丰富，主要上市季节在广西水果生产淡季(每年12月至次年2月)，极大地丰富了广西和全国的水果市场。

(二) 20世纪90年代的桂台农业交流合作

桂台农业的交流合作有多个方面，尤其是农产品品种和农业技术的交流合作使两地农业收益很大。广西在20世纪80年代引进台湾优良甘蔗品种的基础上，90年代又继续引进。例如，1994年引进的新台糖16号，至今仍占广西甘蔗种植面积的70%以上；1998年由广西农业科学院再从台湾引进新台糖22号，经严格试验及示范推广，确定适宜在广西、广东、海南、云南等省区种植。1998年广西还从台湾引进名为“圣女果”的水果型西红柿，在右江盆地的田阳县种植推广，取得了巨大成功，每年产品销售到全国各地。20世纪90年代广西还引入台湾选育出来的“黑美人”西瓜品种，自从开始种植后，在西瓜市场一枝独秀，目前仍在种植和发展中。90年代后期，广西还引进台湾的火龙果品种来种植，发展水果新产品。火龙果原产于美洲，20世纪80年代台湾引进火龙果，并取得了一系列的生产与科研方面的突破，火龙果随即风靡宝岛，新品种层出不穷。火龙果引入广西后发展迅速，市场销售看好。

除了广西引进台湾的农产品品种和农业技术之外，台湾地区对广西的一些农业技术也很感兴趣，如广西以金橘、葡萄等作物为代表的避雨栽培技术，以及一些特色物种和苗木等都受到台湾方面的青睐和引入。

(三) 21世纪以来的桂台农业交流合作

进入21世纪以后，桂台的农业交流与合作越来越深入，交流活动频繁，合作内容丰富，交流合作形式多样，涉及良种交换、土地开发、专业种植、参观考察、技术交流、学术研讨、产品贸易、农业园区建设等，主要表现如下：

(1) 2002 年广西开始从台湾引进水果型木瓜进行试种，2004 年种植面积达到 300hm²，成为我国水果型木瓜的主产区之一，给许多农户带来了显著的经济效益。

(2) 2006 年广西再从台湾引进菠萝新品种台农 17 号在南宁市试栽，取得成功并进行推广。

(3) 2006 年广西从台湾引进良种番石榴种植发展。番石榴在台湾也叫芭乐，是台湾早期从印度引进再培育出来的优良品种，引进广西后在博白县、容县、浦北县等多个地方种植，取得了很大成功，尤其是引种的台湾四季珍珠番石榴最为成功。

(4) 2006 年广西钦州市钦南区现代农业示范基地从台湾引进莲雾种植，形成广西最大的莲雾连片种植生产基地，产品热销广西区内外。

(5) 2006 年 4 月 15 日海峡两岸(广西玉林)农业合作试验区经国务院台湾事务办公室、商务部、农业部批准正式成立，面积达到 1.28 万平方千米。试验区分为核心区、示范区、辐射区三个区域，建设的内容非常丰富。该试验区已逐渐成为广西进行海峡两岸农业合作交流的重要平台，成为广西重点发展现代产业的密集区之一。试验区开始成为亚热带农业研究、培训和交流中心，亚热带特色农产品育种、生产、加工和流通中心。该试验区现在为玉林甚至广西的农业水平提高、农民的增收已经起了一定的带动作用。

(6) 2009 年以来到广西投资农业的一些台商从台湾引进嘉宝果进行种植和推广。嘉宝果俗称树葡萄，原产于南美洲的巴西，1962 年引入台湾种植并推广，果实可鲜食，也可加工成水果酒、果汁、冰淇淋及糕饼馅料等。目前已在南宁多个地方种植并已开花结果。

(7) 2011 年 6 月，农业部、国台办批准设立了广西钦州台湾农民创业园。创业园核心区在广西钦州市钦南区，气候、纬度与台湾中南部的气候和纬度相近。项目建设相对集中在久隆镇的高明、白鹤、青草、荷木、大岭、新明、平新等村委一带，核心区面积 2.5 万亩，建设集种养、科研、加工、贸易、物流、生态旅游为一体的农业园区。

(8) 2012 年广西从台湾引进“水晶红”系列火龙果，在博白县和南宁市多个地方种植、发展取得实效。同时也有台湾的一些农业经营者到广西武鸣县等地开发种植良种火龙果和香蕉等水果。

(9) 2012 年 7 月 13 日广西台湾花卉产业园在南宁市吴圩镇落成。该产业园占地 2350 亩，是广西“十二五”花卉产业重点建设项目，总投资 10.71 亿元，主要引入台湾彰化县田尾乡“公路花园”模式，面向台湾花农、花卉企业招商引资，在绿城南宁建设集花卉生产及进出口、休闲旅游、观光度假为一体的花卉产业园。现在已有许多台湾花卉种植经营者和园林苗木种植经营者入园经营。

(10) 2013 年广西大规模引种台湾水果玉米获成功，在玉林、崇左等多个地方种植、发展，使农民收益增加。

为了加强桂台的农业交流合作，广西从 2005 年开始至今，每年都举办桂台经贸文化交流合作论坛，有时在广西举办，有时到台湾举行，每年的论坛都把桂台农业交流合作列为重要内容，涉及的方面很广泛，有农业种植交流合作、林业种植交流合作、养猪交流合作、水产养殖交流合作、食用菌生产交流合作、中草药种植技术交流与贸易合作、农产品冷链保鲜运输交流合作、农产品销售交流合作等。

三、桂台农业交流与合作展望

（一）桂台农业资源优势互补，交流合作前景广阔

台湾和广西处在地球的同一纬度上，北回归线都穿过两省区的中部，两省区气候相似，降雨量相近，温湿度相同，两地都很有利于发展热带农业。由于台湾多年来开放程度大，十分注意从全世界各地引进多种农业品种资源进行培育、繁殖、改造、优化、提高，向农业品种优化和经营精细化发展，取得了很多可喜的成绩，这是台湾农业发展中的一大资源优势。但台湾可用于农业种植的土地面积相对于广西少很多，发展空间很有限。另外，台湾劳动力成本也比广西高得多。桂台农业在很多方面的资源完全可以优势互补，交流合作前景非常广阔。事实证明，改革开放以来进入广西经营农业的许多台商都尝到了甜头。

（二）桂台农业技术取长补短，大有可为

全世界农业技术最先进的国家是美国、日本、法国和以色列，我国的台湾地区农业多年来与这些国家有长期的交流与合作，所以台湾的农业技术也很先进、很发达。相对台湾省来说，广西的农业技术有很多方面落后很多，但广西的节水农业和滴灌技术还是比较先进的。桂台的农业技术在很多方面可以取长补短，前景大有可为。

（三）桂台农业交流合作产品市场广大，前途宽广

台湾的农业产品丰富，特别是热带农业产品，如香蕉、菠萝（凤梨）、莲雾、木瓜、柑橘、芒果、芭乐（番石榴）、西瓜、大青枣、嘉宝果（树葡萄）、火龙果等，由于台湾市场狭小，消费有限，很多产品依靠外销，运输物流费用昂贵。桂台农业加强交流合作，台湾农业经营者可以充分利用台湾的优良品种、台湾先进的农业技术与广西廉价的土地和劳动力资源开展生产，产品市场广大，消费市场众多，运输物流费用较低，有巨大的经济效益。

参考文献

[1] 广西壮族自治区人大常委会.广西壮族自治区实施《中华人民共和国台湾同胞投资保护法》办法，1997年1月18日.

[2] 中国农垦经贸流通协会.中国农垦赴台湾考察台湾现代农业发展的报告[N].中国农业信息网，2010年5月12日.

[3] 范林，朱其现.改革开放以来广西区域发展策略与工农业发展的历史考察[J].学术论坛，2009(03).

[4] 彭绍光.台湾省甘蔗品种的变迁[J].西南农业学报，1996(01).

[5] 叶焱焱.玉林打造海峡两岸（广西玉林）农业合作试验区[N].广西新闻网，2007年8月31日.

[6] 韦克俭.实用商流与物流经济地理[M].2版.北京：清华大学出版社，2013：254-279.

[7] 韦义华，等.钦州市建设台湾农民创业园实现多赢[N].新华网，2011年12月20日.
[8] 孙志平，等.台湾农民广西创业10年成当地致富带头人[N].新华网，2012年11月12日.

作者简介：

(1) 韦克俭，男，1953年出生，广西河池市人。经济学教授，毕业于北京师范大学研究生院。主要研究方向：桂台经济贸易合作与交流教学研究，物流供应链管理教学与研究。公开发表论文98篇，公开出版教材和著作21部。

(2) 唐万欢，女，1984年出生，广西桂林市人。经济学硕士，广西外国语学院国际经济与贸易学院讲师。主要研究方向：国际经济与贸易教学与研究，国际服务贸易，桂台经贸合作。

（审稿：李春醒）

桂台农业合作的现状与发展研究

广西外国语学院国际经济与贸易学院　韦　艳

摘要：桂台农业合作是两岸经济合作的重要组成部分，是两岸经济发展不可缺少的重要部分。改革开放以来，尽管桂台两地的农业交流与合作不断发展，不断地扩宽领域，并取得了可喜的成绩，但是仍然在多方面受到牵制，如合作层次较低、政策性差异、技术差距等。这就需要桂台共同努力，解决问题，促使两岸的农业交流与合作步入新的舞台。论文结合广西与台湾的实际情况，介绍两地农业发展各自的现状和特色，对两地农业的发展状况、农业结构、农业基础设施、农业政策等方面的差异进行了理论分析，并对广西与台湾农业合作发展中存在的问题进行了研究，提出解决的建议。

关键词：桂台农业　合作现状　发展研究

当今世界经济呈现出两大发展趋势：经济全球化、区域经济一体化。目前就各国各地区现状来看，区域经济一体化更能得到各国各地区的青睐，特别是 WTO 的成员基本都在力争建立自由贸易关系。两岸同属于 WTO 成员，对区域经济一体化持高度重视的态度，不管从历史背景还是文化来看，大陆与台湾是紧密相连、不可分割的一体。加强大陆与台湾的产业分工与合作，不仅可以提高两地的紧密度，促进两地经济的发展，还可以加强两岸企业和产品在国际上的竞争力。农业是国民经济发展的基础，农业合作已经成为海峡两岸经济合作的重要组成部分，是促进两岸经济发展不可替代的重要力量。自 1978 年改革开放以来，大陆高度重视与台湾的关系发展，出台了一系列对台农业合作政策，再加上一些企业家看好两岸的农业合作，积极地响应政策号召，参与两岸经济合作，这就大大地推动了两岸农业合作的发展。1987 年两岸开放探亲政策，两岸农业合作发生了重大的战略转变。开放探亲更好地促进了两岸农业交流与合作，台商逐渐扩大了对大陆的农业投资规模。1979 年，大陆为实现两岸三通，即通邮、通商、通航，开始调整对台政策，经过多年的努力，在 2008 年签署了相关协议，两岸开启了全新的大三通时代。实现“三通”，大大促进了两岸农业的交流与合作，对加强两岸农业的交流与合作具有深远意义。2010 年 6 月桂台贸易随着《海峡两岸经济合作框架协议》的签署进入了一个全新的时代。在新的时期里，桂台农业合作成为两岸经济合作新的亮点。虽然两岸农业交流与合作取得了一定的成就，但是在政策及技术等方面仍然受到限制。要使两岸农业合作步入新的平台，需要突破限制两岸农业合作发展的问题，解决两岸农业合作所面临的困境，将进一步加强两岸的农业合作，带动农业发展，进而带动其他贸易的发展，促使两岸实现互利共赢。

一、桂台农业合作的发展现状

广西与台湾地理环境、气候条件相近，有丰富的农业资源和面向东盟的广阔市场；台湾拥有雄厚的资金、先进的管理理念、加工技术，以及面向全球的营销市场，双方在研发农业新品种、开展农业科技培训交流合作、开发休闲观光农业、打造农产品物流平台、建设农民创业园等方面合作潜力巨大。

（一）2011—2013年广西农业经济发展现状

广西位于云贵高原东南部，南近北部湾海面，有复杂多样的地貌类型。农业经济发展是广西经济的重要部分，在整个经济发展过程中起着非常重要的作用，农业的发展为广西经济的发展奠定了良好的基础。广西农业包括种植业、畜牧业、渔业和林业四大部分。

1. 广西农业发展现状及特点

（1）农林牧渔业发展呈快速增长趋势

截止到2013年，广西农林牧渔业增加值达到2343.58亿元，农业增加值、林业增加值、牧业增加值、渔业增加值分别为1285.62亿元、215.73亿元、540.70亿元、248.59亿元。从2011年到2013年广西农林牧渔业整体呈上升趋势，见表1。

表1　2011—2013年广西农林牧渔业发展状况　　单位：亿元

项　　目	2011年	2012年	2013年
农林牧渔业增加值	2047.31	2172.37	2343.58
农业增加值	1091.76	1183.63	1285.62
林业增加值	164.28	186.28	215.73
牧业增加值	542.38	531.44	540.70
渔业增加值	208.10	225.06	248.59

（2）广西特色农作物产量分析

随着桂台农业合作的发展，广西各地都在积极地生产特色农作物，稳定特色农作物耕作面积，引用新品种，提高单位产量，使特色农作物产量逐年提高。到2013年为止，蔬菜的产量达到2500万吨，水果总产量1000万吨，甘蔗产量达到了8000万吨。

2. 广西现代农业发展的特点

（1）主要林产品保持稳定增长

近几年来，广西一直坚持围绕着建设全国林业强区发展战略和建设全国林业示范区方针，努力建设林业基地，使广西主要林产品保持稳定增长。2013年的油茶籽产量达到了16.77万吨，松脂产量、八角产量、木材采伐量分别达到59万吨、11.96万吨、2531.11万立方米，见表2。

表 2　2011—2013 年广西主要林产品产量分析

项　　目	2011 年	2012 年	2013 年
油茶籽产量(万吨)	15.10	16.40	16.77
松脂产量(万吨)	53.29	55.71	59.00
八角产量(万吨)	10.48	11.41	11.96
木材采伐量(万立方米)	2065.25	2239.06	2531.11

(2) 畜牧业增速明显

截止到 2013 年，广西大力发展养殖业，增加新品种，引进新的养殖技术，促使畜牧业快速发展。统计数据显示，2013 年广西肉类总产量为 414.20 万吨，比上一年增长 2.1%；全年生猪出栏 3456.72 万头，增长了 3.4%；生猪存栏 2471.50 万头，增长了 0.2%；家禽出栏 82218.49 万只。

(3) 水产品养殖业保持稳定增长

广西利用优良的自然条件，调整产业结构，充分发挥水资源的优势，积极发展水产品养殖业，通过不懈的努力取得了可观的成绩。2013 年，全区水产品产量达 319.06 万吨，较 2014 年增长了 5.1%。其中海水产品产量为 170.71 万吨，淡水产品产量为 148.35 万吨，

(二) 台湾现代农业发展的现状

台湾位于我国的东南沿海，地形以山地、丘陵为主，属于亚热带季风气候区 ，地形与自然气候的结合给台湾的农业发展带来得天独厚的优势。台湾总面积共有 3.6 万平方千米，总人口 2300 多万；现有农户 80 万左右，农业人口约 374 万人，占总人口的 16%；耕地面积比较小，有 87.2 万公顷。但随着台湾地区经济的发展以及政府对农业发展的重视，台湾农业产生了翻天覆地的变化，就目前来看，台湾拥有先进的现代农业生产技术和农产品加工技术，独特的经营管理经验，完善的农业合作组织。农业的发展在台湾经济发展中是不可或缺的一部分。

1. 政府的农业政策深得人心

政府的重视及实施的优惠政策是激励人们从事相关事业的重要保障。台湾农业一步步地发展并取得了跨越式的进步与台湾的农业政策息息相关。台湾从 20 世纪 50 年代以来就不断地调整农业政策，扩大对农业的投资，增加信贷，从而鼓励了农民大力发展农业，不断开阔农产品市场。

2. 先进的现代农业生产技术和食品加工技术

台湾的农业技术发达，善于研发新科技，在国际上起着领头羊的作用。台湾的农业采用农机合一的方式，使农产品产量大大提升；农业科技的不断应用促使台湾新型农产品生产不仅提高了农产品的生产效率，还提高了农产品的质量。台湾重视以农产品为原料的食品加工业的发展，政府为了使食品加工业向现代化产业转变，加强对食品加工的探索，与相关高校共同合作研究新的食品加工技术。截至 2012 年台湾的食品加工企业达到近 6000 家，年产值约为 5000 亿元新台币。

3. 完善的农业合作组织

台湾在农业的发展中非常重视农业合作组织建设。在台湾，农业组织已经深入农业

生产的各个领域。台湾的农业合作组织主要分为三大部分：第一部分是农会组织；第二部分是农业合作社；第三部分是产销班。在这些农业合作组织中最突出的是农会组织，目前总共有302家，有会员180多万人，是台湾分部面积最广、影响能力最大、功能齐全、制度完善、运行机制非常完善的农业合作组织。其主要的任务是保护农民的切身利益，宣传农事及农法，解决农业相关纠纷，提供供销经营服务、信用贷款服务、金融保险服务和技术推广服务。其中产销班在供销经营服务中起着重要的作用。目前，在台湾大约有7000个产销班；277家农会信用部为农业生产、仓储、销售等环节提供信用贷款服务。

4. 休闲农业发展速度快

台湾特色的休闲农业是农业与观光休闲服务相结合的一种新型农业。台湾的休闲农业是利用台湾自然环境资源、田园美景与农林牧渔业、农业的生产发展等相关农业事宜相结合，目的在于利用台湾的农业优势带动服务业的发展，使传统的农业经济发展向新型的现代化农业转化。目前，台湾的休闲农业模式分为休闲农场和休闲民宿两类。其中休闲农场是台湾结合当地的资源优势，重点发展观光果园、乡村旅游度假、亲耕农场等特色休闲农场。

5. 严格的质量安全检测

农产品的质量安全问题是发展农业经济中需要解决的一个重要问题。台湾在发展特色现代化农业中非常重视农产品的质量安全检测。一方面，建立健全的法律法规，制定完善的农产品质量标准；另一方面，农业质量检测由农业委员会联合卫生署和检验检疫局进行监督检查，各个管理部门职责明确，共同承担责任。与此同时还对农产品的质量进行认证，规定农产品的市场准入制度。

（三）广西与台湾农业合作发展概况

1. 桂台农业合作发展所经历的过程

从1984年开始，台湾与大陆就已经产生了经济合作的萌芽。广西与台湾的经济合作就应运而生。近几年来，广西与台湾的经济关系越来越密切，特别是农业合作发展成为两省区之间合作的主题。

桂台农业的发展过程可以分为以下三个方面。

(1) 台湾对广西农业的投资方面。台商对广西农业的投资最早可追溯到1895年日本占领台湾时开始，当时有些台湾同胞逃离台湾到气候与台湾相似的广西投资开发农业。1949—1978年因两岸断绝关系而停止，之后大陆改革开放后又开始。

(2) 农业技术交流方面。广西为了学习台湾先进的农业生产技术和农产品加工技术，不断地开展农业学术交流活动。例如，2005—2015年每年都在广西或台湾举行经贸文化合作论坛，加强交流与合作。

(3) 台湾和广西的产品贸易方面。近几年来广西和台湾的贸易越来越频繁，2014年1月到7月，广西从台湾进口金额累计29677万美元，出口累计6261万美元。

2. 近年来桂台农业合作的特点

从近几年桂台农业合作发展情况来看，桂台农业合作具有以下几个特点。

(1) 投资贸易上紧密合作。2009年广西和台湾工业总会签订了《桂台冷冻蔬果农业合作协议》,双方约定了在冷冻蔬果农业范围的投资、实训、品质控制等方面加强合作。

(2)技术交流越来越频繁。2014 年 12 月,第二届桂台农业发展与技术交流研讨会在广西桂林市召开,相关人员向台湾专家学习经验。

(3)大力发展休闲观光农业。广西有着优越的自然条件,再加上吸取台湾发展休闲观光农业的成功经验,目前,广西的休闲观光农业也发展起来了,在一些乡村建立起了农家乐或是农业旅游区。例如,融安金橘之乡,每年都会吸引一批慕名而来的游客观光金橘之景和购买金橘。

二、桂台农业合作发展中存在的问题

广西与台湾农业合作发展中存在的主要问题如下。

(一)法律政策问题

法治环境不够完善,政府行为不规范,办事效率不够高;政府对桂台农业合作重视不够,缺乏可操作的合作优惠政策,对桂台农业合作造成不利的影响。法治经济是市场经济的根本,市场经济的发展需要法律做铺垫。完善的法律制度,既是农业合作者考虑的重要因素,也是吸引农业投资者的必要条件之一。广西作为农业省区,长期以来不够重视农业技术的研发,给予台湾农业投资商的法律政策和优惠政策不够完善。政府要推动桂台农业合作,必须在法律和优惠政策上给予大力支持 ,农业投资风险大,收获期长,收益见效慢,会使投资商产生一定的投资顾虑,如果有法律保障并加大优惠政策,会使台湾农业投资商安心,加大到广西投资力度。尽管广西对台商到桂开展农业合作有税收政策和一些新的政策推动,如 2009 年广西壮族自治区人民政府出台《关于支持台资企业发展的若干政策措施》,一些企业充分利用了这些优惠政策取得了较大的发展,但是距离体现农业的特殊性还有一定差距,再加上有些政策实施不到位,影响到桂台的农业合作。

(二)基础设施问题

目前广西的基础设施建设还不够完善,农业服务体系也不够完善。这两方面都不能满足桂台农业合作发展的要求。实施西部大开发和建立中国—东盟自由贸易区后,广西的交通、通信等基础设施得到了很大的改善。但是,广西经济欠发达,基础设施薄弱,交通网络尚未完善,在广西一些比较发达的城市交通拥挤程度十分严重,县乡公路通达程度差,水路运输也不够发达;通信网络覆盖不全面,偏远地区信号比较弱;部分地区水电气供应不稳定。基础设施薄弱,制约着广西农业硬环境的发展水平,不能发挥广西的自然地理优势,影响到台商入桂的热情。

(三)农业服务体系问题

桂台农业合作的顺利发展需要建立健全的相关服务体系。目前,由于广西经济发展比较落后,相关金融行业不发达,加上政府投入的财政资金有限,造成农业合作投入资金与发展不足,制约了农业合作的发展。同时,区内物流运行不够完善、农产品仓储困难、配送缓慢等问题影响合作效率。这些问题使广西无法产生一条完整的农业配套服务体系，制约了桂台农业合作的发展。

（四）缺少相关组织协调

为了加强桂台的农业合作，广西与台湾进行了一系列的交流活动，近几年来就举办了"两岸产业共同市场论坛"和"桂台经贸合作交流论坛"等活动，其中，农业合作都是这些活动的重要议题，对桂台农业合作具有一定的促进作用。但是想要更好地促进桂台农业合作的发展，仅有这些活动是不够的，需要更多的新型农业组织来协调广西与台湾的农业合作。在桂台农业合作中，可以充分发挥两地民间行业的组织创造力，实现两地间更深层的合作。

（五）桂台农业合作的产业层次比较低，种类少，缺少大的合作项目

目前，桂台农业合作发展取得了一定的成就，但主要是以初级产品为主，产品附加值不高，利润低。台商在广西的农业投资仅局限在原产品上，甚少涉及农产品加工产业，合作层次比较低，投资的农业种类少。由于合作层次较低，再加上政府的重视程度不够，一些台商虽然在广西落户，但是投资的程度比较浅，项目比较小，不敢冒险投资大项目，造成桂台农业合作没有大的项目作为支撑点，难以提高档次深度合作。

（六）人才资源问题

广西科技文化教育水平不够高，造成大量人才外流。农业技术人才缺乏，严重制约着广西的农业发展。广西的教育水平与中国东部城市相比相对落后，人才流失情况比较严重，使发展高科技农业技术缺少人才的支持，与农业科技发达的台湾相比，在桂台农业合作方面处于不利地位，会造成台湾另外寻找有实力的地区合作，影响到桂台农业的合作。

三、促进桂台农业合作发展的建议

加强广西与台湾农业合作的现状与发展研究，对促进桂台农业的合作与发展具有重大的意义。要促进桂台农业的发展，不仅需要政府的支持和投入，还需要社会各团体积极参与。大力改善广西的农业投资环境，为桂台农业合作及广西的经济发展提供更加便利的条件，使海峡两岸联系更加紧密，使广西经济水平迈上更高的台阶。为了促进桂台农业合作的深入发展，特提出如下建议。

（一）改善法治环境，规范政府行为

各级地方政府要落实好相关国家的法律政策，增强法治观念和执行能力，不断提高法律保障水平和办事效率。建立相关仲裁机制，依法行事，秉公执法，及时受理和解决农业纠纷案件；加强法治宣传教育，增加执法的透明度，打击腐败行为，使政府更好地服务于投资者，减少台商在桂投资的担忧。

（二）政府要重视桂台农业合作，建立良好的合作优惠政策

广西应立足于当地的农业实际发展情况，了解台湾的农业发展特色，提高对桂台农业合作的重视程度，积极建立合作的优惠政策，促使台商在广西加大农业投资的力度。建议重点从以下几个方面着手。

1. 进一步落实税收优惠政策

在原有的税收政策基础上，结合台商在广西的生产企业经营状况，进一步扩大税收优惠，稳定原有的台资企业，吸引新的投资商落户广西。

2. 建立良好的融资环境

台商农业投资的资金大部分来源于银行等金融机构的贷款，放宽台商农业投资贷款政策或建立绿色通道，使台商更加容易融通资金，扩大投资。

3. 开通农业合作纠纷解决绿色通道

成立专门解决有农业合作纠纷的机构或是实行优先解决农业合作纠纷问题的制度，为台商投资广西农业建立起安全保障。

（三）加大对广西基础设施的建设力度

基础设施薄弱是制约广西进一步更大规模地吸引台商投资农业的主要原因之一，需要广西加大对交通运输、邮电通信、水电工程建设和城市公用设施的改进等基础设施建设。就目前广西基础设施发展情况来看，可以在三大方面进行改造。

1. 增加各市县之间交通运输的投资

规划城市道路，缓解交通拥挤状况，改善各市高速公路、铁路运输条件，减少运输时间成本，使各市县之间经济交流更加便利。

2. 加强县级以下的交通运输建设

在广西，农田主要集中在县级以下地区，改善交通运输条件，运出销售农产品给农民带来收益，可以加强农民的耕作积极性，扩大耕作面积和耕作种类。

3. 完善水电供应设施

现在，很多农业发展地区供水条件差，完善水电供应能使农产品产量得以提高，品质得到保证，投资小、收益大。

（四）建立农产品物流体系，促进两地农业合作的发展

物流是农业企业生产和销售的重要中间环节，是企业获得高效益不可缺少的重要组成部分，涵盖了包装、运输、仓储、配送等内容。广西可以加强南宁、柳州、桂林、梧州、贵港、防城港、钦州、北海、玉林等地方的物流中心建设，结合物流中心建立一套配备齐全的农业服务体系，促使桂台农业经济合作快速发展。

（五）建立相关柔性的新型协调组织，增进桂台农业合作交流

台湾与大陆之间的关系由于历史原因具有一定的特殊性。桂台农业合作的发展研究也牵涉到许多问题，不是两地之间的政策就可以完全解决的，这就需要充分利用一些类似

研讨会、农业合作论坛、民间组织来促进农业交流合作，增进两地乃至两岸的友谊，使桂台农业合作关系更加密切。

（六）合理优化农产品贸易结构，提高合作层次

广西与台湾的农业合作中，在保持现有合作结构基础上优化农产品贸易结构，增加出口农产品的科技含量和附加值，积极培育新的出口增长点，同时引进台湾先进的农业技术、高科技农产品。进一步加强农业基础，在保持粮食单位面积产量和总产量稳定增长的基础上，调整品种结构，大力发展亚热带特色农业，增加优质和高附加值农产品的生产；抓好农产品的流通和加工，提高农业产业化经营水平；加强农业科技的投入和新品种的研发，建设一些科技含量高的试验区、种植场和培育基地，使对台贸易的农产品种类增多。

（七）坚持不懈地发展科教事业，大力发展农业科技创新，培养新型农业人才

在竞争日趋激烈的当今，科技实力和创新能力变得越来越重要，先进的农业技术和高素质农业人才成为吸引更多台商农业投资者的主要因素。面对激烈的人才竞争，广西应该最大限度地开发和利用农业人才资源，从广西的实际情况出发，重视各高校的教育，加强对农业相关专业课程的传授，培养新型高科技农业人才。同时，开设对台农业研究课程，提供机会让学生步入台湾研究和学习台湾先进农业管理经验和高科技农业生产技术，培育出一支专业的对台农业合作精英队伍。

四、结论

2010 年 6 月海峡两岸经济合作框架协议的签署，促进了两岸的经济合作；中国—东盟自由贸易区的建立，进一步推动了桂台农业的合作发展。但是由于两地的政策存在差异，再加上技术问题，使桂台农业交流合作还面临着一些问题。本文结合了两地的农业发展状况、合作的深度、合作中出现的问题进一步研究如何更好地发展两地的农业合作。通过分析，了解到要更好地发展桂台农业交流合作，不仅需要政府的支持和重视，也需要社会大众一起行动起来。只有这样，才能使桂台农业交流合作越做越好。

参考文献

[1] 丘德彬.ECFA 时代桂台产业合作的推动策略[J].经济与社会发展，2013，11(04).
[2] 韦复生.桂台农业旅游竞争与合作模式研究[J].2009(01).
[3] 孙学宇."台湾现代农业示范区"管理模式探究[D].哈尔滨：黑龙江大学，2013.11.
[4] 王敏.ECFA 框架下两岸农业合作问题研究[D].成都：西南财经大学，2012.3.
[5] 张杰.海峡两岸农业合作试验区农业低碳化发展研究[D].桂林：广西师范大学，2012.4.
[6] 李亚.加强桂台农业合作，促进广西农业发展[J].桂海论丛，1999(06).
[7] 周凤玲，陈婷香.桂台农业投资合作现状及对策分析[J].河南科技，2014(01).
[8] 2012 年广西壮族自治区国民经济和社会发展统计公报.

[9] 佟景洋，吴碧波. 多区域合作背景下桂台农业产业合作的成效和趋势及对策[J]. 农业现代化研究，2012，35(01).

[10] 韦桂红. 当代桂台农业生产结构比较浅析[J]. 广西农学报，1998(04)：60-64.

[11] 盖俊竹. 台湾地区休闲农业发展概况[J]. 商场现代化，2014(21).

作者简介：

韦艳，女，1991 年出生，广西柳州市融安县人。经济学学士，广西外国语学院国际经济与贸易学院 2015 届国际经济与贸易专业毕业生。主要研究方向：国际经济与贸易，桂台经济贸易合作。

（审稿：韦克俭）

桂台农业经济贸易交流合作研究

广西外国语学院国际经济与贸易学院　秦家杰　王少婷

摘要：农业合作是桂台两地经济贸易交流合作的重要领域之一，随着桂台农业经济贸易合作的不断深入，两地的农业投资规模在不断扩大，投资领域也在逐步拓宽，这是提升广西农业竞争力的必然选择。本文在总结桂台农业经济技术贸易合作现状的基础上，发现问题并提出解决桂台农业经贸合作存在问题的办法以及建议，这对于深化桂台农业经济贸易合作具有重要意义。

关键词：广西和台湾　农业经贸　合作研究

一、桂台农业贸易合作现状

（一）桂台农业经贸合作快速发展

桂台的农业经贸合作是从20世纪80年代初开始的，至今两地的农业经贸合作已有30多年的发展历程。近些年来，两地农业合作交流日益加强，台资在广西投资的农业企业约有300家，占台企在桂总数的24%以上。从广西壮族自治区农业厅了解到，桂台双方通过民间方式成功开展了糖料蔗、水果、花卉、蔬菜、水产渔业等多个领域的经贸交流合作，广西农业利用台资项目达250多个，投资总额超过5亿美元。目前，桂台农业投资合作的主要成果有南宁吴圩台湾花卉示范产业园、玉林海峡两岸农业合作试验区、钦州台湾农民创业园、天福茶业及果脯加工、玉林巨东福昌种猪场等一批台资项目，并取得良好效益。2012年，广西向台湾输出冷冻蔬菜、食品罐头及中草药等农产品共计804万美元，广西从台湾引进坚果瓜子仁、葡萄干等农产品119万美元，同比增长23.8%。随着桂台农业投资合作的深入发展，农业合作也逐步向产业化方向发展，休闲观光农业尤为突出。借助台湾丰富的管理经验和技术以及广西自身的农业旅游资源优势，目前已经在桂林以及河池巴马县长寿地区创建和培育了一批以休闲观光农业为主的经济园区。

（二）农业技术和良种引入成效显著

以玉林两岸农业合作试验区为例，玉林试验区从2006年4月成立以来，凭借着基础设施和地方政策的优势吸引了大批台商前来投资。截至目前，在试验区投资的台资企业有56家，投资总额超过了45亿元人民币，台资在试验区的投资规模远超同期的其他地区，说明玉林试验区充分发挥了自身的区域优势，吸引台资农企在玉林投资发展，促进了桂台农业交流合作发展。吸引了包括福昌集团、台湾农友种苗股份公司等一批拥有技术和资金优势的农企落户，对广西引进农业优良品种和先进技术、优化农业产业结构起到了积极的作用。

（三）建立了桂台农业交流合作平台

桂台的农业交流合作得到了国家政府的大力支持，国台办、农业部、商务部分别在2006年批准在玉林设立海峡两岸农业合作试验区，之后又在2011年批准在广西钦州建立台湾农民创业园。两个园区的相继设立为桂台农业交流合作打造了很好的活动平台。这些平台致力于服务两地的农业科技交流合作和分享最新科研成果。通过桂台农业经贸交流合作的这些平台，广西和台湾两地从事农业的人员以及科研人员互访交流、互通往来日益密切。

（四）桂台农业的优势互补

广西与台湾农业资源存在着差异性与互补性。根据比较利益学说及要素禀赋理论的相关观点，广西与台湾充分发挥各自的资源禀赋优势，双方进行经贸的交流合作会充分发挥自身优势，从而达到双方利益最大化。桂台气候相似导致农业的经济作物也相仿，主要以甘蔗、茶叶和热带水果为主。台湾拥有先进的科技和产业发展及管理经验，但土地资源匮乏，农业生产成本过高；而广西的土地资源丰富，劳动力充足，农业生产成本较低，缺乏农业技术和产业发展的经验和管理人才。利用台商的农业富足资金弥补广西区内农业资金的紧缺，二者互通有无、相辅相成，从而可以达到农业经济效益的最大化。

二、桂台农业经济贸易合作存在的问题

（一）广西的经济基础比较薄弱

虽然改革开放以来广西的社会经济和文化都得到了快速的发展，但是相对于中东部地区经济基础差距还较大。广西区内的大型企业和工程不够多，大部分地区还是以第一产业为主，第二产业所占比例比较低，经济发展相对较慢。

（二）广西土地合理利用和投资环境有待改善

(1) 土地合理利用问题已经成为阻碍桂台农业合作的一个瓶颈。为了进一步深化桂台农业合作，广西壮族自治区人民政府于2009年8月制定出台了《关于支持台资企业发展的若干政策措施》，玉林海峡两岸农业合作试验区和钦州台湾农民创业园区成立以后，农业部、国台办等部委也出台了一系列支持农业发展和台湾农民创业的优惠政策，这些政策的宏观指导性较强，但它的可操作性受到一定程度的限制，比如优惠条款过于笼统，缺乏具体的实施措施导致难于落实；农地租赁期不确定，不符合农业投资大、投资回报周期长的特点，台商预期收益难以保障，导致台商不敢贸然大规模投资。

(2) 在我国大陆金融体制下，广西农企融资方式较为单一，主要依靠商业抵押贷款以及财政投入融资。从商业抵押贷款来说，租赁的土地不能作为贷款抵押物，所以台商很难

寻求到资金的支持，台商面临资金困难，难以维持资金周转以及拓展产业，无形中增加了投资者的投资风险。

（3）物流基础设施滞后。广西的农产品种类繁多，需要冷链物流以及保鲜方面的技术及设备。由于目前广西农产品的物流基础设施不够完善，农产品仓储、农产品批发市场、运输工具、冷链物流等相关的设施均较为落后，全区内的运输均存在通道供给单一以及节点衔接性差等问题。

（三）合作领域仍有拓展空间

（1）广西的农业及其农产品加工企业自主创新能力不足。企业的自主品牌创立的意识不够，发明的专利技术相对较少，科研专项型人才较为缺乏。由于桂台农业技术合作受到台湾方面政策因素的影响较大，所以，桂台两地的合作区域有限，主要集中在利润较高的环节。例如，农产品的培植和果蔬瓜果加工，没有形成产业链的规模；台湾农业有比较系统化以及社会化的服务体系，进而有效地保障了农业产、供、销三方面的效率，这些先进的做法应该在广西的桂台农业经济合作中研究和借鉴。

（2）农业科技交流合作较少。桂台农业合作领域主要集中于农林产品种植、水产品以及畜禽养殖、种苗、观光农业、花卉、农民的知识技术培训、生物工程和相关农产品的产业加工等。但农产品深加工合作并不多；涉及农业投资、农产品标准化技术输出和服务贸易的方面较少；缺乏先进的技术与产品营销方面的合作，包括保护和转让农业技术方面、农业知识产权方面等的有效合作等；也缺乏农产品检验检疫方面的沟通与合作。

（3）广西农业产业配套能力不强。农业产业由于资金短缺、经验不足和人才匮乏导致在区内未能形成有效的产业链和供应链，使得难以延长农产品的产业链，导致企业发展受阻，收益不高。这一因素阻碍着桂台农业投资合作的发展，影响着桂台两地农业的经贸合作。桂台农业经贸合作领域还有很大的拓展空间。

（四）桂台农业合作组织发展不够成熟

（1）农业合作组织发育不完善。土地改革、农业技术、农业专业合作组织是台湾农业发展的重要支柱，农业专业合作组织又是其中的精髓。但是，由于目前广西农业推广、农产品运销、农村金融、农业保险体系等还处于初级阶段，现有的农业合作组织基本上停留在生产过程当中的合作，意味着台商来桂创业过程中不仅要处理生产问题，还需要自行解决产前和产后所出现的问题。

（2）合作机制仍需进一步完善。目前，桂台两地农业发展处于不平衡的状态，农业合作机制还处于初级阶段，合作制度和组织方面的机制有待进一步发展；桂台农业学术交流、农产品展销项目少。为了促进两地实现利益增收，需要尽快建立以及改善相应的合作机制。

三、加快桂台农业经济贸易合作发展的对策

（一）加强政策、投资、土地机制创新

（1）广西要在对台农业经济贸易合作中实现突破性发展，就要抓住国家政府的优惠

政策和发展机遇双重优势，加快机制改革步伐。首先要进行机制创新，尽可能快地出台一些吸引台商进行农业产业转移以及投资的新优惠政策，做到“桂台交流，政策先行；优势不足，政策补足”。争取让国家批准广西建议台商参加中国-东盟自由贸易区的政策，以及争取将广西北部湾经济区和桂东地区都列入 ECFA 后续服务贸易协议的先行开放区域性市场先行开放，让这两个地区成为海峡两岸经济合作框架协议与 CAFTA 对接的特殊补充以及关税减免、开放市场、产业合作的中心试验区。

(2) 推出融资业务新品种。争取获得有关部门支持，加快为台资农企以及台湾农民个体工商户开办海域使用权单独设押和农业土地经营权抵押，开发一系列新的融资品种，例如台湾优质农业品种种植贷款、台资企业联保贷款、农业园区基础设施建设贷款等。

(3) 桂台两岸农业合作项目需要使用广西当地农民手中土地的，可以按照依法、自愿、有偿原则，采用土地使用权租赁、股份合作以及承租反包等流转方式获得土地经营权，让农民在自己的土地使用方式改变之后还能够凭借土地的产权获得经营收益。当地政府应该在农民维护承包台农权益以及自愿的情况下，依法做好农村土地承包经营权流转的有关服务工作。

（二）构建常态化的农业科技交流合作平台

(1) 先制定完善的知识产权保护法律法规，凭借知识产权的保护机制创建双赢的科技合作模式。在此前提下，尽可能快地启动桂台两地高层商签科技交流合作协议，构建常态化的科技交流与合作机制，推动桂台两地科技有序并且稳定地向前发展。争取把广西列为大陆和台湾两岸农业技术交流试验区，通过两会协商制度和 ECFA 谈判，逐步完成全面开放桂台两地农业科技、农产品标准化合作。

(2) 加强与台湾农业专业经济组织合作，充分利用桂台两地农业优势，提高合作层次。①通过引进或者合办的方式加强桂台农业专业经济组织合作。首先是借助前来广西投资的台资龙头企业在台的经济与科技影响力，主动与其所在地的乡农会或合作社进行沟通和交流，初步建立起两地农业组织的合作关系。②桂台农业合作要充分发挥广西的农业区位优势以及引进和利用台湾的资金、先进的科学技术及成熟的管理经验，形成区域的产业化和农业现代化，来推动桂台两地的农业发展。

(3) 完善配套服务体系，加快桂台农业合作发展。广西与台湾农业合作的成功与否，取决于土地流转制度和完善的融资渠道。在广西和台湾的农业合作产业园和试验区，要在充分保障农民自身利益的情况下，鼓励农民积极参与土地流转，实现土地资源的高效利用和合理利用。在融资渠道方面，要恰当地引入股份制商业银行为广西和台湾两地的农业合作提供融资渠道，完善桂台农业经济合作的配套服务体系。

（三）加强农业示范点建设，发展特色有机农业

广西应在与台湾的农业经济合作中立足实际，规划并有针对性地为台湾省各地区招商引资工作建立起有影响力的示范点或地区并发挥其作用。由点来带动和辐射，从而更好地促进资源的有效利用和整合区域资源。首先，必须认真做好试验区的科学规划和建设，选择好合作项目和合作的关键领域，实现资源的合理配置和项目的执行带动。其次，

注重农产品的技术以及人才的引进，提倡和鼓励台商在广西投资观光农业、生态农业等一系列新型的农业经济模式。玉林海峡两岸农业合作试验区和钦州台湾广西农民创业园，为广西引进台湾农业新品种和新技术提供了重要的交流平台，为广西向台湾学习农业经营模式创造了条件，广西应该学习台湾的先进经验，大力发展特色有机农业。

（四）根据区域优势选择承接产业，合理布局

（1）调整企业发展思路，确定产业优势，能有效促进广西资源整合、产业整合和更快地丰富产业优势，不再局限于传统的自然资源，注重产业链上各方面的分工与互补。

（2）根据台资企业的团队性的特点，对农业园区进行合理的定位。在交通和配套完善的地区，建立台湾承接产业转移为目的的园区，如南宁-东盟经济开发区产业发展方向应定位为园区以现有的轻工食品制造业为主，依托广西和台湾之间的农业经贸合作的良好机会，积极承接台湾投资企业转移到园区。

（3）合理制定农业产业规划与农业产业布局。根据广西地区比较优势，明确重点城市或地区可能承接的产业，承接和发展转移的产业，科学地进行产业布局，逐步完善配套基础设施，提高产业集聚能力和带动作用。

（五）地方政府的适当扶持与引导

（1）强化政府的服务职能，改善农业园区发展的软环境；加强中央政府、地方政府和相关组织的协调功能，整合各单位、企业、社会团体的创新能力；加强政府引导，完善政策支持体系，为企业在园区内进行产品宣传，推动园区品牌向区域品牌和国家品牌层次发展，扩大农业园区企业和产品的知名度，促进园区企业的改革创新。

（2）加强协调机制建设。企业要有效协调与地方金融机构或金融服务机构之间的关系，促进银行与企业之间的相互作用，为企业的发展创新提供充分的资金支持，增强企业的国际竞争力。对桂台两地农产品贸易，两地各相关部门要共同致力于解决通关、检验检疫、物流运输、贸易壁垒等问题，解决贸易纠纷，维护企业的合法权益。

（3）加强政府引导，完善政策支持体系。桂台两地要制定互惠互利的政策，建设有利于桂台农业经济贸易交流合作的相关政策支持体系，进一步吸引台商投资广西的农业开发和农产品精深加工项目，促进桂台农业经济贸易交流合作稳步健康发展。

参考文献

[1] 佟景洋，吴碧波. 多区域合作背景下桂台农业产业合作的成效和趋势及对策[J]. 农业现代化研究，2014，35(01)：62-65.

[2] 余坤莲. 促进桂台农业合作的财税政策研究——以海峡两岸（广西玉林）农业合作实验区为例[D]. 桂林：广西师范大学，2012.

[3] 周凤玲，陈婷香. 桂台农业投资合作现状及对策分析[J]. 河南科技，2014(01)：252-253.

作者简介：

(1) 秦家杰，男，1993 年出生，广西钦州人。经济学学士，广西外国语学院国际经济与贸易学院 2016 届国际经济与贸易专业毕业生。主要研究方向：国际经济与贸易，桂台经济贸易合作。

(2) 王少婷，女，1987 年出生，山东省烟台市人。经济学硕士，广西外国语学院国际经济与贸易学院讲师。主要研究方向：区域经济合作，农林经济，桂台经济贸易发展。

（审稿：韦克俭）

桂台休闲农业发展的比较研究

广西外国语学院国际经济贸易学院　张路明　马子迪

摘要：休闲农业是以农业和农村为载体的新型旅游。它运用了农业景观资源和农业生产条件，发展旅游、休闲为一体的新型农业生产。广西农业历史悠久、资源丰富。随着经济社会的发展和人民生活水准的提高，人们对休闲农业的需求也在日渐增多，因此广西休闲农业市场有待发掘且有广阔的成长空间。本文对广西和台湾休闲农业发展历程进行比较，分析广西休闲农业存在的优势与不足；台湾休闲农业经过30年的发展已经进入成熟阶段，并在全世界都享有盛名，其成功经验为广西发展休闲农业提供了大量启示。

关键词：台湾与广西　休闲农业比较　借鉴及发展

一、台湾休闲农业发展概况

（一）发展历程

20世纪70年代末，国际农产品市场竞争日益激烈。城市化的进程加速，导致大量劳动力外移，物价在飞速上涨，农民收入不增反减，在内外交困的情况下，台湾休闲农业开始应运而生。1980年台北市木栅区指南里建立“木栅观光茶园”，开启了台北市休闲农园和种植园的先例，标志着休闲农业在台湾开始发展。20世纪90年代是台湾休闲农业飞速发展的时代，台湾农委会先后通过了《发展休闲农业计划》《休闲农业区设置管理办法》等，进一步规范休闲农业的经营要求，促使台湾休闲农业进入快速发展阶段，休闲农业范围不断扩大，形式更多样化，内容更丰富。

进入21世纪以来，由于农场基本大同小异以及台湾岛内经济不景气等因素，台湾休闲农业发展步履维艰，有关部门调整休闲农业目标定位，将其定位为“国际旅游发展水平”，强调整体发展，使台湾休闲农业发展达到更高的水平。到目前为止，台湾有旅游休闲农场近1300家，为台湾提供20多万个工作机会。观光休闲农业已经成为一个新的经济增长点，是台湾经济的一个组成部分。

（二）发展模式各具特色

台湾休闲农业的种类多种多样，这与台湾同胞十分重视农业资源多样化、地区的差异性和社会需求复杂化，又非常注意突出主题、进行特色经营是分不开的。台湾休闲农业类型多种多样，各具特色。主要有休闲农场、乡村民宿、市民农园、乡村花园、森林游乐区、假日花市、教育农园、屋顶农业等多种休闲农业类型。近些年来,除了种植业方面的观光园林外,休闲农业还向畜牧业、渔业方面发展,从而延伸出了观光牧场、观光渔场等休闲农业形态,利用鱼贝、畜禽、林产,促进了休闲农业的创新发展,使农业和旅游业更加紧密地联合在一起,促进农业与旅游业的共同进步与成长。

(三)台湾休闲农业的成功经验

1. 政府积极引导,相关部门大力推动

台湾休闲农业的发展离不开台湾政府部门的支持,政府部门直接参与筹划和扶持,农政部门主要负责打理休闲农业以及给农民提供相关知识技术方面的咨询,供给补贴经费并在贷款方面给予优惠,与时俱进地制定出了各类相关法规和管理办法,规范简化申报审批系统,极大地促进了休闲农业的发展。台湾农业委员还按期在台各高等院校开设休闲农业课程,让更多大学生认识休闲农业,组织专家从事休闲农业教学研究,与时俱进地为农户解决实际问题。台湾农会、农业战略同盟发展协会则负责积极帮助农民转型,给农民专门辅导专业知识。台湾农业战略同盟发展协会和台北市农会联合,将全省 100 多家休闲农场联合起来,共同开展农业休闲旅游活动,共同推出优惠休闲游,成功吸引了更多游客到农村游玩。可见,相关部门的大力支持和积极引导是台湾休闲农业蓬勃发展的必要前提。

2. 经营理念和管理方式创新

台湾休闲农业发展成功的重要经验之一在于生产与经营并重。

(1) 规划与研究并举。台湾休闲农业院常有大学教授和农技人员对农民进行技术培训和辅导。因此,台湾从园区的规划布局,到农特产品的品种栽培和园艺到加工产品,科技含量都比较高。

(2) 大力推行社区经营的理念。台湾休闲农业大力推行社区经营的理念,使休闲农业社区内部各个休闲农业经营单位能在资源和客源市场上互相动员、相互填补,有效地防止盲目发展,也避免恶性竞争带来的不必要损失。“社区”理念是台湾发展休闲农业成长中获得的成功经验,也是台湾的休闲农业多年来一直蓬勃发展并且在全世界占有一席之地的重要原因。

(3) 注重品牌经营。台湾休闲农业从业者很重视品牌塑造和品牌背后的故事。休闲农业大体都有其相似的特点,所以打造品牌很有必要,有了品牌的休闲农业,会在人们心里留下更深的印象。

3. 设施齐全与交通便利

经过 30 多年的发展和完善,台湾休闲农业景点的配套基础设施都相对齐全,服务水准整体较高,景区外部的道路平整,交通比较便利,用水用电比较方便。内部的配套设施相当完善,方便、卫生,让客户住得放心、舒心,所到之处几乎都能满足游客们吃喝玩乐等享受。另外,近 10 年来台湾当局在交通运输及道路改善方面投入巨大,使台湾的交通道路基础设施改善,公路四通八达,连台湾农村交通也很便利,大多数公交车都可以到达。这也为台湾观光休闲农业的蓬勃发展创造了必要的条件。

4. 与时俱进和创新意识强

人类进入信息技术时代以后，各种宣传方式层出不穷，特别是网络宣传营销收效显著。台湾在网络宣传方面下足了功夫，运用科技整合资讯，建设相关网站，便利旅客获得景区相关信息。游客可以通过网络，选择自己最想去的农庄，不管是农户还是游客都得到了巨大的便利。据统计，近几年将近80%的游客通过网络预订选择自己想去的农庄，可见网络平台在台湾休闲农业中发挥着越来越重要的作用。

二、广西休闲农业发展概况

（一）广西休闲农业的发展现状

1. 规模逐渐扩大

广西休闲农业旅游起步较晚，但发展迅速。据相关部门统计，广西拥有健全功能的生态旅游园区多达528家，已经拥有6个全国休闲农业与乡村旅游示范县、17个全国休闲农业与乡村旅游示范点。

2. 促使农民增收

近些年来，广西休闲农业的发展不仅带动相关农业产业的发展，更是促进了农民增收。据有关数据显示，截至2013年年底，广西休闲农业的蓬勃发展吸引了游客3890多万人，带动32万人就业，其中农民28.8万人，年旅游收入108.9亿元，农民从中增收50多亿元，基本实现了以休闲农业带动农民增收的目标。

（二）广西休闲农业发展的优势

广西具有沿海、沿江、沿边的区位优势，是中国南部、西南与东盟经济圈的枢纽，是中国最方便的国际陆路大通道，也是我国通向东盟国家最便利的海上通道。气候方面，广西地处南半球部分热带和亚热带地区，水资源丰富，四季都适宜耕作。尤其是水果品种极其丰富，有荔枝、香蕉、菠萝、芒果、杨桃、李子、木瓜等，一年到头都有水果产出，是有名的水果大省区。广西拥有浓郁的民族特色，少数民族语言、服饰、风土人情、民间艺术，形成了多样的民族风情，如壮族三月三歌节，瑶族的盘王节，仫佬族的走坡节，苗族的芦笙节、拉鼓节、斗马节，侗族的花炮节等。广西区位、民族特色明显，休闲农业发展方面有基础、有资源、有特色、有潜力。

（三）广西发展休闲农业的不足

1. 休闲农场同质化严重，特色不明显

广西的休闲农业活动绝大部分是应市场需求，自发发展起来的，数量上很多，可是特点不突出，存在相互模仿、缺少整体规划的不足，导致绝大部分休闲农业很难形成品牌。

2. 基础设施薄弱

广西旅游资源丰富的景区多集中在边远贫苦山区，由于交通不便，基础不完善，通信设施也比较落后，接待服务设施、环卫设施等不完善，导致发展休闲农业比较困难，不能满足游客多层次、多样化的需求，因此浪费了很多有利的资源。

3. 从业人员素质不够高

广西休闲农业从业人员原来大多是农民或者从事农业生产、加工、营销的人员，总的来说都是非专业型人才。广西农村的基础设施还不够完善，农村经济发展比较落后，所以很难吸引专业型人才到休闲农业领域工作，因而广西休闲农业缺乏专业性人才，无法及时得到专门的指引，这无疑影响了广西民族特色休闲农业旅游的可持续发展。

4. 政策、法规扶持力度不够大

政府对于休闲农业的支持力度不够，各种政策、法规不够完善，相关休闲农业支持基金、税收、贷款、商业管理难落实，如食品、健康和安全政策，没有明确的规范。政策法规不够完善，这样导致了休闲农业经营者在管理过程中缺乏科学的管理方法和管理标准，对行业的理解不足，操作不当现象多有发生。没有明确的规定和政策，执法监督过程中，容易出现“空缺”和“越位”现象。

5. 资金匮乏

从台湾休闲农业的经历可以看出，一个休闲农场从创立到发展壮大，最后形成一个品牌，然后稳定发展，需要大量的人力、物力、财力。广西休闲农业目前政府与银行的支持力度不够，资金不到位，从业人员只能依靠自身的力量，吸引有限社会资本，容易导致企业资金周转困难，极大地制约了广西休闲农业的进一步发展。

三、台湾休闲农业的发展对广西的启示

广西与台湾纬度相同，气候、降水及农作物都有一定的相似性。广西休闲农业旅游起步较晚，目前正处于发展的初级阶段；台湾休闲农业已经有着将近50年的发展历程，目前走在世界的前列，其成功经验值得广西借鉴。

（一）加强各部门对休闲农业的引导

广西休闲农业近些年来由于缺乏科学的规划和指导，存在资源浪费、重复建设等问题。我们可以借鉴台湾的发展经验，结合广西实际情况，完善相关规章条例：一是将休闲农业发展列入中长期经济发展规划大纲；二是加快制定行业规范管理标准，促进行业的健康发展；三是拟定休闲农业辅导的管理办法；四是要重点加快发展园区型农业；五是鼓励台资企业参与广西休闲观光农业的发展，介绍部分高起点、高档次休闲农业投资项目；六是规范休闲农业的土地使用指标，并给予优惠，为区域休闲农业建设提供信贷支持；等等。

（二）建设具有地方特色的休闲农业

台湾休闲农业和农庄多半能突出自身特点、明确主题，完美地体现了资源不可模仿和不可替代性，适应了强劲的市场竞争。广西休闲农业布局显得比较凌乱，主题不够明确，普遍存在相互模仿、一窝蜂、无特色的现象，缺乏地方特色作支撑，休闲农业将失去生命力。广西旅游资源丰富，既有海洋资源，又有高山峻岭，也有土地平原，可以形成很多不同类型的特色休闲农业。再加上民族特色资源得天独厚，广西休闲农业旅游的发展应该紧

密围绕"民族特色",逐步形成"一个县至少有一个具有代表性的发展突出的休闲农场"的发展格局。

(三)加强规划发展休闲农业

休闲农业必须依靠系统调查、科学规划来选择最好、最适合的模式发展。台湾农业主管部门推行了"一乡镇一休闲农渔区"的发展模式,使用原始的超过1/2的森林资源,发展生态旅游,有效地与民宿、观光农业联合,以推动休闲农业发展产业化,提高休闲农业的竞争力,为当地农民提供更多就业岗位。由于广西地区风格各异,交通条件也不同,并非所有的休闲农业资源都能开发出来,并取得经济效益,这就需要合理的规划。要有选择、有重点地发开具有代表性的休闲农庄,切勿一哄而上,盲目发展。

(四)做好培训,发挥农民经营者的角色作用

休闲农业要做大做强,加强对农民的培训和引导是不可或缺的。台湾休闲农业从业者的素质普遍比较高,容易接受新知识、新技术。广西休闲农业经营者多为农民,相对来说素质不够高;通过培训,农民能当家做主,逐步成为当地旅游业发展的中坚力量,进而创立以当地居民为主的休闲农业导游队伍,或通过引进台湾专业人才,转变广西从业人员的经营管理理念,提升休闲农业服务档次和品质,进而在社会经济和生态效益提高方面实现双赢,最终造福农民。

(五)加大休闲农业宣传促销

近些年来台湾加大网络方面的宣传力度。据不完全统计,其80%的客人是通过网络预订农庄体验,所以网络平台在休闲农业中发挥着越来越重要的作用。广西需要加大宣传,利用电视广告、手机微信、电脑网页进行全方位、多层次的宣传。建立完善的休闲农业网站,顾客可以在网站上了解到旅游路线图建议、景区地图、信息反馈,甚至可以提供在线预订酒店和机票的服务,让游客在了解当地休闲农场的情况下,做出自己的旅游计划。

(六)尊重农民意愿

以"农"为本是休闲农业发展的基础,要充分尊重农民意愿。广西是多个少数民族的聚居地,各个地方生活习性差异大,农民的意愿需求也不同,这就要求在休闲农业政策方面,必须坚持实事求是、科学规划、突出当地的特色、量力而行,对不同地区采用差异化政策,对发展休闲农业有优势的地区重点扶持。

(七)加强与台湾的交流与合作

桂台休闲农业合作具有得天独厚的天然优势和广阔的成长空间。2009年以来,广西壮族自治区相关领导多次到访台湾,近年来更是持续7年率团赴台湾多个城市参加桂台经贸文化合作系列活动,使桂台经贸合作不断步向新高。而农业作为第一大产业,在桂台经贸合作中是重点合作范畴。2010年1月26日海峡两岸经济合作框架协议以及2012年8月9日两岸投保协议的签署,促使桂台农业领域呈现出交流合作领域不断扩

展、范围不断扩大的良好发展态势。广西要继续加强与台湾的合作，在市场开发、质量提升和品牌建设、观光休闲农业与人才的培训及信息交流与合作等方面加强合作。定期选派专业人员到台湾考察休闲农业，及时掌握最新的技术发展；积极对台湾休闲农业招商引资，吸引台商来广西投资合作。

（八）坚持可持续发展的理念

如今台湾的休闲农业受到全世界瞩目，规模越做越大，呈现出蓬勃发展的生命力。这当中除了有严格的管理制度，有一套符合现实的政策措施的支撑以及一个因地制宜的合理规划以外，台湾休闲农业始终坚持可持续发展的策略，坚持本身的特色，坚定地在发展过程中不停创新。广西在经济发展与城市化进程当中，由于盲目追求经济发展而忽视了环境的保护，使生态平衡遭到破坏。休闲农业的发展既有利于改善"三农"问题，提高人们的环保意识，又能让休闲农业发展适应生态生活的需求。广西应在台湾企业管理方式的指导下，在发展休闲农业中注重生态效益和经济效益结合。也就是把农业发展往"生产、生活、生态"结合的方向引导，均衡发展，达到生产企业化、生活现代化、生态自然化。休闲农业与自然生态环境要建立和谐的关系，在尊重自然的原则下，构建有序的农村生态环境和可持续发展的居住环境，加快农村生态建设，保证农村聚落景观和生态系统功能，才能搞好广西的休闲农业，达到创建大美广西的目的。

参考文献

[1] 黄圣霞.广西发展民族特色休闲农业旅游的分析[J].柳州师专学报，2012(04)：72-74.

[2] 陈文强.台湾发展休闲农业的成功经验及启示[J].农业经济，2009(09)：43-45.

[3] 吴建强.台湾休闲农业发展对四川的启示[J].调研世界，2012(11)：38-41.

作者简介：

（1）张路明，女，1984 年出生，广西桂林市人。研究生学历，广西外国语国际经济贸易学院讲师。主要研究方向：金融学，桂台金融方向。

（2）马子迪，女，1993 年出生，广西崇左市人。经济学学士，广西外国语学院国际经济贸易学院 2016 届国际经济与贸易专业毕业生。主要研究方向：国际经济与贸易，桂台旅游服务贸易合作。

（审稿：韦克俭）

台湾精致农业对广西新农村建设的启示

广西外国语学院教师发展与教育评估中心　黄志华

摘要：随着大陆与台湾经济合作的进一步深化，台湾高附加值的农产品大量进入大陆市场，这有力地促进了台湾精致农业的发展，也给大陆特别是与台湾处在同一纬度的广西带来了很多启示。本文通过对台湾精致农业的产生背景及现状进行分析，探讨广西如何从台湾的精致农业发展模式中得到启示，结合国家新农村建设的战略措施在广西的实施，探索经济效益与可持续发展相结合的新农村建设的道路。

关键词：台湾精致农业　对广西新农村　建设的启示

一、台湾的精致农业

1. 精致农业的概念

精致农业是一个综合的农业体系，它是依托农业传统技术和科技进步，以生产高品质、高科技含量、高附加值的农产品为目标，以特色化布局、标准化生产、产业化经营为主要抓手，以实现高质量、高效益、高水平的农业生产全过程。[①]

2. 台湾发展精致农业的背景

20 世纪 70 年代，随着国际分工变化，台湾通过大力发展加工出口工业带动经济发展，导致了农村劳动力大量从农村走向城市，从事的行业由农业转向工业。大量从事农业生产活动的劳动力外移，使得劳动成本不断提高，而对外开放市场的政策，导致台湾农产品缺乏市场竞争力，农业受到了严重冲击。

3. 台湾发展精致农业的目的

从 20 世纪 80 年代起，台湾当局对农业政策进行了重大调整，农业发展进入一个转型期。面对整体经济的转型对农业发展的影响，台湾大幅调整农业政策，改变由以往只追求“量”的增加，转向“质”的提升，将农业发展与农民生活水平的提高、农村环境的改善有机结合，进而实现“生产、生活、生态”这三者的良性循环。1984 年，台湾明确提出发展“精致农业”的口号，即发展以“经营方式的细腻化、生产技术的科学化以及产品品质的高级化”为特征的农业生产。[②] 其目的是：①调整农业产业结构，将农业发展重点逐渐转向发展新的优质农产品，提高农产品品质；②推动农业生产企业化、自动化与科技化，以提高农业

---

① 搜狗百科：精致农业，http://baike.sogou.com/v70120387.htm.

② 精致高效休闲观光：农业绽放新魅力.凤凰网.

生产力，促进农业升级；③发展森林、海洋游乐与休闲农业；④培养核心农民，增加农民福利。

4. 台湾发展精致农业的措施

(1) 构建农业技术研发推广体系。为了增强精致农业的发展后劲，台湾的农业试验所及下属各地区的场(所)都十分明确地围绕精致农业进行新技术和优良品种的研发，不间断地进行技术储备、提供技术支持。例如，从1991年起，台湾实施的“农牧渔产业自动化研究”，涉及生产、加工、运输、销售、服务等各个环节，有效地推动了整个产业链向现代化、自动化转型。台湾的农业技术研究团队通过跨部门跨领域的合作，成果显著，如开发出全球第一套石斑鱼病毒检验系统、全球第一支猪烂耳病疫苗、掌握了全球最多的蝴蝶兰品种和石斑鱼品种等。台湾建立了世界重要的农作物种质资源库——“亚洲—世界蔬菜中心”。台湾培育的朵丽蝶兰、芒果、印度枣等植物种类，已被大陆纳入植物新品种保护名录。目前，台湾在生物科技研发与运用、优质安全的农产品生产技术、农业自动化和信息化等方面达到了国际先进水平。

(2) 大量的财政投入和政策支持。台湾财政对农业的投入分为三个阶段：第一阶段是从1985年到1988年，投入近3亿元台币，主要用于农田水利、土壤修复、完善农业设施；第二阶段是从1990年到1992年，投入3亿多元台币，着重推进农产品精深加工的自动化、程控化；第三阶段是从2009年5月开始，台湾当局通过“精致农业健康卓越方案”，斥巨资建设新兴的智能化农业。[①] 此外，台湾当局向生产绿色农产品的农户给予补贴，银行向购买小型农机设备以及建设温室设施的农户提供低息或无息贷款。

(3) 对水源、土壤采取严格的保护。20世纪80年代初台湾某些地区曾发生过化工厂排放废水污染农田的事件。针对此类事件暴露出的问题，台湾行政主管部门颁布了“土壤与地下水污染整治法”，后又颁布“实施细则”“监督基准”“管制办法”等十多种行政法规。法律规定，主管行政部门可对污染者勒令立即停业、取消营业执照等处罚，同时通知农业、卫生部门对有污染之虞的农渔牧产品进行检测或销毁，一切损失由污染者负责清偿。[②] 台湾还建立了一套较为完善的土地使用登记制度，一旦发现污染，可追查责任人，这从源头上保证了农业的安全。

(4) 培养知识化、技能化的新型农民。台湾有一支专业技术服务队伍，常年举办各种训练班或登门为农户服务，不断提升广大农户的科学种田水平，宣传讲解经营管理知识和相关的法律、法规。同时，根据国际上农业现代化的发展变化，经常调整和完善培训计划与措施，以提高培训服务质量。农户只要取得了“产销履历”验收证书，其农产品就可以顺利进入超市或外销。台湾还设立农民学院让农民终身学习，并鼓励农民子女成为农业精英，这为精致农业可持续发展打下了坚实的基础。

据台湾农业部门提供的数据，“精致农业健康卓越方案”从2009年5月起实施以来，截至2012年年底，总产值达1345亿元(新台币，下同)，比2008年方案推动前增长44.0%，与2011年相比也有8.5%的增长，总计4年创造约6万个就业机会，累计投资金额达113亿元。2012年，台湾农产品出口值为50.8亿美元，比2011年出口值46.7亿美

①② 姜亦华. 台湾发展精致农业的成功经验. 群众，2015(5)：80.

元增长了8.8%。[①]

二、广西概况

1. 广西的农业条件

广西与台湾所处的纬度相同，属于亚热带季风性湿润气候，日照1600～1800小时/年，平均气温17.1～23.5℃，大部分地区无霜期在300天以上，年降雨量为1035～2897毫米，热量丰富，降水充沛，这为热带农业的发展提供了有利的条件。

广西地处我国东南丘陵地带，其主要特征是周边高中间低，形状若盆地。四周多为1000米以上的山地、高原，中部为200米以下的平原、盆地；山地占总面积的74.8%，高于全国66%的比例，平原占14.4%，素有"八山一水一分田"之称。

2. 广西新农村建设的现状

党中央和国务院十分重视"三农问题"，十多年来中央的"一号文件"都与"三农问题"相关。在党的十六届五中全会上，把建设社会主义新农村上升到"我国现代化进程中的重大历史任务"的战略高度，将"生产发展、生活富裕、乡风文明、村容整洁、管理民主"作为新农村建设的目标，这体现了在新的形势下农村政治、经济、文化和社会发展的新要求。

广西壮族自治区党委、政府高度重视新农村建设工作，于2006年相继出台《关于推进社会主义新农村建设的若干意见》和《社会主义新农村建设试点方案》。各市、县根据文件精神，选择有基础、有条件、有优势的村屯，启动新农村建设试点工作，这标志着广西新农村建设试点工作全面铺开。根据中央新农村建设相关文件精神，为了进一步推进新农村建设，2007年广西壮族自治区政府出台了《关于积极发展现代农业扎实推进社会主义新农村建设的实施意见》(以下简称《意见》)，提出广西进一步明确推进社会主义新农村建设的总体规划和要求，明确了强力推进现代农业发展，大力推进农村基础设施和农村公共设施建设，加快农村改革和开放步伐，切实加强农村各项事业发展等方面的措施保障，为新农村建设试点工作的顺利推进提供了政策支持，指明了奋斗的目标。

广西全面推进社会主义新农村建设以来，各市县结合本地情况，大力发展特色产业，不断优化结构，初步形成了优质水稻、甘蔗、水果、蔬菜、木薯、桑蚕、畜牧、名优水产等一批特色优势产业群和产业带。推广"一村一品""一村多品"的发展模式，让每个村镇都各自拥有特色主导产业。例如，阳朔县白沙镇连绵百里的新农村，通过发展金橘特色产业和休闲农业旅游，沿线66个村屯农民人均年纯收入超过1万元，其中古板村突破3万元，成为广西首富村。田东县中平村引导农民大种香葱，全村农民迈入了"万元户"行列，被评为"全国一村一品示范村""广西香葱专业村"。随着科技兴农政策的推进，农产品产量不断提高。截止到2014年年底，广西甘蔗种植面积108.15万公顷，产量7952.57万吨，居全国第一。水果产量1233.30万吨，其中龙眼产量55.81万吨，约占全国总产量的1/3；荔枝、香蕉、沙田柚、芒果的产量分别为61.85万吨、300.33万吨、58.80万吨、40.84万吨，分别约占全国总产量的1/4、1/5、1/4、1/5；除此之外，广西也是桑蚕鲜茧、木薯、八角、松

---

① 许洪彬，赵庚新. 台湾发展精致、健康农业取得阶段性成果. 海峡科技产业，2014(3)：27.

脂的主产地之一。[①] 2014 年广西农民人均纯收入 7565 元,同比增长 11.4%。[②]

三、台湾精致农业给广西新农村建设带来的启示

1. 借鉴台湾农业发展经验,加强广西新农村智力建设,培养新型"网农"

对偏远地区农村调研发现,广西农村存在这两种情况。一是多数青壮年农民认为在家种地收入低,不如外出务工。目前,农村中从事农业生产的主要是老人和妇女,这部分人的文化水平比较低,传统观念根深蒂固,对现代农业高新技术接受能力差,并缺乏采用新技术的需求动力,影响农业新技术的成果推广和转化。二是部分村干部对新农村建设缺乏主动性和积极性,"等、靠、要"思想较严重,认为新农村建设是政府的事情,等着政府项目扶持生活就能达到小康水平。

针对上述问题,政府应进一步加强农村干部建设。通过选拔优秀大学生到农村担任村干部,从公务员队伍中抽调优秀干部担任新农村建设指导等方式充实农村干部队伍,夯实新农村建设的基础。充分发挥优秀大学生、公务员知识层次高、视野开阔、敢闯敢拼的精神,引导大学生村干部积极参与美丽新乡村建设、招商引资、政策宣传等工作,进一步提高农村党组织服务群众的能力和水平,为农民致富和新农村建设起到引领示范作用。

发挥科技优势,培养创业型新农民。一是要充分发挥广西农业科学院科技实力雄厚的优势,组织农业技术服务队,向农民传授科学的种养方法,实现农产品的增产增收。政府统筹科技局、农业局等相关部门加强成人教育培训,传播科学的农业生产技术,推广无公害蔬菜、有机农产品的种植。二是利用网络平台,构建新型农村合作社。发挥大学生村干部的主观能动性,搭建网络供销一体化的新型农村合作社。政府要大力引导和鼓励支持农产品第三方电子商务平台,如亿农农产品交易网、淘宝商城等。这些平台专注于买卖双方牵线搭桥,充当在线交易的虚拟市场,同时也为交易的过程提供全程服务。鼓励农村合作社、农业企业协会等积极参与网络营销。对于农业企业,应通过上门指导、集中培训等方式提高经营者农产品网络营销的意识,培养、引进网络营销人才,对有一定实力的企业可以建设企业网站和数据库,与专业机构合作,树立企业形象,形成品牌效应。

2. 借鉴台湾农业发展经验,发展广西有机农产品,塑造品牌效应

有机农产品是纯天然、无污染、安全而富有营养的食品,也称为"生态食品"。它是根据有机农业原则和有机农产品生产方式及标准生产、加工出来的,并通过有机食品认证机构认证的农产品。有机农产品是世界农业发展的趋势和方向,抢占了这一领域的制高点,就占有农业发展和农产品国际竞争的主动权。广西在新农村建设中,要进一步推进"一村一品"工程,以农业科学院为技术核心,在龙头企业和农村合作社等组织的带动下,完善农产品生产销售的优化和升级。同时,对特色农村建设加大政策扶持力度,每年重点扶持自治区级示范乡镇和村屯,加大农业产业化建设力度,扩大"一村一品"工程的影响力,促进销售、扩大影响,从而提高广西特色农业的知名度和美誉度,使广西的农产品向规模化、优

---

① 2014 年广西农产品数据来自广西统计年鉴 2015,第十三篇　农业.

② 覃泽林."十三五"广西现代农业面临的挑战和发展思路.南方农业学报,2015(5):944.

质化方向转变。特色农业示范村的建设有利于广西农产品创品牌、塑名牌，提升质量，提高附加值，为广西农产品开展网络营销创造产品优势，使之成为农产品网络营销的主力军。

3. 借鉴台湾农业发展经验，创建广西农民创业产业园，鼓励大众创业

新农村要提高农民的创业意识和创业能力。各级地方政府应加大对农村网络基础设施的投资力度，加快农村网络建设，提高网络服务质量，以便于将农业科技知识和农产品市场信息通过网络作为公共产品及时提供给农业企业和农产品消费者。同时，积极引导民间资本进入农村网络基础建设领域，对农业企业和农户在筹集建设资金、网络设备设施购置和网络接入等给予一定的政策优惠。出台相应的政策扶持、鼓励外出务工农民回乡创业，培育创业型农民。要发挥民主决策意识，让农民自主选择创业的行业；以担保贷款方式，让农民自我加压、自我投入，增强风险和责任意识；理顺龙头企业与农户利益关系，让农户实现创业创收。同时，以创业园区为中心，引导成立蛋鸡养殖协会、食用菌协会、生猪养殖协会等相关地方特色农产品协会，让农民成为园区的主人。

4. 借鉴台湾农业发展经验，发展广西绿色休闲产业，推广农村休闲体验游

政府要出台相应的扶持政策，支持乡村旅游的发展，包括：在基层建立专职服务机构；倡导城市居民到乡村旅游，发展生态旅游；提高农村劳动者素质，培育市场氛围。各级地方政府要利用广西的边境异域风情、少数民族传统文化等特色旅游资源，结合新农村建设中的农民培训项目开展有关特色乡村旅游服务内容的培训，建立地方乡村旅游行业协会，提高乡村旅游发展地区劳动力素质，将乡村旅游作为发展区域农村经济，增加农民收入，促进新农村建设的重要产业发展。

农民参与乡村文化旅游建设，是乡村绿色休闲旅游的一项重要标志。让农民参与乡村绿色休闲旅游产业，可以增加农民就业机会，提高农民收入；村委作为农民集体的代表承担了乡村旅游开发者、组织者的重要角色。今后要进一步突出农民的项目参与性，积极发展“公司＋农户”“政府＋公司＋旅行社＋农村旅游协会”“村委＋公司＋农户”“农户＋农户”“个体农庄”等农民参与的各种乡村绿色休闲旅游模式。

只要我们从广西的实际出发，认真学习和借鉴台湾发展精致农业的成功经验，广西的新农村建设一定会越来越好。

参考文献

[1] 许洪彬，赵庚新. 台湾发展精致健康农业取得阶段性成果[J]. 海峡科技与产业，2014(03)：27-32.

[2] 姜亦华. 台湾发展精致农业的成功经验[J]. 群众，2015(05)：79-80.

[3] 刘铁民，周静. 借鉴美国经验促进我国农产品网络营销快速发展[J]. 农业经济，2012(01)：110.

[4] 刘琳，周平. 广西新农村建设中的问题及其对策研究[J]. 广西社会主义学院，2008(08)：63-65.

[5] 陆耀邦. 广西新农村建设模式[J]. 中国农业资源与区划，2008(06)：42-45.

[6] 张慧祯，林裕宏，刘远传. 台湾精致农业发展经验对福建的启示[J]. 台湾农业探索，2010(08)：42-44.

[7] 王海龙. 新农村建设背景下安徽省农产品网络营销策略研究[D]. 合肥：安徽大学管理学

院,2010.

[8] 吴人伟,凌思佳.台湾乡村旅游的发展及启示[J].台湾农业探索,2006(03):34-35.

[9] 黄聪敏.台湾发展休闲农业的经验[J].海峡科技与产业,2006(01):47-48.

[10] 郑春霞,陈艺煌.台湾休闲农业理念对闽南休闲农业的启示[J].漳州师范学院学报:哲学社会科学版,2008(03):23-24.

[11] 覃泽林,李耀忠,等."十三五"广西现代农业面临的挑战和发展思路[J].南方农业学报,2015(05):944.

作者简介:

黄志华,男,1982年出生,广西钦州市人。历史学硕士,毕业于四川大学,现为广西外国语学院教师发展与教育评估中心教师。主要研究方向为:中国近代史,区域经济发展史,中日对外投资比较,东盟国家发展史。

(审稿:韦克俭)

广西与台湾水果产品贸易现状及前景分析

广西外国语学院国际经济与贸易学院　覃志坚

摘要：广西是我国的水果生产大省，具有悠久的水果栽培历史，也有众多的优质果品，如荔枝、龙眼、沙田柚、香蕉、菠萝、芒果等。改革开放以来，广西的水果产业发展迅速。目前果树栽培面积跃居全国第一，产量居全国第五，成为全国知名的水果大省。台湾所处的地理纬度与广西相同，北回归线穿过桂台中部，台湾很适合热带水果和亚热带水果的栽培生长，且台湾注重水果品种的改良，生产的水果品种丰富多样，品质上乘，深受消费者喜爱。

随着两岸经济交流合作的加快，大陆与台湾双边贸易迅速发展。本文将分析广西与台湾水果产品贸易现状及前景，并对两地水果贸易中存在的问题，提出了一些解决的建议。

关键词：广西与台湾　水果贸易　现状及前景

水果业是农业经济的一个重要组成部分，20 世纪 90 年代以来，我国的水果产业发展十分迅速。水果业的快速发展，推动了地方经济进步，使农民得以脱贫致富，在改善生态环境方面起了巨大的作用。广西是水果生产大省，水果产业得到飞跃式发展，成为本区不可或缺的巨大优势产业之一。

台湾适合多种水果的栽培和生长，加上注重产品的品质与种类的改良，使栽培的水果丰富而优质。从 2005 年初我国中央政府提出帮助台湾果农解决丰收滞销问题后，台湾水果拓展大陆市场的声势越来越大，在全国各地举办了多场台湾水果展销会，扩展了出口大陆的途径。从 2005 年 8 月 1 日起大陆对台湾 15 种水果实施零关税措施，内地对台湾水果认知程度大大提高，销售市场扩大。

广西与台湾在地理、人文环境等方面存在许多联系，这为彼此开展互惠互利的水果贸易奠定了良好的基础。本文对桂台两地的水果产品贸易现状进行了调查分析和归纳，并展望了未来进一步合作发展的潜力。

一、广西与台湾水果进出口贸易的现状

（一）广西与台湾水果贸易额发展状况

自两岸恢复交流合作以来，广西与台湾两地水果贸易额快速发展，特别是近几年来，广西与台湾两地水果业贸易稳步发展，具体情况见表 1。

表 1　2010—2014 年广西与台湾水果进出口总值表　单位：千元人民币

年　份	进出口	出　口	进　口
2010	2955783	1317309	1638474
2011	2889388	1339603	1549785
2012	3423689	1822548	1601141
2013	3629264	1644103	1985161
2014	3948540	1843856	2104684

（资料来源：广西壮族自治区商务厅对外贸易处官网、中华人民共和国南宁海关官网.）

从表 1 可以看出，2010—2014 年桂台两地水果进出口总值呈上升趋势，2014 年比 2010 年进出口总值增长 33.6%，除 2010—2011 年进出口总值略有下滑外，2012—2014 年三年进出口总值每年稳步增长 5%～10%；2011—2012 年进出口总值增长迅猛，增长约 18.5%。出口总值近 5 年也增长迅速，从 2010—2014 年总增长近 40%，除 2012—2013 年有微弱下降外，其余几年均稳步上升，2011—2012 年增长近 36.1%，2013—2014 年增长近 12.1%。2014 年进口总值比 2010 年增长 28.5%，2011—2014 年 4 年时间里每年都有所增长。可见广西与台湾两地近几年水果贸易合作发展迅猛。

（二）广西与台湾水果贸易的品种

广西地处中国南端，毗邻广东、云南，与越南接壤，是水果生产大省。广西的主要水果品种有龙眼、荔枝、蕉类、沙田柚、柑橘橙、菠萝、西瓜以及芒果等，种类丰富，味道鲜美，是对外出口的重要商品。

台湾特殊的地理位置和气候适合多种水果栽培和生长，加上台湾当地果农注重产品的品质与水果种类的改良，使水果不仅种类丰富，且质量优秀。台湾常年出口的水果包括柑橘、香蕉、菠萝、葡萄、芒果、荔枝、椰子、枣、槟榔、梅、梨、柿、龙眼、李和桃等。

以西瓜和龙眼贸易为例，2013 年广西与台湾两地鲜西瓜贸易总量为 198966 吨，贸易总值为 31461.8 万元人民币；鲜龙眼贸易总量为 106124 吨，贸易总值为 35163.3 万元人民币。2014 年两地鲜西瓜贸易总量为 204167 吨，贸易总值为 24500 万元人民币；鲜龙眼贸易总量为 152045 吨，贸易总值为 55477.9 万元人民币。2013—2014 年鲜果类水果产品鲜西瓜与鲜龙眼贸易总量分别增长 2.6%与 43.3%。

（三）广西与台湾两地水果深加工提高附加价值比较

近几年来，由于广西与台湾两地水果产量和产值不断增长，两地水果贸易发展迅速，水果产业已成为仅次于粮食和畜牧业的农村经济支柱产业，对农民增收和经济发展起着重要的促进作用。两地水果产业在发展过程中，存在着一些突出的问题，鲜果由于其特殊的时令性，保存时间比较短，运输比较困难，使水果产业一直处于大而不强的状况，产业整体素质和运行效率比较低，可持续发展的后劲不足。面对鲜果市场日趋饱和，台湾很重视水果的深加工，如制成干品或果汁制品，延长保存时间，提高附加价值，提升产品在市场上的竞争力，抢滩市场，实现可持续发展。广西的水果产量大，但精深加工不足，目前加工比重仅为 8%左右，水果鲜销压力比较大。台湾重视水果深加工，把季节性明显的鲜果转为常年供应的水果加工制品，一方面分流处理部分过剩水果，避免造成浪费；另一方面又可以稳定鲜果市场价格，减少"果贱伤农"现象的发生。台湾的这些做法很值得广西学习和借鉴。

二、广西与台湾水果贸易存在的主要问题

（一）产业配套能力薄弱

相比其他农产品，水果贸易的特殊性表现在无法长时间存放且不能碰撞倒压，所以对于贸易两地的物流运输能力有着一定要求。桂台物流水平差距较大，导致物流成本较高。台湾现代物流业发展水平很高，在物流理念、物流中心建设、跨境物流网络、物流配送技术和供应链管理等方面都具有较强的跨区域运作能力，在信息化技术和物流产业的技术标准化方面也拥有相当成熟的经验。而广西在跨境物流、第三方物流、大工业物流等方面的业务拓展能力和资金、技术、管理等方面的实力有限，在与台湾企业进行物流合作时存在许多问题。

这些问题主要表现在：一是基础设施建设滞后，如沿海主要港口尤其是枢纽港集装箱吞吐能力严重不足，与港口连接的公路、铁路、内河航运等集疏运系统不完善和不配套，使货物在途时间延长，压港、压库突出；二是海关与动植检、卫检、商检、外管局等相关部门还不能联动，货物通关签审速度慢；三是物流技术标准化程度低，各种运输方式之间装备标准不统一，物流信息系统建设滞后，信息及时传递和处理、单证流转等易出现脱节；四是广西沿海港口开往东亚、欧美等国家的航线、航班少，船期不固定，产品必须用集装箱拉到深圳再经香港装船发往东亚、欧美等国家，造成出口加工区企业物流成本高；而水果作为时令性农产品，依靠薄利多销，运输业的短板特别是不配套制约了两岸水果贸易的发展。

（二）广西水果深加工实力落后

长期以来，广西的水果生产以直接鲜食消费为主要目标，适合用于水果加工的优质、专用品种缺乏，水果加工企业的原料多采用鲜食品种中的残次果。企业没有固定的原料基地，收购的原料品种混杂，造成水果加工产品质量不稳定，缺乏市场竞争力。

广西的水果加工企业有着许许多多的不足，七成以上是年产不足千吨的小企业，缺少科研人才和一流的管理人才，技术水平较低，生产设备陈旧落后。例如，目前广西荔枝龙眼加工企业约有600家，产品却多为荔枝罐头、龙眼罐头、果干等传统初级加工产品，生产荔枝龙眼果汁、果酒、果酱等深加工产品的企业寥寥可数。

（三）两地气候或传统种植技术导致水果产能不稳定

由于台湾受限于土地面积狭小，海洋性气候易受台风等自然灾害的影响，台湾农产品特别是水果、蔬菜，既容易出现滞销，也容易出现供应短缺的问题。台湾2005年曾由于台风影响，水果大幅减产，一度造成一些台湾水果缺货问题，显现出不稳定的产能与市场供应的矛盾。而广西虽然水果种植面积广泛，几乎各县都有果园项目，但大部分种植者都

是当地农户，缺乏科学、高效的种植技术与管理能力。每到收获季节，各城镇水果供应过多，果园因缺乏出售途径而果烂于树，且时常出现品质不稳定的问题，水果质量参差不齐。

（四）政策保障体系不够完善

虽然桂台在农业、工业、经贸、旅游等方面的交流合作不断加强，但也暴露出不少问题，如双方缺乏良好的长期合作机制、台资市场准入范围有限、对投资的政策保障不足等。比如以广西玉林市海峡两岸农业合作试验区的设立为例，农业成为桂台合作的新亮点，取得很多成绩，但问题也很突出。农业是弱势产业，比较利益低，对财政收入的贡献不大，目前广西农业体制与机制尚不完善，整体投资环境不够成熟，合作组织、金融保险、技术推广体系、产品市场体系等还处于发育阶段，造成桂台农业产业对接空间狭窄、合作平台有缺陷、农业合作成效低下。

另外，尽管我国大陆大部分水果产品进口已有国家或行业标准，但相当部分的标准陈旧，规范欠缺，与国际标准不接轨，这对中国大陆水果进出口企业参与国际竞争是一个很大的障碍。

三、广西与台湾水果贸易发展的对策措施

（一）搞好北部湾经济区的港口建设

十多年来，广西逐步重视北部湾经济区港口的建设，如北部湾物流集团加大了防城港的深水航道、泊位和集装箱码头的建设，不断拓展内外贸航线，努力打造连接大西南与东南亚的重要集装箱中转站以及西南沿海区域性国际航运中心。2010 年以来，防城港、钦州港、北海港、铁山港等北部湾经济区港口建设提速，吞吐量逐年提高，为广西水果进出口物流运输带来了便利。近几年广西沿海港口水果进出口货运量见表 2，其中包括广西与台湾的水果贸易量和广西与东盟国家的水果贸易量。

表 2　广西沿海港口海关水果进出口货运量统计表　　单位：吨

年　份	防城海关	钦州海关	北海海关	总　量
2012	57041504	22630429	7272550	86944483
2013	55092666	21816774	8907473	85816913
2014	59068098	22332174	9960324	91360596

（资料来源：广西壮族自治区商务厅对外贸易处官网、中华人民共和国南宁海关官网.）

（二）优化水果种植品种，大力发展水果深加工业

1. 优化水果种植品种，明确加工发展方向

根据国内外水果加工产品市场动态和广西水果原料基本情况，进行水果品种优化种植，广西水果加工应在稳定提高鲜果罐头生产能力、产量和质量的基础上，重点发展以荔枝、龙眼、香蕉、菠萝、芒果为原料的果浆、果汁和冻干果品的生产，适当发展果粉、果膏、果酱、果酒、果醋、果品脆片和脱水果干，形成具有热带特色的市场竞争力强的系列水果加工

制品。

2. 培育水果加工龙头企业

创新组织形式和经营机制，按"公司 ＋ 基地 ＋ 农户"的模式，大力推广订单农业、合同契约、合同加服务、股份合作、资产入股等经营方式，在企业和果农间建立利益联结机制，逐步建成加工企业稳定的原料基地，按照市场需求组织生产。要加速企业集团的组建，通过改组、兼并、联合，培植和组建一批生产经营规模大、技术含量高、辐射带动作用强，集生产经营、科研开发于一体的农工贸一体化水果加工集团。

3. 研发和引进先进设备与技术，提升行业科技水平

根据广西水果加工发展重点和方向，在有计划地研究新工艺、新技术和新设备的同时，加大国外先进技术、工艺、设备和管理水平的引进；政府增加财政性研发投入，针对水果加工业存在的技术难题，组织生产企业、技术研究、装备设计等多部门、多行业进行联合攻关，解决制约行业发展的技术瓶颈。加强水果加工企业与科研单位、大专院校的合作，深入开展水果精深加工工艺、技术、品种等方面的创新研究，加快科研成果的转化，增强行业的科技创新能力和提升行业科技水平，提高水果加工产品的质量和效益。

4. 完善水果加工业的质量标准体系

政府、企业和农户共同努力，建立企业全过程质量控制、检测部门终端检测和市场可回溯制度，以确保食品的质量和安全。以水果加工企业带动农户进行标准化生产，从果园到餐桌实行全过程果品质量控制；加快广西农产品加工质量安全检验检测机构的建设，使质检人员素质、质检设备和质检手段等方面水平不断提升，增强质检能力；研究制定符合广西实际并能够与国际接轨的水果原料和加工制品质量安全标准、全程质量控制技术规程和合格评定标准。

5. 推进水果行业信息化建设

建设和完善政府水果生产工作系统的信息网络，加快水果工作部门政务的信息化。依托"三电合一"农业信息进村入户模式的推广，建立和完善农村果品市场信息网络，开展果业信息服务，及时、准确地向农民提供水果生产经营的政策、科技、市场等信息，促进水果产业链上各主体的信息对称，实现有效对接。

6. 政府加大扶持力度

政府采用税收优惠、财政补贴等扶持性的政策手段加大对水果加工企业的支持，推进其产业化、规模化、集团化发展；制定产业准入制度，加快企业间的重组与联合，提高水果加工业的市场集中度，增强产品的国际竞争力；大力开展招商引资活动，通过合资、外商独资、合作、股票上市等多种方式，建立多元化投入机制，多渠道增加水果加工业发展资金，大力扶持广西水果加工业的发展。

（三）相关政策扶持两地水果业贸易的发展

2010 年 6 月，大陆和台湾签署了 ECFA（海峡两岸经济合作框架协议），自 2011 年 1 月 1 日起实施。其中有 18 种台湾农产品列入早期收获清单，包括香蕉、橙子、柳橙、柠檬、哈密瓜、火龙果、活鱼、生鲜鱼、冷藏冷冻鱼、生鲜甲鱼蛋、鲜兰花、金针菇及茶叶等。例如，大陆从台湾进口的橙子、柳橙、柠檬、香蕉、哈密瓜等水果，2011 年进口关税从原来的

12%降低到5%，2012年后又降低至零关税；火龙果2011年降为10%，2013年降为零关税。ECFA的实施，对台湾农民和相关业者是重大利好，水果销往大陆通关程序更为简化，时间、税费成本大大降低，有助于提升出口竞争力。特别是大陆的消费市场潜力巨大，给两岸贸易带来了巨大发展空间，这让他们十分看好大陆市场。

2011年ECFA生效后，这些原本对大陆出口数量微不足道的水果、鲜花、水产品因大幅降税而成为热门畅销商品，对大陆出口贸易额呈现倍数的增长，尤其是单批进口水果数量显著增长。例如，2011年前9个月与2010年同期相比，销售额有很大增长，如柚子增长了94%，菠萝增长了92%，木瓜增长了36%，番石榴增长了30%，芒果增长了29%。依据台湾“农委会”的数据，2011年1至12月，台湾农产品运销大陆金额为6.7亿美元，比2007年同期的4.3亿美元增长56%。其中，列入ECFA早期收获名单的18种台湾农产品运销大陆金额约为1.26亿美元，比2010年增长了127%，比2007年增长了35倍。特别是生鲜水果销售金额达1022万美元，与2007年的196万美元相比增长4倍，其中以柚子、菠萝、释迦等增长倍数为最多，分别增长44倍、30倍及23倍。

四、前景分析与展望

本文在研究广西与台湾水果业贸易合作现状的基础上，分析了广西与台湾水果业的优劣之处及双方近几年的贸易情况，重点分析了广西与台湾双边水果贸易发展中存在的问题，有针对性地提出了对策建议。要解决广西与台湾双边贸易发展中的问题，进一步发展双方水果业贸易合作，不仅要从双方政府出发给予支持，还要加强衍生产业的建设。

笔者认为，桂台两地水果业贸易合作可以优劣互补，合作空间巨大，前景喜人，潜力巨大。广西和台湾要紧紧依托海峡两岸关系和平发展和“一带一路”战略的实施，以及新一轮西部大开发的机遇，深化广西与台湾交流合作，特别是近些年来广西高度重视并不断深化与台湾在经贸、文化等方面的交流合作，大力加强港口建设，努力发展农产品种植和加工业，并取得显著成效。加强与台湾的经贸往来，已经成为广西积极参与区域经济合作、深化改革、扩大开放的一个重要组成部分，广西与台湾水果产品贸易前景大有可为。

参考文献

[1] 张复宏，张吉国．中国—东盟水果贸易之特征及互补性分析[J]．国际商务——对外经济贸易大学学报，2009(05).

[2] 申朴．服务贸易的动态比较优势研究[M]．上海：复旦大学出版社，2005.

[3] 任爱荣，赵一夫．台湾水果出口大陆的市场效果分析[J]．农业经济问题，2005(12).

[4] 张放，董朝菊．台湾地区水果贸易现状与出口祖国大陆前景分析[J]．中国果业信息，2009(09).

[5] 林燕腾．台湾水果业及其近年挺进大陆市场概况[J]．柑橘与亚热带果树信息，2004(11)：14-16.

[6] 赵一夫．海峡两岸生鲜蔬果物流运销体系的比较分析[J]．福建农林大学学报，2008，11(06)：35-38 .

[7] 郑金英．深化海峡两岸农业合作的路径选择[J]．商业时代，2008(21)：93-95.

[8] 龙宇.对深化桂台经贸合作的思考[J].经济研究参考,2012(23):54-56.
[9] 杨梅.桂台经贸合作的发展现状与对策研究[J].经营管理者,2013(16):26.
[10] 广西壮族自治区统计局.广西统计年鉴 2014[M].北京:中国统计出版社,2014.
[11] 宋海平,高晓瑾.广西发展对外贸易现状及对策[J].科技经济市场,2010(10).
[12] 卢建强.基于竞争优势视角的广西对外贸易发展对策研究[D].南宁:广西大学,2009.

作者简介:

覃志坚,男,1992 年出生,广西桂林市人。经济学学士,广西外国语学院国际经济与贸易学院 2015 届国际经济与贸易专业毕业生。主要研究方向:国际经济与贸易,桂台经济贸易合作。

（审稿：韦克俭）

台商企业投资广西北部湾经济区发展状况

广西外国语学院国际经济与贸易学院　王爱花

摘要：近些年来，桂台合作取得显著成效，台商企业投资北部湾经济区规模逐年扩大，台资企业已成为广西经济社会发展的重要推力。本文着重总结台商企业投资广西北部湾经济区现状，分析新常态下台商投资广西北部湾经济区的重要机遇，并对进一步促进台商投资广西北部湾经济区提出针对性对策和建议。

关键词：台商企业　投资广西北部湾

一、台商企业投资广西北部湾经济区的发展现状

（一）投资规模持续扩大

广西地缘和政策优势十分明显，既是全国唯一与东盟国家有海洋、陆地接壤的省区；又有着CAFTA（中国-东盟自由贸易区）与ECFA（《海峡两岸经济合作框架协议》）叠加的合作区域，近期还被国家定位为“一带一路”有机衔接的重要门户，成为西南中南地区面向东盟开放开发的重要战略支点，加快推进中国-东盟自由贸易区升级版建设，推进商品“零关税”，政策优势持续显现，已成为台湾企业通往东盟门户的重要平台。特别是近些年来，广西主要领导连续几年赴台考察厚植了经贸交流合作的资源，桂台产业界交流合作密切，加快推动广西北部湾经济区发展成为吸引台商投资的洼地和东部台资产业转移的重点。据统计，台商来桂投资呈现快速增长势头，截至2014年年底，广西累计批准登记台商投资1607项，合同台资94.08亿美元，实际到位台资50.24亿美元。双方合作涉及旅游、农业、轻工、电子、汽配、化工、医药、房地产等领域，桂台港口物流、花卉和特色农业合作成为亮点，投资、贸易快速增长。台资已连续成为广西利用境外资金的主要来源之一。其中，仅北部湾经济区的南宁、北海、钦州、防城港4市目前就有台商企业500多家，约占广西吸引台商总数的1/3。2006—2013年广西及北部湾经济区利用台资情况如图1所示。

（二）投资结构不断优化

近些年来，随着广西社会经济发展和产业转型升级不断加快，台资企业在广西投资结构由单纯的传统产业转向新兴制造业，由劳动密集型产业转向资本与技术密集型产业，更多投向电子电器、休闲旅游、生物制药、教育医疗等新兴产业领域，广西不断出台政策支持台商在北部湾经济区建设台湾（钦州）石化产业园、台湾（南宁）轻纺产业园、台湾（南宁）光电产业园、海峡两岸（广西玉林）农业合作试验区以及台湾电子信息产业园、生物制药产业

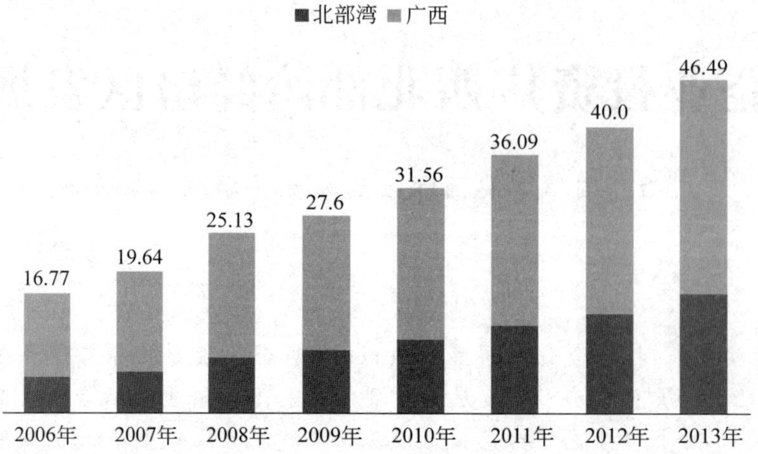

■北部湾 ■广西

年份	2006年	2007年	2008年	2009年	2010年	2011年	2012年	2013年
累计利用台资额	16.77	19.64	25.13	27.6	31.56	36.09	40.0	46.49

图 1　2006—2013 年广西及北部湾经济区累计利用台资额

园等，推动桂台产业合作园区化、集约化、规模化、集群化、专业化发展。比如，截至 2013 年年底在广西投资旅游业的台湾企业已超过 300 家，1/3 以上集中在北部湾地区，目前正向高端旅游、医疗养生、健康休闲、创意型和精品型旅游项目方向发展；截至 2013 年年底共有 145 家台资企业在北海投资，投资总额达 5 亿美元，全球最大的台式电脑光驱生产企业台湾光宝集团、全球最大的液晶显示器及第三大液晶电视生产企业冠捷科技集团等国际著名电子企业均已进驻北海，助推北海集聚电子信息产业研发生产，北部湾“硅谷”正在形成；富士康南宁科技园高新园区项目已经建成投产，计划“十三五”时期在南宁共同建设中国首家具备制造＋研发＋“创新、创意、创业”能力的东盟硅谷科技园；截至 2013 年年底，共有 35 家台资企业落户钦州，建成广西第一个国家级台湾农民创业园，目前已有众多农业创业企业入园。

（三）投资环境持续改善

广西北部湾经济区依托得天独厚的政治、经济、区位、环境优势，不断推动地区经济发展和城市基础设施建设，制定了一系列鼓励台商投资发展的优惠政策，投资环境持续优化和改善。基础设施方面，近些年来，广西首条对台两岸直航集装箱班轮航线——钦州港至台湾高雄港航线正式开通，钦州到台湾的海运时间由 7 天缩短为 3.5 天；“北海港—香港—高雄港”商贸航线也已开通。为了推进桂台航运合作深化发展，广西与台湾签署协议商定，针对广西把北部湾港口建设成亿吨级现代化组合港的目标，桂台将加快推进广西远洋航运以及远海大能力专用泊位、集装箱码头等港口基础设施的发展。已建成的衡柳铁路、柳南客运专线、黎南铁路、南广铁路黎塘西至梧州南段，以及广西沿海铁路南钦、钦北、钦防铁路相继运营，广西北部湾经济区全面步入高铁时代。政策环境方面，广西出台《关于支持台资企业发展的若干政策措施》，是支持台资企业发展最全面、最优惠的政策措施，包括产业支持、财政支持、税费减免、金融支持、土地及用海支持、优化投资环境和提升服务水平等几大类 24 条，为台商进入广西特别是北部湾经济区开辟“无障碍”环境。近些年来广西提出坚定不移地推进北部湾经济区和西江经济带快速发展，实施“双核驱动”发展战略，谋划布局了一批重大产业项目，蕴含重大投资商机，是吸引台商投资北部湾经济区的重要契机。

二、新形势下台商投资广西北部湾经济区的机遇

当前，广西北部湾经济区已进入加快发展时期，区域发展互联互通、跨境经济合作区深入推进、中国-东盟自由贸易区“升级版”加快建设，正是各方分享发展机遇的好时机。主要包含以下三大优势机遇。

（一）政策优势

广西北部湾经济区同时享有民族区域自治政策、西部大开发政策、沿海地区开放政策和边境贸易政策，投资环境和开放优势更加突出。当前，广西发展正面临前所未有的重大机遇，党中央、国务院大力支持广西打造成为“一带一路”有机衔接的重要门户，支持广西建设西南中南地区开放和发展新的战略支点，支持国家战略在广西实现全覆盖，各地区又结合自身情况出台系列惠台政策，将为台商投资广西北部湾经济区创造良好的环境。

（二）区位优势

广西沿海、沿江、沿边，地处华南经济圈、西南经济圈与东盟经济圈的接合部，陆地边境线长1020千米，海岸线长1595千米，有8个县（市、区）与东盟国家越南接壤，是我国唯一与东盟既有陆地接壤又有海上通道的省区，在中国与东盟、泛北部湾、泛珠三角、西南六省区协作等国内外区域合作中具有不可替代的战略地位和作用。同时，珠江流域中的西江黄金航道横贯广西境内，北部湾国际航运中心功能进一步提升，直通粤港澳台，是台商投资广西北部湾经济区最经济的水上通道，也是台商投资东盟最便捷的桥头堡。

（三）人文优势

广西，集海洋文化、农耕文化、民族文化、岭南文化、华侨文化等于一身，多民族文化交融，民族传统文化独具魅力；也是我国第三大侨乡，海外华侨及华人700多万人，与东盟国家拥有地缘、语缘、亲缘“三缘”优势；同时，与台湾有着源远流长的文化交流和长期稳定的合作平台，到目前两地已连续举办了11届桂台经贸文化合作论坛，中国-东盟博览会连续四年设立台湾精品展，这都极力推动了桂台经贸合作，不仅为台商投资北部湾经济区提供了良好的交流平台，也为台商投资东盟自由贸易区创造了有利条件。

三、促进台商投资广西北部湾经济区的对策建议

在当前国际金融危机影响仍未消除、全国经济进入新常态、广西经济正在加快转型升级的大背景下，应从基础设施、产业发展、投资环境等多方面创造条件，进一步深化推进桂台两地经贸文化交流与合作。

（一）大力完善基础设施，创造更好的经贸合作条件

经贸合作的快速发展依托于健全的基础设施。2013 年广西钦州港和台湾高雄港货物直航已经开通，极大地推进了桂台经贸合作，今后应进一步扩大该航线的知名度和影响力，为航线争取长期稳定的货源，同时争取在桂台之间开通更多航班，如北海、防城港等港口与台湾港口的直航航线，逐步建立两地更加便捷的航运网络。同时，依托完善的北部湾沿海高速铁路网络和高速公路网络，以及北部湾经济区保税物流体系优势，探索建立两地长期稳定的商流、物流合作机制，培育实力强、品牌优的大型物流企业，共建面向中国和东盟的商流、物流市场。在航空发展方面，支持企业参与北部湾国际航运中心建设，台湾航空继续加大指导和支持力度，增加直航线路，促进北部湾航空公司加快发展。

（二）充分利用两地优势，推进桂台产业合作

共同推进区域性产业对接与合作，加强产业联系和空间重组，打造产业内部纵向与产业之间横向联系的产业价值链，形成桂台两地产业优势互补、良性互动的良好局面，为桂台两地企业寻求合作、开拓市场创造更多的机遇，推动区域一体化深度发展。一方面，要充分发挥台湾地区开发开放的先进经验，重点引进一批台商先进制造业和现代服务业项目，建立和完善台湾企业到广西开展项目合作的鼓励政策，加强两地产业园区开发与合作，推进双方技术研发和成果转化。另一方面，要充分发挥广西北部湾经济区毗邻东盟、市场潜力大、资源丰富、生态系统优良、开发密度较低、劳动力成本较低的比较优势，建立健全合作机制，积极引导台湾企业投资广西北部湾经济区。

（三）引领台商产业投资，拓宽经贸合作领域

金融方面，应瞄准实力雄厚的大型金融控股公司，着力引进台资银行机构、金融租赁公司、保险公司、投资公司来桂设立办事机构；旅游方面，进一步深化桂台旅游合作，巩固和发展台湾位列广西境外游客数量第一的优势，推动休闲养生、农业观光、健身健康等现代旅游业蓬勃发展。同时加强桂台两地文创、会展产业方面的合作，优势互补，共同发展。在具体发展重点上，可依托南宁市首府经济和服务业发展优势，积极投资文化创意、金融、会展、电商、物流、酒店等产业发展；依托沿海滩涂、海滩、岸线、岛礁等资源优势，积极投资现代旅游、养生旅游、海洋产业发展；依托南宁市丰富的农业生物资源优势、北海市海洋生物优势、玉林市和崇左市生态农业优势，积极投资生物制药、生物育种、观光农业、精致农业等产业发展。

（四）加强人文经贸交流，营造良好发展环境

在目前密切人文经贸交流基础上，通过重大课题研究、人才培养交流、科技实用项目转化等多种形式，进一步在教育、体育、民俗文化、人才储备、科技创新等领域开展友好交流合作，加深相互了解，夯实两地合作基础，促进桂台传统友谊薪火相传。同时，在政府和民间各个层面，努力营造有利于台商发展的良好环境，扶持在桂的台商企业做大做强，切实把《关于促进台资企业加快发展的若干政策意见》落到实处。积极营造良好的舆论环

境，充分利用新闻媒体、网络传媒、电影视频、会展会议等多种方式，向台湾工商界人士和台湾民众宣传广西政策优势、资源优势、产业基础、市场潜力等良好的投资环境，以及改革开放以来特别是新世纪以来广西经济社会发展取得的伟大成就，让更多的台湾同胞进一步了解广西，关注广西，投资广西。

参考文献

[1] 张磊. 新形势下广西对台合作的对策建议[J]. 广西社会主义学院学报，2014(05)：94-100，112.

[2] 张磊. 六省区对台合作措施的比较分析[J]. 经济与社会发展，2013(04).

[3] 戴淑庚，戴平生. 大陆台商投资地区的空间关联性与影响因素分析[J]. 台湾研究集刊，2008(4).

[4] 广西壮族自治区统计局. 广西统计年鉴 2014[M]. 北京：中国统计出版社，2014.

[5] 徐晓伟. 广西北部湾经济区吸引台资的环境评价及政策建议[D]. 桂林：广西师范大学，2013.

[6] 韦海鸣. 广两北部湾经济区经济整合研究[M]. 北京：中国经济出版社，2009：57.

作者简介：

王爱花，女，1986 年出生，河北省石家庄市人。硕士研究生学历，经济师；广西外国语学院国际经济与贸易学院讲师。研究方向：区域经济发展，经济数据分析，概率统计，风险理论。

（审稿：韦克俭）

广西北部湾经济区台资发展现状及存在问题与对策

广西外国语学院国际经济与贸易学院　周凤玲

摘要：在多重利用外资优惠政策和惠台政策的支持下，广西北部湾经济区吸引的台资数量增长，规模扩大，产业集聚凸显，合作层次有所提高，但也面临招商引资竞争激烈、服务体系不够完善、产业集群度低等问题。为促进北部湾经济区引进台资，推动桂台投资合作向纵深发展，本文从桂台产业对接、提高服务水平和加强台资引导等方面提出对策建议。

关键词：广西北部湾经济区　引进台资　发展问题与对策

一、北部湾经济区引进台资的政策与背景

桂台投资合作是经济全球化和区域经济一体化背景下，桂台双方审时度势、深度合作、谋求共赢的趋势所在。十多年以来，随着中国-东盟自由贸易区的建设和发展，广西利用中国-东盟博览会和中国-东盟商务投资峰会等平台，不断加强与国内外及境内外政府、企业、经济组织、民间团体等的联系，投资经济环境有了较大改观，交通设施逐步完善，产业布局日趋合理。尤其是广西北部湾经济区发展上升为国家战略之后，其核心地位凸显，同时，也对该区的经济发展提出了更高的要求。2014 年修订的《广西北部湾经济区发展规划》和《广西北部湾经济区重点产业园区布局规划》指出：加快北部湾经济区以石化、钢铁、林浆纸、电子信息等为重点的产业集群发展，到 2020 年，经济区经济总量占广西的比重提高到 45%左右。经济的发展离不开资金的支持，为适应经济社会发展和对外开放不断深化的总要求，自治区商务厅提出了推动利用外资跨越式发展的“利用外资倍增计划”，政府在多项引资政策中也强调进一步加强与港资、澳资和台资的合作。

据广西商务厅公布的数据显示：2015 年 1～6 月，广西引进的台商直接投资合同金额 838 万美元，项目 10 个，实际利用台资金额 544 万美元。截止到 2015 年上半年，广西引进台资项目累计达 1600 余项，实际利用台资额 50 多亿美元。台资是广西外资的重要来源之一，政府非常重视，曾多次派出考察团赴台湾考察交流学习，引进了包括富士康、统一、麦斯鞋业等一批台湾知名企业。台湾经济发展水平高于大陆，更高于广西，但台湾岛内资源有限，中国-东盟自贸区建设以来，台湾在东南亚的经济地位被边缘化，急需寻求改善经济的新途径；2010 年《海峡两岸经济合作框架协议(ECFA)》签署后，两岸贸易投资关

系增进，大陆成为台资进军东盟市场的便捷渠道，而与东盟水陆接壤的广西北部湾经济区具有衔接CAFTA和ECFA得天独厚的区位优势，加上经济区重叠的引资发展政策，成为台资选择的理想地区。

二、广西北部湾经济区台资发展的现状和特点

2010—2013年，广西引进台资数量呈逐年下降趋势，实际利用台资额从2010年的990万美元下降到2013年的186万美元，尽管引资形势不乐观，但北部湾经济区六市（南宁、北海、钦州、防城港、玉林、崇左）的合同引资规模2010—2013年在全区引资总量中占据的比例高达65%以上，分别为74.4%、66.52%、67.41%、73.63%，说明北部湾经济区仍是广西最吸引外资（包括台资）的区域。2014年广西引进台资有了飞跃式增长，引进台资项目24个，是2013年的2倍；实际利用台资额791万美元，较2013年增长了3.25倍，远高于广西当年实际利用外资额的增长率（43%）。伴随着台资数量的增长，台资在广西北部湾经济区的布局和结构也发生了一些变化，呈现如下特点。

（一）数量有所增长，但规模总体偏小

2008年以来，广西确定了21个工业园区作为承接台资转移和吸纳台资项目落户的“桂台经济合作基地”，共承接台资企业200多家，包括在北部湾经济区投资金额6000万美元的冠捷显示科技（北海）有限公司，在北海投资9500万美元打造光驱主要生产基地的台湾光宝集团下属建兴光电股份有限公司，以及计划在南宁投资50亿元建立生产基地的富士康集团等。但从整体来看，广西台资规模较小。数据显示，2010—2014年，广西年均新增台资项目20个左右，平均规模不到50万美元，百万美元的项目少，千万美元的项目屈指可数。而大陆台商投资较集中的福建省，2008年台商投资平均项目就已达500多万美元，其中单项总投资在千万美元以上的就有上百家。

（二）行业分布广，集群化趋势凸显

广西北部湾经济区重点发展园区经济，支持台商投资建设台湾产业园，推动园区经济从单个产业项目向产业集群发展。目前，台商在广西投资的主要领域涉及农业、生物医药、电子信息、电力、石化、建材（水泥）、轻工食品、旅游、房地产、商贸物流等。广西北部湾经济区内台资比较集中的园区有台湾（钦州）石化产业园、广西-东盟经济技术开发区（台湾轻纺产业园）、台湾（南宁）光电产业园、海峡两岸（广西玉林）农业合作试验区，以及台湾电子信息产业园、生物制药产业园、南宁（台湾）花卉示范产业园等，其中，台湾轻纺产业园有台资企业15家，海峡两岸（广西玉林）农业合作试验区有台资50多家，南宁（台湾）花卉示范产业园有台资27家，初步形成了台资在农林牧渔以及食品加工、鞋业制造、电子信息等方面的集聚。

（三）经济区内享有的优惠政策多

广西北部湾经济区地处华南经济圈、西南经济圈和东盟经济圈的接合部，是我国西部

大开发地区唯一的沿海区域，也是我国与东盟国家既有海上通道，又有陆地接壤的区域，同时享有国家支持西部大开发政策、国家层面的惠台政策和广西政府的各项招商引资优惠政策及针对台商投资的专项政策，内容涵盖了台商投资所重点关注的基础设施建设、金融支持、财税扶持以及投资环境优化和政府服务水平提升等方面。自治区政府出台的《关于支持台资企业发展的若干政策措施》是进一步支持台资企业稳步发展，扩大和深化桂台投资合作的有力保障。

（四）投资交流的平台和机制逐步完善

自20世纪90年代初大陆开放台商投资以来，台商在大陆的投资发展迅速，也从大陆的各项优惠政策及经济发展中获益不少。中国-东盟自由贸易区建设以来，台商有意借大陆扩张东盟市场，北部湾经济区作为连接大陆和东盟的桥头堡，受到台资极大的关注。广西利用中国-东盟自贸区建设发展的时机，借助中国-东盟博览会和商务与投资峰会等平台宣传广西的投资环境和引资政策，对吸引台商起到了很多作用。从2005年开始的一年一度的桂台经贸交流合作会日益活跃，广西以此为契机，加强桂台深入交流合作，促使桂台双方在投资项目数量、规模和投资领域等方面有了实质性提升。除此之外，台湾的一些经济组织和行业协会在广西设立机构和办事处，加强与广西的交流；广西南宁、玉林等地市也曾不定期举办各项台商专题活动，引进台资合作。

三、北部湾经济区台资发展的经济效应及面临的问题

多年来，桂台投资交流进展顺利，双方一直保持友好合作关系，对广西经济发展产生了积极的影响。台资作为广西北部湾经济区外资的重要来源，在一定程度上推动了经济区经济的发展。台资不仅从资金上弥补了经济区建设资金的不足，大型台资企业、行业龙头企业的入驻也带动了配套产业链企业的集聚，有益于经济区产业结构的调整和完善，以及相关产业技术的更新与进步。如富士康、统一、麦斯集团、味丹集团、台湾福昌集团、冠捷科技、昆仑集团等企业带动北部湾经济区电子信息、食品、农业技术、商贸物流等行业的集聚和集群发展，进一步丰富和完善了经济区的产业布局。同时，也扩大了经济区的就业岗位和服务需求，有利于经济区的社会稳定。尽管如此，广西台资企业发展仍面临如下一些问题。

（一）各地区招商引资竞争激烈，经济区扩大台资规模面临严峻挑战

随着东部沿海城市生产成本上涨，聚集在珠三角、长三角等发达地区的台资企业有意将已有的产业向中西部内陆省份转移。而ECFA的签署，使两岸经贸合作关系进一步加强，为寻求新一轮发展机会，台资加大了在发达地区高层次产业和新兴产业的布局。在此背景下，大陆各省（市、区）先后出台了各项优惠的招商引资政策，承接台资产业转移。目前，大陆地区引进台资规模较大的省份是广东、江苏和福建。这些省份经济发达，与台资合作已久，已有台资项目过万，其在投资环境、服务设施、产业布局等方面都比广西北部湾经济区有优势。台湾地区电机电子工业同业公会公布的《2015中国大陆投资环境与风险

调查报告》显示：综合各因素，台商最喜欢的仍是长三角，其次是西三角（以重庆经济圈、成都经济圈和以西安为中心的关中城市群为核心的西部地区大经济实体）。北部湾经济区虽地处华南经济圈、西南经济圈和东盟经济圈的接合部，拥有得天独厚的区位优势，但相对薄弱的经济基础仍在一定程度上制约了引进台资的规模。另外，随着全球制造业成本上涨，与广西北部湾经济区毗邻的东盟国家利用其在劳动、土地等资源方面的优势，加大了对承接全球制造业产业转移的布局。相关资料显示，近几年，台资向越南转移迹象明显。广西北部湾经济区引进台资不仅面临大陆省份的竞争，也面临周边国家的竞争。

（二）服务于台资企业的体系有待完善，水平有待提高

目前，北部湾经济区乃至整个广西的台资项目大多数是基于政府层面的交流平台引进的，台资引进之后，如何引导和服务以实现双赢是各部门重视的问题。对外资的服务涉及政策、交通、物流、融资、生活保障等方面。从现阶段北部湾经济区部分台资企业反映的情况来看，政府服务水平主要需在以下几方面改进和提高。一是对台优惠政策不够具体和实际。经济区虽同时享有国家支持西部大开发政策、国家层面的惠台政策和广西政府的各项招商引资优惠政策及针对台商投资的专项政策，但很多台资企业并不了解，它们认为企业注册和项目审批的手续烦琐，涉及部门多，程序不明朗，没有感受到实在的服务。另外，广西的台资项目总体偏小，主要集中在传统加工制造、商贸物流和旅游、房地产等行业，而政府出台的某些台资专项优惠政策多是针对一些大项目和广西重点产业的，大部分中小台资企业都享受不到。二是政府服务人员对政策了解不深。南宁市部分台商反映有些政府工作人员本身对两岸的经贸合作政策和形势不够了解，所以无法高效率地引导台资项目审批。三是台资企业在当地融资渠道少，融资难。广西壮族自治区政府《关于支持台资企业发展的若干政策措施》中明确加大对台资企业的金融支持：支持银行业金融机构增加台资中小企业贷款，并享受广西中小企业贷款风险补偿政策。在广西投资的台资中小企业均可享受广西扶持中小企业的信贷优惠政策。支持符合条件的台资企业在广西发起设立小额贷款公司。但这些支持政策并无具体实施细则，南宁多家台资企业反映在大陆贷款难，程序复杂，贷款成本高。

（三）台资产业集聚规模小，与广西重点建设产业结合不够紧密

如前所述，广西北部湾经济区内台商企业比较集中的园区有台湾（钦州）石化产业园、广西-东盟经济技术开发区（台湾轻纺产业园）、台湾（南宁）光电产业园、海峡两岸（广西玉林）农业合作试验区，以及台湾电子信息产业园、生物制药产业园、南宁（台湾）花卉示范产业园。钦州石化产业园以中石油千万吨炼油厂和原油储备库为龙头规划产业链，促进产业集群，目前落户区内的企业有荷兰壳牌、美国鑫源、新加坡胜科、中国电力投资等世界著名公用工程公司，台资在园区的投资项目相对偏小，主要涉及烟酒、化学工业和码头仓储等项目。广西-东盟经济技术开发区有台资企业15家，主要从事轻纺制鞋、食品加工，其中，食品产业快速聚集，已发展成为广西乃至中国西南最大的食品加工基地。南宁光电产业园主要以两大台资企业为主：台湾第二大LED制造商璨圆光电股份有限公司和以科研和实力著称的东巨集团。海峡两岸（广西玉林）农业合作试验区引进包括旺旺集团、福

昌集团、台湾农友种苗股份公司在内的台资企业50多家，总投资额40多亿元，成功引进台湾农业新品种、新技术近300项，成为广西现代农业聚集地和桂台农业合作交流的重要平台。台湾电子信息产业园主要集聚了光宝集团、冠捷科技、建准集团等一批全球知名电子企业，形成了以加工出口贸易为主的电子产业集群。总体而言，广西北部湾经济区台资企业所占比重不高，台资主要聚集的产业是轻工食品制造、农业技术及农产品加工和电子信息，而广西北部湾经济区优先发展和打造的千亿元产业主要涉及石化、钢铁、林浆纸、冶金、装备制造、能源和电子信息，并计划重点推进高端装备制造、生物医药、海洋产业、新材料、新一代信息技术等战略性新兴产业的布局。

四、广西北部湾经济区台资发展的对策建议

在多重外资优惠政策和惠台政策的支持下，广西北部湾经济区台资数量增长，规模扩大，产业集聚凸显，合作层次有所提高，但也面临招商引资竞争激烈、服务体系不完善、产业集群度低等问题。为提高广西北部湾经济区台资企业的发展水平，推动桂台投资合作向纵深发展，提出如下建议。

（一）发挥经济区优势和特色，做好桂台产业对接

广西北部湾经济区最大的优势是区位优势，从国家战略层面看，得天独厚的区位优势使其成为中国-东盟合作的“三基地一中心”（物流基地、商贸基地、加工制造基地和信息交流中心）、西南中南地区开放发展新的战略支点以及“21世纪海上丝绸之路”新门户枢纽。该经济区应充分利用国家各种开放发展政策，加大宣传力度，让台资对经济区有更全面深入的了解。另外，广西与台湾处于同一纬度，气候相似，且有直达航班，交通方便，有利于双方在种植、旅游观光和餐饮服务等多方面拓展合作空间。为了推动台湾产业转型升级，台湾“行政院”2009年陆续推出六大新兴产业，包括绿色能源、生物科技、观光旅游、健康照护、精致农业及文化创意产业等。广西北部湾经济区在生物医药、旅游、精致农业（花卉、热带水果、观赏鱼等产业）方面有一定基础，双方具有合作发展潜力。例如，广西北部湾经济区的南宁高新技术产业开发区以生物工程和制药作为特色主导产业之一，经过多年发展，已初具规模和实力，逐步形成了以培力药业、桂西制药、博科药业、中诺生物等企业为代表的生物医药产业群，并且大部分企业制定了相应的转型升级规划。台湾在生物医药方面技术先进，如若与南宁高新区或北部湾经济区的相关产业合作，有利于促进双方在生物医药领域的技术和产业升级。

（二）优化投资环境，提高服务水平

目前制约广西北部湾经济区发展的瓶颈主要有“产业不强、港口不大、通道不畅、体制不顺、环境不优”，直接影响到经济区的招商引资。其中，产业、港口和交通设施等是硬环境建设，已得到逐步改善。相关管理部门意识到：对广西北部湾经济区未来一段时期的发展而言，将着力优化投资服务软环境，推动园区由重硬环境建设向重软环境建设转变。北部湾经济区招商引资的软环境建设应从政策法规、政府行政能力水平与态度、体制机制

等方面入手。对于政府而言，应加快职能转变，真正向服务型政府转变。有优惠政策就要宣传和执行，不应让政策流于形式，对于不符合实际的政策法规应及时修改或废除，让台商切实感受到有实惠政策可依。相关工作人员也应与时俱进，主动了解两岸经贸关系和政策变化，更好地服务台商。同时，在国家积极推动简政放权改革之际，经济区也应适时规范和简化外资审批程序，完善台资入驻手续和入驻后的保障和服务，如融资问题、用工问题、就医问题、子女读书就业问题等。

（三）加强台资引导，主动向重点产业和特色产业靠拢

《广西北部湾经济区发展规划(2014)》和《关于深化北部湾经济区改革若干问题的决定(2014)》明确提出了北部湾经济区重点发展产业和特色主导产业的规划，即加快以石化、钢铁、林浆纸、电子信息等为重点的产业集群发展；重点推进高端装备制造、生物医药、海洋产业、新材料、新一代信息技术等新兴产业发展。目前，广西北部湾经济区台资企业在石化、电子信息、生物医药等领域均有所涉及，但石化和生物医药行业的台资规模不大，企业集聚不多，电子信息领域的台资项目则多以加工出口贸易为主，技术含量不够高，而海洋产业、高端设备制造等领域几乎是空白。经济区重点产业和特色产业的建设需要各路资金支持，虽然现阶段经济区引资压力较大，但择优引资，利用外资带动和促进地方经济转型升级是大势所趋，将来在引进台资方面可加强引导，在重点发展领域，尤其是台湾有经验和优势的领域如海洋产业、生物医药和新一代信息技术，可有针对性地深化与台商交流，也可借鉴海南、青岛、福建等地与台商进行海洋产业开发合作的经验，促进桂台在北部湾经济区海洋产业方面的合作，进一步引导台资主动向广西的重点产业和特色产业发展。

参考文献

[1] 李非，陈茜. 台商在福建投资的发展回顾与政策思路[J]. 福建师范大学学报：哲学社会科学版，2010(02).

[2] 广西壮族自治区人民政府《广西北部湾经济区发展规划(2014)》.

[3] 广西壮族自治区人民政府《关于深化北部湾经济区改革若干问题的决定(2014)》.

[4] 张瑞枝，黄光云，唐拥军，等. CAFTA 和 ECFA 背景下深化桂台经贸合作研究[J]. 改革与战略，2012(05).

（本文系 2014 年度广西教育厅科研项目《广西北部湾经济区引进 FDI 的现状及对策研究》成果之一，项目号 YB2014446。）

作者简介：

周凤玲，女，1985 年出生，广西桂林市人。毕业于广西大学商学院，经济学硕士，广西外国语学院国际经济与贸易学院讲师，经济师。主要研究方向：国际贸易与投资，桂台经贸合作。

（审稿：叶传财）

关于吸引台资入邕，加快推进邕台经济深度合作的调研及建议

广西外国语学院国际经济与贸易学院

韦克俭　潘连乡　杨　梅　韦玉球　张路明　陈　倩

摘要：广西南宁市简称"邕"，是广西的首府和北部湾经济区的核心城市，从 2002 年中国-东盟自由贸易区提出并开始建立以来，作为区域性较大都市并辐射东盟国家的作用日益突出。为了更好地吸引台资入邕加快推进邕台经济深度合作，笔者在南宁市台湾同胞联谊会和台湾民主自治同盟南宁市支部委员会的大力支持下，对南宁市台资企业发展情况、南宁市台资企业发展中存在的困难和问题、吸引台资入邕加快推进邕台经济深度合作的意见和建议等三个方面进行了深入的调查研究，写出了这篇表明调研情况及建议的文章。

关键词：南宁台资　邕台合作　调研建议

南宁作为广西的首府及北部湾经济区的核心城市，其重要性日益凸显。2014 年 6 月自治区发改委发布了《南宁北海钦州防城港玉林崇左百色市区域一体化发展规划》(简称《一体化规划》)，南宁、北海、钦州、防城港、玉林、崇左、百色抱团发展将全面实现七市同城一体化，《一体化规划》从优化空间布局、实现基础设施互联互通、推动产业分工协作、推进新型城镇化建设、构建开放合作新高地、促进生态文明共建、提高公共服务水平等方面做了设计。2014 年 7 月，国务院批复《珠江—西江经济带发展规划》(简称《两江规划》)，提出要推进协同发展为主线，着力打造综合交通大通道；坚持绿色发展，着力建设珠江—西江生态廊道。两个"规划"的实施，对充分发挥七市作为我国西南地区出海出边大通道的战略作用，打造西南中南地区开放发展新的战略支点，加快南宁新发展具有重大意义。

南宁市的新发展面临众多的机遇和挑战，发展是硬道理，发展需要大量资金投入。引资当中，吸引台资入邕是比较好的选择，这可加快推进邕台经济深度合作，有着重要的经济意义和重大的政治意义。为了更好地吸引台资入邕，加快推进邕台经济深度合作，2014 年 5～8 月，南宁市台湾同胞联谊会(简称台联)和台湾民主自治同盟南宁市支部委员会(简称台盟)组织专题调研组，通过实地考察、专访、座谈会、问卷调查等多种方式，走访调查了南宁市青秀区、西乡塘区、高新技术开发区、经济技术开发区、武鸣县广西-东盟经济技术开发区等地的主要台资企业，现将调查研究情况报告如下。

一、南宁市台资企业发展情况

台商从20世纪90年代初开始进入南宁市投资，在1994年成立了南宁台商投资企业协会，陈平和、陈信南、周世进、卢明汉等人先后担任会长。广西于1997年颁布实施《中华人民共和国台湾同胞投资保护法》办法，2007年制定《广西壮族自治区鼓励台湾同胞投资若干规定》，2008年制定《南宁市鼓励台商投资工业企业相关政策及服务措施》，2009年制定《广西壮族自治区人民政府关于支持台资企业发展的若干政策措施》，吸引了台湾工商界一大批投资项目，以先进制造业为重点，并优先保证重点发展的行业，涉及食品加工、交通基础设施建设、进出口加工等行业领域，为南宁市带来了资金、先进的技术和管理经验。比较早地投资南宁的台商企业有嘉泰水泥制品有限公司、欣昌新型塑料制品有限公司、龙昌日用塑胶制品有限公司、南宁远东农牧渔有限公司、钻石广场万隆百货公司等。

从调研数据分析可以看出，台商投资者对广西壮族自治区范围内看好投资的城市前三个依次为南宁(占46%)、桂林(占17%)、防城港(占13%)，见图1。

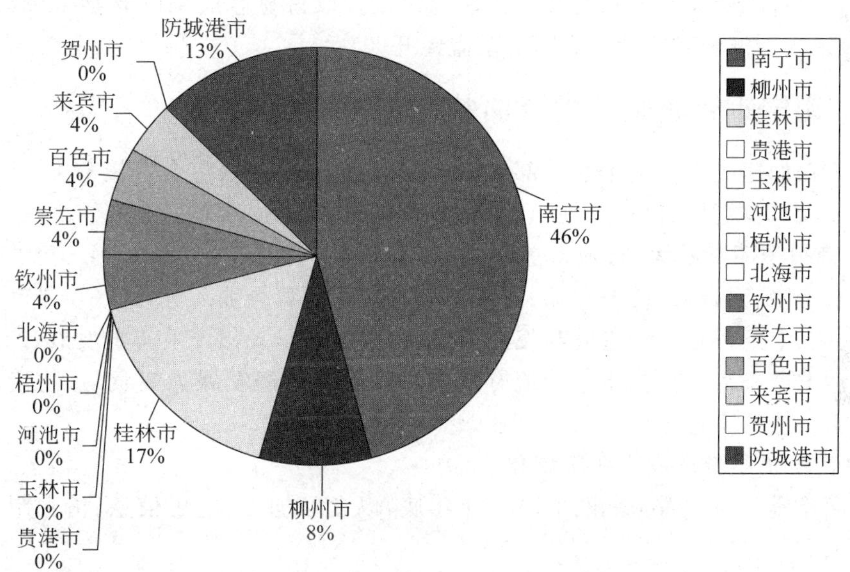

图1 台商投资者对广西壮族自治区范围内看好投资的城市调查分析

(一) 南宁市台资企业发展现状

调研结果显示，台商投资南宁的劳动密集型产业比较多，如富士康科技集团、麦斯鞋业等，投资领域趋向于区域化、投资方式多样化，台资企业逐步适应南宁投资政策和法律环境，了解南宁的人文风俗，投资趋于理性。

1. 台商投资环境不断改善，政府服务方式进一步改进

南宁市制定吸引台资的政策保障体系，制定并适时更新南宁市工业企业发展规划。特别是2009年《广西壮族自治区人民政府关于支持台资企业发展的若干政策措施》出台，行政审批手续减少，简化了外商投资项目审批程序，积极推行一站式办公、一条龙服务，规范了台商投资项目管理。南宁市相关工业园区工业用地出让政策、税收政策、加工贸易政策及南宁市教育局为台商子女就读南宁市中小学服务措施等为台商在南宁市投资创业、安家立业提供了政策支持。

2. 台资企业效益逐步显现，投资结构升级

不少台资企业顺势新办项目或扩大规模，从制造业到现代服务业，从代工向设计、销售、创立品牌延伸。其中国际知名企业如台资昆仑物流公司进入广西，从事中国与东盟国家的坚果贸易往来，很快占据中国腰果市场份额的73%左右，计划在南宁、崇左建设优势特色农产品生产和深加工为主的现代农业。现代农业、现代服务业、战略性新兴产业的介入，使台资企业结构加速优化。

3. 台商投资者对南宁投资环境熟悉和了解后投资趋于理性

广西陆续改善投资硬环境，依托资源丰富、基础设施较为完善、劳动力充足等优势，突出重点抓好能源供应、交通运输体系、出海大通道等关键性工程的建设。台商在以电子信息、生物医药、高新技术为代表的先进制造业和以旅游、物流、会展为代表的现代服务业等领域积极开展特色产业基地和配套工业基地建设。取得显著成果的有富士康科技园(高新区、江南区)、台湾轻纺产业园(广西-东盟经开区)等。

(二) 南宁市台资企业发展的特点

南宁正在加速成为台资企业总部聚集地。广西14个地级市台资最密集、项目规模最大的是南宁，台资项目不仅资金规模达到37.3亿元，而且层次越来越高。

1. 台商投资不断扩大，行业覆盖面广

随着富士康、康师傅、统一食品、昆仑集团等行业领军企业入驻，进一步带动了关联企业、配套企业、上下游企业的进驻与发展，全市台资经济呈现出产业集群发展、产业链不断拉长的联动发展态势。比如昆仑物流有限公司这两年已经发展为集贸易、物流、加工、销售和研发于一体的工业生产及贸易企业。

2. 台商投资逐步形成产业区域化

从台商投资项目来看，截止到2013年年底，以食品加工、电子信息、精密制造行业所占比重较大。

台商投资南宁市相关园区情况如下：①广西-东盟经济开发区是以南宁华侨投资区为基础建立的自治区级A类工业园区，具备了大规模承接工业项目(群)的能力。目前，园区有台资企业12家，重点发展食品、农副产品加工、建筑材料、服装鞋帽加工、家具制造等产业。②吴圩台湾花卉产业园，占地面积2350亩，引入台湾“公路花园”模式规划建设。园内有台商企业26家，借助南宁市的区位优势，发挥产业集聚效应，形成园林花卉产业链。

3. 台资企业自主研发、自主创新呈现良好势头

从2009年起，台湾连续推出六大新兴产业规划，将生物科技、观光旅游、绿色能源、医疗照护、精致农业和文化创意等六大产业作为台湾产业调整和发展的新方向。自主创新、结构调整，已经成为台资企业的新追求、新实践。一些台资企业为了进一步提高产品质量，提高产品的科技含量，自己建立研发机构，开发新产品。台商战略性新兴产业初具规模，拥有一批战略性新兴产业、优势企业。从调研数据来看，台商比较看好南宁市的现代农林牧水产业投资，见图 2。

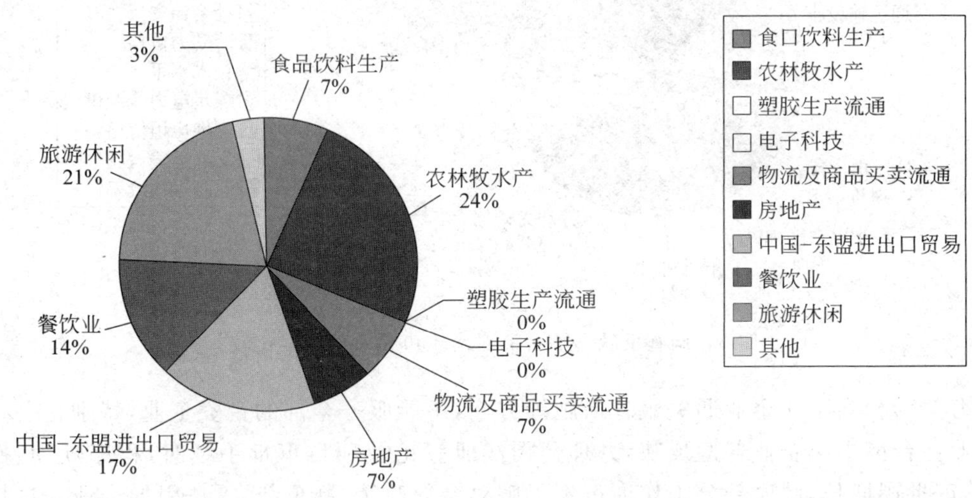

图 2　在南宁市投资前景看好的行业分析

根据南宁市战略性新兴产业发展规划(2013—2020 年)，南宁市将重点发展生物、新一代信息技术、新能源、新材料、节能环保、先进装备制造等产业。但是南宁市战略性新兴产业发展仍处于起步阶段，存在不少问题和制约因素。主要是：产业规模小，整体实力不强；产业链欠完整，配套体系不完善；自主创新能力弱，缺乏核心技术；企业数量少，缺乏龙头企业；领军人才少，人才支撑体系有待完善；体制机制不健全，发展环境有待优化。引进台商投资是南宁市发展战略性新兴产业的重要措施。

二、南宁市台资企业发展中存在的困难和问题

从本次调查研究分析得知，目前影响台商对南宁市投资的因素主要有政府行政效率、服务水平、土地价格、劳动力价格、交通运输设施、鼓励政策等，见图 3。同时也发现，目前南宁市的台资企业在这些方面都遇到一些困难和问题。

(一) 投资环境不够好

本次调查研究的数据显示，台商普遍认为，政府的服务水平和行政效率是招商引资的 6 个主要因素之一，但是不管台商还是台资企业员工，都认为目前南宁市的服务水平仍需提高。在调查研究中发现的主要问题有如下三个。

1. 服务效率不够高

目前，只在《南宁市鼓励台商投资工业企业相关政策及服务措施》中有关于规范行政审批程序、减少审批环节、提高办事效率的规定，但是该服务措施只涉及南宁市台商建设项目工程报建有相关的并联审批实施方案、南宁市工商局为台商工业企业工商服务措施、

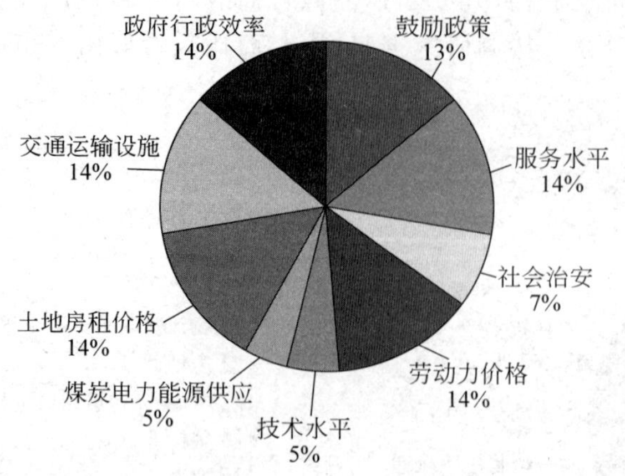

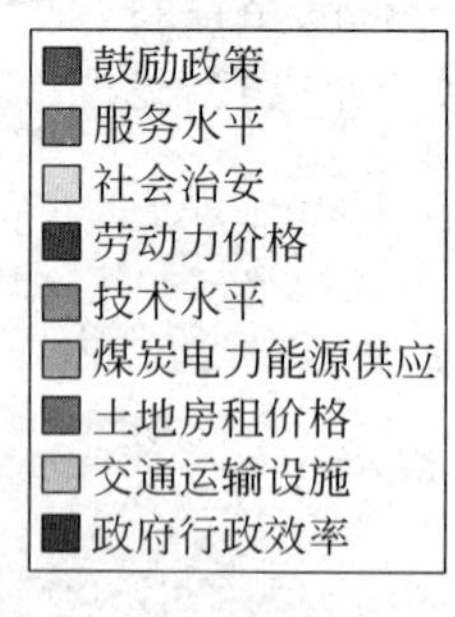

图 3　调查反映影响台商对南宁市投资的因素比较

南宁海关为台商工业企业通关服务措施等方面，不能服务全部的台资企业，特别是一些中小企业。台商中小企业普遍反映，办理公司注册登记及项目审批手续时，程序烦琐、操作复杂、审批周期长，政府部分工作人员不了解对台新政策、新形势，无法引导企业人员快速办理项目审批。此外，一些企业反映，各种座谈会参加了很多，但问题处理得很慢，有的问题反映很久也得不到有效、合理地解决。

2. 工作机构不健全

台商办理公司注册登记或项目审批手续时，要涉及多个行政部门，因为没有具体的对台服务部门和服务窗口，外加各部门之间职权不够明确，导致在申办企业和生产经营中，不清楚究竟有哪些政策规定，应该办理哪些手续，应到哪些部门办理。如台湾花卉产业园的台商反映，在广西办理树种销售准入所需要的检验检疫证和运输证手续过于繁杂，特别是区内和区外的运输证分属两个行政部门管理，希望能简化程序。

3. 法治环境不完善

企业在选择投资方向和所在地的时候，往往首先考虑法治环境。一方面，南宁缺乏涉台争端解决机制，随着在邕台商的增多，涉台投资案件也日益增多，但是南宁目前并没有涉台投资争端的相关法规和政策，使得台商的权益没有很好地得到保护。如嘉泰水泥厂反映，产品被盗案得不到及时解决。另一方面，南宁的城市治理和社会管理也不够完善，如部分台商对南宁的印象是传销集团诈骗中心，严重影响了南宁市诚信体系建设和城市形象。

（二）用地招工融资难

本次调查研究显示，土地价格和劳动力价格是影响台商对南宁市投资的重要因素。目前，南宁市的台资企业在投资中，普遍存在用地比较难、招工比较难和融资比较难的三大困难。

1. 用地比较难

部分企业反映，南宁的土地租金比较高；嘉旺水泥、宇治园茶叶公司均反映其企业在南宁武鸣建厂房的都是土地临时使用证明,没有土地使用证,无法设立固定的生产线;嘉泰水泥反映,土地使用新旧条款矛盾,不利于项目建设经营,在良庆区在建项目的5亩土地问题历时2年未能解决,影响生产。

2. 招工比较难

从调研中发现,目前在邕台商对南宁市投资的原因,南宁市劳动力成本低这个因素排第三位,见图4。同时,部分台商反映投资地点较偏远,周边交通、生活环境还不够完善,由于劳动强度大、工作时间长,用工缺口较大,都不同程度地存在着用工难、招工难、留人难等问题。例如,很多开发区没有公交站点、没有商场等基本生活设施,生活、交通不便,工人都留不住,比如位于江南区的明阳台湾花卉中心。所以台商们会认为配套生活设施不齐全,来南宁投资、生活很不方便,这是导致招工越来越难的一个重要原因。

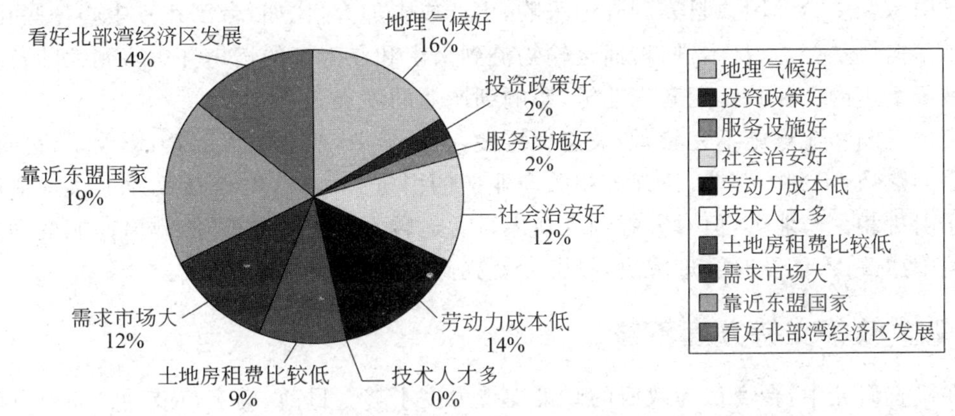

图4 在邕台商对南宁市投资的主要因素分析

3. 融资比较难

据嘉泰水泥制品有限公司等多家台资企业反映,大陆贷款与台湾贷款差异很大,在大陆贷款很难,借贷费用成本高,是台资企业生产经营困难的又一原因。对南宁市部分台资企业的走访和调研发现,投资额度在500万美元以上的企业不到10%,其余皆为中小企业,这些中小企业中的70%存在资金需求不能满足现象,对台商贷款控制很严,办理程序复杂,只有约10%能够融资。

(三)交通运输物流设施不够完善,产业配套缺乏

本次调查研究发现,交通运输物流设施不够完善是影响台商对南宁市投资的重要因素,目前存在以下问题。

1. 运输物流不方便

台商从我国台湾、日本等地运输原材料、种苗等采用的运输物流方式,先从货源地海运到广东再运到南宁,运输不便而且成本高。台商普遍反映,广西的港口吞吐量偏小,出口无法满足货物运输,需要运到深圳再出口。这给企业增加了物流成本,使收益减少。在武鸣广西-东盟经济开发区的制鞋企业和在明阳花卉产业园的台商企业问题最突出。

2. 办理通关速度缓慢

据台湾花卉中心等多家台商反映，在检验检疫过程中，行政部门职责不明确，直接影响到通关手续的办理进程，"进口许可"手续办理速度缓慢。特别是园林农产品销售区内到区内办一个证，区内到区外又另办一个证，不同部门在不同地址办理，导致台商办证不方便，费时、费力，手续繁多。而在广东设有专门服务台商的部门跟踪办理，报检通关手续当天或者次日即可办好。

3. 报批手续较繁杂

部分台商反映，在台商公司注册许可、农产品进出口过程等方面，从验资、资金使用途径、产品检验检疫到相关证件办好手续太繁杂，时间大多需要 2 个月以上。

4. 缺乏产业配套

已引入大多台商因原料需到外地采购，生产成本加大，比如，台湾花卉中心一些花卉、树木种苗需要从台湾、日本进口，而运输物流到南宁和在南宁的培植并销售到大陆各地直接反映了引进的产业缺乏配套产业链，影响到产业的发展。

交通运输物流设施不完善，通关速度缓慢，手续繁杂，产业缺乏配套，影响了台商们投资南宁的热情，不利于鞋业、花卉等相关产业链的引进。例如，麦斯鞋业为了减少生产成本试图引进相关产业链，但对方看到麦斯入邕后运转不顺遇到的问题(政府职能变动给其造成的困惑等)不能及时合理解决，投资方就犹豫了。

(四) 政策支持力度不够

在调查研究中，台商认为政府的政策支持力度不够。目前，南宁市鼓励台商投资的政策主要有以下一些。

(1) 南宁市政府办公厅 2008 年印发的《南宁市鼓励台商投资工业企业相关政策及服务措施》，调查发现：①该政策的服务措施主要倾向于规模比较大、投资总额比较多的台资企业，而台资企业大部分属于中小企业，无法享受相关优惠政策；②该政策主要是鼓励台商投资工业企业，目前台商在南宁市投资前景看好的行业主要是农林牧水产、旅游休闲、中国-东盟进出口贸易和餐饮业等，该政策已不符合现今发展形势。

(2) 广西 2009 年出台的《广西壮族自治区人民政府关于支持台资企业发展的若干政策措施》(以下简称"24 条")，经过调查发现：①该政策宣传力度不够，大约 90%的台商对"24 条"的具体内容不了解；②时效性已过，"24 条"的部分扶持政策的时效性只到 2012 年；③条款内容不够明晰，大部分条款没有具体的实施细则，不利于实施；④行业定位不够准确，"24 条"涉及的部分行业实际上并没有台商参与投资。

(五) 医疗教育保障不完备

1. 医疗保障服务系统没有连续性

南宁市第一医院 2009 年曾为台商发放医疗优诊卡，大多数台商能享受医疗服务的便捷通道，但是就医模式陈旧、费用高，加上近两年优诊卡已失效，没有延续"24 条"政策的医疗保障，导致台商出现"小病自己看，大病回台看"的尴尬局面。

2. 台商子女教育问题没有得到妥善解决

由于部分台商生产区和生活区在郊区，他们想为子女选择较好的学校入学接受教育，可经常被告知严格按照地段划分、依户籍地段入学，他们要花费很多精力四处奔波，疏通关系，根据明码标价支付高额赞助费送子女入学，有的台商只好将子女送回台湾接受教育。

三、吸引台资入邕加快推进邕台经济深度合作的意见和建议

广西壮族自治区和南宁市的党委与政府十分重视引进台资来发展经济，广西壮族自治区党委书记彭清华在2013年3月29日就指出广西要“将台资企业作为未来招商引资的战略重点，吸引更多台商投资广西”。市长周红波在2013年4月10日也指出要“将南宁打造成为台商投资新洼地”，“以最优的政策、最高的效率、最好的服务、最优的环境的‘四个最’标准，努力支持好、协调好、服务好台资企业在南宁的发展”。因此，我们应该根据南宁市的实际情况，积极借鉴其他地方的经验，从以下几方面吸引台资入邕加快推进邕台经济深度合作。

（一）优化台资企业投资环境

台资企业要引得进、留得住、做得好，就要放宽政策、简化手续、改进服务，为企业发展营造宽松、优越的投资环境。要树立“亲商、安商、扶商”的服务理念，增强诚信意识，提高办事效率，积极营造适应台资企业大发展的社会环境、人文环境和服务环境。

1. 做好服务保障

扩大和深化邕台合作，除了吸引新台商来南宁投资，还要照顾好已进来投资的台商，应增强服务意识，提高办事效率和服务水平。在职能部门人员中开展涉台政策法规学习培训工作，使有关人员进一步熟悉相关政策，做到积极作为、主动作为，共同营造有利于台资企业发展的良好环境。

2. 健全工作机构

优化台商投资环境，要进一步下放审批权限，加快开展商事登记制度改革，放宽企业登记注册限制，继续减免南宁市管理的行政事业性收费。加强台办、工商、商务、税收、财政、土地、劳动、银行等职能部门与台商的协作配合，各个职能部门应分工明确、职权清晰，制定并出台一些服务台商的具体措施，方便在邕台商的工作和生活。

3. 完善法治环境

一方面，要完善和构建南宁的涉台法律法规和政策体系，构建涉台争端解决机制，根据需要聘任涉台案件调解员或者开设台商法律服务社，更好地服务台商；另一方面，也必须确立法治在南宁城市治理和社会管理中的基础性、规范性、保障性作用，率先形成一套更加完善的制度体系。

（二）解决台商投资问题

招商引资，需要南宁市政府切实做到“有计划、有执行、有跟踪”，将计划项目落到实

处，才有可能起到辐射带动效果，真正引进台商投资；在引资方法上，除了金融机构外，台办可以设置专门机构或者部门组织民间相关产业团体交流、探讨，提出适合南宁招商的方案，这也是值得考虑的途径。具体建议如下。

1. 各部门通力合作，合理落实台商用地需求

加强各部门的沟通和协作，共同探讨企业在用地方面存在的具体问题。南宁市各城区管委会、市规划局、建设局、国土局等相关部门要充分沟通，对符合条件的台商提供土地许可办理的绿色通道。各城区指派专人负责台商解决土地使用问题，建档立卡，解决好土地证的办理、年限、缴费等问题，做好"以商引商、以商留商"工作，保证台商能找得到人，办得了事。

2. 树立人才战略理念，帮助台资企业引进、留住人才

根据台资企业用工需求，适时为台资企业举行专场人才招聘会。指导和支持台资企业与区内职业院校和各类职业培训机构合作，开展多种形式的岗前培训，提升职工技能，符合条件的按规定给予补贴。帮助台资企业培养自己的高素质人才，加强南宁本地人才培养教育；建立邕台人才培养基地，改变南宁人才整体素质偏低的不利局面。政府要进一步加强各开发区生产需要的水电路配套建设，搞好生活配套、公共交通运输配套，使台商及其所属企业员工看到工作、生活设施完备，在南宁投资和发展会更加安心。

3. 扩大邕台金融合作，加大资金扶持力度

市政府可设立台资企业发展专项基金，加大资金支持力度。可借鉴江苏省昆山试验区与台商开展跨境人民币结算业务，结合南宁市的融资环境，立足服务南宁台商，扩大两岸金融往来，积极争取自治区金融办的支持，引进台湾金融机构入邕设立分支机构或成立合资银行或办事处，支持其尽快开展人民币业务，允许经营存贷业务，并为台商提供贷款，可以接受台商在台的财产作抵押等便利。也可借鉴福建省漳州、广东省东莞等外地经验，政府、金融机构、台资企业"三位一体"解决融资问题，积极开办"小额贷款"和"专项贷款"等。

（三）完善运输物流设施建设，形成产业集群

招商引资，不仅要能"招进来"，重要的是要"留得住"。南宁是广西北部湾经济区核心城市，地理气候与台湾相似，是台商投资的较好选择。根据调查问卷统计，有46%的台商投资者（见图1）、29%的台商企业员工（见图5）、25%的涉台服务机关人员（见图6）看好在南宁市投资。便利、快捷的交通运输与物流设施是南宁招商引资的首要一环。在加强邕台产业合作的背景下，应当鼓励台商参与南宁市战略性新兴产业发展，加强产业配套，延伸产业链。

1. 整合建设物流基础设施，提供物流服务保障

南宁作为广西首府，中国东盟博览会永久举办地，北部湾经济区核心城市，要积极参与西江经济带建设，整合海港、河港、陆港、空港，推动港口在互联互通、临港产业、金融服务、跨境合作、人文等领域深化合作，建设好南宁-台湾经济通道，保证物畅其流。

2. 发挥优势，形成名副其实的产业园

调研中，在南宁投资前景看好的行业分析中台商有24%的选择农林牧水产，21%的选择旅游休闲，17%的选择中国-东盟进出口贸易（见图2）。结合南宁市战略性新兴产业

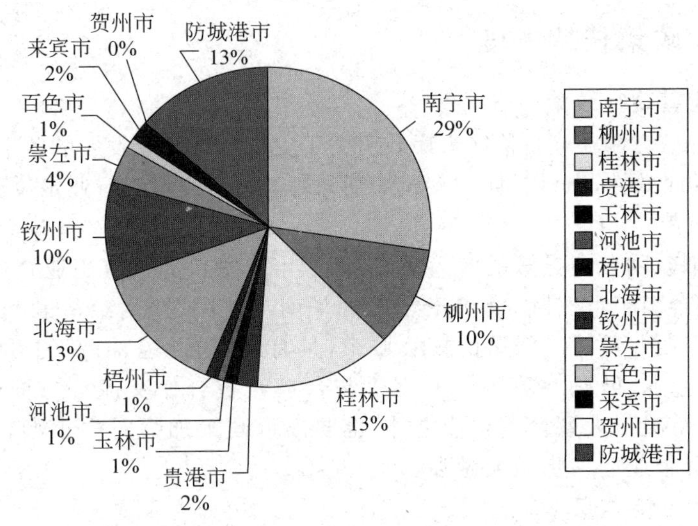

图 5　台商企业员工对广西壮族自治区范围内看好投资的城市分析

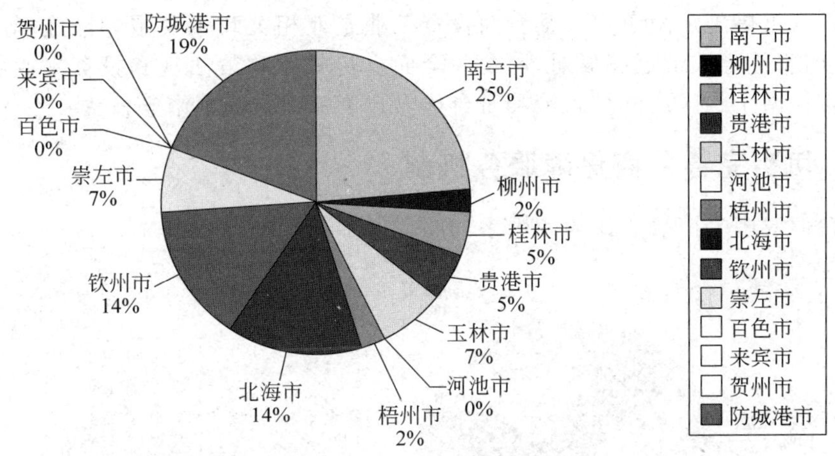

图 6　涉台服务机关人员对广西壮族自治区范围内看好投资的城市分析

发展规划和台湾六大新兴产业规划，以邕台现代农业、食品加工、电子信息、建筑材料、轻工纺织、机械制造的产业链为纽带，发挥南宁市六区六县各自的优势，重点打造热带精致农业、食品精深加工、电子网络信息、新型建筑材料、生物医药等，形成名副其实的产业园，加强现代物流与供应链配套建设，扩大产业链的延伸，实现产业合作的规模效应。

3. 营造产业群聚集环境

台资捷安特自行车厂落户江苏昆山，带动数十家中、下游配套和协作台商接踵而至的经验值得借鉴。往往一家行业的龙头企业在某地投资，会带动台湾地区的同类型企业、配套企业、上下游企业一起投资该地。这种情况在江苏、上海、东莞十分普遍。产业配套，形成产业集群聚集，显示出“以台引台”“以台引资”的良好效应，产业链式的引进，将会促使相关上下游产业生产成本降低，这样会促使台商们更加坚定信心在南宁进行投资。

（四）加大政策扶持力度

1. 修订和完善现行政策

对已经出台的《广西壮族自治区人民政府关于支持台资企业发展的若干政策措施》进行修订，延长条款的时效性，出台具体的实施细则和对鼓励台商投资行业定位进一步调整。

2. 出台新政策

目前，南宁市鼓励台商投资的政策只有《南宁市鼓励台商投资工业企业相关政策及服务措施》，建议结合南宁市实际，突出南宁地处华南经济圈、西南经济圈和中国-东盟经济圈的交汇点，是广西北部湾经济区的核心城市，具有近海、近边、沿江的区位优势，出台南宁市的扶持台资企业、鼓励台商投资和促进与台湾经贸合作交流等方面的政策和措施。除了出台专项政策吸引大型台资企业之外，也要出台政策加强对中小型台资企业的扶持和帮助，促进台资企业进一步做大做强。

3. 加大政策宣传力度

加强《中华人民共和国台湾同胞投资保护法》《广西壮族自治区人民政府关于促进广西北部湾经济区开放开发的若干政策规定》《广西壮族自治区人民政府关于支持台资企业发展的若干政策措施》《南宁市鼓励台商投资工业企业相关政策及服务措施》等政策法规的宣传力度，将优惠政策汇编成册，向台商全面宣传相关政策法规和投资兴业项目程序，通过大力宣传南宁的区位优势政策和对台优惠政策吸引台商到南宁投资。

（五）切实完善台商保障服务机制

影响台商对南宁市投资比较的因素如图7所示。

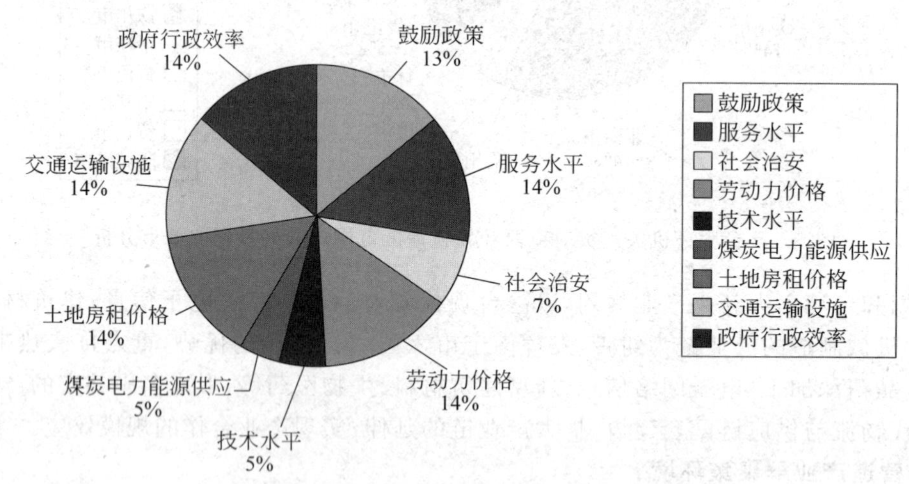

图7　影响台商对南宁市投资比较的因素

从图7可以看出，14％的台商重视服务水平，包括生活、教育、医疗等方面。因而可从以下几方面提高服务水平。

1. 经常开展台商服务活动，不断完善台商合法权益保护机制

根据实际需要，可设定每年举办台商论坛，利用QQ群、微信、政府网等网络平台，针对台商投诉案件、落户后遇到的困难和问题等加大协调和处理力度，相关部门做好跟踪服务和全程服务，解除台商后顾之忧。

2. 强化医疗保障，全方位、真实效地为台商提供医疗服务

借鉴福建南靖将台商纳入基本医疗保险保障范围的做法，结合南宁市医疗环境和设备，根据台商意愿，凭台胞证纳入基本医疗保险范围；或延续市第一医院的医疗优诊卡；或设立台商专门医疗部，为在邕工作和生活的台商提供较好的医疗服务。

3. 切实解决台商子女教育问题

借鉴福建省厦门和广东省东莞等地建立台商子女学校的做法，结合南宁市发展规划中的人才战略，政府、教育部门联合部分台商所在区域优质学校，凭台胞证减免赞助费或者设定合理的赞助费；也可以凭房产证、暂住证和其他证明文件优先选择学校入学，以实际行动解决台商后顾之忧。

我们相信，只要措施到位，南宁市一定能够引来更多的台商投资，南宁的将来会更好。

参考文献

[1] 江海燕. 福建吸引台资的问题、原因和对策分析[J]. 科技和产业，2010(5)：17-21.

[2] 林长华. 论台湾的岛外投资——兼论中国大陆吸引台资问题[J]. 厦门大学学报：哲学社会科学版，1995(02)：33-40.

[3] 康乐. 广西在深圳进行大力招商 吸引台资企业入桂[N]. 中国台湾网，2014 年 7 月 21 日.

[4] 李亚非. 广西承接台资企业产业转移 效果明显[N]. 中国台湾网，2012 年 12 月 28 日.

（参加该项目调查研究的人员有韦克俭、潘连乡、杨梅、韦玉球、张路明、陈倩、何荣友、张小庆、林寿禄。）

作者简介：

(1) 韦克俭，男，1953 年出生，广西河池市人。经济学教授，毕业于北京师范大学研究生院。主要研究方向：桂台经济贸易合作与交流教学研究，物流供应链管理教学与研究。公开发表论文 98 篇，公开出版教材和著作 21 部。

(2) 潘连乡，男，1956 年出生，台湾省屏东县人。管理学博士，教授，现任广西外国语学院副校长。主要研究方向：战略管理，经济管理教学与研究，区域经济发展。

(3) 杨梅，女，1976 年出生，广西贵港市平南县人。研究生学历，广西外国语国际经济贸易学院讲师。主要研究方向：宏观经济学，投资经济学，桂台经济技术合作。

(4) 韦玉球，女，1981 年出生，广西河池市都安县人。研究生学历，主要研究方向：基础数学教育，数量经济学，经济统计学。

(5) 张路明，女，1984 年出生，广西桂林市人。研究生学历，广西外国语国际经济贸易学院讲师。主要研究方向：金融学，桂台金融方向。

(6) 陈倩，女，1983 年出生，广西北海市人。硕士研究生，广西外国语学院国际经济与贸易学院讲师。主要研究方向：国际法，桂台区域经济合作。

（审稿：韦克俭）

“一带一路”框架下深化桂台服务业合作研究

广西外国语学院国际经济与贸易学院　唐万欢
广西南宁职业技术学院商学院　韦卫华

摘要：随着“一带一路”国家战略的实施，广西的优势地位凸显，成为西南、中南地区开放发展新的战略支点。在此背景下，桂台经贸合作也进入新时期，现代服务业合作将成为桂台经贸合作的重要方向。当前，桂台服务业合作的政策优势凸显，产业合作优势逐渐显现，但是也面临着广西服务业发展基础薄弱和与对台合作的各省域之间激烈竞争的挑战。深化桂台服务业合作需要积极改善投资环境，扩大对外开放领域，增强规模集群效应，大力推动桂台生产性服务业合作。

关键词：桂台　服务业合作　一带一路

随着两岸社会经济形势的深刻变化，两岸经济关系已经步入新一轮转型升级期，迫切需要寻求新的增长空间。两岸加强服务业合作将开创两岸经济合作新模式，增强两岸经济合作动力，并带动两岸制造业转型升级，成为带动两岸经济关系转型升级的重要引擎。随着《两岸经济合作框架协议》(ECFA)和《海峡两岸服务贸易协议》的签署，桂台经贸合作进入一个新时期。由于桂台服务业发展存在差异，互补性强，桂台服务业合作将会大大推动两地产业结构升级，进一步加快桂台经贸发展。当前，在“一带一路”框架下，理性认识桂台服务业合作的战略意义、优势和挑战，对进一步深化和拓展桂台服务业合作具有重要意义。

一、“一带一路”框架下桂台服务业合作的战略意义

“一带一路”是“丝绸之路经济带”和“21世纪海上丝绸之路”的简称。“一带”是指丝绸之路经济带，国内部分包括西北的陕西、甘肃、青海、宁夏、新疆等五省区，西南的重庆、四川、云南、广西等四省区市。“一路”是指“21世纪海上丝绸之路”，国内部分主要包括沿海省区市。“一带一路”作为重要的国家发展战略，分别从陆路、海路推进我国与沿线国家的区域合作，以形成我国对外开放新格局。“一带一路”借助既有的双多边机制和区域合作平台，涵盖“政策沟通、设施联通、贸易畅通、资金融通和民心相通”五大领域，契合沿线

国家和地区的共同利益和发展需求，在世界政经版图上开创一个共商、共建、共享、共荣的国际合作新时代，对桂台服务业合作及两岸经济共同发展具有重要意义。

（一）桂台两地都是连通"一带一路"的重要节点

广西是"一带一路"战略的重要参与主体，具有深厚的历史底蕴。它是丝绸之路经济带的构成主体之一，在历史上主要是参与西南丝绸之路（也称为南方丝绸之路）。在西南丝绸之路的有效运行时期，广西借道云南，实现了与印度和中东的联系交流。与在"一带"中的地位相比，广西在"一路"中显得更为重要。北海市、钦州市和防城港市都是"海上丝绸之路"的始发港，这三地在西汉之后的很长时期内都是我国对外海上贸易的中心和枢纽之一。在"海上丝绸之路"的有效运行时期，广西内部及邻近省份生产的瓷器、茶叶和蚕丝等在这三个港口装船之后运往亚洲其他国家及非洲和欧洲国家。可见，从"一带"方面来看，广西是唯一参与其中的沿海省份；从"一路"方面来看，广西的历史底蕴明显比我国北方的沿海省份深厚，即使与福建和广东等"海上丝绸之路"的核心主体相比也毫不逊色。

台湾的地理位置就在"一带一路"的地缘上，因此，在"一带一路"建设过程中，台湾具有相当大的优势。台湾作为中国一个近海岛屿，天然属于"海上丝绸之路"的一部分，台湾理应是大陆"海上丝绸之路"的重要出海口与桥头堡。当前，广西作为"一带一路"相衔接的重要省（区），正在加大开放力度建设北部湾经济区和珠江-西江经济带，加快建设北部湾自由贸易实验区，台湾参与其中具有地利和人文之便。其中，服务业则是国家有效实施"一带一路"战略的重要产业，但广西服务业发展严重滞后，而台湾的现代服务业具有比较优势，桂台服务业合作有利于广西服务业整体水平的提升，有利于桂台两地产业结构的转型升级。

（二）"一带一路"是衔接两岸与亚太区域合作机制的可行方略

事实上，"一带一路"战略与ECFA框架并行不悖、互不冲突，"一带一路"辐射范围涵盖亚太地区大多数国家和地区，而广西、台湾、东盟及东南亚地区人缘深、文缘近、渊源长。作为亚太地区的重要经济体，台湾参与共建"一带一路"可以共享合作商机和形成叠加效应，同时也可以借道广西与东盟、东南亚国家和地区建立良性商贸互动关系，为深化两岸和亚太区域经济合作创造条件。2013年，两岸签署《海峡两岸服务贸易协议》，但尚未生效。目前，台湾正积极加入以高品质及高标准为目标的多边《服务贸易协定》（Agreement on Trade in Services，TISA）的谈判，以WTO《服务贸易总协定》（General Agreement on Trade in Services，GATS）为基础，在TISA有可能成为未来WTO服务贸易进一步开放的标准之下，通过进一步松绑服务贸易法规，若台湾加入TISA，则有助于达成台湾服务业市场与国际接轨的目标。在"一带一路"战略实施背景下，台湾参与共建"一带一路"是台湾融入亚太区域经济合作的良好契机，深化桂台服务业合作，是台湾服务业借助大陆市场走向东南亚、走向世界的可行路径。

二、后 ECFA 时代推进桂台服务业合作的新优势

（一）服务业政策优势日益凸显

2010 年，《中共广西壮族自治区委员会广西壮族自治区人民政府关于进一步加快服务业发展的决定》指出，广西要加快转变经济发展方式，推动服务业提速发展，促进经济结构战略性调整，实现三次产业协调互动发展。要改造和提升商贸流通业、旅游业、金融服务业、会展服务业等传统服务业，发展和壮大物流业、信息服务业、文化体育产业、服务外包业、中介服务业等新兴服务业。2010 年，《广西壮族自治区人民政府关于促进我区服务外包产业加快发展的意见》中指出，做大做强服务外包产业，有利于调整广西产业结构，促进传统产业升级换代；有利于转变广西外贸增长方式，培育新的出口增长点。2011 年，《广西壮族自治区人民政府关于加快信息服务业发展的实施意见》中强调，中国-东盟自由贸易区的建成和广西北部湾经济区的开发开放，给广西信息服务业提供了难得的发展机遇，应坚持以市场为导向，以企业为主体，以信息技术为手段，以人才战略为支撑，以技术创新和模式创新为突破口，加快构建信息服务业体系。2015 年，广西人民政府出台《广西壮族自治区人民政府关于加快电子商务发展的若干意见》，明确了围绕“一带一路”有机衔接的重要门户建设，以“电商广西、电商东盟”工程为主要抓手，以服务经济转型升级为主线，以改革发展、创新发展为动力，以普及和深化电子商务应用为重点，大力推进政策创新、管理创新和服务创新，加大政策扶持力度，加快建立开放、规范、诚信、安全的电子商务发展环境，完善服务支撑体系的电子商务发展指导思想。2015 年上半年，广西壮族自治区商务厅成立了服务业领导小组，专门负责全面统筹、促进全区商贸流通服务业发展，贯彻落实国家和自治区有关加快服务业发展的各项部署，协调解决商贸流通服务业发展及重点项目建设中的重大问题，建立健全商贸服务业考核评价体系等工作。目前，《关于加快服务业发展的若干意见》《广西现代服务业集聚区发展规划（2015—2020 年）》也已获得自治区政府批准颁布实施。未来 5～10 年，广西将重点围绕服务“一带一路”建设、推动产业结构转型升级、促进居民消费升级这 3 条主线，大力发展现代物流业、商贸服务与会展业、信息服务业、海洋服务业、电子商务、金融业、科技服务业、教育培训服务业、文化创意和设计服务业、节能和环保服务业、旅游与运动休闲业、健康养老服务业、房地产业等 13 个重点产业。并打造十大重点服务业集聚区，分别是现代物流集聚区、新型/特色专业市场、科技服务集聚区、文化创意集聚区、金融商务集聚区、软件与信息服务集聚区、健康养老服务集聚区、旅游休闲集聚区、教育培训集聚区和综合性服务集聚区。在总体空间布局上，将形成“一圈两带七轴”的集聚区布局体系。

可见，广西作为衔接东盟、连接“一带一路”的重要节点，一系列政策优势日益凸显，在这些政策的直接推动下，桂台服务业合作发展将迎来新时代，台湾服务企业进入广西服务业市场必大有可为。

（二）产业合作优势逐渐显现

加强桂台产业合作有利于提高双方的产业竞争力并优化出口产品结构。尤其是北部

湾经济区成立后，迅速成为台商投资的新热土，成为国际国内区域合作中的新经济增长极。产业合作往往基于成本、制度、市场等因素。结合广西实际情况看，首先，广西生产要素成本低，广袤、优良的土地资源及廉价的人力资源使广西具备承接台湾及大陆东部沿海地区劳动密集型产业的条件；广西陆地区域面积 23.67 万平方千米，在全国各省市自治区中排名第 9 位，又具有与东盟陆海接壤的地域优势，可在一定程度上促进东盟各国劳动力的流动及其与台资企业的对接。此外，广西工业用水用电供应量充足、价格低，整体成本只占东部沿海地区的 2/3 左右。其次，北部湾地区承接产业转移的来源地丰富，既包括台湾，也包括大陆东部沿海地区（主要指珠三角、长三角、环渤海等经济区）。从产业转移规律看，转移梯度层层递进，除第一产业因自身产业特征转移难度较大外，一般从劳动密集型、技术密集型的制造加工业再到与之紧密关联的第三产业。赴大陆台资一直集中于制造业，尤其是电子工业是其在大陆投资的重要领域，而东部地区的转移产业以劳动密集型与低层次技术密集型产业为主，转移目的地以地理环境相近、位置接近的区域为宜，结合区位优势、目前的经济水平与未来的发展前景，广西正是合适的一个选择。

广西承接台湾产业转移的重点领域包括：一是现代服务业，重点加强信息服务、港口物流、会展、分销、保险、设计、医疗、会计、管理咨询等行业的合作，通过借鉴台湾发展现代服务业的先进经验，提高和完善广西现代服务业水平和提升服务业对第一、第二产业的服务配套能力；二是广西重点发展的石油化工、钢铁、建材、铝加工、修造船、集装箱制造、港口机械；三是广西重点培育打造的十个战略性新兴产业，包括新材料、新能源、节能环保、海洋经济、生物医药、新一代信息技术、新能源汽车、生物农业、先进装备制造、养生长寿健康产业等。可以看出，现代服务业是桂台经贸合作的一个重要方向，同时，在第一产业、第二产业合作基础上，大力加强生产性服务业合作也将成为桂台合作的主要亮点。

三、当前桂台服务业合作面临的挑战

（一）广西服务业发展基础薄弱

首先，广西服务业增速低于 GDP 增速，比重远低于全国。2004—2014 年，广西服务业增速有 9 年低于 GDP 增速，而全国有 9 年高于 GDP 增速；2005—2014 年，广西服务业增加值年均增长 11.3%，低于 GDP 增速 1.1 个百分点；而全国服务业增加值年均增长 10.6%，高于 GDP 增速 0.6 个百分点。广西服务业增加值占 GDP 比重与全国的差距由 2004 年的 0.7 个百分点扩大到 2014 年的 10.4 个百分点，滞后全国 15 年左右，见表 1。全国经济结构在服务业的引领下已由“二三一”型向“三二一”型转变；而广西仍以工业拉动为主，经济结构依然呈“二三一”型。其次，广西服务业企业少、规模小，现代服务业发展明显滞后。2014 年 1～11 月，广西规模以上服务业单位有 1474 家，位于全国第 18 位；营业收入为 1032.1 亿元，位于全国第 20 位。其中，互联网和相关服务、研究和试验发展单位均仅有 4 家，分别占全国的 0.4%和 0.31%，营业收入分别占全国的 0.13%和 0.05%。

广西服务业结构中，以交通运输业、批发零售业、住宿餐饮业等传统服务业为主，而适应现代化社会的生产性服务业发展不足。生产性服务业中，又以科技知识、资金含量较低的交通运输仓储及邮政业等劳动密集型产业为主，而高科技含量和附加值的信息传输计算机服务和软件业、现代金融、现代物流、科学研究和技术服务等现代服务业发展明显滞后。2014年，广西金融业、房地产业增加值占GDP的比重分别为5.6%和3.8%，分别比全国低1.8个百分点和2.2个百分点。最后，广西服务业投资不足，基础设施建设仍较滞后。2005—2014年，广西服务业投资年均增长25.9%，低于同期固定资产投资增速4.4个百分点；同期，全国基本同步，仅低0.1个百分点。广西的铁路、公路、高速公路密度指标均大幅落后于东部发达省份，与周边的广东、海南、贵州等省相比，也基本落后。在沿海港口方面，2013年，在全国超过亿吨的22个沿海港口中，北部湾三港吞吐量为1.87亿吨，位于第15位，吞吐能力仅相当于湛江一个港口；在全国集装箱吞吐量超过100万标箱的20个港口中，北部湾位于末位。

表1　广西与全国第三产业增加值占GDP比重比较　　单位：%

年份	2004	2005	2006	2007	2008	2009	2010	2011	2012	2013	2014
全国	40.4	40.5	40.9	41.9	41.8	43.4	43.2	43.4	44.6	46.1	48.2
广西	39.7	39.2	38.7	37.0	36.0	37.6	35.4	34.1	35.4	36.0	37.8
广西与全国的差值	−0.7	−1.3	−2.2	−4.9	−5.8	−5.8	−7.8	−9.3	−9.2	−10.1	−10.4

（资料来源：广西统计局.）

（二）对台合作的各省域之间竞争激烈

近年来，两岸经济合作区域从南向北推进、由东向西扩展，台商投资区位的选择对象范围较大，投资重心从珠三角地区转向以上海、苏南浙北为两翼的长三角地区，并进一步向环渤海经济圈拓展。虽然泛北部湾经济区在吸引台资方面也具有一定优势，但先行发展的长三角、珠三角经济区和新发展的环渤海经济区都是泛北部湾经济区的强劲竞争对手。

而广西投资软环境不足，配套服务相对滞后，桂台经贸合作规模偏小，领域也相对集中。桂台经贸合作主要集中在农业及劳动密集型产业，而涉及新兴产业的合作项目则明显少；而资金密集型及技术密集型产业合作较少，在诸如信息、教育、医疗卫生、金融等涉及经济、民生领域的服务业合作有待进一步深化及拓展。另外，广西政府行政工作仍存在工作效率低、审批手续烦琐，对经济活动的参与尚未从领导型向服务型转变。具备国际化素质的高级人才的匮乏也成为广西新一轮发展的软肋。广西配套服务相对滞后，如目前广西登记在册的物流货代企业虽然超过3000家，但企业普遍规模小、注册资金少、盈利能力不足，同时缺乏严格的管理，专业化程度低、服务质量不高、从业人员素质不高，物流市场的运作缺乏规范。以上条件在一定程度上削弱了广西得天独厚的地理区位优势，从而降低了台商在广西投资服务业的吸引力。

四、“一带一路”框架下深化桂台服务业合作的建议

（一）积极改善投资环境，增强对台资的吸引力

在当前各省区新一轮吸引台资的竞争中，投资软环境的好坏已成为竞争重点，其中政府行政能力是首要的决定因素，地区投资软环境的好坏将直接决定台商是否来本地区投资。广西应把握投资决定因素的变化，在今后的招商引资中，除了进一步健全基础设施建设外，还应重点提高政府的行政水平，把有关政策、法制、体制和市场等软环境的改善作为今后工作的重点，要切实落实相关政策措施，以进一步增强对台资的吸引力。

投资环境的优劣，很大程度还体现在服务上，体现在管理社会的政府及其部门的职能发挥和公务人员服务态度与工作效率上。打造良好的服务环境，必须切实转变政府职能，改进服务方式，强化服务意识。一是切实改进机关作风，增强机关工作人员服务的主动性和自觉性；二是着力强化“发展第一、效率第一、服务第一”的思想，大力倡导高效、文明、求实的工作作风，切实增强服务意识，为企业、投资者服务好；同时建立起一套行之有效的监督约束机制，完善自上而下的监督管理制度，加强对各职能部门的督促检查力度，以最严的手段严肃处理破坏投资软环境的违规部门和个人。

（二）扩大对外开放领域，增强规模集群效应

随着“一带一路”战略的实施以及中国-东盟自由贸易区合作的推进，广西应不断扩大对外开放，努力提高对外开放水平，重视扩大现代服务业的开放领域，降低市场准入门槛，积极吸引外资、港澳台资金投资发展现代服务业。目前，外商在广西现代服务业的投资领域，从改革开放初期的饮食服务业和旅馆业扩展到商贸、文化、娱乐、旅游、卫生、教育、电信、科研、房地产等行业，商贸、运输、房地产信息、咨询、旅游等领域增长迅速。

广西各区市应结合各地资源产业特色和区位条件等，优先发展旅游休闲、商贸交易、金融商务、现代物流、健康养老、职业培训和信息服务产业，联动制造业集群和特色专业市场，形成三次产业集聚集群的产业综合体。重点突出大项目和产业集群招商，加快项目集聚步伐，增强规模集聚效应，突出引进龙头项目、配套项目和产业集群项目，不断提升招商引资的层次和水平。要根据台湾产业的特点和转移趋势，有针对性地承接台湾外移产业。同时，引导各类内资企业与之配套协作，改善台商投资的产业配套环境，提升台资企业对我区产业结构调整的传导、带动效应；引导各类产业对接项目向开发区、高新技术园区、软件园等各类园区集聚；打造具有一定规模的、基础设施配套完善的、功能齐全的台商投资区。

（三）大力推动桂台生产性服务业合作

现代服务业和制造业越来越紧密地相互融合，使得产业经济活动中服务业比重逐步上升。随着专业化分工的深化和专业服务外置化趋势的发展，产业竞争力越来越依赖于设计策划、技术研发、物流等商务服务业的支撑。因此，广西应注意到制造业与服务业日

益融合的国际趋势，把大力发展信息服务、现代物流、技术咨询、广告营销、金融中介等相关新兴服务业，加速制造业与服务业的专业化分工合作，作为提高产业国际竞争力的重要方面。当前，生产性服务业是台湾占比重最大、成长最快的产业部门，在批发零售、餐饮、娱乐等传统服务业继续发展的基础上，知识含量较高的研发服务业、金融服务业、技术服务业、教育服务业、资讯服务业以及绿色服务业、医疗服务业、观光服务业、运动休闲服务业、环保服务业、文化服务业等迅速兴起。台湾自 20 世纪 80 年代进入服务经济时代以来，生产性服务业一直是服务业中成长最快的部门，至 2012 年生产性服务业产值占服务业的比重已超过 70%。因此，在开展桂台生产性服务业合作过程中，广西应在泛北部湾经济区的定位中探寻自己的特长和特色，如可以在物流业、物流金融业、信息服务业等生产性服务业方面加大与台湾的合作力度。

参考文献

[1] 曹冬英."一带一路"战略中广西的 SWOT 分析及发展途径研究[J].学术论坛，2015(03).

[2] 陈柏良，池玫，侯贞杰."一带一路"框架下深化闽台电子商务合作研究[J].武夷学院学报，2014(06).

[3] 王敏.两岸服务业合作与两岸经济关系转型升级[J].现代台湾研究，2014(02).

[4] 张建中.新形势下桂台经贸合作的阻力与路径选择[J].对外经贸实务，2012(09).

[5] 张瑞枝，黄光云，唐拥军.CAFTA 和 ECFA 背景下深化桂台经贸合作研究[J].改革与战略，2012(05).

[6] 谷会平.闽台现代服务业合作研究[D].福州：福建师范大学，2008.

（本文为基金项目 2015 年度广西高校科学技术研究项目，项目编号为 KY2015YB541。）

作者简介：

(1) 唐万欢，女，1984 年出生，广西桂林市人。毕业于天津财经大学，经济学硕士，现为广西外国语学院国际经济与贸易学院讲师。研究方向：国际服务贸易，桂台经贸合作。

(2) 韦卫华，女，1979 年出生，广西南宁市人。毕业于中国人民大学商学院，管理学硕士，现为广西南宁职业技术学院商学院讲师。研究方向：区域经济合作，服务贸易发展与管理。

（审稿：叶传财）

“一带一路”背景下桂台贸易合作研究

广西外国语学院国际经济与贸易学院　陈婷婷

摘要：近几年，桂台经贸合作的深化成为广西发展新的经济增长点，桂台之间贸易总量顺势连年攀升。但深究其贸易发展结构，仍存在贸易总量偏少、长期处于逆差、贸易结构不合理等问题。2013 年，习近平提出“一带一路”经济战略，旨在加强与经济带国家和地区的经贸合作，而广西作为“一带一路”战略中的重要门户，区位优势得以升级，这一优势将为广西与台湾之间的贸易发展带来前所未有的大好机遇。而桂台两地如何抓住机遇，加速平衡发展成为首要问题。本文从桂台贸易合作发展现状出发，挖掘问题所在，结合当前经济热点，在“一带一路”背景下探索促进桂台贸易的对策。

关键词：一带一路　桂台　贸易

一、桂台贸易合作发展现状

（一）桂台贸易总量逐年增长

随着两岸经济往来越来越紧密，2010 年 ECFA 协议（《海峡两岸经济合作框架协议》，Economic Cooperation Framework Agreement，ECFA）的签署，广西与台湾贸易发展迅速。特别是在 2014 年以来，广西通过大力发展北部湾经济区和珠江-西江经济带的“双核驱动”战略，通过加快港口、铁路、高铁等交通基础设施建设，加快货物通关速度、物流速度等措施，使得桂台贸易总量大幅增长。表 1 中的数据表明，2001 年，桂台贸易总额为 9301 万美元，2013 年为 50816 万美元，增长 546.34%。2014 年为 137506 万美元，是 2013 年的 170.6%。从出口额来看，2001 年广西对台的出口额为 5709 万美元，2014 年出口额达 11197 万美元，增幅 134%。从进口额来看，2001 年广西从台湾的进口总额为 3592 万美元，2009 年进口额首次超过出口额，逆差为 3345 万美元。此后广西的对台贸易一直处于逆差状态，且逆差额持续扩大，2013 年广西从台湾的进口额为 43137 万美元，逆差增至 35458 万美元。2014 年进口额为 126309 万美元，逆差达 115112 万美元。从同比增速来看，2013 年前，无论是进出口总量还是对台出口，均出现增速放缓现象，特别是对台出口同比增长自 2012 年出现－37.9%的高负增长。但在 2014 年之后，广西与台湾贸易总量大幅提升，从进出口数据看，广西对台出口的速度仍远低于进口的速度。

表1　桂台贸易情况(2001—2014年)

年份	桂台进出口量(万美元)	同比增长(%)	对台出口(万美元)	同比增长(%)	对台进口(万美元)	同比增长(%)
2014	137506	170.6	11197	45.8	126309	192.8
2013	50816	12.7	7679	−1.5	43137	15.6
2012	45145	17.9	7793	−37.9	37353	45.1
2011	38278	31.5	12549	20.5	25729	37.6
2010	29164	58.3	10450	38.8	18714	71.9
2009	18431	−25.1	7543	−51	10888	18.2
2008	24602	15.1	15393	−2.1	9210	65.2
2007	21323	33.7	15732	42	5581	14.9
2006	15934	9.7	11077	45.6	4857	−29.7
2001	9301	—	5709	—	3592	—

(资料来源：广西统计年鉴整理.)

(二)桂台贸易产品结构

在桂台贸易总量快速增长的同时，桂台贸易产品结构也得到进一步优化。在广西对台出口的产品中，初级产品的比重逐渐下降，工业制成品的比重逐步提高。产品主要集中在海关HS编码中第28章(机化学品)、第38章(杂项化学品)及第72章(钢铁)。2013年，这几大类产品占对台出口产品的55%。其中，出口所占比重最大的货物是第72章的钢铁，占广西对台出口总额的30%；排在第二位的是第38章中的松香及其他树脂酸衍生物，出口比重为17%。广西从台湾进口方面，多为海关HS编码中第39章(塑料及其制品)、第72章(钢铁)、第84章(锅炉、机械器具及零件)、第85章(电机、电气、音像设备及其零附件)及第90章(光学、计量、检验、医疗设备及零件)中的产品。2013年，这5类产品占到当年进口总额的70%，其中，第85章中的集成电路占进口总额的比重为33%，第90章中的液晶显示板占进口额的22%。从上述桂台进出口商品数据分析来看，广西对台湾出口的主要商品为贱金属产品、化工产品及纺织产品等资源密集型的低附加值产品。从台湾进口的产品以机械类、电子类产品等高新技术产品、高附加值产品为主。

(三)广西利用台湾外资情况

外部直接投资不仅能借助外部资金与技术来提升当地的经济发展，也是促进两地间贸易的重要发展动力。从总体来看，广西外部直接投资呈现不稳定的态势，2011年是历年的最高值101381万美元，随后持续走低。直至2014年，国家推进“一带一路”发展战略，广西凭借区位优势，吸引外部直接投资才有所回升。通过对2014年、2015年的统计年鉴分析，广西吸引外资主要来自中国香港，2013年广西吸引香港外资37047万美元，占总外资的52%。来自台湾的外资仅186万美元，仅占比重0.26%。2014年吸引外部直接投资100119万美元，来自香港的外部投资总额为54020万美元，占外资总额的54%，来自台湾的外部总额虽有所提升，但也仅791万美元，占比0.79%。图1、图2直观地反映了广西利用台湾外资情况并不乐观，自 2000 年以来，广西直接利用台湾外资总额在下降。但我们经深入调查发现，有不少台资企业为了规避台湾当局的某些规定，常常把资金先转到香港或东盟的某些国家，再转到广西投资。如在玉林投资的旺旺集团公司，其投资的资金就是从香港旺旺公司转投广西的；又如龙昌日用品工业（南宁）有限公司的真实投资方是台商同胞，但资金却来自泰国。

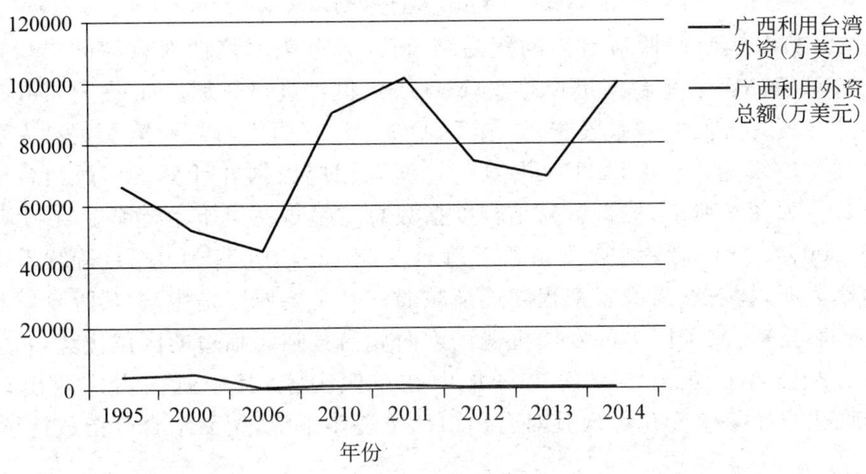

图 1　广西利用外资情况（1995—2014 年）

（资料来源：经广西统计年鉴整理制作.）

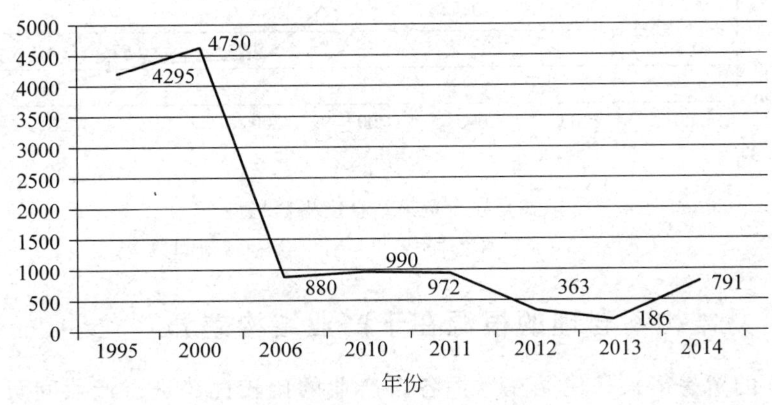

图 2　广西利用台湾外资情况（1995—2014 年）

（资料来源：广西统计年鉴 2014.）

二、桂台贸易合作存在的问题及原因分析

两岸经贸合作的紧密往来，促进了广西与台湾之间的贸易总量不断扩大，但通过对桂台贸易的总量、商品结构及台商对广西的直接投资分析，可以看出桂台间的贸易存在以下几个问题。

（一）广西出口市场多元化导致桂台之间贸易结合度指数持续下降

贸易结合度指数是由经济学家布郎（A. J. Brown，1947）提出的，用来衡量两国（地区）在贸易方面的相互依存度。本文借助此指标来分析桂台之间的贸易紧密程度。计算公式如下：

$$TCDab=(Xab/Xa)/(Mb/Mw)$$

其中，TCDab 表示广西对台湾的贸易结合度，Xab 表示广西对台湾的出口额，Xa 表示广西出口总额；Mb 表示台湾进口总额；Mw 表示世界进口总额。如果 TCDab>1，表明广西与台湾在贸易方面的联系紧密，如果 TCDab<1，表明广西与台湾在贸易方面的联系松散。本文从广西统计年鉴和 UNCTADstat 获取相应数据并计算了广西与台湾的贸易结合度指数。如图 3 所示，桂台贸易结合度指数总体呈现持续下滑趋势。2001 年结合度为 2.7，而 2009 年桂台贸易结合度指数下滑至 0.65，2013 年仅为 0.24，持续下滑的贸易结合度曲线表明，桂台贸易的紧密程度逐渐减弱。其主要原因是中国-东盟自贸易区的建立，给广西的经济带来了巨大的发展机遇。广西凭借其临海临边的区位优势，扩大对东盟国家出口。2013 年广西出口市场 82％集中在东盟国家，其中越南占广西出口总额的 61％。广西出口市场多元化导致其对台出口比重逐步下降，贸易结合度指数持续降低。

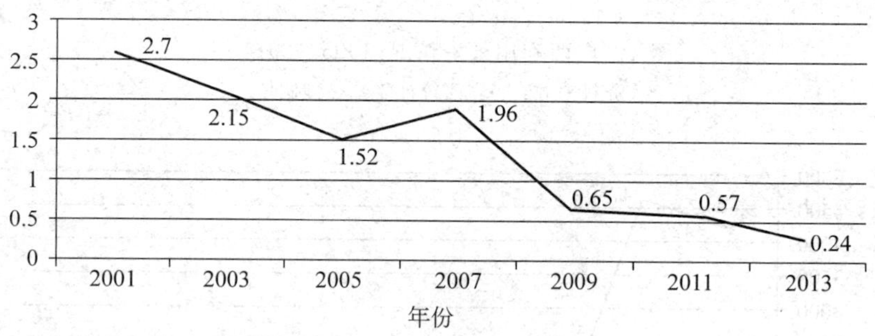

图 3　桂台贸易结合度指数趋势

（资料来源：依广西统计年鉴和 UNCTADstat 整理计算.）

（二）贸易结构不合理的根源在于产业结构差异

桂台之间的贸易往来是建立在发挥各自产业的比较优势进行产业间贸易基础之上的，桂台之间的经济结构、产业结构及生产技术水平的差异是导致双方贸易结构不合理的根本原因。如上述数据，广西对台出口比重较大的商品是建立在本地区的优势产业基础上的化工产品及纺织产品等，属于利用资源禀赋优势来获利的资源密集型产品，其附加值低，获利空间窄。台湾对广西出口的产品集中在高新技术产品如电子产品等技术密集型产品，其技术复杂程度高、附加值高，获利空间大。这也能解释广西对台湾历年贸易量均是严重的逆差问题的其中一个原因。桂台之间贸易对各地产业存在互补效应，但如若广西出口仅靠资源优势，势必会导致桂台之间的贸易结构不合理，也不利于广西的相关产业升级优化。

（三）广西投资环境较差导致台商赴桂投资偏少

广西整体投资环境较差是广西吸引外部直接投资偏少的根本原因。而影响外部直接投资的因素主要包括劳动力成本、市场规模、市场开发程度、基础设施、工业化水平及外资政策等。一般而言，劳动力成本越低，市场规模越大，市场开放程度越高，基础设施状况越完善，工业化水平越高对吸引外部直接投资越有竞争力和吸引力。表 2 是广西与广东和全国对影响外部投资因素数据的横向对比。从数据可以看出，广西在各指标中，除港澳台投资单位职工平均工资水平低于全国平均工资，稍具备劳动力成本低的优势因素外，其他影响因素均不占优势，而劳动力成本低也仅是因为广西工资水平及消费水平较低导致。在市场因素上，无论是市场规模还是市场开放程度均不占优势，且与发达地区差距较大。在聚集因素上，2014 年广西的基础设施投资仅 11907 亿元，占全国总投资的 2.67%，投资额度偏小。此外，广西的工业化水平发展落后，竞争力不强也是影响广西吸引台商投资的重要因素。

表 2　2014 年影响广西外部直接投资因素对比

影响因素		衡量指标对比			
		指　　标	广西	广东	全国
成本	劳动力成本	港澳台投资单位职工平均工资(元)	34525	44398	63171
市场因素	市场规模	GDP(亿元)	14378	62164	583196.7
	市场开放程度	进出口总值(亿美元)	328.37	10915.7	258168.9
	市场发展水平	人均 GDP(元)	30588	58833	43320
聚集因素	基础设施状况	全社会固定资产投资(亿元)	11907	22859	446294
	外资水平	外商直接投资总额(亿美元)	7	249.52	1175.9
	工业企业数	规模以上工业企业数(个)	5493	38094	369800

（资料来源：据中华人民共和国国家统计局统计资料整理.）

三、“一带一路”背景下桂台贸易合作迎来新机遇

2013 年习近平主席提出了共建“丝绸之路经济带”和“21 世纪海上丝绸之路”（简称“一带一路”）的经济发展战略，是中国经济进入减速增长新常态的重要举措。从规划版图看，广西与台湾、东盟均是“一带一路”的关键节点地区，便利的地理位置为桂台贸易带来了前所未有的大好历史发展机遇。广西作为“一带一路”的重要门户，在共建“21 世纪海上丝绸之路”命运共同体和打造中国-东盟合作升级版进程中具有得天独厚的区位优势和资源优势。其沿海沿边、背靠大西南、毗邻粤港澳、面向东南亚的区位优势，决定了广西必将成为面向东盟开放合作最便捷的陆海大通道。也是链接台湾走向东盟、参与“一带一路”经济合作发展的重要纽带。

据南宁海关统计，2015 年广西外贸出口 1739.9 亿元，同比增长 16%；进口 1450.4 亿元，同比增长 13.8%。2015 年广西对各个主要贸易伙伴进出口形势均发展较好，东盟作

为"一带一路"的重要区域之一,与广西的外贸进出口额为1803亿元,同比增长19.6%,占同期广西外贸总值的56.6%。广西与"一带一路"经济带国家和地区贸易额的97.6%集中在32个海上丝绸之路上的国家和地区,高速的贸易增长速度是广西门户地理位置作用的体现。"一带一路"战略这一新契机也将为桂台贸易合作注入新的发展动力。台湾产业可以通过加强桂台经贸合作,参与广西北部湾经济区发展,整合东盟和大陆经济资源,利用广西的地缘优势分享中国-东盟自由贸易区的合作成果,从而有利于台湾提升产业竞争力和扩大发展空间,推动台湾经济融入东亚区域经济和"一带一路"国家经济发展的整合进程,抵消东亚区域经济一体化进程中的不利冲击,从而使台湾对外经济贸易利益最大化,使桂台经济贸易合作利益最大化。

四、"一带一路"背景下促进桂台贸易合作的建议

(一)加强技术创新,优化桂台贸易结构

"一带一路"战略为广西与台湾的贸易合作提供了更为广阔的国际市场。从桂台贸易商品结构来看,广西对台出口化工产品及冶金产品和广西对台进口高新技术产品是桂台贸易增长的重要动力,而广西的粗放型经济发展模式在经济新常态下已经显得动力不足,低附加值的出口产品导致利润日益微薄。广西若要在贸易分工中获取更大的利益,必须转变经济发展模式,由粗放型经济向集约型经济发展转变。在比较优势产业的基础上加强对新技术、新产品的引入与研发,改造传统行业的生产状况,提高出口产品的质量与技术含量,将出口产品低附加值的初级产品向高附加值的精深产品、高新技术产品转变,逐步优化广西对台出口、对"一带一路"经济带国家出口的贸易结构。

(二)改善投资环境,提高台资利用率

基础设施的完善是吸引外商直接投资的首要条件。当前广西正处于历史上最好的发展时机,迫切需要吸引区外境外资金以加快物资、技术、服务贸易的进出口,带动产业发展升级、技术创新和结构优化。而广西各项建设所需生产要素与台湾重点优势产业发展较相吻合,形成互补。台湾制造业的三大强势集群——钢铁机械集群、电子通信集群、石化集群也正是广西重点产业发展所需要的外部支持条件。为此,广西应充分利用国家对西部开发建设投入的财政支出和优惠政策,通过改善基础设施建设,完善广西与周边国家海陆空的物流基础设施建设,降低台商直接投资的成本,创造良好的生产经营环境。提高本地工业发展水平,提高吸引台商投资的优惠力度。创新引资方式,加大对台商的吸引力,在政策范围内,对台商投资广西给予更多优惠,以吸引台商优势制造业在广西进行投资,通过提高台资利用率,提高广西的重点产业生产水平。

(三)发挥区位优势,深化桂台产业合作

广西除拥有我国西部沿海唯一的钦州保税港区和北海出口加工区,还有南宁保税物流中心和凭祥综合保税区。四个大型的海关特殊监管区是中国距东盟最近的保税港区和

国家级出口加工区，是广西连接国内外、境内外市场的重要核心平台，具备了区位优势、交通优势、成本优势、管理及联动优势。广西可借助区位优势和国家政策优势，在发展北部湾经济区建设和加工贸易政策调整的契机，承接台湾机械电子、钢铁、建材、精细化工等高新技术产业的转移。桂台产业的深化合作，结合区位优势和优惠政策，可成为台商与广西联手开发东盟市场及“一带一路”经济带国际市场的强有力支撑和载体，大大扩展桂台合作的空间和领域。

参考文献

[1] 黄志勇.第三次大开放浪潮——广西实施以开放为主导的跨越式发展战略研究[M].南宁：广西人民出版社，2014.

[2] 黄成亮.ECFA框架下桂台贸易研究[J].对外经贸，2013(4).

[3] 余文建.依托中国-东盟自贸区平台加快推进桂台金融合作[J].区域金融研究，2010(8)：92-94.

[4] 张瑞枝.CAFTA和ECFA背景下深化桂台经贸合作研究[J].改革与战略，2012(5)：118-124.

[5] 杨亚非.广西与台湾经贸合作的驱动因素与战略目标及产业模式选择[J].特区经济，2012(11)：130-133.

作者简介：

陈婷婷，女，1983年出生，广西玉林市人。毕业于广西大学商学院，经济学硕士，广西外国语学院国际经济与贸易学院讲师。主要研究方向：国际经济与贸易教学与研究，桂台经贸合作研究，跨境电子商务研究。

（审稿：叶传财）

桂台物流合作的现状、前景与对策研究

广西外国语学院中国-东盟企业研究所　袁金龙

摘要：近些年来，桂台物流合作发展迅速，但也面临诸多问题。当前，桂台物流合作要以物流枢纽和港口建设为契机，推进桂台农产品、电子商务、大宗商品等物流合作；拓展桂台港口经济腹地，构建区域物流服务平台，推进桂台企业与产业合作，提升桂台物流合作水平。

关键词：桂台　物流　合作　研究

现代物流作为现代化进程中的综合服务体系是经济发展的推进器，这已成为世界各国各地区的共识。当前，随着经济全球化进程的进一步加快，现代物流正在打破原有的地域，朝着系统化、网络化、国际化方向发展。

近些年来，随着台湾对广西、东盟投资的持续升温，三地之间经贸关系越来越密切，与之相应的物流需求也越来越迫切，极需高效、快速的物流体系作为其支撑和保障。广西应紧紧抓住地处中国-东盟自由贸易区前沿地带的优势，积极开展桂台之间的物流合作与交流。

一、桂台物流产业发展现状与问题

（一）广西物流产业现状及问题

继国务院发布《物流业发展中长期规划（2014—2020 年）》之后，广西出台了《广西物流业调整和振兴规划》和《关于加快广西物流业发展的实施意见》等相关政策，为全区的经济发展提供了坚实的物流保障，营造了物流业发展的良好政策环境。

广西物流业基础设施建设成绩显著。一是陆路交通设施发展较为迅速，2013 年全区公路总里程达到 111384 千米，其中高速公路总里程为 3305 千米，县区通高速率为 70%，通向广东、湖南、云南、贵州方向的“断头路”已经打通，但也还有一些连接外省的公路通道还未完全畅通。区内还有一些县域没有高速公路，仍然以二级公路为主，货物要想快速从港口、边境运往内地，必须要加快陆路建设，以保证物流运输的时效性。二是铁路建设迅猛发展，至 2013 年年底，广西铁路营业里程达到 3982 千米，同比增长 25%，其中高铁里程 1067 千米。但由于过去的发展较为落后，铁路建设与经济社会发展需求仍存在较大差距。三是码头港口货运量增长快速，2013 年年末，北部湾港口吞吐能力达到 1.6 亿吨，同比增长 1.9%。连接粤港澳的西江黄金水道港口货物吞吐能力和货运量分别达到

1.07 亿吨和 1.61 亿吨。2015 年广西北部湾港累计完成吞吐量 1.28 亿吨，同比增长 3.68%。其中，集装箱完成 141 万标准箱，同比增长 26%。但与码头相配套的主要交通枢纽物流中心和中转节点设施建设没有跟上，大大降低了货物周转效率。

广西的物流业起步晚，底子薄，当下正处于成长期。2013 年全区物流业增加值为 1167.7 亿元，占第三产业增加值的 22.6%，占广西 GDP 的 8.1%。2013 年全国物流总额为 197.8 万亿元，广西全区物流总额仅占 1.65%。2012 年区内农产品物流占全区物流比重为 8.64% ,2013 年又下降了 0.6 个百分点。主要问题是区内农产品基本上以自然形态进入物流渠道，物流企业出口产品深加工环节薄弱，附加值不高，冷链化处理的农产品还不到 30%，标准化体系不完善。而且大部分物流企业获取和共享信息渠道单一，基本上是依靠同行和客户，凭经验进行判断，没有构建一个标准统一、安全可靠的信息共享机制和平台，共享程度低。由于物流业态处于低端、单一的道路运输和储运状态，不能针对客户需求提供最佳配送路径、个性化服务以及整体增值服务；专业化、规范化、信息化水平低。又因为缺乏操作标准，导致货物在运输过程发生多次装卸，随着劳动力成本上升，政府税收减免不到位，造成物流运输企业成本居高不下，利润空间被压缩，形成了一种“守法经营亏，违法经营赢”的市场扭曲状态。

（二）台湾物流产业现状及问题

台湾社会物流主要由铁路、公路、海路和航空运输完成，其中 90%的货物量由公路承担。根据统计数据显示，1996—2007 年，台湾公路和港埠货运量均有不同程度的增长，但铁路货运量则出现负增长。从近年统计数据看，主要呈现以下发展态势。

(1) 公路汽车货物运输成为台湾主要物流运输渠道，近些年物流量呈平稳增长趋势。台湾公路汽车货物运输量以货运吨数统计看，由 2000 年的近 3 亿吨，增加到 2011 年的 6.2 亿吨，11 年间增长了 113.36%，年均增长率为 9.45%；以吨公里统计看，台湾公路汽车货物运输量由 2000 年的 119.9 亿吨公里，增加至 2011 年的 305.47 亿吨公里，11 年间增长了 154.75%，年均增长率达 12.90%；货运收入则从 2000 年的 527.22 亿元新台币，增加到 2011 年的 1116.08 亿元，11 年间增长了 111.69%，年均增长率为 9.31%。

(2) 港口物流量增长迅速，主要港口货物装卸量逐年增加。基隆港、高雄港、台中港和花莲港是台湾最主要的货物运输港口。近些年以此四大港口为主，台湾港口货物流量由 2000 年的 4330 万公吨增加到 2011 年的 7100 万公吨，11 年间增长了 1.65 倍。其中高雄港是台湾第一大货物集散港，货流量最大，且近些年货物装、卸量均快速增长；基隆港、台中港次之，但近年基隆港货物装、卸量起伏较大。而台中港货物吞吐量则逐年上升，且装货量增长速度高于卸货量。花莲港货流量虽最小，但近些年其装货量发展迅猛，其中 2001—2005 年增长率达 43.81%。

(3) 铁路物流负增长。铁路曾是台湾货物运输的主要渠道之一，但近些年在台湾货物运输中的作用不断减小，货运流量呈负增长态势。台湾铁路物流由铁路管理局和生产事业机构两部分组成，其中生产事业机构的物流随着社会化专业物流的发展，2001—2011 年年增长率为 10.25%。但铁路管理局从事的物流，除以货物吨数统计稍有增长外，以吨公里及货运收入统计的货运量均呈负增长。

(4) 航空运输量呈“抛物线”走势。近些年来受台湾岛内经济成长趋缓、各项公路建设陆续完工通车及当局开放省道路线客运业者加入陆路运输营运等相关因素影响，台湾航空运输市场需求量呈由低走高再下降走势。1996—2004 年航空货运量逐年上升，在 2004 年达到高点后，逐年微幅下降。

二、桂台物流合作现状

从 20 世纪 80 年代中期开始，随着两岸开放交流政策的松动，开始有台商到广西寻求发展的商机，并在广西投资置业。但从台商投资的领域来看，早期局限于农业、旅游业、房地产等传统领域，多属独立投资、单打独斗，规模也不大，再加上当时广西的经济发展水平比较低，开发开放的力度小、信息化水平低，因此，在 21 世纪之前，桂台物流的合作主要是台商投资广西的企业以陆路交通运输及仓储为主体的传统货运业合作，且这种合作是小规模、自发性的，没有对全区性的物流建设产生根本性影响。

进入 21 世纪之后，台商在大陆的投资活动形成新的高潮，不仅数量大幅增加，更重要的是，台商通过在上海等地设立投资据点，以占领大陆市场为主要目的的商务活动越来越活跃，而且集聚规模不断扩大。此时，台商也从以往单打独斗转为集体合作，从单纯的委托加工变为邀请卫星工厂共同参与，联合上、中、下游相关配套产业一起投资，投资的方式改为积极的产销一体化，从最初的“跑带”战略转变为“生根”战略，签约期限一般都在 40 年以上。在投资上大部分仍然采取“台湾接单、大陆生产、香港转口、海外销售”的模式，大量转移岛内的夕阳工业，即以轻纺为代表的劳动力密集型企业和以石化为代表的资本密集型企业。

2002 年之后，随着中国-东盟自由贸易区的提出和加快建设，特别是一年一度的中国-东盟博览会永久落户南宁，加上 2005 年以来每年一届的桂台经贸交流会及两岸共同市场论坛的成功举办，种种合力将广西推向了大陆与东南亚国家和台湾地区经贸合作与交流的前沿。受此影响，越来越多的台资企业把目光聚焦广西，越来越多的台湾商人看好广西，桂台经贸合作呈现出蓬勃发展之势。台商在广西的投资也开始逐渐往工业、服务业等产业扩散，企业投资额也越来越大，大部分是千万美元以上，近期还出现了台商在广西投资几亿美元、几十亿美元建设大型工业及商业项目的趋势。与此同时，在大陆的台商由于东部地区生产成本的提高，使得劳动密集型产品的国际竞争力下降，需要从生产成本较高的东部地区往生产成本较低的西部地区转移，这也给广西带来了相当多的加工型台资企业，如农林产品加工、饲料及工业原料加工以及电子制造加工、服装加工、鞋业制造、种养项目和旅游设施项目等。这些项目大多数来自于广东、福建、江苏、浙江和越南。但目前在桂已建成的台资企业多数仍是独资方式经营，产业的外向关联度大，与当地相关产业的关联效应较低。因此，已建成在桂台资企业的物流主要是企业与产品产业链中上游企业(主要在东部地区，如珠三角)之间的物流，以企业自有物流为主。

三、桂台物流合作前景

（一）广西物流业的发展为桂台物流合作提供了良好基础

随着物流信息技术和网络技术的广泛运用，传统的运输、仓储企业正依托原有的设施、客户、业务基础和经营网络向现代物流企业转变，物流企业的数量及规模也迅速增长。2004 年之前广西登记在册的物流公司总计不到 1000 家；到 2009 年 6 月，广西物流公司已达 6500 多家，仅南宁市登记在册的物流公司就有 3100 多家。与此同时，企业规模也逐步壮大，如位于邕武路南宁货运北站的先飞达物流公司，每年以 5 倍的速度快速增长，成为广西成长速度最快、线路最齐全的物流企业之一。

与此同时，广西物流企业类型也呈多元化发展趋势。首先是依托港口发展。此类企业的总部一般设在港口，如防城港、钦州港、北海港等，拥有自己的码头和可自调的船只，主要经营陆海联运货物及通过海运的进出口货物的相关物流业务，大都以集装箱运输方式为主。其在港口一般设有专业仓库，货主可以直接把货物运送到专业仓库等待物流公司发货。也有河运的港口如梧州港、贵港港、南宁港、百色港、柳州港等。其次是依托货运交易市场发展。其主要方式是公路汽车运输及仓储服务。目前广西依托货运交易市场的物流企业大多分布在南宁、柳州、桂林等内陆城市，一般自己不配置运输车辆，专职经营货物的仓储、信息、配车等组织工作，凭借专业的服务及较低的成本抢占运输及仓储市场，成为公路货运及仓储市场的主导力量。最后是依托国内大企业发展。货运公司为了找到固定的货源，千方百计和各种生产企业建立运输服务关系，承包生产企业的销售物流，尤其瞄准大型企业承包一定比例的产品储运任务。广西航空物流对接境外的飞机场现有南宁吴圩国际机场、桂林两江国际机场和北海福成国际机场。广西物流业的发展为桂台物流合作提供了良好基础。

（二）日臻完善的合作机制加快了桂台物流合作的步伐

广西与台湾签署协议商定，针对广西拟把北部湾港口建设成亿吨级现代化组合港的目标，桂台将通过业界交流，促进广西远洋航运以及远海大能力专用泊位、集装箱码头等港口基础设施的发展。广西和台湾高层在会谈中表示，为确保桂台两地物流产业合作顺利推进，双方将共同加强桂台两地经贸部门间以及工商界的交流与合作、鼓励举办物流专业推介活动、促进投资便利化等积极措施。

当前，广西已成为“泛珠三角经济区”（9＋2）和“中国-东盟自由贸易区”（10＋1）叠加的广阔平台，广西领导人和工商界人士每年均到东盟各国访问和交流，与东盟各国政商交流密切，贸易逐年递增。2005 年以来广西主要领导人和工商界人士连续多年访台洽商，桂台经贸文化交流与合作日益频繁，台资企业纷纷落户广西，广西已成为台湾同胞来大陆旅游的第二大目的地，广西在对台经济贸易中的独特优势日益显现。

据了解，目前台湾来广西洽谈投资港口、仓储、物流合作的企业已经超过 70 家，签订合作项目意向的有 37 家。其中，台资企业钦州伯璇港务公司将投资数千万美元与广西有关港口物流企业公司合作，拟在钦州港建设一个能够辐射中国西南省区和东盟市场的大型港口仓储物流中心。

（三）桂台物流资源的互补性为双方物流合作提供了机遇

台湾的现代物流业已经发展到了相当高的水平，外向型制造业高度发达，特别是信息技术产业的崛起，使台湾的物流企业在物流理念、物流技术、物流中心建设、全球物流网络和供应链管理等方面都具有较强的跨区域运作能力，台湾物流配送业的快速发展还成功带动了流通连锁业的发展。另外，台湾物流企业在信息化技术和物流产业的技术标准化方面也拥有相当成熟的经验。近些年来，随着国际超级物流企业相继进入台湾，以及台湾制造业大批的中下游企业走出岛外投资办厂，在一定程度上冲击了岛内物流企业的货源和市场。因此，台湾的物流企业也迫切需要走出岛外拓展新的发展空间。而广西在跨境物流、第三方物流、大工业物流等方面的业务拓展能力和资金、技术、管理等方面的实力有限，但拥有天时、地利、人和与其他运作方面的资源，因此，台湾物流企业与广西物流企业优势互补，可以共同开拓南部的中国-东盟“10＋1”东南亚大市场，西部的大陆大西南市场，北部的华中、华北和大西北市场。在北部湾地区发展，台商可以充分利用中国大陆和东盟两大市场和资源，解决其在许多领域的产业链供应不完善等问题。

四、桂台物流合作存在的主要问题

（一）国际物流管理及推动机制有待确立

综观亚洲物流运筹先进的国家和地区，为推动组织加速物流发展，近些年来分别成立跨部会协调委员会及负责推进的主管机关。广西目前尚未成立这样的机构，不利于发现问题、形成共识，进而解决出现的问题。

（二）基础设施的结构性“瓶颈”制约较为突出

广西物流基础设施发展很快，但与物流需求的增长仍然不相适应，存在物流基础设施供给的某些领域明显不足的“硬缺口”问题，使货物在途时间延长，压港、压库突出。广西的集装箱吞吐量集中在沿海主要港口，而集装箱吞吐能力的严重不足与港口集装箱业务需求快速增长已形成巨大反差，尤其是枢纽港吞吐能力不足的矛盾更为突出。同时，与港口连接的公路、铁路、内河航运等集疏运系统的不完善和不配套，也在一定程度上制约了广西集装箱运输的发展。在这几年兴起的“物流热”中，各地规划了一些物流园区项目，但存在一定的借机“炒作”，圈占土地、搞房地产，真正投入运作的园区少，物流基础建设滞后的问题。

（三）货物通关签审效率待提高

现在转口货物离开管制区需要人工押运，但目前广西还未能实施报关业务跨关区报关，造成业者效率降低，营运成本增加，影响全球运筹的发展。从总体上来说，海关与动检、卫检、商检、外管局等相关部门还不能连动，与企业信息系统也没有接口，又不允许企业预录入，延缓了通关签审速度等。

（四）技术水平相对比较落后

广西物流业中有两个环节的技术含量缺口很大。一是装卸搬运、换装、承接方面，主要原因是物流技术标准化程度低，各种物流功能、要素之间难以做到有效衔接和协调发展，例如，海运集装箱与铁路集装箱、公路集装箱的标准不统一，不能互相兼容，影响了联运业务的发展；物流器具标准不配套，如现有的托盘标准与各种运输设备、装卸设备标准之间缺乏有效的衔接，这对各种运输装载率、装卸设备的荷载率、仓储设施空间利用率方面的影响较大。二是物流信息系统建设滞后，物流信息系统的及时传递和处理、单证的流转等易出现脱节。

五、促进桂台物流合作的对策

（一）积极探索制度创新，突破制度障碍

建议在联检报关制度上，海关以“两岸贸易”的方式来办理进出口手续；边检和海事部门可以允许双方的船舶以悬挂“方便旗”的方式进出对方的港口；建立“预约式”报关制度，形成途中报关、到港查验、一次放行的通关方式，减少船舶在港时间，提高通关效率。此外，双方还可以在信息共享、人员培训等方面加大合作与交流。

（二）加强基础设施建设

这包括线路、枢纽、载体平台的建设，主要是指充分发挥港口、铁路、公路、航空、快递等不同运输途径的功能，充分发挥桂台两地主要城市、开发区、保税区等物流节点的作用，促进两地间物流的发展。

（三）引进先进的物流技术和管理经验

广西物流系统应借鉴台湾物流多年发展的成功经验，更多地采用国际通行的现代物流技术标准，推进技术设备的标准化，才能更好地与台湾构建对接平台，促进信息交流和共享，实时跟踪物流供求信息，提高物流配送技术的应用程度。同时，积极采用信息化管理系统、电子数字监控系统、货物跟踪系统、现代化立体仓库、条形码扫描等现代物流技术，促进物流全程管理和对各个环节的有效控制，提高物流服务质量。

（四）大力培养物流管理人才

广西高端的物流人才比较缺乏。在人才培养上，广西应加大物流人才的教育与培训支出，可邀请台湾物流学者到大陆开办讲座或者培训班，出台相关政策吸引台湾物流学者到广西教学，借力台湾物流专家，大力培养物流管理人才。另外，广西可以开放港口、物流中心，为高校学生提供物流业务实践基地，多培养应用型物流管理人才，推进桂台物流交

流合作的发展。

参考文献

[1] 魏澄荣,吴德进,黄继炜. 闽台物流合作存在问题及对策研究[J]. 亚太经济,2013(6).
[2] 陈文. 闽台物流合作的探讨[J]. 牡丹江大学学报,2014(11).
[3] 陈冰芳,等. 闽台物流合作的现状及对策分析[J]. 台湾农业探索,2015(1).
[4] 林珊. 台湾物流业发展的现状、特点与趋势[J]. 亚太经济,2009(6).
[5] 马莉. 中国东盟自由贸易区背景下广西与东盟物流合作的探讨[J]. 商业经济,2015(1).
[6] 石侃. 桂台港口物流合作大有可为物流发展前景诱人[N]. 广西新闻网,2013(1).

作者简介:

袁金龙,男,1978年出生,江苏省邳州市人。毕业于江苏省徐州师范大学,管理学硕士。主要研究方向:行政管理,产业经济,区域经济。

(审稿:叶传财)

浅析建立面向东盟的桂台合作体系的优势

广西外国语学院涉外法律研究所　胡国盛　陆志杨

摘要：随着中国-东盟自贸区的建成和发展，以及《海峡两岸经济合作框架协议》(ECFA)的签署，坐拥区域优势的广西正与台湾联袂演绎出一场场合作共赢的好戏。越来越多的台商到广西投资办厂，希望借此进军东盟市场，分享自贸区"零关税"带来的巨大商机。特别是近几年来，知名台商先后踏上八桂大地投资兴业，桂台交流合作风生水起。以南宁为核心经济带的北部湾经济圈发展条件好，是物流贸易等众多经济链潜力大的地区；矿产、旅游、特色农业资源丰富。这几年桂台交流合作已经站在一个新的起点上，随着双方达成的经贸合作协议的全面落实，必将迎来大交流、大合作、大发展的新阶段，必然更好地造福两地人民，推动两地繁荣发展。

关键词：桂台合作　面向东盟　发展优势

一、建立面向东盟的桂台合作体系的优势

（一）东盟经济发展与桂台合作的成果

近几年来，桂台两地经贸合作愈加紧密，并取得了丰硕成果。广西与台湾的贸易额年均增速超过35%，实现了跨越式增长。广西也日渐成为台资转移的新的目的地。中国-东盟自贸区建成后，对于台湾企业而言，抢滩广西，不仅可以开拓广西市场，更可通过广西去布局广阔的东盟国家和大西南市场。广西完全可以成为台湾企业充分利用中国-东盟自贸区优惠政策的现实路径。同时，随着海峡两岸经济合作框架协议(ECFA)的签署和两岸直航的开通，两岸间的相互开放逐步推进，最大限度地实现两岸经济优势互补，共同提升国际竞争力，为台湾与广西企业携手共同开拓东盟市场提供了便利。为吸引台资入桂，广西努力营造台企发展的"暖环境"。目前，广西各级各有关部门积极落实自治区人民政府制定的《关于扶持台资企业发展的若干政策措施》等优惠政策，让台资企业"进得来、留得住，有产出、有回报"。台湾已成为广西引进外来资金的主要来源地，截至2015年年底，全区累计批准台商规模以上投资1645项，合同台资99.7亿美元，实际到位51.61亿美元；近5年间桂台贸易额达40.74亿美元，年均增长46%。广西引进台资总额稳居西部省区前列。

（二）面向东盟，广西与台湾合作迎来更广阔的空间

2009年以来，广西已连续7年由自治区主要领导率高层访问团访台，进行大规模、全

方位、多层次的系列经贸文化交流活动，极大地促进了桂台经贸合作的发展。今后两地应继续加强桂台产业对接，共同建立面向东盟的桂台合作体系。广西正在打造多个千亿元重点产业，同时培育和发展许多新兴产业。台商可以积极参与到广西的新型工业化进程中，参与到广西承接东部地区加工贸易转移的进程中，在其中扩大与广西的合作，共享广西发展的红利。

另外，台商还可以参与合作开发广西的各类经济园区，把台商在祖国大陆珠三角、西南、中南等地的业务整合起来，形成以广西为生产基地、面向大陆和东盟市场的产业集群和产业链，发展空间广阔。

（三）面向东盟的桂台合作体系优势架构

首先是区位优势。广西作为大陆唯一与东盟既有陆地接壤又有海上通道的省区，是中国对东盟开放合作的前沿和桥头堡，区位优势突出，战略地位重要，发展机遇良好。当前，中国-东盟自由贸易区(CAFTA)已经建立并发展良好，《海峡两岸经济合作框架协议》(ECFA)稳步落实，两岸经贸整合和区域合作和风正盛，为桂台全面交流提供了难得的机遇，为两岸深化产业合作共向东盟自由贸易区发展打下了良好的基础。其次是政策优势。台商投资广西，可充分享受自由贸易区优惠政策，特别是在 ECFA 签署和两岸直航开通后，两岸开放逐步深入推进，将最大限度地实现两岸经济优势互补，共同提高开发东盟自由贸易区市场的竞争力。最后是产业优势。桂台依托中国-东盟博览会、中国-东盟商务与投资峰会等平台，通过参会参展和投资合作，加强两地制造业、农业、金融、旅游、纺织服装、重化工业、精密电子、信息软件、创意文化、新能源等产业对接，共同建立面向东盟的桂台合作体系，共同开拓东盟大市场，提高两地企业的国际竞争力，实现共赢发展。

（四）两岸学界搭建桂台合作论坛助台商开拓东盟市场

2013 年 6 月中旬由广西外国语学院与台湾青年企业研究社两地学界联合主办，主题为“面向东盟、共创繁荣”的产业升级与桂台合作论坛在中国-东盟合作前沿城市广西南宁市举行，来自广西、台湾两地工商、教育、学界代表 200 多人出席了论坛，为两地企业合作共赢、共同开拓东盟市场建言献策。与会的两地学者、企业家、广西有关机构负责人、台商代表，就广西发展形势与战略、广西产业结构调整升级与发展产业集群、广西口岸带动中国-东盟边贸热潮、台湾金控现状等问题进行了交流，就加强桂台沿海产业、健康生技产业、港航物流合作，以及桂台合作开展外语培训对中国与东盟、广西北部湾发展的重要性等方面进行了建言，还对台商利用广西平台参与中国-东盟自由贸易区市场进行开发、共享桂台经贸文化交流合作机遇做展望。

会议期间广西北部湾经济区各市与台湾企业进行了多层面的交流，特别是在港口、物流、临海产业等方面达成了许多合作协议，并付诸了实践。目前，北部湾经济区已在规划建设六个台湾产业园，已有近百家台资企业进驻。双方在广西沿海区域的合作已具备了良好的基础。当前，广西北部湾经济区已经成为中国—东盟合作的前沿地带和桥头堡，成为沟通两大市场最重要、最便捷的通道和平台，同时也是推进桂台经贸合作面向东盟市场的最为活跃的地区。

二、加强桂台合作有利于实施面向东盟的"一带一路"战略

（一）建立桂台合作优势，贯彻落实面向东盟的"一带一路"战略

我国提出的《推动共建丝绸之路经济带和21世纪海上丝绸之路的愿景和任务》勾画了"一带一路"路线图，该战略牵涉到全球65个国家和地区，其中包括东盟自由贸易区的10个国家。发挥广西与东盟国家陆海相邻的独特优势，打造西南、中南地区开放发展新的战略支点，形成21世纪海上丝绸之路与丝绸之路经济带有机衔接的重要门户，是建立桂台合作优势，贯彻落实面向东盟"一带一路"战略的重要措施。

广西作为我国唯一与东盟海陆相邻的省区，加快海陆基础设施建设任重道远。广西壮族自治区交通运输厅相关负责人介绍，广西将通过建设中国-东盟港口城市合作网络，打造区域国际航运中心，推动以南宁为节点衔接"一带一路"的陆路南北新通道建设，打造面向东盟的重要航空中转枢纽，着力构建"一带一路"海陆空综合立体互联互通大通道。台湾省应该加强与广西的合作，利用广西的优势向东盟发展。

（二）广西实施面向东盟"一带一路"战略的具体措施

目前，广西北部湾港口群防城港、钦州港、北海港、铁山港等已连通东盟国家的47个港口，定期集装箱班轮航线已达35条，初步形成了面向东盟的物流集散基地。近年"北部湾之星"号邮轮在北海港区正式启航，将北海至越南下龙湾的旅游合作延伸至马来西亚关丹。钦州港也开通首条直航"中国钦州—中国台湾—韩国—印尼—泰国—越南"外贸集装箱定期班轮航线。

广西在加强与东盟国家相连的交通运输基础设施建设，建好了桂林—柳州—南宁—凭祥友谊关至越南河内的高速公路，也建成了广西北海—钦州—崇左—百色—云南连接越南、老挝边境的高速公路，广西东兴—越南芒街—下龙—海防高速公路等重要项目正加快推进。

广西还与东盟主要城市开通了民用航线，广西铁路与泛亚铁路网相连，作为"一带一路"重要节点城市的南宁，目前已开通连接13个省市和广西10个地市的高速铁路，为沿线省市提供了便捷的出海出边通道。

这些措施为桂台合作共同开发东盟自由贸易区提供了很好的基础。

三、建立面向东盟的桂台合作体系的核心内容是经贸产业合作

在经济全球化进一步发展、区域经济一体化不断加强的当今，把握国际和区域经济发展新趋势，加强海峡两岸经贸交流与合作，推动两岸经济共同发展，是增进两岸同胞福祉、实现中华民族伟大复兴的必由之路。当前，大陆经济发展势头强劲，为两岸经贸交流和产业合作开拓了广阔空间，提供了强大动力，创造了良好条件，双方经贸合作正向更高层次、

更广领域、更大规模拓展延伸。产业合作首先要考虑区位条件。广西最大的优势是区位优势。广西位于华南经济圈、西南经济圈与东盟经济圈接合部，是西部最便捷的出海口和对外开放的窗口，是台湾开拓大陆西部市场的重要节点与合作平台，也是台湾地区与东盟进行产业合作的重要节点和起跳板。此外，广西拥有丰富的资源和综合成本比较低的优势，很有条件成为台湾企业开拓新市场的重要立足点。广西与台湾各具优势，资源结构、产业结构、市场结构互补性强，产业合作潜力很大，前景广阔。两地应抓住机遇，在产业合作上拓展新领域，搭建新平台，探索新方式，形成新机制，实现互利共赢、共同发展。

面向东盟的桂台合作战略建议从四个方面进行努力。一是确定重点合作领域。在继续保持农业、旅游业的良好合作态势下，尽快在商贸、物流、生物、电子、石化等领域开展务实合作。二是打造有效合作平台。在航空、港口、物流、金融等现代服务业方面开展广泛合作，办好玉林海峡两岸农业合作试验区，共同建设一批产业园区，为深化产业合作打下基础。三是推动产业互动升级。通过产业合作，促进要素流动，优化劳动力、商品、资金、技术、管理等资源配置，形成产业链，扩大产业规模，实现产业升级，共享产业成长收益。四是建立稳定的合作机制。总结和借鉴两岸产业合作的成功做法，探索建立稳定的总体合作机制和灵活多样的具体工作机制，在沟通、对话、协商中谋求产业发展，在积极、务实、灵活中实现互利共赢。

四、桂台产业合作应抓好五大方面

广西要紧紧抓住机遇，做好定位，不仅要在承接台资工农业、生产性服务业占得先机，还要利用桂台服务业（如国际贸易、国际金融、跨境电子商务等）合作的发展支持制造业（如汽车、电子、工程机械等精密机械设备）的发展与合作。

（一）针对台湾电子信息产业链发达的优势，应抓住龙头，配套引进，加快形成完整产业链和产业集群

台湾电子信息产业最大的竞争优势是拥有完整的供应链，广西对台湾电子信息产业的招商应在产业链、价值链上下功夫，紧盯产业链条上的企业，招大引强，配套引进，精准招商，定向推介，集群承接，充分发挥龙头企业的作用，加快配套企业引进和培养本土配套企业，壮大上下游产业，力争形成从研发设计到代工制造、品牌营销的完整产业链，提升产业和产品竞争力，着力引导台资电子产业在有一定基础的南宁、桂林、北海、钦州发展。

（二）在机械及汽车零配件产业寻找合作商机

广西柳州市 2015 年规模以上汽车工业产值 2082.6 亿元，年增长 11%，汽车年产量 230 万辆。机械及汽车零配件业更有利于桂台两地产业优势互补。广西在机电、造船（含游艇业）和汽车零部件、信息产业和企业精细化管理这几方面亟待提升，这也是台湾的优势所在。台湾机电产业具有较高的发展水平，特别是数控机械、加工中心等装备与生产技术，居于国际先进水平，而生产汽车零部件、机电、电子信息产品都需要高精尖的装备与技术。信息产业、企业管理等也是台湾产业界很具竞争力的领域。因此，广西的企业也可以

通过进口台湾的生产设备、零部件，增强广西产品在国际上的竞争力。同时，在大陆资本赴台投资方面，目前广西的一些民营企业已经迈出了步伐。随着ECFA的签订，投资领域会更加宽松，广西企业的积极性也会更加高涨。

（三）拓宽对台经贸合作领域,务实推动金融、保险、物流、旅游等现代服务业合作

近些年来，台资金融机构踊跃来大陆考察，目前是引进台湾金融机构的绝佳时机。要瞄准实力雄厚的大型金融控股公司，着力引进台资银行机构、金融租赁公司、保险公司、投资公司和一些全球或亚洲的连锁酒店和旅游观光企业。积极吸引台湾重要商业协会来桂设立办事机构，加强两地文创、物流产业方面的合作，优势互补，共同发展。进一步深化桂台旅游合作，巩固和发展台湾位列广西境外游客数量第一的优势。长期以来，台湾游客遍布东南亚及世界各地旅游观光，要想方设法让台湾同胞选择广西作为中国大陆首选旅游目的地。

（四）引导台资产业在广西投资

引导台湾的电子业在已有一定基础的北海、南宁、桂林、钦州进一步发展。引导台湾的石油化工企业到钦州发展，打造类似台塑在台湾云林的石化城。引导台湾的造船业到防城港来发展。引导台湾机电、精密仪表、汽车配件业到电机、重机、柴油机、橡胶、汽车及配件制造业基础较好的柳州、桂林、玉林发展产业链，形成台商聚集相关产业工业区。引导台资企业到广西河池、来宾、崇左、贵港、梧州、贺州发展铝、锰、锡、石灰岩、高岭土等矿产资源深加工业，大力发展有色金属和建材制造业。旅游、文化创意产业可在南宁、桂林、北海、百色、河池、贺州、崇左落地。金融、酒店、会展、电商、物流等服务业宜在南宁、桂林、柳州、梧州、北海、防城港发展。精致农业和观光农业可在玉林、南宁、贵港、钦州、防城港、梧州、来宾、崇左等市发展。

（五）建立面向东盟的桂台合作体系需要努力营造有利于台商在桂发展的良好环境

要认真贯彻落实广西壮族自治区人民政府《关于促进台资企业加快发展的若干政策意见》，加强领导，明确责任，切实把台胞权益保护工作落到实处。进一步提高依法行政能力，完善依法协调措施。积极营造良好的舆论环境，采取多种方式，向岛内工商界人士和台湾民众大力宣传广西的政策优势、资源优势、产业基础、市场潜力，辐射东盟国家等有利投资环境和广西改革发展取得的巨大成就，让更多的台湾同胞尤其是工商界人士进一步了解广西、关注广西、投资广西，全面创建面向东盟的桂台合作体系优势。

参考文献

[1]《当代广西》评论员. 桂台携手 共创双赢[J]. 当代广西，2008(14).

[2] 黎攀，陈仕平. 2010年桂台经贸文化合作论坛在台北隆重举行[N]. 广西日报，2010年7月3日.

[3] 李建平.发掘桂台文化交流与产业合作新途径[J].沿海企业与科技,2012(11).

[4] 陈倩,陈勇林.桂台两地重点领域产业合作研究[J].行政事业资产与财务,2014(03).

[5] 王子先.打造桂台产业合作的新平台[J].中国经贸,2008(08).

[6] 向永吉.第三届桂台经贸合作交流会在玉林召开[J].大经贸,2007(10).

[7] 程群.搭建桂台全面交流合作新平台[J].广西经济,2011(05).

[8] 姜木兰.面向东盟 共创繁荣——广西外国语学院与台湾青年企业研究社成功联合举办产业升级与桂台合作论坛[J].市场论坛,2013(07).

[9] 中国交通新闻网,2015 年 5 月 4 日.

作者简介:

(1) 胡国盛,男,1981 年出生。2005 年 7 月毕业于贵州民族大学法学本科,2009 年毕业于新加坡南洋理工大学海洋管理硕士(国际物流方向),从事物流教学及律师工作多年。主要研究方向:东盟法律事务,国际物流,政府法制与经济研究。

(2) 陆志杨,男,1970 年出生。1992 年毕业于湖南大学经济与行政系行政管理专业,1997 年毕业于湖南大学政治关系学院行政管理硕士。主要研究方向:政府行为理论研究,政府市政经济及管理,政府贸易行为规制。

(审稿:韦克俭)

桂台企业投资东南亚国家意愿对比

广西外国语学院国际会计学院　邓蔚宇

摘要：广西与东南亚国家山水相连，随着中国-东盟自由贸易区的建立，桂资企业到东南亚的投资呈现了快速发展的趋势。台资企业从20世纪60年代初开始对东南亚进行投资，在东南亚有较好的基础。本文分别通过对桂资企业和台资企业在东南亚国家投资的意愿对比，提出桂资企业与台资企业合作，共同开拓东南亚市场，实现共赢发展的对策建议。

关键词：桂台企业　投资东南亚　意愿对比

一、桂资企业投资东南亚国家的背景

广西与东南亚国家山水相连，通向东南亚的水路、公路、铁路均十分便捷。东南亚各国致力于发展本国的经济，十分欢迎中国企业前往投资。2002年11月中国与东盟各国领导人签署了《中国与东盟全面经济合作框架协议》，中国-东盟自由贸易区建设进程启动；2004年11月签署了《中国-东盟货物贸易协议》；2007年1月签署了《中国-东盟服务贸易协议》；2009年8月签署了《中国-东盟投资协议》。2010年1月1日，中国-东盟自由贸易区正式建成。

广西是唯一与东盟既以陆路接壤又在海上相连接的省区，在地理位置上有着得天独厚的优势，中国-东盟自由贸易区建成后，中国对东盟平均关税从9.8%降到0.1%，东盟六个老成员国对中国的平均关税从12.8%降到0.6%。关税水平大幅降低，东盟10国成为广西企业"走出去"进行海外投资的首选目标。

二、桂台企业对东南亚国家投资的现状分析

（一）桂资企业对东南亚国家投资的现状

广西与东南亚既有陆地相连，又有海路相通，在历史上早就有经济往来，但大多是民间往来，规模很小。近年来，随着中国大陆对外投资管制的放松和鼓励对外投资政策的出台，东南亚国家成为广西企业对外投资的主要目的地。广西企业对东南亚国家的投资在一、二、三产业中均有分布，主要集中在农业、制造业、贸易和金融业，其他产业比重较小。

广西商务厅提供的数据显示，截至2013年7月底，广西累计核准在东盟设立的投资企业和办事机构达256个（含增资），协议投资总额12.27亿美元，中方协议投资额达

10.44亿美元。中国-东盟自由贸易区建成以来，广西对东盟投资呈现加快发展的态势。2010年、2011年和2012年，广西对东盟协议投资额分别为1.4亿美元、1.75亿美元、2.32亿美元，2013年1～7月广西对东盟协议投资额达1.83亿美元。2012年，广西新核准对东盟国家投资个数和协议投资总额均创历史新高，新批准对东盟设立的企业和办事处28个(含增资)，中方协议投资额2.32亿美元，累计批准对东盟投资额900万美元以上的项目12个。广西企业投资目的地包括全部东盟10个国家，主要集中在越南、柬埔寨、印尼、马来西亚、老挝等国，行业主要涉及农产品种植与加工、矿产资源开采与加工、化工产品制造、通信器材生产、园区建设和日用品生产等。投资领域由20世纪90年代开展对外合作初期的加工业扩大到农业、基础设施、加工业、制造业、矿产开发和工程承包等广西具有比较优势的产业。单个项目规模也不断扩大。广西对东盟投资的主要项目是金属、矿产资源开采与加工、电线电缆生产与销售、通信器材生产、木薯及剑麻等农产品种植加工和日用品生产等，其中重大项目包括中国·印尼经贸合作区、马中关丹产业园区、广西农垦明阳生化集团公司越南归仁木薯产业项目、广西投资集团印尼玛利瑙煤矿项目、广西国宏集团柬埔寨大米加工厂、中-柬农业促进中心等。

（二）台资企业对东南亚国家投资的现状

台商对东南亚国家进行投资始于20世纪60年代初，但投资数量有限，发展十分缓慢。20世纪80年代以后，随着台湾加快产业结构调整、转移落后产业、放松外汇管制，东南亚国家的经济也快速发展，台资企业对东南亚国家的投资迅速增长，台商在东南亚地区成为继美国和日本之后的第三大外来投资者。

台资企业在东南亚的企业类型以中小企业为主，投资规模较小。近年来，台商大型企业投资东南亚增多，大型投资也增多。台商在东盟10国都有投资，其中，泰国、马来西亚、新加坡、印尼、菲律宾是台商传统的重点投资国家。目前，越南、柬埔寨、老挝是台资企业增长最快的地区，其中，越南成为台资企业投资东南亚的首选地，也是台资企业发展最快的东南亚国家。

台商在东南亚主要投资制造业、矿业、林业、渔业，同时，也积极投资银行业、股票市场及房地产业，服务业投资增长较快。在越南纺织行业，柬埔寨成衣业，马来西亚、泰国的电子电器制造业，越南、泰国的食品加工业，印尼的纸浆及造纸业，菲律宾的水泥业等产业中，台商投资均占有重要地位，成为东南亚国家重要的外资来源。

三、桂台企业投资东南亚国家的意愿对比

桂资企业和台资企业在东南亚国家中的发展既相互存在竞争，又有很多合作发展的空间。

（一）桂资企业对东南亚国家投资的意愿

1. 桂资企业在东南亚的投资主要集中在农业、矿业和基础设施

在中国-东盟自由贸易区的框架下，广西积极推动与东南亚各国的合作，先后在柬埔

寨、文莱、老挝、越南等东南亚国家实施了柬埔寨户用沼气示范与推广、文莱水稻高产栽培示范、老挝果蔬新品种栽培示范、越南水稻玉米试种基地等一批境外农业技术试验示范项目，得到各国的赞誉。同时，广西区政府积极支持和鼓励有实力的桂资农业企业到东南亚进行农业资源开发。据不完全统计，目前广西共有30多家企事业单位赴境外开展农业资源开发合作，协议投资总额18199万美元，中方协议投资额15848万美元，投资方向主要为木薯、甘蔗、稻谷、茶叶、果蔬、剑麻的种植加工以及远洋捕鱼，投资目的地包括越南、柬埔寨、缅甸、老挝等东盟国家。投资项目主要有越南归仁木薯产业项目、广西国宏柬埔寨大米加工项目、缅甸丰源生态农业有限公司、中国-柬埔寨农业促进中心、金谷集团有限公司(柬埔寨)等。其中广西农垦明阳生化集团股份有限公司投资设立的越南归仁木薯产业项目投资金额6180万美元，是广西在境外最大的农业投资项目。广西农垦集团在印尼投资建设的中-印经贸合作区，是广西在东盟承建的第一个国家级对外经贸合作区。作为广西农业企业的龙头，广西农垦企业集团已在印尼、缅甸、菲律宾、越南等国家实施了17个开发合作项目，累计投入7000多万美元，广西农业对外投资初步形成规模，广西与东南亚农产品贸易发展迅速，东南亚已经成为广西农产品贸易的最大伙伴之一。

广西与东盟国家矿业企业的合作步伐明显加快。目前，不少合作项目资金已陆续到位。据自治区商务厅披露，截至2011年年底，已累计批准广西企业对东盟矿业项目投资超过2.1亿美元，其中中方投资额500万美元以上的项目13个，涉及矿产资源勘查、开采、加工及贸易等领域；投资目的地主要集中在越南、印尼、马来西亚、老挝和柬埔寨等国。广西有色金属集团公司与缅甸米尼温工业有限公司签署了总额为3000万美元的有色金属矿产合作勘查开发协议。

基础设施建设合作逐步加大。广西天昌投资有限公司拟投资1.5亿美元在印尼开展煤炭开采及合作建设煤运码头等项目。广西建工集团第五建筑工程有限公司在越南岘港市承建的五星级宾馆工程，项目合同额达6800万美元。广西有色金属集团公司总投资约1亿美元的该集团柬埔寨公司钢铁项目一期工程，也于2012年4月初在柬埔寨柏威夏省罗文县止式开工，该项目主要依托当地铁矿资源，建设年产100万吨的矿山、年产60万吨的选矿厂和年产30万吨的还原铁厂。

2. 广西企业对东南亚的投资具有地域由近至远的特点

东盟是我国鼓励对外直接投资的重要区域，广西对东盟直接投资具有独特优势，但还是刚刚起步，潜力巨大，前景广阔。从广西的生产技术和生产能力实际出发，结合考虑东盟各国的区位、资源、产业和政策等投资环境，广西对东盟直接投资的产业选择主要按国别进行以下选择：首选投资国，包括越南、柬埔寨、老挝、缅甸；次选投资国，包括泰国、马来西亚、印尼、菲律宾；备选投资国，包括新加坡、文莱。

3. 广西对东盟投资合作以小型项目为主

目前，广西在东盟设立境外企业(含机构)的中方投资额每个项目平均只有139万美元，其中投资额在100万美元以下的有107个，占对东盟投资总项目数的76.4%，投资额在500万美元以上的仅8个，占对东盟投资总项目数的5.7%。同时，广西累计对东盟承包工程项目275个，平均每个项目完成营业额仅105万美元。

4. 广西民营企业对外直接投资的步伐明显加快，逐渐成为广西企业对外直接投资的主体

截至2012年年底，广西民营企业对外投资项目累计227个，协议投资额11.74亿美元，占广西对外投资的比重为51.88%；中方协议投资额10.09亿美元，占比50.78%，协议投资额和中方协议投资额均占据广西对外投资的半壁江山。2012年，广西民营企业对东盟直接投资项目为20个，中方协议投资额为1.99亿美元。广西民营企业的优势产业主要包括汽车及其零部件制造、制糖、矿业、中小型农业机械、建材、医药等。尽管广西民营企业的优势产业与东盟相关产业相比较，并不在整个产业中占据绝对优势，但从产业细分上看，仍然存在比较优势，再加上广西民营中小企业的技术适合于东盟部分国家小规模生产的要素结构以及东盟国家由于经济发展水平的差距带来的产业发展的多层次性，广西民营企业的优势产业具备了在东盟国家开展直接投资的基础条件。

（二）台资企业对东南亚国家投资的意愿

台资企业对东南亚各国的投资意愿主要表现在以下几个方面。

1. 以劳动密集型中小企业为主

台资企业对东南亚各国的投资主要集中在塑胶、造纸、电子电器、纺织、玩具、机械加工制造业等劳动密集型产业，投资规模以中小型企业为主。

2. 资金与技术密集型产业投资逐渐增多

近几年来，台湾资金与技术密集型产业对东南亚国家的投资逐渐增多，并且大多是上市大公司，如宏基电脑、旭丽电子、大同电子、华夏塑胶、长荣海运等。大企业到东南亚国家投资可以享受当地的政策优惠，同时也带动“下游”产业的中小企业对东南亚的投资，有利于台资企业在东南亚国家的协作和发展。

3. 在大规模地投资制造业、矿业、林业、渔业和贸易业的同时，台资也积极投资东南亚国家的银行业、股票市场和房地产业

从1989年开始，台商开始大规模地投资东南亚国家的房地产和股票市场。尤其在金融危机之后，东南亚国家加大开放力度，台资增加了对东南亚金融、保险等行业的投资。

4. 台资企业在东南亚各国多为中小型企业，近年来大型企业投资逐渐增多

20世纪90年代以前，台资企业在东南亚的投资主要以中小型企业为主，平均投资规模在500万美元以下、人数在100人以下的工厂占大多数。20世纪90年代以后，台湾一些大企业、上市公司如东帝士集团、大同电器、宏基电脑等纷纷布局东南亚。

5. 由传统的投资国家向劳动力成本较低的国家转移

近几年来，由于泰国、马来西亚、新加坡、印尼、菲律宾等传统的投资国家的劳动力成本上升、政局不稳、贪腐现象严重、排华现象时有发生、自然灾害频繁等原因导致投资环境变化的影响，台资企业投资逐渐向越南、柬埔寨、老挝、缅甸等劳动力成本较低的国家转移。

四、实现东南亚桂台企业合作共赢的对策建议

桂资企业和台资企业在东南亚国家中的发展既存在相互竞争，又有很多合作发展的空间。桂资企业加强与东南亚台资企业的经济合作，共同开拓东南亚市场，符合双方的利益。

（一）桂台企业合作投资，实现共赢

首先，在东南亚的桂资企业和台资企业可以建立企业联盟，在产品的生产、销售上互通有无，实现资源共享、优势互补、利益共享，避免不正当竞争，从而实现共赢。其次，桂资企业可以与有实力的台资企业联手或是广西中小企业与台资中小企业抱团，参与东南亚国家和区域经济合作项目的竞争。最后，桂资企业可以把部分产品的生产业务或销售业务外包给台资企业完成，或桂资企业也可以承包台资企业的外包业务，共同分担风险。

（二）桂资企业可以参股部分台资企业

近几年来，台湾岛内经济发展不景气，尤其是受国际金融危机的影响，在东南亚的部分台资中小企业因为缺乏资金而破产、倒闭，即使一些大型的台资公司也面临产业升级调整。而两岸投资合作的进一步开放，为大陆企业在东南亚国家与台资企业进行海外并购和参股合作提供了难得的机会。因此，桂资企业可以通过并购或参股部分台资企业的优秀资产，利用台资企业在当地的一些资源，如品牌、销售渠道等，缩短进入东南亚市场的时间。

（三）建立投资合作协调机构，避免恶性竞争，促进桂台企业共同发展

台资企业进入东南亚多年，在与当地政府打交道方面已有许多经验和教训，与所在国建立了良好的政商关系。桂资企业由于进入东南亚投资的时间较晚，对东南亚各国的基本情况缺乏全面了解，与当地政府交往的经验不足。桂资企业与台资企业在投资领域上有所差别，但在部分领域如加工制造业上，存在着较大的竞争。台资企业在东南亚的基础比较坚实，桂资企业随着中国-东盟自由贸易区的建立和大陆经济的持续增长等因素的影响，实力不断增强，投资力度也不断加大，双方都有在东南亚扩大发展的共同目的，合作空间是很大的。建议成立专门的投资合作协调机构，帮助桂台企业进行产业链接和市场融合，规避恶性竞争，共同打造桂资企业和台资企业携手开拓东南亚市场的局面，实现共赢发展。

参考文献

[1] 罗桂友. 广西与东南亚国家和港澳台地区经济技术合作现状及前景[J]. 东南亚纵横，1996(03).

[2] 朱振明. 我国非公企业赴东南亚投资存在的问题及应对措施[N/OL]. 新华网，2007年11月15日，http://www.gx.xinhuanet.com/newscenter/2007-11/15/content_11681625.htm.

[3] 韦朝晖，何战. 简析东南亚台商发展现状及趋势[C]. 东南亚地区研究学术研讨会论文集，2011.

作者简介：

邓蔚宇，女，1971年出生，广西桂林市人。研究生学历，高级经济师，广西外国语学院国际会计学院专任教师。主要研究方向：区域经济，产业经济，企业财务管理。

（审稿：韦克俭）

官方信用担保提高中小企业的融资能力研究
——台湾扶持中小企业发展对广西的启示

广西外国语学院国际工商与公共管理学院　沙坤玲

摘要：融资难问题是所有中小企业在发展过程中面临的最棘手的问题。本文从中小企业融资的法规体系、支持体系、信用担保体系、辅导体系的角度，深入分析台湾中小企业融资体系，然后结合广西中小企业融资的现状及原因进行分析，笔者认为，在现阶段，提高广西中小企业融资能力的有效途径是引入官方信用担保。

关键词：中小企业融资　官方信用担保　台湾对广西的启示

随着北部湾经济区的开发以及东盟自贸区的建立和发展，广西的中小企业取得了较快的发展，在广西的社会经济中占据了举足轻重的地位。但广西社会经济发展起步晚，各方面结构并不完善，中小企业在发展中越来越暴露出自身的问题，尤其是融资难问题。融资难问题已经成为广西中小企业发展的重要瓶颈。在世界上享有"中小企业王国"美誉的台湾，之所以能够在激烈的国际竞争中崭露头角，除了自身的优势之外，更离不开政府相关政策的扶持，尤其是在融资方面给予的莫大支持，很大程度上化解了中小企业的金融风险。研究台湾中小企业的融资体系，将有利于广西中小企业融资体系的完善，有利于广西中小企业的发展壮大，有利于广西经济结构的调整升级以及促进经济的增长和就业机会的增加。

一、台湾地区中小企业发展的现状

（一）台湾地区中小企业的经济地位

经过几十年的发展，台湾的中小企业已取得了巨大的成就，不仅缓解了社会的就业压力，还带动了社会稳定、城乡发展平衡、收入分配公平等社会政策目标的实现。据统计，截至 2013 年年末，台湾中小企业家数再创新高，达到 1331182 家。从表 1 可以看出，台湾的中小企业在企业家数、销售值、出口值、就业人数等方面都在整个经济中占有重要的地位。

表1　2013年台湾企业经营指标规模概况

指标＼规模	全部企业	中小企业	大企业
数量(家)	1363357	1331182	32175
比率(%)	100	97.64	2.36
销售值(亿元)	37364130445652.20	11000000003200.00	26364130442452.20
比率(%)	100	29.44	70.56
内销值(亿元)	26026604999931.10	9000000008976.17	17026604990954.90
比率(%)	100	34.58	65.42
出口值(亿元)	6906077377363.26	1000000004242.20	5906077373121.06
比率(%)	100	14.48	85.52
就业人数(万人)	1096.8	858.8	238
结构比(%)	100	78.3	21.7

(资料来源：2014台湾中小企业白皮书.)

(二)台湾地区中小企业的融资体系

1. 台湾中小企业融资的法规体系

为了解决企业的融资问题，台湾根据本地区实际，颁布了一系列法律法规，促进中小企业发展。如1991年颁布的《中小企业发展条例》，设置了中小企业发展基金。在此后颁布的《中小企业发展基金收支保管及运用办法》中特别指出，该基金可用于补助中小企业制造高级产品与高附加值产品及市场开发的支出，补助中小企业开发新产品或转移新技术的支出及其他支出。后来颁布的《促进产业升级条例》首次以立法的形式确定了台湾经济发展战略由强调奖励投资、储蓄、外销向奖励产业升级转变，并针对与产业升级直接相关的活动如研究发展、人才培训、自动化等以及重大科技、投资事业提供租税优惠、研发经费补助等相关配套服务。这些立法保障，一定程度上推动了中小企业的发展。此外，还颁布了《中小企业辅导准则》《公平交易法》《著作权法》等一系列的配套措施，推动了中小企业正确地转型升级。

2. 中小企业融资支持体系

该体系包括一般的银行及民间借贷，以及由公营的台湾省合会储蓄公司及各区民营合会储蓄公司先后改组而成的中小企业专业银行，专门办理中小企业资本支出贷款与中小企业周转金贷款转融资。另外，“行政院”还设立了专门的中小企业发展基金，为有发展前途但不能从银行或信用保证基金获得融资基金的中小企业服务。还为中小企业举办专项贷款，主要为中小型企业提供中长期贷款。

3. 中小企业信用担保体系

信用能力的提升是企业解决融资难问题的关键。台湾地区建立了完善的银保风险共担的信用担保体系，主要对抵押担保品不足但具有良好发展潜力的中小企业提供信用担保，并分担金融机构的贷款风险，以帮助中小企业获得金融机构的资金支持。在此体系里，中小企业信用基金及中小企业互助保证基金组成了“财团法人”，作为信用担保机构。

该机构的担保基金主要由政府注入，后期的所需资金会在“经济部”做独立的预算，很好地保证了资金的充裕性。担保机构与银行共同承担风险，解决了中小企业贷款时抵押担保不足时的问题，对中小企业的融资帮助效果很明显。据统计，截至 2010 年，台湾中小企业信用保证基金累计承保企业数达到 302197 家，当年承保金额 6926 亿新台币，融资金额 8638 亿新台币，很好地解决了中小企业融资难问题。

为了保证企业真实的信息输送到金融机构，保证信贷的质量，台湾当局还建立了金融联合征信中心。该中心成立于 1975 年，是台湾地区唯一搜集金融机构信用资料的信用报告机构，也是亚洲地区第一家搜集个人与企业信用资料的信用报告机构。在信用评分系统里，会员银行可以获得企业的相关信用信息，从而为银行放款提供依据。如果中小企业想提高本企业的信用评分，就需要持续经营本身的信用记录等硬信息和软信息。在与银行建立业务往来的过程中，要避免延迟还款的情况，并注意不要出现大额退票等严重影响企业信用的问题。另外，还要改善企业自身的信息质量，如降低负债程度、提高资金流动性、稳定收入来源等。

4. 中小企业融资辅导体系

首先是设立了中小企业处，对中小企业辅导准则进行修订，为中小企业制定详细的发展规划。另外，通过省属行业中小企业联合辅导中心，协助具有发展潜力但缺乏银行融资经验的中小企业获得融资，当企业出现融资和财务问题时，给予必要的财务诊断及辅导。还开展一些其他的项目，如融资咨询服务、经营管理服务、辅导讲座等，以协助中小企业建立健全的会计制度，完善其财务结构，改善其经营实质。

二、广西中小企业融资体系的现状

（一）广西中小企业融资基本状况

在国家的政策扶持、金融部门及政府部门的积极推进、中小企业所依托的法律以及经济环境不断改观的情况下，广西中小企业的融资状况有了很大的改善，一些发展前景较好、管理较规范的中小企业也通过发展较好地解决了融资问题，并在市场经济中发挥着重要的作用。但绝大部分的中小企业在风云变幻的市场竞争中败下阵来，特别是由于融资渠道窄、贷款困难等，它们的发展更是遇到了前所未有的挑战。总的来说，广西中小企业的融资主要有以下几个问题亟待解决。

1. 银行贷款仍占主要的份额

目前，广西的融资市场得到了一定的发展，部分中小企业开始使用民间借贷，但是绝大部分还是依赖传统的银行贷款。这种不合理的融资结构，导致了中小企业的高资产负债率，这大大地影响了中小企业的产业转型升级和经营模式的革新，也体现了中小企业在融资方面存在着很大的困难和障碍。但近年来的房地产市场不景气，也影响了银行的资本流通，加上中小企业的贷款限制相对于大中型企业来说更加严格，受担保难、抵押物不足等，也影响到银行贷款的数量。

2. 企业内部积累不足

广西中小企业面临着重要的发展瓶颈。一方面企业需要扩大规模，急需资金；另一方面企业的融资难，资金缺口大。加上大部分的中小企业经营者存在短期主义倾向，缺乏长期的经营理念，而且由于激烈的市场竞争，企业难以形成内部积累，基本上处于一种“借债—还债—借债”的循环中，内源性融资大大不足。

3. 引入外资竞争激烈

广西处于中国与东盟接口的地区，具有独特的区位优势，这对广西的中小企业发展有一定的促进作用，但机遇与挑战并存，优越的区位必定是国际和国内资本争相涌入的地方。广西的发展起步晚，金融体制还处于相对闭塞的状态，而赶超型的东盟各国是相对较开放的金融体制，是影响广西引入外资最强劲的对手。同时，国内引进大部分的优势资金都已流向东部沿海发达地区。也就是说，对于广西的中小企业来说，不仅有国际上的融资竞争压力，还有国内其他地区的融资竞争压力，所以，广西中小企业更需要好好地把握机遇。

（二）广西中小企业融资难的原因分析

1. 融资渠道单一，政府支持力度不够

广西中小企业的资金来源渠道分为内部方式和外部方式，内部方式即自身积累，外部方式有直接融资和间接融资两种。就目前广西区域内上市公司情况来看，不管在数量上还是在质量上，中小企业的直接融资情况并不乐观。截至2015年年底，广西有30家股票上市公司，仅占全国的0.81%，上市公司市值只占全国的0.43%，累计的融资只占全国的0.61%。广西中小企业中，仅有5家公司在深圳中小板和创业板上市。所以，广西中小企业最主要的融资渠道为间接融资，间接融资最主要的渠道为银行贷款，其他金融机构贷款处于缓慢发展的过程。

另外，就我国而言，政府融资政策一直向国有企业倾斜，尤其是国有大中型企业，它们得到了国家不少的政策扶持，拥有更多的社会资源，使其在不同程度上解决了融资问题。而国内的商业银行也比较倾向于对“国”字和“大”字开头的企业放款，这类企业或拥有国家信誉这强大的后盾，或拥有雄厚的资金实力。与之形成鲜明对比的中小企业，却相对缺乏足够的重视和专门为其服务的优惠政策。

2. 企业规模小，缺乏竞争力

中小企业规模小，抵御市场风险的能力也比较弱，在激烈的市场竞争中处于弱势的地位。广西的中小企业普遍成立的时间比较短，经营管理不够规范，内部各项制度欠完善，尤其是企业的财务公开信息欠准确，缺乏透明度，这一结果直接影响企业的信誉和银行对企业的信用评级。另外，中小企业普遍底子薄，缺少抵押物，从信贷担保机构获得的担保金额也相当少。同时企业经营的不稳定性、市场的不确定性等一系列的因素加剧了银行对中小企业的贷款风险。

3. 中小企业信用评级制度滞后

在经济转轨期，由于我国大陆立法和执法体系的不健全，企业及个人制造虚假信息的成本不大，而制造虚假信息的效益远远大于其惩罚成本，加之符合市场经济的企业和个人的信用评级制度还没有建立，授信主体很难通过市场获取企业的真实信息，也就很难对企业进行放款。总之，我国大陆的信用体系还处于起步阶段，虽然少数城市走在了全国的前列，如北京、深圳等地已将企业贷款及担保情况实行联网查询，上海也开通了个人信用联合征信平台。但这些系统仍是区域性的，有很大的局限性，同时信息渠道单一、覆盖面窄，可操作性有待完善。而目前广西还没有建立一个面向全社会的公开性的社会化信用体系，这也成为影响广西中小企业引入外资的重要因素。

三、借鉴台湾官方信用担保的做法，提高广西中小企业融资能力的政策建议

台湾的中小企业在发展的过程中也面临过融资难的问题，但在政府的扶持下，企业较好地解决了融资难问题，得到了长足的发展。结合广西中小企业融资难的现状，笔者认为，台湾当局在扶持中小企业发展的众多政策中，对广西最有借鉴意义的是官方信用担保制度。广西的中小企业发展面临的最大问题是融资难问题，而融资难最主要的因素是企业的规模小、效益不稳定、缺乏担保物、信用现象缺失等，此时引入官方信用担保，将有利于企业向银行贷款。但引入官方信用担保，还要完善以下几项配套措施。

（一）完善相关的法律法规

健全的法律法规是规范信用担保体系的重要保障。目前，广西中小企业有关信用担保的法规主要还是《担保法》《合同法》，以及两个原则性很强的《意见》，而针对广西中小企业具体情况的地方性法规却相对缺乏，可操作性不高。因此，广西应该尽快制定一些符合广西实际情况的担保法，一方面从法律上明确担保机构的法律地位；另一方面对行业的准入标准、行为规范、资格认定、法律责任等方面进行标准化的界定，使之有法可依，从而规范担保市场。最重要的是要完善相关的监督制度。官方信用担保不同于一般的担保，可能会存在寻租行为以及其他的非法行为。所以，要通过法律的形式明确界定相关行政机构的职责、监管程序、权限范围等，以及信息的公开透明、行为的公正合理，做到职责专一、任务明确。总之，就是要通过立法的形式，规范担保市场，保证官方信用担保真正落到实处。

（二）健全信用担保体系

完善的信用担保体系是官方信用担保得到顺利开展的关键环节。首先，要建立信用担保基金。政府应该为中小企业的发展设立专门基金，将部分财政收入纳入信用担保预算，用于弥补担保资金的不足。同时也落实相关的优惠政策，鼓励民间资本进入担保机构，促使更多的资金投入，减少政府的财政压力。其次，完善风险补偿机制。政府除了设立专门基金外，还要安排专项风险补偿基金，一方面用于补充担保机构短缺的资本金，确保担保机构的资金充足率；另一方面用于激励民间资本投入担保机构，以此活跃资本市场，提高资本的流通率。最后，还要健全银保风险分担机制。当企业发生财务问题时，应该由银行和担保机构共同承担信贷风险。但在广西实际的操作中，由于缺乏相关的政策规范，银行把全部的风险转移到担保机构，风险过于集中，不利于控制银行的道德风险。通过建立合理的银保风险分担机制，可以促使银行和担保机构共同关注企业的发展经营

情况，强化商业银行对信贷资金安全的责任感，避免官方信用的权威性受到影响，引发担保市场的混乱。

总之，通过健全信用担保体系，提高官方信用在担保市场的规范性和权威性，使官方信用担保能够真正提高中小企业的融资能力，解决融资难问题。

（三）完善中小企业信用评价体系

信息不对称使银行很难真实地了解到企业的信息，一方面提高了中小企业的贷款门槛，另一方面也加大了政府的信用成本。所以，引入官方信用担保，必须健全中小企业的信用评价体系。通过建立社会化的中小企业资信平台，对中小企业的总体资信程度、财务状况、经营管理状况等信息公开，以及对企业进行信用评级，使银行能够准确地评估企业的贷款风险，从而决定贷款与否。另外，也能帮助政府筛选出具有发展潜力以及信用等级高的企业进行担保，降低政府的信用担保成本，由此促进广西中小企业的发展壮大。

参考文献

[1] 王静.台湾建设中小企业融资政府服务体系的经验借鉴及启示[J].南方金融，2014(2)：49-51.

[2] 王小哈，施健.台湾与大陆中小企业信用担保体系的比较研究与启示[J].管理科学，2003(4)：91-96.

[3] 王德发，刘畅.台湾两岸中小企业融资体系比较与借鉴[J].财会通讯，2015(11)：29-30.

[4] 丘恩明，覃刚.浅论广西中小企业融资问题[J].广西大学学报：哲学社会科学版，2010(1)：126-127.

[5] 王垚弘.信用担保与广西中小企业融资问题研究[J].经济与管理，2015(6)：131-132.

作者简介：

沙坤玲，女，1990 年出生，广西贵港市人。管理学硕士，毕业于广东华南理工大学行政管理专业。主要研究方向：公共行政管理，投融资管理。

（审稿：叶传财）

桂台居民投资理财观念比较与借鉴

广西外国语学院国际经济与贸易学院　张路明

摘要：随着“互联网+”和大数据时代的到来，我国经济快速发展，居民的收入不断提高，对财富保值增值的意识逐渐增强，越来越多的居民注重投资理财，加强理论知识的学习和实践。随着投资理财商品的日益丰富，居民所能选择的投资理财方式增多了，其理财观念也发生了很大转变，原有的“有钱就存银行”等相对传统的理财观念正在渐渐淡化。本文阐述投资理财的重要作用，分析影响居民投资理财观念的因素，通过桂台居民投资理财观念的比较，对广西居民投资理财观念借鉴台湾居民的投资理财观念提出几点建议。

关键词：广西与台湾　投资理财　观念　比较　借鉴

当前，广西民生不断改善，就业、物价总体平稳。2015 年，广西居民收入稳步增长，全年全区居民人均可支配收入 16873 元，比上年名义增长 8.5%，扣除价格因素实际增长 6.9%。城乡居民人均收入倍差 2.79，比上年缩小 0.05。银行、保险和证券等金融机构逐渐推出多样化的理财产品，因此，居民不会将全部的积蓄存入银行，而是逐渐注重保险理财产品和进军证券市场。

而台湾近些年来的经济情况，虽然 2015 年经济增速仅为 0.85%，但是，台湾居民在投资理财方面还是有一些独特之处，值得广西居民借鉴。

一、投资理财越来越深入人心

投资理财，最早见诸 20 世纪 90 年代初期的报端，在台湾称为财富管理。投资理财是指投资者通过合理安排资金，运用诸如储蓄、银行理财产品、债券、基金、股票、期货、外汇、房地产、保险以及黄金等投资理财工具对个人、家庭和企事业单位的资产进行管理和分配，达到保值增值的目的，从而加速资产的增长。随着我国股票、债券市场的发展，商业银行、零售业务的日趋丰富和市民总体收入的逐年上升，“理财”概念逐渐走俏。

台湾与广西气候环境相近，但是居民在投资理财观念和行为上和广西的居民还是有一定差异的。整体来说，台湾居民非常重视投资理财，他们大多数会特别看重投资理财工具，不断学习和掌握投资理财新模式。居民常用的投资理财新模式见图 1。

不论是广西还是台湾，居民投资理财模式基本都会从单一理财模式向多元理财模式发展，从图 1 中我们可以知道，投资理财在居民生活中占据越来越重要的位置，居民收入除了正常的薪酬收入以外，还包括投资理财收入，比如股票、基金、债券、储蓄、房地产投资

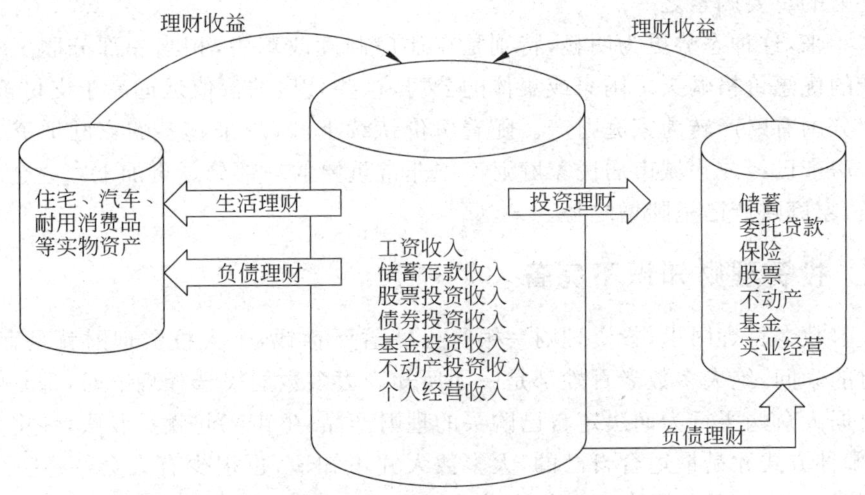

图 1　居民投资理财新模式

（资料来源：由《我国居民理财问题研究》整理所得.）

等的收入。

二、影响居民投资理财观念的因素

（一）家庭环境和风险意识

受传统文化影响，居民的理财方法和观念都较为保守，对资金风险的防范意识特别强烈。如据 2002 年的统计信息，在人民币金融资产中，储蓄存款以绝对优势排在首位，在人民币资产中所占比重达到 69.4%，当时城市家庭近七成的人民币是存放在银行中储蓄。另据央行数据显示，2015 年全年人民币存款增加 14.97 万亿元，同比多增 1.94 万亿元，其中住户存款增加 4.40 万亿元，按照统计局最新公布的全国总人口 13.7 亿计算，大陆居民人均存款已经达到 40291 元。尽管早在 1998 年 3 月，中国人民银行总行就发布了《关于开展个人消费信贷指导意见》，消费信贷业务陆续在全国范围内实施，希望能推动个人消费，降低存款余额，以扩大内需，进而拉动经济增长。但从目前我国消费信贷的开展情况来看，其实际的效果并没有如人们所期望的那样。

长期以来，我国经济处于一种短缺状态。在这种经济环境下，广大居民养成了节俭的习惯，并且节俭成为一种为人们所称道的美德。且收支平衡是人多数居民追求的一种理想状态，大部分居民投资意识不强，再加上投资工具短缺，有钱存银行成为广大居民的习惯性做法，多年来我国都是储蓄率较高的国家之一。

（二）居民收入

改革开放以来，城市居民人均收入由 1978 年的 344 元增加到 2000 年的 6280 元，提高了近 17 倍。作为收入增长的必然结果，居民家庭财产积累也日渐增多，这也是影响居民投资理财的重要因素之一。

近些年来，这种态势更为明显，特别是在住房制度改革中，相当一部分职工和居民以各种较低的优惠价格购买了国家或集体的公房，这些公房的价值远远高于支付价格，从而相当一部分国有财产转为家庭财产。随着房价持续上涨，越来越多的家庭把资金投向房产，如今，房产已经成为城市居民家庭财产中非常重要的一部分。再加上家庭金融资产的迅速增长，家庭财产已呈陡增之势。

（三）投资理财知识不完备

在大多数老百姓眼里，投资理财＝银行＋储蓄所存钱，个人投资理财就是存钱生利，对于理财的学问，绝大多数老百姓都是一无所知。大多数居民选择理财时，都是听朋友介绍或者根据大众购买行为而决定自己购买的理财产品，牛市兴起就买股票，炒房热就买不动产，而哪种方式才是最适合自己的，大多数人并不知道，也很少有人会特意去学习和了解各类理财产品，相关的投资理财知识普及也很少。

（四）产品的局限性

大陆的投资理财产品种类相对比较单一，大多数偏向银行和保险理财产品。主要在银行的业务线，包括保证金、借款、个人理财、银行转账或其他金融产品，这些产品包括保险、政府公债型开放式基金及银证通。银证转账渠道实现银行和股市的流通，金融产品创新有所加强，但服务水平不够高。现在，我国居民可用其剩余的资金购买股票、债券、投资基金等金融产品。但实际上，真正迎合现阶段广大居民投资心理，并具有一定吸引力的投资工具并不多。

目前可供普通投资者选择的投资工具主要是股票、债券和投资基金，而投资基金的最终投资对象仍然是股票和债券。广大居民投资股票的渠道是比较畅通的，但由于我国大陆的股票市场发展时间短，再加上股市诸多非理性因素的存在，从而形成一个高风险低收益的市场。面对这样的市场，广大居民自然不会将其用于未来支出的储蓄投入股市，更多的是保持一种观望和无奈的心态。而在债券市场，对广大普通居民而言，其主要的投资对象是政府债券，尤其是国债，更能得到广大居民的青睐。

三、桂台居民投资理财观念差异性分析

从地理位置、气候和生活习惯来看，广西和台湾比较相近，但是从居民收入、消费观念和投资理财观念来看，差距比较大。

（一）居民收入与理财观念的差异

广西大多居民认为，理财是一件很奢侈的事情，自己每月的工资除开家用，能够灵活流动的资金并不多，所以并不太考虑更多的理财，而是选择把钱存入银行。近些年来，广西城乡居民家庭财富有所增加，见表1，但是，大多数居民在投资理财支出占比方面还是较少。

表 1　广西城乡居民家庭人均收入情况表（2010—2015 年）

年　份	城镇居民人均可支配收入		农民人均纯收入	
	绝对数（元）	比上年±%	绝对数（元）	比上年±%
2010	17064	10.4	4543	14.1
2011	18854	10.5	5231	15.1
2012	21243	12.7	6008	14.8
2013	23305	9.7	6791	13.0
2014	24669	8.7	8683	11.4
2015	26416	7.1	9467	9.0

（资料来源：广西壮族自治区统计局.）

从表 1 可得，2010—2015 年，广西城乡居民可支配收入逐年增加，结合最近 5 年广西城乡居民人均消费支出情况，广西居民可支配收入主要用于生活和消费，少部分结余用于储蓄和其他投资理财方式。

再看看近几年来台湾的家庭可支配收入情况（见表 2）。

表 2　台湾非农业家庭和农业家庭可支配收入情况表（2010—2014 年）

年　份	非农业家庭			农业家庭		
	新台币（元）	同比%	人民币（元）	新台币（元）	同比%	人民币（元）
2010	281821	—	60278	203720	—	43574
2011	283703	0.67	62177	215325	5.7	47191
2012	292871	3.23	62416	231749	7.63	49390
2013	301245	2.86	62670	234390	1.14	48762
2014	310470	3.06	62798	244480	4.30	49450

（资料来源：台湾“行政院”.）

按照近几年人民币与新台币兑换的比率约为 1∶5 来计算，结合表 1 和表 2 中的数据进行分析，虽然广西和台湾的居民可支配收入逐年增加，但是具体收入还是有很大差距的，这也是导致桂台居民投资理财观念存在差异的原因之一。

再来看桂台居民投资理财观念的问卷调查中广西居民收入的占比情况，见图 2。

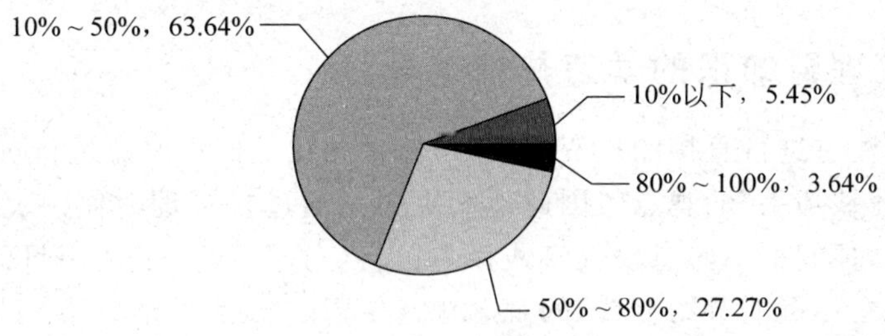

图 2　广西居民收入占比

（资料来源：桂台居民投资理财观念的调查问卷.）

从图2的调查问卷中看出，广西居民有63.64%的人收入占比为10%～50%，收入偏低且比较单一。而台湾居民的收入较为多元化，平均每个家庭都有两个以上的收入来源，且台湾居民的精神文化需求较高，社交、文娱、旅游等支出高于家用物质消费。台湾居民的生活方式决定了他们的理财观念，收入多元和注重精神消费在某种程度上决定了他们的投资多元化，投资理财在他们看来是每个家庭都需要的。

（二）跟风心态和投资心理差异

通过走访大陆的中国工商银行、中国银行、广发证券、招商证券等金融机构发现，广西居民，特别是中老年投资者，他们经常去参加各种各样的讲座，尽管每个人的实际情况不一样，但投资理财意识有跟风心态。一些企业、机构利用居民的跟风心理纷纷开展一些投资讲座、理财讲座等，这些讲座往往成为产品推介会，使原本似懂非懂的民众出于对专家的过度迷信，往往很快决定购买商品，突出表现在投资前未进行仔细思考。据台湾施罗德投信业务行销长谢诚晃介绍，与大陆居民的突出表现不同，台湾居民在投资前会经过仔细思考，对预估报酬与投资行为不一致，显示市场有高报酬低风险的投资标的。台湾居民较少咨询专业理财建议，经过认真思考都会有自己的主见和想法，仅有约两成民众在决定投资策略之前，会先询问理财专家。

（三）投资理财主要倾向产品差异

台湾居民投资行为也反映在目标设定上，高达97%的台湾居民打算为产生收益而投资，超过六成的台湾居民投资收益型基金，且平均整体投入金额达1/3。调查显示，高收益债券基金规模占整体市场的33.11%，是台湾居民投资的主流渠道。

摩根投信通过网络调查逾3000位投资人，发现台湾投资人布局股票基金时，除市场上涨潜力外，高达41%的投资人认为“配息稳定度”是吸引他们投资的主要因素，另27%的投资人关心“基金规模大小”，21%的投资人在乎“波动幅度高低”。这显示伴随着市场震荡加剧，进入负利率时代，岛内民众对兼具稳定配息和低波动优势的股票基金兴趣最大。

而投资理财意识不断增强的广西居民，往往还是比较倾向于银行理财产品。调查中显示，60%的居民还是热衷银行储蓄、银行理财产品，54.55%的居民热衷于证券、信托和基金产品。

（四）投资理财知识的学习热情差异

台湾居民最注重进行直接的投资活动，与储蓄相比他们更愿意进行投资，而且也赞同“赚钱多不如做花钱巧手”的观点。因此他们更愿意通过投资理财使“钱生钱”，以获得更大的利益。相反，他们最不愿意仅仅将钱存入银行，对于“决定了使用目的和目标金额后进行储蓄”和“总之尽可能节约存钱”的观念普遍持否定态度。所以，台湾居民会不断地学习投资理财知识。相反，为资金稳妥起见，大陆特别是广西居民则对投资理财知识缺乏兴趣。

四、借鉴台湾居民投资理财观念提升广西居民投资理财意识

（一）加强宣传，注重投资知识学习

如今，许多金融机构推出了各种各样的理财产品，越来越多的人也开始走上了理财的道路。但是，广大居民的理财知识还是比较缺乏，通常是根据身边人的购买经历选择自己要购买的理财产品。所以，应该加强理财投资知识的宣传普及，特别是广西尤其需要加强，让居民意识到理财知识的重要性，从而提高对其进行学习的兴趣。

（二）理财机构需要提高服务水平，居民需要积累实践经验

以往的理财机构往往把重点完全放在推出自己的产品上，忽略了居民的投资意识和经验，所以很多理财机构的后续服务工作结果不尽如人意。相关金融机构在推出理财产品的同时也应提高其服务水平，购买者应当增强理财意识，并且累积实践经验，通过理财规划使自己拥有一个高品质的生活。

据了解，台湾很多金融机构在投资理财业务方面比较专业，而且服务非常到位，包括代理人和经纪人。驻桂金融机构可以借鉴台湾的一些服务经验和做法，真正向居民们提供合适的产品和优质的服务，这样才会提高居民投资理财的规划能力，也会更加信任这些金融机构，不断积累实践经验来应对不断变化的金融市场。

（三）政府正确引导，规范投资理财环境

政府对于居民投资理财的引导作用不容小觑，居民的投资理财作为让经济良性循环的一种手段，政府应该积极倡导并且资助设立理财投资咨询机构；专业的理财投资顾问在当下还比较缺乏，有些想寻求专业建议的居民有时很难找到专业人员为其答疑解惑，政府应该出资培养一些专业的投资理财顾问，正确引导广大居民的投资方向，促进经济的蓬勃发展。

广西政府可以借鉴台湾相关部门的做法，优化投资理财环境，规范市场，正确引导居民在投资理财方面的意识和选择，不能过于盲目地追求短期利益，而应注重长远利益。

（四）合理配置个人资产

合理的资产配置，需要根据个人的年龄、收入、职业稳定程度、未来收入预期在金融市场和实体投资中的比例设置。通过投资理财，将财务资源进行科学的分配，让每一笔支出都是有效的。其实，资产合理配置的主要目的是规避风险，促使资产保值、增值，并不一定是一味地追求高收益。桂台居民需要树立正确的、理智的投资理财观念，低收入者和中等收入者应转变理财观念，增强理财意识，想方设法扩大财源，吸取经验教训，多听取他人的建议和意见，逐渐在提高收益的同时降低风险，通过科学的投资理财走向富裕。

参考文献

[1] 陈雨露，刘彦斌. 理财规划师专业能力[M]. 北京：中国财政经济出版社，2007.
[2] 欧阳岚. 我国中等收入居民投资理财问题探析[J]. 企业技术开发，2013(9).
[3] 李睿. 家庭理财与国内投资渠道分析[J]. 考试周刊，2010(28).
[4] 田小利. 中小城市工薪家庭理财建议[J]. 当代经济，2009(07)：132-133.
[5] 赵红梅. 中国大众理财观念探究[J]. 合作经济与科技，2015(18)：64-65.
[6] 杨琛. 新型金融产品对居民投资行为的影响分析[J]. 中外企业家，2015(09)：43-45.

作者简介：

张路明，女，1984 年出生，广西桂林市人。研究生学历，经济学学士，广西外国语学院国际经济与贸易学院讲师。主要研究方向：区域金融，互联网金融，桂台金融合作。

（审稿：叶传财）

桂台两地经贸合作与发展需要大量的高等技职人才

广西外国语学院桂台合作研究中心　韦　茜　韦克俭

摘要：中国大陆改革开放30多年来，广西与台湾的经济贸易合作得到了很大的发展，2014年桂台进出口贸易呈现强劲增长势头，据统计，全年桂台进出口总额达13.75亿美元，同比大幅增长170.6%。其中出口1.12亿美元，同比增长45.8%；进口12.63亿美元，同比增长192.8%。2014年年底，台湾同胞累计在广西创办的企业有1607家。桂台经贸合作持续深化，桂台两地经贸合作与发展需要大量的高等技职人才。本文回顾桂台两地经贸合作发展的历程，发现桂台两地经贸合作快速发展需要大量的高等技职人才，提出桂台高等院校合作培养经贸类高等技职人才大有可为。

关键词：广西与台湾　经贸合作　需要人才

一、桂台两地经贸合作发展历程简要回顾

（一）20世纪八九十年代的桂台两地经贸合作发展

20世纪70年代末中国大陆改革开放前，由于两岸隔离，桂台无法开展各种交流与合作。改革开放后进入20世纪80年代，桂台开始出现经贸交流与合作。

1. 桂台积极开展农业经济贸易交流与合作

(1) 广西引进台湾蔗种发展糖业。台湾的甘蔗育种历史悠久，成绩显著，先后引进27个国家和地区的甘蔗品种，先后育成并命名为新台糖的品种21种。1981年广西甘蔗研究所为了发展广西的蔗糖产业，开始引进台湾的蔗种进行研究对比和推广。特别是1988年国务院明确把广西作为中国的食糖生产基地以后，广西加强了桂台农业的经贸交流合作，大力引进台湾的优良甘蔗品种，从而促进了广西蔗糖产业的发展，提高了广西的蔗糖产量。

(2) 台湾农业企业家到广西发展菠萝种植。菠萝在台湾又称为凤梨，是著名的热带水果之一，由于广西气候与台湾基本相同，土地资源比较丰富，地租较为廉价，也适合种植菠萝，台湾农业企业家在20世纪80年代就到广西租地合作种植菠萝。

(3) 广西引进台湾青枣发展水果新品种。早在20世纪80年代广西就开始引入台湾小果型青枣品种。1996年后又从台湾引入大果型青枣品种（又称台湾大青枣或毛叶枣），使广西青枣种植进入了全新发展阶段。大青枣主要上市季节在广西水果生产淡季（每年

12 月至次年 2 月)，极大地丰富了广西和全国的水果市场。

(4) 广西大量引进和种植台湾水果新品种。如 20 世纪 90 年代广西引入台湾选育出来的“黑美人”西瓜品种，在西瓜市场一枝独秀。90 年代后期，广西还引进台湾的火龙果品种，发展水果新产品。火龙果原产于美洲，20 世纪 80 年代台湾引进火龙果，引入广西后发展迅速，市场销售看好。1998 年广西还从台湾引进名为“圣女果”的水果型西红柿，在右江盆地的田阳县种植推广，每年产品销售到全国各地。

(5) 台湾对广西的一些农业技术也很感兴趣，如广西以金橘、葡萄等作物为代表的避雨栽培技术，以及一些特色物种和苗木等都受到台湾方面的青睐并引入。

2. 桂台大力开展旅游经济贸易交流与合作

广西的旅游资源非常丰富，有山、有水、有江、有海、有边境，是中国的长寿之乡。台商很早就瞄准广西桂林，投资旅游娱乐业。全世界都知道南宋时期王正功所说的“桂林山水甲天下”，桂林是台湾人到大陆旅游和投资的热点城市。早在 1987 年，台湾商人张阿生就到桂林投资旅游娱乐业，开办了中国首家卡拉 OK——百花歌舞厅。张阿生是到桂林投资的第一位台商。他在桂林的投资一直比较顺利。当卡拉 OK 在桂林风起云涌时，张阿生又眼光独到地经营起阳朔“聚龙潭”溶洞，生意一直较为稳定。他成为在桂林生活时间最长的台湾人，很满意自己的选择，一直坚信桂林的旅游业会很兴旺。

台湾同胞在大陆投资的最大旅游项目是元大证券集团总裁马志玲先生在广西桂林兴安县灵湖开办的“乐满地”，马志玲先生在兴安县“乐满地”项目中投资兴建了主题乐园、酒店和球场，做得红红火火。“乐满地”现在从全国上万家景区景点中脱颖而出，进入中国首批 5A 级景区行列，开业 8 年间就接待了中外游客 600 多万人次。“乐满地”不仅带动了广西兴安县旅游业和第三产业的发展，使兴安从一个传统的农业大县迈入旅游大县，同时也丰富了桂林旅游的内涵，产生群聚效应。

20 多年来，在桂台商大多数已取得了良好的经济效益，很多投资商已经或计划增加投资，扩大规模。

(二) 21 世纪以来的桂台两地经贸合作快速发展

进入 21 世纪以后，桂台的经贸交流与合作越来越深入，交流活动频繁，合作内容丰富，交流合作形式多样。

1. 农业经济贸易交流与合作更加活跃

进入 21 世纪，桂台农业经济贸易交流与合作包括良种交换、土地开发、专业种植、参观考察、技术交流、学术研讨、产品贸易、农业园区建设等，具体包括如下内容。

(1) 2002 年广西开始从台湾引进水果型木瓜进行试种，2004 年种植面积达到 300 平方公顷，成为我国水果型木瓜的主产区之一，给许多农户带来了显著的经济效益。

(2) 2006 年广西从台湾引进良种番石榴种植发展，番石榴在台湾也叫芭乐，是台湾早期从印度引进再培育出来的优良品种，引进广西后在博白县、容县、浦北县等多个地方种植，取得了很大成功，尤其是引种的台湾四季珍珠番石榴最为成功。

(3) 2006 年广西钦州市钦南区现代农业示范基地从台湾引进莲雾种植，形成广西最大的莲雾连片种植生产基地，产品热销广西区内外。

(4) 2006 年 4 月 15 日海峡两岸(广西玉林)农业合作试验区经国务院台湾事务办公室、商务部、农业部批准正式成立,面积达到 1.28 万平方千米。该试验区已逐渐成为广西进行海峡两岸农业合作交流的重要平台,成为广西重点发展现代产业的密集区之一。

(5) 2009 年以来到广西投资农业的一些台商从台湾引进嘉宝果进行种植和推广。嘉宝果俗称树葡萄,原产于南美洲的巴西,1962 年引入台湾种植并推广,果实可鲜食,也可加工成水果酒、果汁、冰淇淋及糕饼馅料等。目前已在南宁多个地方种植并已开花结果。

(6) 2011 年 6 月,农业部、国台办批准设立了广西钦州台湾农民创业园。创业园核心区在广西钦州市钦南区,气候纬度与台湾中南部的气候纬度相近。项目核心区面积 2.5 万亩,建设集种养、科研、加工、贸易、物流、生态旅游为一体的农业园区。

(7) 2012 年 7 月 13 日广西台湾花卉产业园在南宁市吴圩镇落成。该产业园占地 2350 亩,是广西“十二五”花卉产业重点建设项目,总投资 10.71 亿元,主要引入台湾彰化县田尾乡“公路花园”模式,面向台湾花农、花卉企业招商引资,在绿城南宁建设集花卉生产、休闲旅游、观光度假为一体的花卉产业园。现在已有许多台湾花卉种植经营者和园林苗木种植经营者入园经营。

(8) 2013 年广西大规模引种台湾水果玉米获成功,在玉林、崇左等多个地方种植发展,使农民收益增加。

为了加强桂台的经贸交流合作,广西从 2005 年开始至今,每年都举办桂台经贸文化交流合作论坛,有时在广西举办,有时到台湾举行,到 2015 年已连续举办了 11 届,影响越来越大。

2. 桂台经济贸易往来范围扩大、快速发展

进入 21 世纪以来,桂台经济贸易往来不断深化与扩大。据海关统计,2004—2008 年五年间,广西对台湾贸易进出口总值达 9.2 亿美元,其中进口 3.3 亿美元,出口 5.9 亿美元。五年间,桂台贸易额由 1.5 亿美元增长到 2.5 亿美元,年均增长 12.8%。桂台贸易主要特征如下:

(1) 一般贸易与加工贸易此消彼长。2004 年,广西对台加工贸易进出口 8803.3 万美元,一般贸易进出口 5934.1 万美元,分别占当年广西对台贸易总额的 58%和 39.1%。到 2008 年,广西对台加工贸易进出口下降至 6924.8 万美元,一般贸易升至 1.7 亿美元,分别占当年度广西对台贸易总额的 28.1%和 68.6%。

(2) 进出口商品结构发生显著变化。随着两岸经贸往来向纵深发展,广西对台进出口商品结构不断优化和升级。进口方面,2004 年,牛、马皮革为广西自台湾进口额最高的商品,共进口 3395.1 万美元,占同期广西自台湾进口贸易总额的 51.6%;到 2008 年,机电产品取代牛、马皮革成为广西自台湾进口的最主要商品,当年共进口 5798.4 万美元,占同期广西自台湾进口贸易总额的 63%。出口商品档次有所提高,2004 年铁合金居广西对台出口商品的首位,共出口 3284 万美元,占当年度对台出口总值的 38.6%,此外,纸、铅、松香等均占有一定的比例;到 2008 年,钢材跃居了出口商品首位,共出口 5135 万美元,占广西对台出口总值的 1/3;铁合金和铅板出口均超过 1000 万美元,仍为广西对台出口主要商品。

(3) 对台贸易主要力量产生转移。2004年,在广西与台湾之间的贸易往来中起主导地位的是外商投资企业,当年该类企业的进出口值为7778.3万美元,占当年广西对台贸易总额的51.2%,自2004年7月1日起,大陆外贸经营权进入备案登记制时代,进一步刺激了非公有制经济在外贸领域的活力,私营企业迅速成长。2008年,私营企业与外商投资企业并驾齐驱成为广西对台贸易的主导力量,进出口值分别为7979.5万美元与1亿美元,该两类企业的进出口值占2008年广西对台贸易总额的73.2%。

桂台经济贸易发展很快,如2011年,广西与台湾贸易总额达3.52亿美元,同比增长31.9%,创历史新高。广西全区累计批准台商投资项目1392项,合同台资额59.87亿美元。2011年,台湾同胞到广西探亲、旅游、考察、经商和进行各种交流活动的达56.9万人次,广西赴台人数约2.3万人次。随着ECFA的签署、两岸直航的开通以及中国-东盟自贸区的建成,越来越多的台商将投资重点转向广西。因为抢滩广西,不仅可以开拓广西市场,更可以通过广西布局广阔的东盟和大西南市场。近几年来,一批知名台资企业如富士康、统一、冠捷、大润发、九兴控股、旺旺等持续在广西追加投资。统计显示,2012年广西对台贸易总额为4.51亿美元,同比增长17.9%。2009—2012年,桂台贸易额累计突破10亿美元,年均增长超过30%,实现双赢。又如2014年桂台进出口贸易呈现强劲增长势头,据统计,2014年桂台进出口总额达13.75亿美元,同比大幅增长170.6%。其中出口1.12亿美元,同比增长45.8%;进口12.63亿美元,同比增长192.8%。桂台经贸合作持续深化,广西在台湾岛内的知名度和影响力不断提升,富士康、光宝、九兴、冠捷等进出口大户扩产增资,拉动了桂台净出口贸易额走高,预计未来桂台进出口贸易还将保持强劲增长势头。

十多年来,一大批台湾知名企业纷纷落户广西,发展壮大,成为桂台合作的典范。如今,广西14个地级市都有大小规模不等的台资企业、产业园区落成,广西在台湾举办的6届论坛,共签署框架协议、备忘录249项,签订合作合同、协议、意向书283项。广西累计批准台商投资1607项,合同台资94.08亿美元,实际到位台资50.24亿美元。双方合作涉及旅游、农业、轻工、食品饮料、电子、汽配、化工、教育、医药、建筑材料、房地产等领域,桂台港口物流、花卉和特色农业合作成为亮点,投资、贸易快速增长。2009—2014年,桂台贸易年均增长近20%。桂台经贸合作,较好地促进了广西经济社会发展,也为台湾同胞带来了实实在在的利益。

二、桂台两地经贸合作快速发展需要大量的高等技职人才

在桂台交流合作快速发展过程中,从2005年开始至今,广西连续举办了11届桂台经贸文化交流合作论坛,广西外国语学院专门成立了桂台交流合作研究中心,建立了台湾馆,于2013年举办了"产业升级与桂台合作论坛"。在跟踪研究桂台交流合作过程中,我们深感两地经贸合作快速发展需要大量的高等技职人才。

1. 桂台两地经济技术合作需要大量的高等技职人才

台商在广西投资比较大的生产企业主要有富士康、冠捷、统一、旺旺、九兴控股、台泥等,我们在调查研究中发现,这些生产企业大量需要生产管理、车间管理、财务会计、成本

控制、采购管理、供应链管理、品质管理、市场营销、ERP、CRM 等方面的高等技职人才。

2. 桂台货物贸易快速发展需要大量的高等技职人才

桂台货物贸易发展很快，需要大量的高等技职人才，其能力包括了解和熟悉两岸经济发展动态、产业发展特点和阶段，贸易互补的商品货源分布，两岸贸易政策与法规，两岸贸易关税的税种与税率，进出口报关、通关、清关和报检，两岸货物运输与保险，桂台货物贸易交货方式，运输途径选择，物流运输配送及仓储库存，人民币与新台币或人民币与美元或新台币与美元的汇率及其变化，贸易成本控制与核算，货款结算方式及银行选择等。这些人才需要通过高等院校的专业培养，才能提高技职能力。

3. 桂台服务贸易快速发展需要大量的高等技职人才

WTO 的《服务贸易总协定》列出服务行业包括商业、通信、建筑、销售、教育、环境、金融、卫生、旅游、娱乐、运输及其他 12 个部门，具体分为 160 多个分部门。桂台两地开展服务贸易的主要特点如下：

(1) 桂台两地观光旅游休闲产业服务贸易起步早、发展快。桂台两地开展服务贸易以旅游业为先导，广西桂林自 1981 年开始接待台湾游客，桂林的山山水水在台湾有着特别高的知名度，来广西看桂林山水，成为越来越多台湾游客的选择。台湾同胞十分善于经商，会把握好商机从事贸易，早在 1987 年就开始有台资企业到广西桂林投资旅游业。现在旅游业已成为台商在广西投资服务贸易的重要领域，仅台商在桂林投资的旅游企业就达 300 多家，台资企业已成为桂林旅游服务贸易的主力军，占了桂林旅游业的半壁江山。

统计数据显示，近些年来，到广西观光旅游、交流合作及探亲访友的台湾同胞一直占广西境外游客的 25%以上。1988—2012 年，到广西旅游的台湾游客总数达 760.98 万人次，其中 2012 年一年就有 76.8 万人次。与此同时，台湾的日月潭、阿里山也吸引着广西的很多民众。广西被列为第二批开放居民赴台湾旅游的省区，有 4 家旅行社获得赴台游经营资格。2009 年 4 月 8 日，广西居民赴台旅游首发以来，赴台旅游受到广西民众的热捧。2010 年广西居民赴台旅游 10336 人次，同比增长 300%以上。

(2) 餐饮性商业服务贸易有特色、布局广。台湾同胞在广西经营餐饮性商业服务贸易比较有特色并且布局广的要算上岛咖啡了。上岛咖啡 1968 年开始在台湾发展，1997 年扎根海南省，在海口的繁华街道开了第一家店，两年后在广西、广东、北京等地设立分公司，至今已有 1300 多家连锁店遍布中国大江南北，成为目前大陆最受欢迎的咖啡连锁餐厅之一。上岛咖啡在广西的南宁、宾阳、上林、武鸣、柳州、桂林、北海等很多地方开有分店，从事的商业服务贸易分布广、有特色、很红火，弥补了所在地区商业服务贸易的缺陷，形成了服务贸易的一条亮丽风景线。

(3) 运输物流服务贸易。自从 2008 年年底"两岸三通"以来，广西和台湾的交流合作架起了多条运输物流服务贸易的桥梁，既有空中桥梁，又有海上运输物流服务贸易的桥梁，为两岸特别是桂台经济贸易的交流合作增添动力。

(4) 分销服务贸易。台湾企业在广西经营分销服务贸易做得比较好的主要有旺旺集团所属的广西旺旺食品有限公司和广西明旺食品有限公司、统一集团南宁统一企业有限公司。广西旺旺食品有限公司产品在广西的南宁、河池、柳州、桂林、北海、玉林、梧州、百色、崇左、贺州、防城、贵港、钦州等各地市都设有分销机构开展服务贸易。南宁统一企业有限公司主要生产统一冰红茶、统一鲜橙多、统一绿茶、阿萨姆奶茶、麦香奶茶等饮料，年产量达 2800 万箱，产值超过 5 亿元。通过分销服务贸易销售到广西、广东、海南和越南等东盟国家，贸易红红火火。

(5) 教育服务。桂台教育服务的交流合作早在 2010 年就已开展，几年来发展迅速。从幼儿教育、中等和高等职业教育、本科和研究生教育及师资联合培训等，得到广泛开展。现在桂台教育服务交流合作渐入佳境，从 2010 年以来，桂台教育界共签订了 30 多份教育服务交流合作协议，与台北市教师研习中心、台北市文化教育交流协会、台湾海峡两岸人民服务协会、台湾花莲县教育处等建立了长期合作关系，教育服务交流涵盖基础教育、职业教育和普通高等教育各个阶段，交流形式也从最初的考察交流、教师培训逐步拓展到专家讲学、学生夏令营、教育行政管理人员和骨干教师考察交流、教师长期研修、学生交换、学术研讨等多元化交流模式，各种教育服务交流进一步向纵深发展。

(6) 体育及文化娱乐服务。桂台体育服务交流合作达成多项共识，签署合作备忘录，逐步开展活动。桂台体育工作者积极开展对口交流服务，加强桂台体育产业服务合作，尤其是体育旅游服务、体育信息服务、体育商品服务等方面的交流合作，加强协会、俱乐部等社团组织的服务交流合作。如首届桂台青少年拔河友谊赛 2014 年 1 月在广西外国语学院隆重举行，参赛的有台北景美女中女子拔河队、广西壮族自治区体育局拔河队和广西外国语学院拔河队，三支队伍循环上场，三局两胜，最终台北景美女中女子拔河队赢得了冠军。

(7) 医疗卫生健康服务。广西和台湾两地医疗卫生健康服务交流合作的历史由来已久，特别是 2009 年桂台中医药合作交流研讨会以来，两地医疗卫生健康服务界进行了广泛而深入的交流，涉及医药教育、医疗、保健、康复、美容、科研、人员培训、中草药资源利用与保护开发等多方面。近几年来，桂台两地医疗卫生健康服务的交流合作日益频繁，交流的层次逐步提升，形式也从学术交流逐步向服务合作转化。广西的中药材资源丰富，是大陆的“天然药库”和“中药材之乡”，桂台两地正在加大在中医药方面的服务合作。

(8) 进出口代理及报关报检服务。中国-东盟自由贸易区是全世界人口最多的自由贸易区，广西是中国-东盟自由贸易区的前沿连接地带，商机很多。许多台湾同胞敏锐地认识到广西在中国-东盟自由贸易区中的重要地位，纷纷到广西开展货物贸易和服务贸易。例如，毕业于台湾致理科技大学的女强人黄薇彤女士就抓住了中国-东盟自由贸易区即将建立的商机，于 2009 年来到紧靠越南的广西龙州水口镇投资创办企业“水口仓储物流有限公司”，具有进出口经营权，经营策略为立足投资广西，辐射中国-东盟，最初以经营东盟国家所出产的腰果等土特产品进口贸易及物流服务为主，经过几年的奋斗，业务得到快速发展，公司名称改为广西昆仑企业集团有限公司，发展成为一家大型商流物流服务企业。主要经营中国-东盟货物进出口业务，包括各类农副土特产品、矿产品、机电设备、果蔬、坚果干货、药材木材和日用百货等货物的进出口，同时代理进出口货物的报关服务、报检服务、物流运输服务，并为进出口货物提供仓储服务、停车服务、过磅及装卸对接服务。公司现有广西水口物流园和中越互市点国际物流园，是集边境贸易服务、货物集散服务、休闲住宅和旅游购物服务为一体的新型商贸城，业务分布地域逐年拓展，公司与国内外多个地方有业务来往，如北京、广州、南昌、云南、贵州等以及港、澳、台，并延伸至东南亚的越南、泰国、柬埔寨和东亚的日本等国家，与东盟多国建立了非常广泛和密切的商务联系，具有引领“中国企业进入东盟各国的纽带，东盟企业进入中国的桥梁”的枢纽作用，逐步成为中国-东盟国际贸易与物流服务中心。

桂台服务贸易的快速发展需要大量的商业贸易、通信、建筑、销售、教育、环境、金融、医疗卫生、旅游、娱乐、运输物流等多方面的高等技职人才。

三、桂台高等院校合作培养经贸类高等技职人才大有可为

1. 桂台高等院校密切合作培养经贸类高等技职人才

2014 年 9 月 19～22 日，由广西外国语学院牵头在校内举办了首届桂台民办高校高峰论坛，台湾前教育部门负责人、台湾教育大学总校长吴清基，中国民办教育协会高等教育专业委员会理事长季平，广西壮族自治区教育厅厅长秦斌，广西壮族自治区台湾事务办公室主任刘侃，广西壮族自治区政协科教文卫体委员会主任于瑮以及中国民办教育协会监事会主席、黄河科技学院董事长胡大白、广西外国语学院董事长朱桂玲、台湾中州科技大学董事柴云清等桂台两地 53 所民办高等院校和相关机构负责人近 90 多人参加了论坛，深入开展桂台两地教育服务全方位、宽领域、多形式的智力引进、办学合作和学术交流。广西 16 所和台湾 18 所共 34 所高等院校签订了合作办学协议，共同密切合作培养包括经贸类专业在内的多种高等技职人才。

2. 桂台高校深入合作，聘请台湾专家教授大力为广西培养经贸类高等技职人才

桂台高等院校正在深入合作培养人才，如广西外国语学院就分别与台湾的致理科技大学、中州科技大学、文藻外语大学、首府大学、树德科技大学、美和科技大学、台北海洋技术学院、龙华科技大学、万能科技大学、大仁科技大学、环球科技大学、建国科技大学、正修科技大学、醒吾科技大学 14 所大学达成了长期的合作伙伴关系。还有广西师范大学、广西科技大学、广西民族大学、南宁学院、广西经济职业学院、广西工程职业学院等也与台湾的中州科技大学、朝阳科技大学、建国科技大学等多所高等院校进行深入合作，各方合作以教师互访和学生互派为重点，加强校际教育研究、教师培训、学生互访交流，聘请台湾专家教授为广西大力培养经贸类高等技职人才，进一步推动了桂台校际教育服务交流常态化。

3. 桂台高校合作培养经贸类高等技职人才大有可为

近几年来，台湾多所大学先后与广西的多所大学建立了长期的合作伙伴关系，如上述的台湾 14 所大学与广西外国语学院长期合作培养人才，其中的致理科技大学尚世昌校长亲自带领学校的专家教授和企业家代表到广西外国语学院洽谈开展合作，该校的校友现作为广西昆仑企业集团公司的总经理黄薇彤女士就经常到广西外国语学院做中国-东盟经济贸易的学术报告，培养经贸类高等技职人才。又如台湾中州科技大学先后与广西外国语学院、广西机电职业技术学院、南宁学院等广西高等院校合作培养经贸类高等技职人才。再如台湾朝阳科技大学与广西经济职业学院合作培养工程及经贸类高等技职人才。还有台湾义守大学与广西师范大学合作培养经贸类高等技职人才，台湾建国科技大学与广西科技大学合作培养工程及经贸类高等技职人才，等等。据了解，目前台湾的 2300 多

万人口中，约有300多万人在大陆经商办企业从事经贸类工作，2014年年底，台湾同胞在广西开办的企业有1600多家，这些企业的发展需要在广西当地招聘大量的经贸类高等技职人才。广西外国语学院认识到培养经贸类高等技职人才的重要性，虽然是外语类高等院校，除了培养多种外语人才之外，广西外国语学院也很重视培养经贸类高等技职人才，在全校现有的13000多名学生中，约有50%的学生为经贸类专业的学生。广西外国语学院培养经贸类高等技职人才以外向型人才为主，突出培养境外国外交流人才，强调四年在校学习外语不断线。台湾开放时间比大陆早、开放层次比大陆多、开放范围比大陆宽，桂台经贸合作发展很快，台湾同胞在广西开办许多企业，需要大量人才，桂台高校合作培养经贸类高等技职人才大有可为。

参考文献

[1] 孙志平，熊红明. 台湾农民广西创业10年成当地致富带头人[N]. 新华网，2012-11-12.

[2] 韦克俭，韦卫华，唐万欢. 桂台两地开展服务贸易的回顾与展望[J]. 时代经贸杂志，2014(07).

[3] 韦克俭. 桂台民办(私立)高等院校深度合作大有可为. 桂台民办(私立)高校高峰论坛资料汇编[C]. 南宁，2014.

[4] 陈倩. 台湾生态休闲农业园区的发展经验及对广西的启示[J]. 当代旅游，2015(02).

[5] 吕婷，王爱花. 桂台合作中国际经济与贸易专业特色人才培养模式研究[J]. 经营者，2015(05).

[6] 张金根，张煜. CAFTA、ECFA后桂台合作交流面临的新情况与新机遇新挑战[J]. 产业与科技论坛，2015(01).

作者简介：

(1) 韦茜，女，1982年出生，广西河池市人。经济学博士，广西外国语学院国际经济与贸易学院讲师。主要研究方向：经济学教学与研究，国际贸易研究，公司治理研究。

(2) 韦克俭，男，1953年出生，广西河池市人。毕业于北京师范大学研究生院，经济学硕士，教授，现任广西外国语学院副校长。主要研究方向：国际经济与贸易，WTO规则，服务贸易，桂台合作等。

（审稿：韦克俭）

桂台经贸合作框架下红水河流域长寿文化旅游的对台合作策略

广西外国语学院文学院　黄文吉

摘要：在珠江上游重要支流的红水河流域，有河池市的巴马、东兰、凤山、宜州、大化和天峨六个县市是世界著名的长寿之乡。近些年来，广西河池市按照"整合资源、突出特色、打响品牌、联动发展"的思路，突出"生态、长寿、民族、红色"四大特色，着力打造特色旅游精品，使红水河流域旅游品牌声名鹊起。随着桂台经贸交流合作的发展，通过对台合作，整合旅游资源、增加景区吸引力、拓宽合作领域，充分挖掘和开发利用红水河流域长寿生态文化旅游资源，打造红水河流域长寿文化旅游品牌，对促进红水河流域经济发展有十分重要的意义。

关键词：红水河流域　民族生态文化　桂台旅游合作

红水河发源于云南东部，属珠江流域西江水系干流，是广西的"母亲河"，全长 659 千米，区间集水面积 54870 平方千米，流域面积约 3.6 万平方千米，流域范围涉及广西河池市、百色市和来宾市。红水河河池段流经天峨县、南丹县、东兰县、巴马县、都安县和大化县六个县，全长 518 千米，这里风景秀丽、民族文化底蕴深厚，长寿生态文化旅游资源丰富。随着桂台经贸交流合作向纵深发展，开展与台湾的长寿生态文化旅游合作将有力地促进红水河经济社会的发展。

一、红水河流域长寿文化简况

红水河流域长寿文化包含盘阳河、红水河两个长寿带。以巴马瑶族自治县为中心的盘阳河流域(包括东兰、凤山等县)是世界著名的长寿之乡，其中巴马百岁长寿率为 29.5/10 万，为世界之最。巴马瑶族自治县也入选了中国世界纪录协会世界第一长寿之乡。1991 年在东京举行的第 13 次国际自然医学会上被列为世界第五个长寿之乡。现健在的百岁以上寿星达 81 人。红水河流域居住着 12 个少数民族，他们与汉族一起创造了红水河光辉灿烂的多元民族文化。多民族的包容、和谐共存，形成了红水河流域多种文明融合、多类文化共存的巨大载体，创造了师公文化、铜鼓文化、歌谣文化、刘三姐文化、白裤瑶文化、长寿文化、红色文化、图腾文化、盘古国文化和奇石文化以及"歌圩""求花""不落夫家""落浴"等丰富多彩的民族习俗。地处红水河流域河池段的天峨、东兰、凤山、巴马、大化、都安六县是集少数民族聚居区、革命老区、边远山区、贫困地区、大石山区、库区为一体的地区，具有非常典型和独特的红水河流域自然、社会、人文的鲜明特点，具体体现为“六带”，即长寿养生生态旅游带、少数民族聚居带、库区移民集中带、大石山区贫困带、水上交通航运带、能源资源富集带，旅游资源十分丰富。

二、红水河流域开展桂台长寿文化旅游合作的优势

（一）长寿生态养生文化旅游成为新的趋势

人的生命只有一次，追求健康长寿是人类的共同愿望。随着人们生活水平与消费层次的提高，人们的旅游消费也正日益向多元化、多层次方向发展，旅游者对自身健康的内容，包括健康的生活方式、健康长寿、延年益寿的关注和需求达到了前所未有的高度。现代旅游不再局限于给人们提供休闲放松的机会，而是融合了养生旅游、健康旅游的观念，健康旅游的消费方式越来越成为当代旅游的一项非常重要的内容，成为时下最受欢迎的出行方式。

（二）红水河流域长寿生态文化享誉海内外

作为世界第五长寿之乡的巴马，长寿文化享誉海内外。其长寿的原因已有学者论证：远红外线、弱碱性河水、强地磁和较高的负氧离子，构成了巴马独特的地理环境，也孕育了独特的健康生活方式，因此吸引了大多“候鸟”性人群长居或短居于此，“候人”文化也应运而生。其实，不止巴马长寿的人多，东兰、凤山、大化、都安、天峨、南丹、宜州的长寿人亦不少。截至2012年12月31日，凤山县有100岁及以上的老人69人，超过联合国规定的每10万人口中拥有7.5位百岁老人的“长寿之乡”标准。2013年，大化县百岁以上老人88人，百岁老人的比例为19.58/10万，中国老年学学会决定授予大化县“中国长寿之乡”荣誉称号。与巴马同处于盘阳河流域的广西河池市东兰县2014年百岁以上老人达85位，中国老年学会授予广西河池市凤山县“中国长寿之乡”牌匾，这是全国第48个长寿之乡。2014年都安县百岁以上老年人156人，每10万人中有超过22个百岁老人，大大超过申报长寿之乡规定的每10万人中有10个百岁老人的标准。2014年年底天峨县百岁及以上老人29人，占总人口的比例为16.78/10万人，超过国际通行的长寿标准6.78个点，人口长寿比为15.21%。

巴马长寿之乡是以巴马为中心，包括凤山、东兰、都安、大化、南丹、天峨在内的长寿带。这里原生态的自然是原生态文化的生存土壤，长寿文化历史源远流长。东兰县生态环境至今仍保持原生态面貌，森林覆盖率高达76.72%，空气负氧离子高达每立方厘米3万～9万个。大化县位于广西中部偏西北的红水河中游，自然资源奇特，人居环境优雅。境内密布着高峰丛深洼地，是世界上喀斯特地貌发育最典型的地区，具有山奇、水秀、湖旷、洞秘、峡险、谷深、石美、竹翠等特色，山水清秀，是一块人间净土，滋育了令人叹为观止的七百弄国家地质公园、美丽迷人的红水河百里画廊及岩滩水电站库区风光等旅游胜地。天峨境内山清水秀、天蓝地净、空气质量优越，是世界级的超级大氧吧，有具有“浮在城市

上空的原始森林"之称的龙滩大峡谷国家森林公园；自然生态保存完美，素有"森林王国，绿色宝库"之美誉，全县森林覆盖率达84.25%，居全国全区前列。天峨县气温温和，舒适宜人；雨水充沛，湿度适中；空气清新，绿色满园；河溪纵横，水质优良，空气中负氧离子含量每立方厘米高达3万个，是世界级的超级大氧吧。良好的空气使血液活化、净化，改善白细胞的数量和质量，增强抗病能力，对人的神经系统和呼吸系统都有较好的治疗保健作用。而天峨没有污染型工业，水是无毒无害、富含多种人体所需的矿物质和微量元素的小分子团六环水，对长寿有极大益处。

红水河流域土源多样，物产丰富，其民风淳厚，敬老爱老，人们心态平和，怡然自得，是人类养生的圣地。

（三）广西的旅游强区战略给红水河流域长寿生态文化旅游发展带来机遇

广西旅游资源丰富，区位优势明显，旅游产业基础较好。经过多年的发展，特别是近几年的建设，广西旅游业正日益显示其独特的魅力，吸引着大量中外游客前来广西观光旅游和休闲度假。2008年河池市委、市政府进一步明确提出"打造世界级红水河流域长寿休闲度假旅游品牌"。政府的重大决策和战略布局为红水河旅游发展提供了政治资本和政策保障；2009年广西壮族自治区办公厅下发的《广西壮族自治区重点旅游资源整合开发建设意见的通知》和自治区旅游局的《广西旅游业发展"十一五"规划》中将红水河流域列入自治区重点打造的精品旅游线路之一；2010年2月《自治区政府工作报告》中明确表态，要"全力打造红水河流域国际旅游目的地"；2010年12月，广西壮族自治区人民政府出台《关于加快建设旅游强区的决定》提出围绕大桂林、北部湾、红水河三大国际旅游目的地建设和旅游景区升级改造，以"壮美广西"总体形象为核心，努力培育和提升"桂林山水""浪漫北部湾""民族风情""神秘边关""长寿养生""红色福地"和"西江祈福"等旅游品牌，构建以城市形象品牌为支撑、特色旅游品牌为基础的旅游品牌体系；河池市政府也提出"打响红水河流域大旅游品牌""打造国际国内一流的旅游目的地"；2015年5月30日，"神奇桂西，中国第一条世界级养生旅游线路"启动，深度展示了桂西北人民独特的养生传统以及遵循自然规律的生存状态。自然养生与旅游休闲相结合，使"桂西北游"成为名副其实的"天然养生"深度游。

（四）桂台经贸合作为红水河流域长寿生态文化旅游提供发展机遇

广西与台湾发展经贸往来具有独到的投资优势、区位优势和资源优势。随着两岸经济关系发展的一系列阻碍因素消除，两岸经济由功能性一体化走向制度性一体化发展，广西与台湾经贸合作的步伐进一步加快。开放合作是加快发展的必由之路，是促进富裕、文明、和谐新广西建设的强大动力。桂台合作是广西在新形势面前进一步扩大对外开放、推进多区域合作的重要举措。在桂台经贸合作交流会的推动下，2005年以来台商在桂投资每年以35%左右的速度增长，呈现出快速发展的态势。台湾已成为广西重要的投资来源和商品市场。

广西北部湾经济区的开放开发也为桂台经贸合作创造了更加有利的条件，注入了更加强劲的动力，提供了更加广阔的空间。2009 年桂台经贸合作论坛和两岸产业共同市场研讨会首次在台湾举行。桂台交流合作从单一到多元，从经贸到文化，形式和内容日渐丰富。2009 年 12 月国务院发布关于加快发展旅游业的意见，进一步提出要加强海峡两岸旅游交流与合作，也为两岸旅游业的合作创造了条件。

三、红水河长寿生态文化旅游与台湾合作的建议

1. 加强桂台经贸合作，充分开发资源，打造长寿养生文化旅游品牌

优美的自然环境和深厚的文化底蕴是旅游业健康、持续发展的基础。经过多年的开发，巴马长寿文化品牌初步形成，吸引了来自世界各地包括台湾的游客。然而，由于地域面积较小，基础设施落后，无法满足日益增多的游客需求，逐步显露出长寿资源的稀缺性和脆弱性。红水河流域的天峨、南丹、凤山、东兰、大化、都安等地，山奇水美，风光宜人，长寿人群比例大都达到或超过联合国规定的每 10 万人口中拥有 7.5 位百岁老人的“长寿之乡”标准，而这些地方的长寿资源尚未得到充分的发掘。因此，引进台资，对以巴马为中心的长寿带进行充分开发，减轻巴马不堪重负的游客承载量，将生态长寿文化的区域辐射到红水河流域的河池市东兰、凤山、南丹、天峨、都安、大化、宜州至南宁市的上林、来宾市的兴宾和忻城等，科学整合和利用红水河生态长寿文化资源，挖掘红水河流域富有特色的自然风光和壮族、瑶族等 10 多个少数民族风情、少数民族文化资源，打造红水河流域长寿养生文化旅游品牌，具有十分广阔的文化旅游市场前景和意义。

近些年来，桂台经贸合作的升级极大地促进了两地的旅游业发展，并为两地的经济增长做出了贡献。河池市政府 2011 年出台了《河池市加快红水河流域旅游开发的实施意见》的通知（河政发〔2011〕34 号），以创建生态民族文化名城、“中国生态旅游基地”和“红水河国际旅游目的地”为目标，努力保护生态资源，深入挖掘红水河流域特色文化，加强景区（点）基础设施建设，完善旅游产业体系和服务体系，以突破地域分割和所有制限制，搞活旅游营销，拓宽旅游市场，做强旅游企业，努力把红水河旅游打造成为国际生态养生旅游目的地，成为广西旅游发展新一极，促进河池旅游业又好又快发展。红水河流域长寿文化品牌的创建可以利用这个契机与台湾加强合作，利用台湾文化创意水平世界领先、文化旅游产业发展经验丰富的优势，将红水河流域长寿文化生活的模式推广到台湾，推进两地长寿生态旅游的联动发展。

2. 建立桂台旅游合作机制，加强长寿生态文化旅游合作研究

充分利用桂台经贸合作不断推进的契机，依托桂台两地旅游主管部门，探索建立桂台旅游合作机制，共同寻求红水河流域与台湾地区旅游通道建设及跨区域旅游合作的最佳方案，促成在旅游基础设施建设、旅游市场营销、旅游信息交流及旅游人力资源开发等方面的合作。为了两地更好地合作并使之取得成效，除了政府相关部门经常沟通、协调政策外，更需要加强研究机构的合作，建立红水河流域与台湾地区文化旅游合作的平台，定期交流信息和研究成果；另外，还可举办生态文化旅游合作论坛，为两地政府部门制定相关政策和业界制定旅游策略提供决策参考。

3. 实行生态文化旅游产业合作联动营销

随着桂台经贸合作升温，在保留各自特色旅游资源的基础上进一步挖掘长寿旅游的文化内涵，把红水河流域与台湾著名旅游景点联动起来，将两地文化游、自然风光游与民族风情游结合在一起共同开拓客源市场，使旅游项目形成由相对单一的观光产品向休闲度假、康体娱乐、长寿养生、民族风情体验等多种产品形式转化，提高旅游产品的总体吸引力。另外，双方旅游企业的合作、旅行社批发商与零售商之间的合作、酒店管理方面的合作及投资方面的合作等，引进台湾先进的旅游管理理念及资金，加大对红水河流域旅游文化基础设施建设力度，吸引台湾企业到红水河流域投资，开发具有实用性、健康性、艺术性、纪念性、时代性和独特性的生态文化旅游产品，满足国内外、境内外人们日益增长的旅游观光需求。

参考文献

[1] 银建军.生态关学视域中的巴马长寿文化[J].广西民族学院学报：哲学社会科学版，2005(07)：112-116.

[2] 王娜.巴马长寿旅游资源分析及开发价值研究[J].宁夏农林科技，2013，54(05)：98-100，104.

[3] 李漫，吴良林，周世武.巴马长寿旅游脆弱性及其可持续利用[J].海南师范大学学报，2010，23(4)：444-448.

[4] 罗春雄.促进红水河生态旅游可持续发展[N].广西日报，2010-09-30.

（本文为基金项目《红水河流域生态长寿文化建设推动旅游发展的探索》(项目编号KF2014012)阶段研究成果。）

作者简介：

黄文吉，男，1965年出生，广西巴马县人。毕业于广西民族大学文学院，北京航空航天大学软件工程硕士，广西外国语学院文学院副教授。主要研究方向：民族民间文学，民族文艺学，战略管理与产业信息化。

（审稿：李春醒）

桂台电子商务合作发展探究

广西外国语学院国际经济与贸易学院　陈婷婷　李达娟

摘要：广西与台湾经贸合作历史悠久，但桂台两地在产业合作方面的进展却未能脱颖而出，现阶段迫切需要找寻一个新兴产业成为两地经贸合作的突破口。电子商务作为伴随着网络产生的新兴行业，在未来市场中发展势头迅猛。广西和台湾的合作也应顺应时代要求，积极寻找桂台电子商务合作的发展契机。正确认识电子商务对促进桂台两地经济发展的作用，认清桂台电子商务合作的意义、优势和挑战，对进一步深化桂台电子商务合作具有重大意义。

关键词：电子商务　桂台合作

一、桂台电子商务合作发展的意义

当前，经济全球化和区域一体化的进程不断加快，互联互通是推动经济全球化和区域一体化进程的根本动力，互联网作为一个没有边界的媒介体，具有全球性和非中心化的特点，依附于网络发生的跨境电子商务业因此具备了全球性和非中心化的特征。中国电子学会秘书长徐晓兰指出，当前"一带一路"沿线国家普遍处于经济发展的上升期，市场潜力巨大，与我国企业开展互利合作、扩大经贸合作的前景十分广阔，在建设"海""陆"两个丝绸之路上，开辟出一条"空中丝绸之路"与"一带一路"战略并行，其意义深远，而这一条"空中丝绸之路"是指跨境电子商务网络和跨境电子商务产业交易链的建设。目前，我国电子商务的发展规模和速度均为世界第一，对扩大消费、稳定增长、调整结构、促进转型、增加就业、普惠民生具有重要作用，是国内社会经济增长的重要引擎，也为桂台电子商务合作发展提供良好的环境基础。

二、桂台电子商务合作的优势

广西是中国唯一与东盟海陆相连的省区，也是大陆与台湾开展经贸文化交流较早、较活跃的省份之一。自2005年以来，广西与台湾携手，成功举办10届桂台经贸文化合作论坛，在10届论坛中，共签署框架协议、备忘录249项，签订合作合同、协议、意向书473项。目前，"一带一路"战略进入全面建设阶段，借助"一带一路"，桂台电子商务合作迎来了史无前例的发展契机。

（一）政策支持凸显发展优势

2014 年以来，广西政府提出"电商东盟、电商广西"的电子商务发展口号，并在政策上大力支持。同年 12 月，中国-东盟电子商务产业园落户于南宁市邕宁新兴产业园区。园区占地 866 亩，项目投资 35 亿元，计划建设电子商务总部基地、电子商务企业孵化基地、传统产业电子商务基地等十大基地和生活配套区。该电子商务产业园的定位是"中国-东盟电子商务合作示范区"，以打造成国家级电子商务示范基地、南宁市最大的现代服务业集中区为目标，计划在园区建立电子商务产业政策体系和高效的公共服务体系；建立起较完善的产、学、研、用合作机制，为地方电子商务服务企业、应用企业和电子商务提供创业创新平台和聚集地；在促进电子商务高效、规范发展方面，发挥明显的示范与带头作用，积极建立诚信、安全的电子商务支撑体系；建设跨境电子商务平台，建成连接全广西乃至全国电子商务企业进入东盟的枢纽以及东盟电子商务企业进入中国的先行点。

为了更好地服务于"商贸强桂"战略，2015 年，广西商务厅将继续实施"电商东盟、电商广西"工程，并启动电子商务倍增计划，中国-东盟电子商务产业园和桂台（北海）健康文创精品跨境电商体验商场商贸合作的签订，都为广西电子商务的发展打入了一支"强心剂"，提高了桂台电子商务发展竞争力。当前，中国老牌网络社区"猫扑"总部由北京移至南宁，该公司运作的中国东盟最大电子商务平台"美丽湾"上线运营；广西壮族自治区政府与全球著名电商企业阿里巴巴签订了战略合作计划，由政府和企业一起，共同打造跨境电商；此外，中国有关部委已批准将南宁作为跨境电商试点城市，东盟跨境电商总部基地已于 2015 年 3 月在南宁启动，广西迎来了发展电子商务特别是跨境电子商务前所未有的机遇。

在种种利好的前提下，桂台电子商务合作发展也初有成效。台湾全球华人移动互联网多元产业协会与广西亚世达商贸有限公司，在亚世达商贸城举行"桂台（北海）健康文创精品跨境电商体验商场商贸"合作签约仪式。台湾全球华人移动互联网多元产业协会由 100 多家台湾企业组成，希望通过广西亚世达商贸有限公司的"跨境一键购项目"进驻大陆市场。截至目前，共有超过 40 家台湾企业落户北海，不少台资企业为了适应市场发展，纷纷开始通过搭建"互联网＋跨境电子商务平台"谋求发展。

（二）广西产业发展电子商务势头迅猛

互联网＋产业发展如火如荼，广西的众多行业也纷纷利用电子商务拓展业务，并取得一定成效。多个行业的电子商务开展情况见表 1。

表 1　2013 年广西分行业电子商务交易额和比重

行　业	电子商务交易额（万元）	比重（%）
采矿业	195.0	0.00
制造业	1736505.3	43.69
电力、热力、燃气及水生产和供应业	1236.1	0.03
建筑业	344.9	0.1
批发和零售业	2103259.6	52.91

续表

行　　业	电子商务交易额(万元)	比重(%)
交通运输、仓储和邮政业	37441.8	0.94
住宿和餐饮业	8311.9	0.21
信息传输、软件和信息技术服务业	30988.8	0.78
房地产业	1258.9	0.03
租赁和商务服务业	54752.1	1.38
水利环境和公共设施管理业	168.6	0.00
居民服务、修理和其他服务	5.5	0.00
卫生和社会工作	13.5	0.00
文化、体育和娱乐业	320.4	0.01

(资料来源:广西壮族自治区统计局.)

表1中的数据表明,2013年,广西区内存在电子商务交易的14个行业489家企业中,制造业202家,占41.3%;批发和零售业82家,占16.8%;住宿和餐饮业103家,占21.1%;租赁和商务服务业20家,占4.1%;信息传输、软件和信息技术服务业16家,占3.5%。电子商务交易额最高的行业是批发零售业,完成交易额210.33亿元,占全区电子商务交易额比重的52.9%;第二是制造业,完成交易额173.68亿元,占43.7%;第三是租赁和商务服务业,完成交易额5.48亿元,占1.4%。电子产品和服装等制造业、批发零售业、租赁和商务服务业等行业的电子商务呈现蓬勃发展的势头,交通运输仓储和物流业、信息传输软件和信息技术服务业等行业都纷纷开始采用电子商务进行运营活动。除此之外,大型传统行业也纷纷涉足,建立起实业网站,南宁百货、梦之岛等多家传统商城开始进军电子商务领域,目前已经涌现出广西糖网、广西电视台的易购网等电子商务网站。广西产业的电子商务的突起为桂台之间的电子商务合作的发展奠定了良好的基础。

三、当前桂台电子商务合作面临的挑战

当前,基于海峡两岸的特殊关系,桂台电子商务在交流与合作的过程中会遇到制度、市场性等因素的影响。由于国内网络制度的原因,大陆网民不能使用国内IP地址直接访问台湾网站,导致两地网络信息不对称,出现彼此不能充分了解电子商务市场信息等问题。此外,两岸虽然签署了ECFA框架协议,但由于种种原因目前尚未正式全面生效,两岸对于通关服务制度、商品检验和标准认证标准不一,知识产权、消费者保护等法律对接问题等,都是桂台电子商务合作将会面临的共同挑战。

(一)制度机制障碍挑战

两岸进行电子商务合作,需要对合作过程中涉及的制度安排、机构设置、实施机制等问题进行实质性的安排说明,但ECFA作为框架协议,内容过于简单粗概。尽管海峡两岸服务贸易协议等后续协议的签署进一步在制度层面上保障了两岸双向投资的实现,但由于两岸法律、政策、文化及市场环境的差异,台湾企业家在开拓大陆电子商务市场过程

中，还存在通关、质检耗时长、增退税程序烦琐等障碍，同时也不可避免地遇到市场消费者需求、支付结算认证、物流仓储配送、产品售后服务等环节的政策协调挑战。

在通关制度方面看，2012 年海关总署规定所有境外快递企业使用 ESM 清关派送的包裹，不得按照进境邮递物品办理清关手续，这就意味着桂台电子商务贸易都要使用传统的报关方式申报通关。由于传统商品检验检疫方式和报关通关方式手续烦琐，电子商务的时效性得不到保证，桂台电子商务以 B2B 为主，交易种类繁多且不一，交易次数频繁，这一通关方式显然不符合跨境电子商务快捷、便利的特点。在支付方式方面，国内现行跨境电子商务主要采取三种结汇方法：开设多个个人账户、通过地下外汇中介处理外汇和利用国内个别地区不限制结汇额度的特殊外汇政策结汇。就开设多个个人账户而言，根据我国现行外汇关系制度个人账户每年每人最多能兑换 5 万元。企业的结汇业务需要得到外汇管理局的审批，广西并未能列入不限制额度的特殊地区。随着桂台电子商务的发展，桂台间人民币与新台币的兑换将会越来越频繁，金额也会随之增大，因此桂台电子商务在结汇方面急需优化措施。

（二）区域产业竞争挑战

一直以来，长三角和珠三角地区凭借社会经济发展实力和投资优惠配套政策等吸引了大量的台资企业聚集。江苏、广东和上海是台商投资大陆金额居于前三位的省份，先行发展的长三角、珠三角经济区和新发展的环渤海经济区、海峡西岸经济区，这些经济带自身经济发展已久，经济基础十分雄厚，一直都是泛北部湾经济区的强力竞争对手。近年来台商对泛北部湾经济区的投资一直处于缓慢发展状态，台商投资大陆的区域选择对象的范围较大，投资重心从珠三角地区向以上海为中心、苏南浙北为两翼的长三角地区转移，并进一步向环渤海湾经济圈扩展，投资重点开始转向资金和技术密集的电子、机械、石化及基础设施领域产业。相比于长江三角洲和珠江三角洲地区，广西腹地狭小、市场容量有限，主打产业为钢铁、食糖等大宗产业为主，台商投资环境吸引力不高，对外辐射能力不强。广西与福建都位于“ 带一路”战略建设区。下面对广西与福建进行比较，分析广西在发展与台湾进行电子商务合作遇到的区域产业竞争挑战，见表 2。

表 2　广西与福建发展电子商务的对比

比较内容	广　西	福　建
地理位置	“丝绸之路经济带”与“海上丝绸之路”的有机连接点，毗邻东盟	“海上丝绸之路”的起点，与台湾隔海相望
经济发展状况	西部地区，经济发展起步晚，基础薄弱	东部沿海地区，经济发展起步早，基础雄厚
特色产业	以钢铁、食糖等大宗商品为主	以服装、鞋帽等轻工业为主
与台湾合作情况	连续举办十一届桂台经贸合作，在农业、旅游等领域取得一定发展	国家重点发展两岸经贸合作发展区域
电子商务发展情况	实施“电商东盟、电商广西”工程	建设国家电子商务基地

从近几年来台商投资大陆产业的趋势看，其投资重点开始转向资金和技术密集的电子、机械、石化及基础设施领域产业。虽然广西与福建都位于国内“一带一路”建设的重要

区域，但广西地处中国西部地区，经济基础薄弱，长期依靠钢铁、食糖等大宗商品发展经济，与其他区域相比，区域产业优势并不突出。

（三）广西电子商务影响力及发展指数偏低

《中国城市电子商务影响力报告(2012)》中显示，在中国首批电子商务示范城市中，广西南宁市的电子商务示范城市的综合影响力排名均落后于杭州、北京、上海、深圳、广州等城市，排名第20位，电子商务示范城市综合影响力部分排名见表3。

表3　部分电子商务示范城市综合影响力排名

城市	综合得分(排名)	吸引力(排名)	管理力(排名)	辐射力(排名)
杭州	0.891(1)	0.225(4)	0.266(2)	0.400(1)
北京	0.862(2)	0.263(1)	0.249(3)	0.350(3)
上海	0.855(3)	0.261(2)	0.268(1)	0.326(4)
深圳	0.817(4)	0.220(5)	0.229(5)	0.368(2)
广州	0.789(5)	0.245(3)	0.240(4)	0.320(9)
南宁	0.477(20)	0.170(19)	0.169(18)	0.200(20)

（资料来源：依《中国城市电视商务影响力报告(2012)》数据整理.）

根据“阿里巴巴电子商务发展指数”指标体系的反映来看(见表3和表4)，2013年广西电子商务发展指数为8.49，排名第27位，落后于北京、上海、浙江、广东和海南；而南宁、防城港、柳州、北海这四个国家电子商务示范城市的电子商务发展指数及排名也不高；此外，在电子商务发展指数的城市排行榜中，广西无一个城市排至前列。表4是2013年中国电子商务发展百佳城市部分排名。

表4　部分电子商务百佳城市排名

城市(排名)	网商指数	网购指数	电子商务发展指数
深圳(1)	24.71	50.24	37.49
广州(2)	20.67	46.04	33.36
杭州(3)	20.08	46.36	33.22
北京(4)	12.97	42.93	27.95
上海(5)	15.91	38.41	27.16
南宁(54)	5.90	20.81	13.35
防城港(74)	4.85	17.92	11.38
柳州(96)	2.66	17.15	9.91
北海(98)	2.37	17.23	9.80

（资料来源：阿里巴巴2013年中国电子商务百佳城市.）

实际上，珠三角、长三角、环渤海经济带是中国大陆电子商务发展的基地。由于珠三角、长三角、环渤海经济带等地区经济发展水平较高，北京、上海、杭州、广州、深圳等一线城市区域电子商务产业投资政策优惠、电子商务人才资源充足、市场腹地广阔等原因，使得这些地区能通过争取政策资源主动权进一步完善支撑电子商务发展的软硬件环境。例如，2013 年 7 月 8 日，中国（杭州）跨境电子商务产业园在杭州成立，该电子商务园区是全国首个进入实单运作且成功探索跨境小包出口模式的园区，成为国家跨境电子商务产业试点园区，具备进出口双向业务，获得了国务院、海关总署、商务部认可并作为范本推广。而广西近几年电子商务的发展仍属于起步阶段，桂台之间的电子商务合作发展仍任重道远。

四、对桂台电子商务合作的建议和对策

（一）深化桂台电子商务合作制度合作

桂台电子商务合作发展到一定程度后，产业制度合作便成为必然要求，制度的合作是深化和拓展桂台电子商务合作的核心，它又会进一步推动要素合作的完善与巩固。在贯彻落实 ECFA 框架协议的同时，充分利用《海峡两岸服务贸易协议》尚未生效的时期，认真研究两岸相关法律法规，特别是桂台电子商务的规章制度等的安排差异，并以此为进一步推进桂台合作的融合创新点，推动桂台双方认可与统一电子商务规则达成制度合作并细化落实，利用桂台经贸文化交流合作论坛，出台符合双方实际情况的相关政策，培养桂台电子商务合作的区域优势，深化桂台电子商务合作信息交流、资本流动及人才培养等要素合作。

作为贸易便利化的前提和基础，通关便利化是推动桂台电子商务合作的关键环节。货物通关速度的提高，需要商务、海关、货物出入境检验检疫、国税和外汇管理局等跨部门的协商交流、资源整合和法规调适，电子商务流通效率所涉及的报关通关、保健商检、外汇结算、深化退税、仓储配送等环节的障碍都需要通过简化程序、提高通关效率的政策去解决。在简化报关程序方面，我国现行法律法规中有《关于跨境贸易电子商务进出境货物、物品有关监管事宜的公告》《关于增列海关监管方式代码的公告》等优化政策，尽快落实公告条款，建立公正、合法、海峡两岸都认可的信用指标体系，构建双方认可并具可操作性的，包括保护知识产权、保护个人隐私及商业秘密、打击假冒伪劣商品等在内的监管规范。

在支付方面，完善跨境电子支付系统。PayPal 是美国的第三方支付系统，支持 25 种货币支付交易，为我国跨境外贸电商提高在线支付许可。随着中国电子商务的迅速发展，一批优秀的第三方支付企业在国内市场逐渐壮大，如国内的支付宝、银联电子支付、财付通等。2013 年，支付宝、银联电子支付和财付通等 17 家第三方支付企业获得了跨境支付业务试点资格，桂台电子商务支付往来应充分利用这些第三方支付企业，争取实现人民币与新台币的直接支付，简化支付程序、提高贸易效率。

（二）推进桂台电子商务合作人才培养

人才作为推动新经济形态的基础力量，电子商务人才的匮乏成为广西电子商务发展的首要瓶颈。人才资源作为电子商务发展的第一战略资源，是深化桂台电子商务合作的第一战略要素。推进桂台电子商务合作的第一发展动力，建立人才战略体系，构建桂台电子商务人才战略高地，抢占未来桂台电子商务人才竞争先机，需要从人才培养出发。2014 年，

广西壮族自治区商务厅出台了《广西电子商务定点培训机构认定办法》《广西电子商务定点实践基地认定办法》，计划用时五年，在全区普及电子商务知识10万人。加快构建和实施桂台电子商务人才战略体系与工作保障机制，最大限度地培养电子商务人才。开展电子商务需要多层次的专业人才，进行网页设计、摄影技术等实际操作的初级人才，以网店经营、进行网络营销等电子商务实际运营的中级人才及电子商务企业高层管理的高级人才，针对不同层次的人才需求进行专业培养。

人才的培养，首要的关键是拥有一批优秀的师资力量，师资队伍包括进行高校电子商务教学的教师及社会培训机构的讲师。现代网络市场瞬息万变，作为电子商务人才培养的关键，讲师们对市场全局的了解程度和对电子商务发展的判断能力尤为重要，这不仅要求电子商务讲师要有足够的理论水平，还应具备丰富的实践经验。一方面，高校相关教师应在教学过程中不定期地到电子商务企业挂职实践，以弥补实战经验的不足，避免理论与实践存在较大差距；另一方面，引进先进地区电子商务人才，特别是对台湾进行贸易往来的电子商务人才，并由行业协会出面组织各知名电子商务企业业务骨干和专家以及资深讲师组成讲师团，编写案例教材，定期更新教材案例，融入各行业的新动态和新理念，把实战经验上升为理论，最后再把理论运用到实践中，为电子商务人才培训充实内容。现阶段，广西区内高校电子商务专业人才的培养效果不理想，主要是由于在教学过程中实践的缺失。针对这一情况，高校应主动出击，与相关企业相结合，如“中国-东盟电子商务合作示范区”内的企业、签订“桂台（北海）健康文创精品跨境电商体验商场商贸”合作协议的企业，让电子商务专业的学生充分参与到各种项目中去，利用一切方法促进学生提前进入到电子商务市场实践，培养广西电子商务的人才储备力量。

（三）发展桂台电子商务合作的特色产业

广西是农业大省，桂台经贸合作发展以来，在农业方面取得了很大成就。桂台电子商务合作可以以农业作为切入点，打造桂台农业电子商务产业合作。现阶段，广西发展成熟的电商平台有广西糖网。广西糖网始建于2003年，是广西区内甚至国内都广为知名的食糖类大宗商品电子商务平台。该网站采取“电子商务&现代物流配送”的食糖流通新模式，通过整合社会仓储、运输、金融、质检等各种服务资源，搭建起食糖购销、结算和信息服务的B2B电商新平台。2014年，广西糖网网上交易规模突破150亿元，成为广西交易规模最大的电商平台。2015年10月30日，广西首家桂台现代农业合作示范基地在凭祥揭牌成立，示范区采取“公司统一管理＋专业合作社＋种植示范基地＋种植农户＋产品保价回收＋自营终端销售”的发展模式，将桂台现代农业合作引领向深层次、多领域方向迈进，基地以点带面，促进广西现代农业全面升级。基地在自营终端销售环节，可以仿照广西糖网，采用B2B、B2C形式，建立自己的物流体系，将消费领域扩大到企业、个体工商户和普通消费者中。

除农业方面外，广西发展较为成熟的还有以桂中海迅柳北物流基地为代表的电商产业示范园。桂中海迅柳北物流基地（一期）于2013年12月建成营运，是柳州市定点授牌的电商产业示范园。园区以全力打造立足华南，面向东盟的大型电子商务产业示范园电商产业为目标，依托园区仓储、物流、金融等服务企业，借助园区的区位优势，辖区工、农业的产业优势，建成电商行业培育、电商企业孵化、电商创业培训的电商产业集聚园区。2014 年，园区引入电商企业 56 家，银行 1 家，快递企业 3 家，其他企业 3 家；2015 年 3 月，初步完成淘宝-中国柳州馆的建立，实现“味道集市”的上线运营。广西应该利用这些发展较为成熟的电商产业示范园，积极引导台商进驻，促进桂台电子商务合作。

参考文献

[1] 陈柏良，池玫，侯贞杰.“一带一路”战略背景下深化闽台电子商务合作研究[J].武夷学院学报，2014，33(6)：23-29.

[2] 许怡然.“一带一路”战略区电子商务新常态模式探索[J].电子商务，2015(08).

[3] 刘波.“一带一路”战略背景下广西外贸机遇、挑战及对策[J].经济学研究，2015，31(41).

[4] 陈柏良.闽台电子商务合作的契机和挑战[J].福建高等专科学校学报，2004(4).

[5] 罗凯.围绕“一带一路”战略，推动跨境电子商务发展[N].人民邮电，2015-03-17(8).

[6] 来有为，王开前.中国跨境电子商务发展形态、障碍性因素及其下一步[J].中国与全球化，2014(05).

[7] 陈柏良.后 ECFA 时代两岸电子商务合作：视角、核心和纬度[J].福建高等专科学校学报，2011(06).

[8] 陈柏良.机遇 SWOT 分析的闽台电子商务合作发展策略研究[J].福建高等专科学校学报，2014(10).

作者简介：

(1) 陈婷婷，女，1983 年出生，广西玉林市人。经济学硕士。主要研究方向：国际经济与贸易教学与研究，桂台经贸合作研究，跨境电子商务研究。

(2) 李达娟，女，1995 年出生，广西贺州市人。大学本科学历，经济学学士，广西外国语学院国际经济与贸易学院 2016 届国际经济与贸易专业毕业生。主要研究方向：国际经济与贸易，桂台产业合作与发展。

（审稿：叶传财）

提升桂台旅游服务贸易竞争力研究

广西外国语学院国际经济与贸易学院　唐万欢　李丽华

摘要：桂台旅游服务贸易协同发展在地理和文化方面具备有利的优势，为桂台在旅游服务贸易方面的深度交流合作以及提升桂台旅游服务贸易竞争力奠定了坚实的基础。随着中国“一带一路”的战略实施，更有利于桂台旅游服务贸易的长足发展。本文对桂台旅游服务贸易数据进行分析，并针对桂台旅游服务贸易发展中出现的问题提出相应的解决措施，从而使桂台旅游服务贸易的竞争力在最大限度上得到提升。

关键词：提升桂台　旅游服务贸易　竞争力

一、桂台旅游服务贸易发展现状

（一）桂台两地旅游入境人数不断增加

自1981桂台两地旅游互通以来，前往广西旅游的台湾游客逐年增多，开始时在旅游产品和路线的选择上，台胞主要选择在台湾知名度颇高的桂林旅游路线与产品，前往广西其他地区的台湾游客并不多。随着时间的推移，广西与台湾两地旅游业交流逐年加深，两地对新型旅游产品的开发、专业服务的提升、基础设施的完善都在不断推进，使两地旅游观光客的需求得到满足，也加快了两地在旅游业的双向发展。

近些年来，桂台两地旅游交流频繁，其中广西主要领导人曾多次率团到台湾地区开展旅游文化交流。自2004年开始，单“广西旅游大篷车”活动就组织了四次，把广西旅游推广到台湾当地民众中去。除了组织深入到当地进行宣传活动，广西旅游业在旅游路线的开发上、旅游产品的丰富上都进行了不断创新，还增加桂台直航新班线、加强两地基础设施建设，使交通更为便利、服务更为周到，以便有效开发台湾旅游客源市场。台湾方面也经常组织岛内旅行社来广西进行观光，还进行了一系列的有效推广，塑造出“神奇广西”的旅游形象，使广西在台湾的影响力越来越大，来广西旅游的台湾民众也逐年递增，见表1。

表1　2013—2015年台湾入境广西游客人数

指标 年份	总量(万人次)	同比增长(%)
2013	81.47	6.1
2014	84.40	3.6
2015	91.74	8.7

（资料来源：广西统计局.）

从表1可以看出，从2013—2015年三年，赴桂观光的台湾游客分别为81.47万人次、84.4万人次、91.74万人次，很明显台湾入境广西游客人数呈阶梯式上升状态，无论是总量还是增量，都得到了不同程度的增长。截至2015年年底，台湾游客已成为广西入境客源市场最重要的客户来源。除了来桂旅游的台湾游客不断增长，来桂投资的台商也直线上升，广西发展旅游业的条件优越，吸引了大批台商到广西投资旅游项目，投资范围非常广泛，形式也多样化，包括旅游景区、旅游接待服务、文化娱乐、旅游商业、旅游交通设施等投资。由于台商投资项目良好，打造出一批具有影响力的旅游品牌，使广西旅游产业发展向前迈进了一大步，发展到更高层次。据统计，截至2015年年底，广西累计有12万多人次赴台进行公务交流、经贸洽谈、探亲旅游；台湾同胞来广西参访、探亲、旅游、考察、经商，进行各种交流500多万人次。

（二）桂台旅游服务贸易收入增长迅速

2015年，桂台旅游服务贸易总额达到了11.53亿美元，同比增长105.3%。随着近几年广西经济的不断发展，居民收入得到提升，物质生活的充盈刺激了旅游业的快速发展，在这样的大经济环境下，桂台两地旅游合作交流日益增多。2015年，累计批准的台商投资旅游项目达164项，新增的台资旅游项目28个，合同台资额99.59亿美元，实际到位台资51.25亿美元。台资旅游企业渐渐成为广西经济发展的重要组成部分。当前，桂台两地旅游业和谐发展，两地的旅游服务贸易也保持稳定增长的态势，无论是接待入境游客的数量还是总的外汇收入，都呈上升态势，可见两地的旅游服务贸易都在积极、健康地发展。

二、桂台旅游服务贸易竞争力比较分析

（一）国际市场占有率分析

国际市场占有率(Market Occupancy Ratio)是指一个国家或地区出口总量占世界出口总量的份额，反映一个国家或地区出口的整体竞争力。表2为桂台两地旅游服务贸易的国际占有率。从表2中可以发现两地旅游服务贸易国际市场占有率都呈现上升趋势，并且比较稳定。广西旅游服务贸易自2008—2015年这8年间国际市场占有率从0.0016%到0.0038%，虽有上升但幅度偏小，年增长率不大于0.005%，整体上增长缓慢。这表示广西旅游服务贸易虽然自身发展较快，但是在国际上却并不具备较强的竞争力，与其他旅游服务贸易发达的地方相比，还处于弱势水平，不过这并不代表广西地区的旅游服务贸易发展不起来，相反，由于它现在发展较弱，所以发展潜力较大，上升空间也非常大。相较于广西，台湾的旅游服务贸易国际市场占有率较高，8年间从0.006%上涨至0.011%，无论是增长速度还是增长的市场份额都高于广西，整体上也保持稳定上升的状态，这表明台湾旅游贸易服务基础较好，也具备较强的国际市场竞争力，在发展前景上颇为乐观。

表 2　广西、台湾旅游服务贸易国际市场占有率比较　　单位：%

年份 省份	2008	2009	2010	2011	2012	2013	2014	2015
广西	0.0016	0.0018	0.0020	0.0025	0.0025	0.0030	0.0034	0.0038
台湾	0.006	0.007	0.005	0.005	0.006	0.007	0.009	0.010

（资料来源：根据中国统计局、台湾“中华民国交通部观光局”和 WTO 有关数据计算所得.）

（二）显示性比较优势分析

显示性比较优势指数（Revealed Comparative Advantage）可以反映一个国家或地区某一项产业的比较优势。旅游服务贸易的显示性比较优势指数是通过旅游服务贸易在该地区服务贸易出口中所占的份额与世界旅游服务贸易占世界服务贸易的份额之比来表示。该值小于 0.8 时，说明该行业的国际市场竞争力较弱；当该值在[0.8，1.25]时，说明该行业的国际竞争力处于中等水平；当该值在[1.25，2.5]时，说明该行业具有较强的国际竞争力，而大于 2.5 时，则该行业具有极强的国际市场竞争力。

从表 3 可以看出，广西的旅游服务贸易处于较强的竞争力水平，除了受 2008 年国际金融危机等不利因素的影响持续下滑了 3 年，广西的 RCA 始终保持波动上升。2015 年时，广西旅游服务贸易现实性比较优势指数首次突破 2.5，这说明广西旅游服务贸易的竞争力已经开始进入极强的阶段，现阶段虽然处在一个过渡的阶段，但从整体上看广西旅游服务贸易的竞争力还是非常强的，并且处于不断上升的趋势之中，这也可以看出近年来对广西旅游的发展投入颇见成效。而 2008—2010 年，台湾的 RCA 指数一直处在 0.8 以下，表明台湾的旅游服务贸易在这 3 年里的国际市场竞争力比较弱，处于相对劣势。自 2011 年起台湾的 RCA 指数开始出现大幅攀升，2010—2011 年均突破了 0.008，2011—2012 年开始超过 0.09。虽然台湾的 RCA 指标始终低于 0.8，处于较弱的国际市场竞争力水平，但总体上看，台湾旅游服务贸易的发展潜力还是很强劲的。

表 3　2008—2015 年广西壮族自治区、台湾省的旅游服务贸易显示性比较优势指数

年份 省份	2008	2009	2010	2011	2012	2013	2014	2015
广西	1.88	1.78	1.68	1.67	2.11	2.23	2.47	2.54
台湾	0.0066	0.0067	0.0078	0.0088	0.0096	0.0098	0.0099	0.0096

（资料来源：根据广西统计局、中国台湾网和 WTO 的数据计算所得.）

三、桂台旅游服务贸易存在的问题

（一）桂台两地旅游市场秩序有些混乱，旅游业标准化规范化水平较低

桂台两地旅游市场发展较快，但是在市场秩序方面却不尽如人意，整体秩序都偏向混乱，产业规模也没有形成规范化，产业化也呈现较低水平，游客需求在很多方面得不到满

足。两地旅游市场乱象主要表现在两个方面。第一，市场定价不规范。由于没有出台相关的规定办法，旅游市场上买卖双方市场存在信息严重不对称的情况，很多景点在定价上没有固定的标准，随意而为之。旅行社为了一时的经济利益，也会采取不正当竞争手段，这些都导致了市场秩序混乱。第二，服务标准不统一。由于市场上没有明确的服务标准，所以在实际的旅游服务过程中许多商家都会过度以盈利为目的，存在旅游消费活动链条多、合同条款不明晰、各项活动安排服务标准和责任界限模糊等问题。

（二）桂台旅游服务人才缺乏

尽管桂台两地旅游服务行业发展迅猛，但是其行业人才总量增长速度相较于行业的发展是偏低的，两地的旅游服务业人才总量都较为缺乏，而且整体素质也不够高，旅游教育支撑不足。出现这样的情况主要是因为现阶段旅游业对人才培养不够重视，在旅游人才培养上，强调销售人才的培养，对服务型人才采取放任不管的态度，甚至认为旅游服务业门槛很低，不需要专门培养人才来从业，有的企业一年花上大量的时间和金钱来培养销售人才，却从未认真加强服务型人才的培养，可实际情况是旅游服务业对于从业者的综合素质要求相当高，所以要发展桂台两地旅游服务业，对服务型人才的培养是必不可少的环节。

（三）桂台两地旅游资源遭到破坏

旅游业一直以来都是以无污染的“绿色健康产业”形象出现的，但是桂台两地在发展旅游业的过程中，旅游资源遭到破坏，生态平衡在一定程度上也被打破。造成这些问题主要有三个方面的原因。一是盲目开发造成生态环境的破坏。许多企业在进行旅游项目的开发过程中，由于缺乏专业素养，经常存在过度开发的情况。二是景区容量超载。一些景点为了自身利益，很多时候都过度接纳旅游人数，特别是高峰期非常容易引发安全事故，而且由于人数过多，旅游景观资源不可避免地遭到破坏。三是汽车尾气对环境的污染。旅游景点基础建设离不开便利的交通网，而交通工具是使旅游者从居住地转到风景区的载体，其中乘坐人数最多、范围最广的就是汽车了，于是汽车尾气在空气中四处弥漫，严重影响了景区的空气质量，破坏了桂台两地景区的生态环境，使桂台旅游业的可持续性发展受到严重影响。

四、进一步深化桂台旅游服务贸易的对策

（一）净化并根治桂台两地旅游市场乱象

要使桂台旅游服务贸易得到良好发展，首先要净化并根治桂台两地旅游市场乱象。针对两地旅游市场混乱，最为重要的就是要出台相关政策与办法，建立有序的规章制度，完善市场机制，只有拥有完善的制度体系，才能规范旅游市场的发展；其次要扩大桂台两地的旅游发展规模，提高桂台旅游业发展质量，对行业标准的要求得到提升，才能使旅游业的质量得到提高，国际竞争力才会加强；最后是推动两地旅游市场改革，发挥好综合效

益，将旅游业的市场化、产业化、现代化、国际化提到更高的水平，围绕两大战略目标，着力打造桂台旅游业升级版，放大旅游产业横向关联和带动作用。

（二）把两岸旅游资源进行整合，提升旅游项目档次

1. 联合塑造区域旅游品牌形象

随着时间的推移，品牌价值在旅游业发展中也重要起来。许多品牌形象良好的地区在发展旅游业的过程中获得了巨大优势，推动了区域内旅游经济的增长。从国际市场来看，旅游业发达的国家或地区都具有良好的旅游形象，它们不局限于景点宣传，而是以整个地区为基础，打造出整体品牌形象。从这里我们可以认识到塑造旅游形象时要从整体出发，从而提升品牌竞争力，吸引广大游客前来观光。桂台两地拥有丰富的旅游资源，树立品牌形象时可以结合两地区域特色，建立起新颖和具有个性的旅游服务及特色景区，旅游服务精细化，让游客在方方面面都感受到高品质服务，以吸引游客前往观光旅游。

2. 共同建设基础设施

桂台两地在基础设施共同建设中，首先需要加强交通设施建设，因为在旅游景点的开发中，有些景区位置相对偏远，所以在建设、开发、利用环节都需要便捷的交通环境，保证区域通道便捷，形成一张便利交通网。毕竟旅游地如果交通过于闭塞，即使得到开发，游客们在进入的过程中也存在诸多不便，很大程度上会选择放弃游览此处，所以即使拥有世界级的旅游资源也只能浪费，不能使产业得到发展和提升。桂台两地进行区域联合，在进行基础设施建设时费用就相对降低，成本优势显现。

3. 联合开拓旅游市场

在旅游业的发展中，最主要的推动力就是市场需求，只有拥有市场，产业发展才能不断扩大。虽然桂台双方在旅游业上合作颇多，但是两地之间依然存在竞争关系，合作只是为了得到更大份额的旅游市场蛋糕，在经济上实现利益最大化。在开发桂台旅游市场时两地应该持续合作，努力一起应对机遇与挑战。如果在合作过程中只关注自身利益，从各自角度出发来抢占市场，终将会两败俱伤。两地应该从整体出发，合力打造最具吸引力的旅游市场，并且努力提升旅游品质，开拓旅游领域合作新高地。还要关注民俗文化和历史风情，挖掘旅游文化内涵，突出独特的文化特质，创新多种文化旅游展现方式。

4. 保护整体环境

在桂台两地，要保持旅游业可持续发展，就要在旅游开发、新景点创建、开放控制等各个方面进行旅游资源保护，合理而不过分利用旅游资源。在保护整体生态环境中，主要有两个关键点：一是在规划期以整体、系统的思想来开发旅游资源和建设旅游基础设施，保持整个区域的协调性和旅游产品的完整性，并对旅游的总体环境承载力进行评估，确定合理的环境容量；二是在开展旅游活动的过程中，通过设计旅游线路和宣传促销，引导旅客流向，尤其是在旅游旺季，一些旅游热点已出现拥堵甚至“井喷”问题，要合理调节旅游点的冷热不均问题，降低旅游对环境的破坏程度。同时还要随时对旅游环境影响进行评估，采取切实的措施保护旅游环境，对既成事实的破坏进行合作研究、治理和恢复。

（三）发挥桂台在“一带一路”战略中的区位优势，深化旅游合作

1. 共同打造“海上丝路”特色旅游线路和旅游产品

以“丝路精神”为统领，放眼全球，桂台可以联合打造具有包容性的、互学互鉴的丝路精神特色的世界精品旅游线路和旅游产品，使“一带一路”旅游线路成为不同文明交流合作的纽带，培育情感共同体。按照丝绸之路“资源共享、优势互补、互惠互利、共赢发展”的宗旨，开发桂台特色旅游资源，共同打造区域精品旅游线路；实施旅游宣传置换计划，联手举办桂台旅游节会和主题宣传；推进桂台旅游企业深化合作，致力建设丝路旅游共同体，全面打造丝绸之路特色旅游路线。

2. 共同开发东盟旅游市场

广西是“一带一路”的重要门户，台湾位于海上丝绸之路起始的要冲地带，且广西具有与东盟国家陆海相邻的独特优势，是面向东盟国家的国际大通道，台湾可与广西旅游业加强合作，桂台两地应抓住旅游商机，深化旅游服务合作，共同进军东盟国家的旅游市场，建立旅游合作关系，共同开发东盟国家旅游市场，把区域国际旅游市场做大、做强。

参考文献

[1] 莫颖.人文生态视阈下桂台旅游区域合作研究[J].经营管理者，2015(10).

[2] 张煜.CAFTA、ECFA“一带一路”背景下桂台经贸文化融合发展与创新研究[J].中外企业家，2014(12).

[3] 张磊.新形势下广西对台合作的对策建议[J].广西社会主义学院学报，2014(10).

[4] 刘澈元，李榕.海峡两岸次区域旅游业合作研究——以桂台旅游合作为例[J].旅游论坛，2008(05).

作者简介：

(1) 唐万欢，女，1984年出生，广西桂林人。硕士研究生，讲师，广西外国语学院国际经济与贸易学院专任教师。主要研究方向：国际服务贸易，桂台经贸合作。

(2) 李丽华，女，1994年出生，广西武鸣人。经济学学士，广西外国语学院国际经济与贸易学院2016届国际经济与贸易专业（东盟商务与投资方向）毕业生。主要研究方向：国际经济与贸易，桂台经贸合作。

（审稿：韦克俭）

桂台电子信息产业合作及其发展策略的研究

广西外国语学院信息工程学院　邓舒婷

摘要：在全球经济一体化的发展过程中，桂台电子信息产业合作面临难得的发展机会，广西应抓住机遇，大力吸引台湾电子信息企业前来投资，通过与台湾企业合作将台湾部分技术、设计进行本土化研究和转化，从而带动广西电子信息产业的成长。本论文主要探究桂台电子信息产业发展的差异和重要影响因素，从而提出桂台电子信息产业合作发展的策略。

关键词：桂台两地　电子信息产业　发展策略

随着全球经济一体化不断发展，开发广西北部湾经济区成为国家战略，开放开发力度不断加大。当前电子信息产业飞速发展，成为国民经济发展的动力以及增强综合国力的基础产业。广西是电子信息产业欠发展的地区，区域合作是广西电子信息产业发展的必要途径和手段。台湾电子信息产业起步早，技术发展快，科技含量高，产品市场占有率大。广西要大力发展电子信息产业，需要引进台湾先进的电子信息企业及其先进技术。早在1990年，广西壮族自治区人民政府就出台了《广西壮族自治区鼓励台湾同胞投资若干规定》；1997年，广西壮族自治区人大常委会又发布了《广西壮族自治区实施〈中华人民共和国台湾同胞投资保护法〉办法》；2009年，广西壮族自治区人民政府进一步发布了《关于支持台资企业发展若干政策措施的通知》，在十多年的时间内，广西连续出台了多项惠台政策，促进桂台经贸交流合作和互利共赢，大力开展桂台电子信息产业合作，有力地推进了桂台电子信息产业合作向纵深发展。

一、桂台电子信息产业发展的差异

台湾电子信息产业崛起于20世纪80年代，90年代已经步入高速增长时期。目前，台湾电子信息产业是台湾经济成长的支柱产业，也成为世界上最大的电子信息产品的代工基地，信息硬件业在世界占有显著地位，成为继美国、日本之后的世界第三大信息产品生产地，其电子信息产业发展全面、产品多样，主要包括终端机、笔记本电脑、显示器、电脑主板、显卡、电源变压器、键盘、鼠标、计算机各类连接线等。而广西当时的电子信息产业比台湾落后很多，桂台电子信息产业发展的差异性是桂台资源互补的前提，是桂台产业合作的基础。笔者从桂台的经济环境、政治状况、技术发展、生产成本等方面的优势和劣势及政策进行比较分析，见表1。

表1　广西和台湾两地发展电子信息产业的优势、劣势和政策比较

指标	广　西	台　湾
优势	有丰富的资源，市场环境良好，生产成本低，劳动力充足	具有应用研发能力和技术、品牌创造的优势，高端技术人才充裕，资金雄厚
劣势	技术知识水平偏低，高端专业人才缺乏，产品配套设施薄弱	市场内需不足，大量产品依赖外销
政策	政府高度重视和支持桂台经济的合作发展	政治因素的不确定性

从广西和台湾两地发展电子信息产业的优势、劣势和政策比较的差异分析可看出，广西的比较优势在两方面：一是拥有丰富的自然资源，原材料供应充足，便于就地取材，节约运输成本；二是劳动力资源丰富、生产成本低，劳动力成本的低廉有利于吸引台商的投资。广西的比较劣势在于：一是技术人才缺乏，创新能力低，产品配套能力较弱；二是资本市场发育不完善，风险投资发展较慢，企业融资较为困难。

台湾的比较优势在于：一是电子信息产品国际地位突出，设计和制造专业人才充足，科研能力强，技术商品化转化能力强，企业自主研发创新能力较强；二是资金雄厚，资本市场发育完善，融资机制健全，企业融资较为顺畅；三是具有丰富的管理经验，具有大批高水平的企业中高级管理人才。

由于桂台客观上存在着的优劣势差异，构成了桂台两地之间电子信息产业进行分工合作、互补共赢的必要性和可能性，桂台加强合作与专业化分工，取长补短，将大大有助于参与激烈的国际市场竞争，壮大产业发展的实力。

改革开放以来，台湾电子信息产业厂商主要投资广东、福建、上海、江苏等地区，目前珠三角和长三角形成了比较完整的电子信息产业链。近些年来，随着东部地区劳动力紧缺和各生产成本的提高，东部电子信息产业逐步向西部发展，广西处于泛珠三角经济区的中西部区域，台湾电子信息企业来广西投资设厂者逐渐增多。目前，台资电子信息产业厂商主要在广西的玉林、贵港、梧州、贺州、南宁、北海等地投资设厂，但是台资电子信息企业在广西的投资规模还比较小，投资数量较少。广西电子信息产业有靠近东盟的市场优势，其劳动力、土地、工业用水用电等基本生产要素方面供应充足、价格较低，桂台电子信息产业合作及其发展前景广阔。

二、桂台电子信息产业合作的影响因素

（一）政治因素

桂台电子信息产业合作是建立在桂台正常经济贸易往来基础上的，但是桂台政策的不对称，桂台电子信息产业合作受到了政治和经贸政策差异的影响。而政治因素的不确定性是阻碍两岸经贸有序快速发展的重要因素。对于桂台电子信息等产业的发展，广西出台了一系列的优惠政策，鼓励和支持台湾电子信息产业在广西区域创立内销品牌，而台湾当局对两岸经贸的政策却采取一定的“管制”。

桂台电子信息产业的合作必须建立以“互补为核心，协同为基础，共赢为目标”的关

系，求同存异，进一步完善法治环境建设，确保台商投资的安全，追求电子信息产业经济贸易的共同发展。

（二）投资合作风险因素

桂台两地体制的不同、企业文化的差异造成台湾厂商在广西投资或者寻找合作伙伴时，不能准确判断合作双方的优劣，面临如何看待成本和投资回收风险的问题。由于沟通不畅，很容易造成并购纠纷和股权纠纷，随着合作过程地不断深化，不可避免地产生劳资纠纷和利益分配等问题，经济运行机制和行业发展环境优化不够也会影响到桂台电子信息产业的合作。

（三）高端技术人才缺乏

目前，在桂台电子信息产业合作中，人力资本要素成为最为主要的生产要素之一，是桂台合作和企业竞争力强弱的关键性要素。相比台湾，广西优秀的电子信息科技人才缺乏。电子信息产业需要一个完善的人才体系以实现技术的创新和成果的转换，而广西电子信息产业高端人才总量供给不足，人才素质较低，人才的缺乏会使电子信息产业自主创新能力不足，这是阻碍桂台电子信息产业合作的重要原因之一。广西电子信息产业要持续创新发展，人才起着关键性作用。全面提升广西自主创新能力的电子高科技人才队伍是艰巨、持续而长远的任务。

三、桂台电子信息产业合作发展的策略

（一）创建良好的政策环境

加强法律法规和制度及环境建设，着重抓好以下三项工作。

(1) 完善相关法律法规，创建良好的政策环境，提供法律法规的保障和支持。引导台资企业投资来促进广西电子信息产业的发展，实现桂台两地电子信息产业形成合理的产业格局，为桂台电子信息产业协同发展建立良好的社会环境。

(2) 为桂台电子信息产业合作发展提供良好的制度环境。广西政府应借助扩大内需政策效应促进在桂台资企业进行技术和经营的“双丰收”，对于技术密集型和知识密集型的电子信息产业采取优惠的税收政策，鼓励台湾电子信息高科技厂商在广西投资，形成资源互补的合作形式。

(3) 改善投资环境，提供政府和社会的优质服务。政府部门要提高服务质量，实行规范、标准的管理制度，切实减轻企业的额外负担。改善社会治安环境，提供良好、安全的投资环境。

（二）明确发展重点，巩固和扩大电子信息产业合作渠道

台湾集成电路(Integrated Circuit，IC)设计产业发展对促使台湾电子信息产业向高端研发设计环节升级起到了关键作用。桂台电子信息产业合作中，软件产品和信息化服

务将有更大的合作发展空间。充分发挥桂台两地高科技技术的合力，推动桂台集成电路产业合作，扩大 IC 产业的规模，共同提升桂台 IC 产业的竞争力。坚持自主研发与引进技术相结合，着力培养 IC 设计骨干企业，促进集成电路设计公共服务平台技术和孵化功能的进一步发展，积极承接台湾集成电路设计业及制造业转移。

近 30 年来，桂台合作主要体现在旅游业、农业、加工制造业等行业上，台商对广西电子信息行业及其发展了解不深，广西的电子信息产业优势也未能及时传递给台商，造成桂台电子信息产业合作项目比较少。

桂台电子信息产业合作，在明确发展重点和目标的基础上，要巩固和扩大电子信息产业合作渠道，构建交流合作载体平台，有针对性地吸引台商前来投资，对具有投资意向的台湾 IT 企业实行动态跟踪，围绕 IC 设计、光电、通信、软件、计算机等领域，搭建桂台信息产业对接平台。共建桂台电子信息人才资源库，加强电子信息产业专业人才队伍交流与培养，建立桂台合作电子信息产业人才交流的“沙龙”基地，定期开展技术骨干到桂台两地参加实地培训及合作交流会议，促使桂台两地彼此加强合作、取长补短，充分发展电子信息产业的优势。

（三）重视专业人才培养，促进两地产业协同发展

桂台电子信息科技人才存在互补的态势，在广西经济高速增长和高端技术人才类型培养滞后的情况下，电子信息产业企业出现了缺乏相应人才的问题。广西有着充裕的廉价劳动力资源，然而优秀的电子信息科技人才缺乏。技术的创新和成果的转换等都需要一个完善的人才体系做依靠，广西电子信息产业人才总量供给不足，人才素质较低，这是影响桂台电子信息产业合作的重要因素之一。台湾随着电子信息产业的外移，电子信息产业人才充裕甚至过剩，如果将台湾过剩的人才转移到广西，即可扭转管理人员和技术人员缺乏的局面。通过桂台两地人才的流动，可以实现各自产业发展中遇到的瓶颈，使两岸电子信息产业的合作得以深化。同时，广西更应重视专业人才培养，加快桂台电子信息产业高端技术人才队伍建设，满足两地产业协同发展的迫切需要。加快电子信息技术人才的培养，可以依照“校企合作”“以企业为主体的人才培养”“桂台双向交流”等方式进行。

1. 做好校企合作的人才培养

高等院校电子信息科技人才的培养与其他专业人才培养相比有两个显著的特点：一是电子信息科技人才培养注重的是实用技术；二是电子信息科学技术注重产业化和商品化。这两个特点要求高校培养电子信息技术人才不能脱离企业对人才的需求和社会发展的趋势，因此高等院校对电子信息、计算机等方面人才的培养要实行“校企合作”，以市场需求为导向，联合企业办学，采取学校专职教师和企业技术专家做兼职教师等方式进行教学；输送在校教师或学生到相应企业去实习，深入了解企业对人才的需求和专业发展，满足桂台电子信息产业合作发展对人才的需要。

2. 搞好以企业为主的人才培养

提高电子信息企业对人才培养工作的意识，发挥以企业为主体的人才培训，大力实施人才培养工程，建立和完善企业职工培训制度，要求职工参加职业技能培训，加强上岗培训和岗位技能培训；鼓励企业职工进行在职培训、继续教育，委托高等院校、科研机构或者

培训机构培养人才，加快企业发展急需人才的培养工作，提高桂台电子信息产业合作发展人才的能力和水平。

3. 加强桂台电子信息产业合作人才的双向交流

加强桂台电子信息产业人才的培养和双向交流，企业间、高等院校间可以定期开展各种形式的学术交流活动，如举办“桂台交流合作论坛”“电子信息产业发展论坛”等。广西的高等院校教师或者企业优秀电子信息科技人才赴台学习，同时邀请台湾学者到广西高等院校或企业进行研究、讲学等。同时，还要加强两岸企业家的交流与合作，将科技成果进行产业化运作，扩大电子信息产品的市场占有率。

四、结语

目前，桂、台都在重视电子信息产业的发展，基于双方共同的利益，双方都应积极谋求与对方的产业分工合作。在广西北部湾经济区发展的大格局下，在电子信息产业巨大的商机中，广西应抓住台湾电子信息产业把部分制造业向外转移的契机，大力吸引台湾电子信息企业前来投资。通过与台湾企业合作研发、组建合资企业等方式，学习和吸收台湾电子信息企业的先进技术，将台湾部分技术、设计进行本土化研究和转化，将台湾电子信息产业优势移植到广西本土发展，从而带动广西电子信息产业的成长。台湾通过继续加大加强和广西的经贸合作，充分利用广西毗邻东盟国家的优势，共同开发东盟自由贸易区电子信息产品的市场，把桂台电子信息产业合作做大、做强。

参考文献

[1] 孟雪梅，曾伟仪. 闽台信息产业合作与发展策略研究[J]. 闽台信息产业合作与发展策略研究，2010(11).

[2] 张婉滢. 闽台信息产业合作发展现状及策略探析[J]. 山东图书馆学刊，2012(02).

[3] 杨兴华，张菡菡. 桂台合作下的广西贺州市电子信息产业循环经济研究[J]. 经济与社会发展，2012(11).

[4] 吴坚. 面向东盟市场的广西与台湾工业合作对接重点领域探析[J]. 东南亚纵横，2014(03).

[5] 张磊. 新形势下广西对台合作的对策建议[J]. 广西社会主义学院学报，2014(10).

[6] 谭冠晖. 新形势下桂台电子信息产业合作与发展展望[J]. 市场论坛，2007(10).

作者简介：

邓舒婷，女，1985 年出生，广西玉林市人。硕士研究生，广西外国语学院信息工程学院讲师。主要研究方向：软件工程，电子信息产业发展。

（审稿：韦克俭）

桂台产业间合作现状与对策建议

广西外国语学院国际经济与贸易学院　李月明　孟庆蛟

摘要：近十年来，两岸的经济交流与合作已具备一定的规模，互利互补局面正在形成，台湾部分产业也逐渐向大陆转移，不断寻求新的合作伙伴。在此背景下，具有地缘和政策优势的广西，有着巨大的潜力。本文立足于广西与台湾近几年的产业合作发展状况，在对广西和台湾的区域经济发展情况进行对比之后，阐述双方的产业发展现状，并以桂台产业合作为切入点，从桂台产业合作环境角度(内部环境角度、外部环境角度)、产业合作的互补性等多个方面进行分析，最后对桂台产业合作从短期和中长期两个方面提出对策建议。

关键词：桂台产业　合作现状　对策建议

一、桂台产业合作现状

广西既是大陆唯一与东盟国家有海洋和陆地接壤的省区，又有着CAFTA(中国-东盟自由区)与ECFA(海峡两岸经济合作框架协议)叠加的合作区域。在近30年的发展中，广西产业已积累了与台湾进行产业合作的一定基础，台湾的劳动密集型产业也逐渐向大陆沿海转移，加之台商对大陆投资区域进行调整，看重广西对大陆西南地区及东南亚的辐射力，使桂台产业合作更具有利因素。目前，桂台产业合作的领域包括旅游、农业、轻工、食品饮料、电子、汽配、化工、医药、建筑材料、园林绿化、房地产等。广西逐渐成为台湾进行产业合作的新伙伴。

(一) 广西产业发展现状

近些年来，广西产业发展态势良好，据2014年国民经济和社会发展执行情况显示，广西壮族自治区年生产总值15673亿元，增长8.5%，其中第一、第二、第三产业增加值分别增长3.8%、10.1%、8.1%；万元生产总值能耗下降3.7%，二氧化硫、化学需氧量、氨氮、氮氧化物排放量完成国家下达任务；财政收入2162.4亿元，增长8.1%；规模以上工业增加值增长10.7%；固定资产投资13287.6亿元，增长16.7%；社会消费品零售总额5716.6亿元，增长12.5%；外贸进出口总额405.5亿美元，增长23.5%；城镇居民人均可支配收入25333元，增长8.7%；农民人均纯收入7565元，增长11.4%。从计划执行情况看，主要指标增幅保持高于全国平均水平。经济社会发展呈现出农业形势稳定、转型升级快、投资消费稳步增长的特点。

（二）台湾产业发展现状

1. 台湾农业现状

台湾的农业在其经济发展中占有重要地位。目前，台湾现代化水平已接近发达国家和地区，农耕面积达到全岛面积的1/4，农业人口40多万。农业主要有种植业、畜牧业、渔业以及林业，产值比重分别为31%、37%、31%、31%左右。畜牧业产值比重最大，主要集中在中部和西南地区，以养禽业与养猪业为核心；台湾渔业以水产品出口比重最大，占农产品总值的四成左右，主要有远洋渔业、近海渔业、沿岸渔业和养殖渔业四个部分，远洋渔业则占了渔业总产值的2/3。60多年来，台湾农业的产出虽然在不断增长，但其占生产总值的比率不断下降，越来越多的农村人口由原来从事的第一产业向第二、第三产业转移。据统计，从1952年至今，台湾农业总产值增长近35倍，但同期农业产值占总资产的比重减少了30.42%，年均下降0.56%。

2. 台湾第二、第三产业现状

台湾第三产业从20世纪80年代末以来，发展迅速；20世纪90年代中期以后，随着产业的升级，台湾结构性失业日益严重，服务业很大程度上缓解了台湾失业问题。台湾服务业发展得早，在吸收美国经验的同时自主研发，如今已进军全球市场。在2007年占GDP的比例超过70%，已成为台湾经济中绝对的主导产业。发展至今，全球份额第一，且近三年保持成长的台湾产业有很多，比如主板(91.3%)、高尔夫球头(81.3%)、个人导航设备(73.8%)、晶圆代工(71.4%)、IC封测(54.8%)、桌面PC(50.3%)等。

但与美国、日本相比，台湾地区仍处于弱势，国际竞争力不强。由于其服务业以劳动密集型为主，发展也面临着新的瓶颈。

（三）桂台产业合作发展现状

近些年来，台商在广西的投资一直处于快速增长的趋势，台资也成为广西利用外资的主要来源之一。桂台经济合作之间已经有了一定的基础。如表1所示，经济发展方面，2013年广西壮族自治区生产总值为14378亿元，居西部第四位；外贸进出口总额为328亿元，居西部第三位；固定资产投资额11384亿元，居西部地区第四位。除2013年外，近八年间，广西地区生产总值和人均生产总值增长率均高于10%。

表1　2006—2013年桂台经济发展状况比较

年份	地区生产总值(亿美元)				人均地区生产总值(美元)			
	广西	增速	台湾	增速	广西	增速	台湾	增速
2006	588	22%	3764	3.2%	1254	20.8%	16491	2.7%
2007	746	27%	3931	4.5%	1573	25.4%	17154	4.0%
2008	962	29%	4001	1.8%	2007	27.6%	17399	1.4%
2009	1135	18%	3775	−5.7%	2347	16.9%	16359	−6.0%
2010	1402	23%	4282	13.4%	2961	26.2%	18503	13.1%
2011	1770	26%	4652	8.6%	3825	29.2%	20057	8.4%

续表

年份	地区生产总值(亿美元)				人均地区生产总值(美元)			
	广西	增速	台湾	增速	广西	增速	台湾	增速
2012	2069	17%	4753	2.2%	4437	16.0%	20423	1.8%
2013	2286	10%	4893	3.0%	4863	9.6%	20958	2.6%

(资料来源：中国统计年鉴.台湾"行政院主计总处"网站.)

台湾投资方面，截至2014年上半年，广西累计批准登记台商投资1559项，合同台资额为85.07亿美元，实际到位台资为49.49亿美元，实际利用台资年均增长20%。2013年广西全区新增台资项目68个，同比增长19.3%；新增合同台资额14.1亿美元，同比增长25.9%；桂台进出口贸易总额达5.08亿美元，同比增长12.7%。农业合作是桂台产业合作的一个重要领域，2006年4月海峡两岸(广西玉林)农业试验区经中国国务院台办、商务部、农业部批准设立，规划面积达1.28万平方千米；2011年6月，经国家农业部、国台办批准设立了广西钦州钦南台湾农民创业园，土地面积369.78万亩，耕地面积62.36万亩。2015年10月30日广西桂台现代农业合作示范基地宝岛美人椒现代农业(核心)示范区在凭祥市正式挂牌经营。

台资进入广西的速度加快，大中型企业也成为新的主力军。ECFA进一步带动了广西入境外资规模的增长，仅2009年广西实际利用台资就比2008年增长59.3%。而CAFTA正式启动后，新增台资项目比2009年又增长了39%。一大批大型台资企业融入广西，成为新一批主力，如台泥、康师傅、统一、富士康、旺旺等。桂台双方在合作项目的数量、规模等方面都有所上升，合作领域也不断深化，以"一产"为基础，重点向"二产"合作转移，逐渐向"三产"的现代服务领域延伸和扩大。

二、桂台产业合作现状分析

从桂台产业合作现状来看，桂台产业合作的环境，不管是内部条件还是外部条件都有着与生俱来的优势。两地产业发展所处阶段和资源、资金等方面都有很强的互补优势，两地的产业合作可谓天赐良机。

(一)产业合作环境角度分析

1. 内部环境分析

资源优势与区位优势是广西最重要的筹码。广西的自然资源是吸引台资的重要因素，特别是劳动力、生产原材料、旅游资源和毗邻东盟国家等。如近些年来广西盛行的乡村旅游，与台湾的创意精致农业有着异曲同工之妙，桂台的旅游合作如果从这个层面上进一步挖掘，形成独具特色的旅游产业，研发出新的特色产品，这将为两地的旅游业发展催发新的经济增长点。因此，广西的自然禀赋是其他省区无法具备的。此外，广西的通道地位日趋重要，台湾可以立足广西，面向东盟，进入东盟市场。这些优势为桂台产业合作提供了很好的前提和基础。

2. 外部环境分析

(1) 政策大力支持

多年来,广西颁布了多项吸引台资投资的政策。2016 年 1 月,为进一步推动桂台农业合作迈上新台阶,中共广西壮族自治区党委、政府办公厅出台了《关于加强桂台现代农业合作发展的意见》。此政策的出台将有助于桂台农业合作向现代化、专业化、精密化方向迈进,为广西抢占制高点、聚焦增长增添新动力。此外,由于广西的区位条件特殊,集西部地区、少数民族聚居地区、泛北部湾经济区以及中国-东盟自由贸易区于一身,同时享有西部开发政策、少数民族地区优惠政策等。国家在政策上会有一定的倾斜,用于扶持广西经济的发展。

(2) 形势驱动,市场需求与日俱增

2010 年 1 月,具有 19 亿人口的全球最大自由贸易区中国-东盟自由贸易区正式建成;2010 年 6 月,大陆和台湾正式签署了海峡两岸经济合作框架协议(ECFA);2014 年以来,"一带一路"战略新举措成为热门话题,为两岸经济合作带来新的发展机遇,广西抓住机遇,发挥自身优势,积极参与"一带一路"建设。这些因素为广西的发展提供了有利条件,进一步开阔市场,在这些形势的驱动下,市场需求扩大,桂台产业合作得以进一步深化发展。

(二) 产业合作的互补性研究

从桂台两地产业发展的阶段、市场需求以及资金原材料等方面看,桂台产业合作有很强的互补性。

首先,产业的发展大致可以分为形成期、发展期和成熟期几个阶段。所处的每个阶段有其不同的特点。台湾由于种种原因发展较早,开放程度高,因此积累了相当丰富的经验以及先进的生产技术,大部分产业趋向于成熟,处于一个中后期的发展阶段,也就是成熟期,处于这个阶段的产业发展速度上虽有上升,但总体趋于平缓甚至呈下降趋势,此时,产业将会面临转移或者转型,需要寻找一个发展较慢的地区去承接。广西产业起步晚,发展相对滞后,仍处于初级阶段,很多条件尚未成熟,但潜力大,生命力强,同时具备承接台湾产业转移各方面的基础。毫无疑问,桂台两地所处的发展阶段有很强的互补性,此时正是广西承接台湾产业转移进而推动劳动密集型台资企业在该区域的生存并加快其转型升级的绝好时机。

此外,广西土地资源丰富,劳动力充足以及区位优势能够满足传统制造业的需求,并可以降低成本,有助于产品保持在国际市场上的价格竞争力。而台湾地狭人稠,土地资源、生产所需原材料和劳动力相对匮乏,地区内市场需求少,而且基本饱和。台湾的产业要持续发展就需要寻找新的市场空间,广西的自然禀赋正好符合台湾的需求。如此优势互补,广西完全可以作为台湾企业打开东盟市场的一个重要桥头堡。

三、促进桂台产业合作的对策建议

（一）近期：打造现代农业体系

农业合作是桂台产业合作的重要领域。短期的桂台产业合作应立足于农业合作，台湾农业以发展生态农业、精致农业、高附加值农业为主，虽有优势，但受土地资源、市场容量小等制约，而广西的资源禀赋与生产要素结合与台湾有着较强的互补性。因此两地的农业合作可以从以下多个方面考虑。

1. 以特色资源为载体，以休闲体验为主题

广西的生态林场、沿海湿地、森林氧吧、水利风景区以及地质公园等都独具特色，桂台农业合作可以以此为突破口，充分发挥思维创新、营销创新等思路，培养一批优质的生态创意农业项目。此外，休闲娱乐是当今都市人的追求，桂台农业合作可从打造都市型创意农业入手，依托现有的特色农业资源，因地制宜发展区域特色产业，如民俗观光、休闲娱乐、农耕体验等。对于现有的农业特色园更应继续深入挖掘，强化概念创意、特色开放以及服务提升。坚持农业资源利用与艺术创作相结合，通力打造都市型创意农业、工艺创意型农业和旅游型创意农业。

2. 加强基础设施建设，进一步发展农机合作

基础设施建设是桂台产业合作的重要保障，尤其是交通设施、水利电力设施、农业气象服务水平以及信息服务平台。完善的基础设施可为全区的农林牧渔等农业产业的发展服务。

3. 架起经贸交流合作的桥梁，搭建有效载体

桂台农业合作需要多方平台的支撑，如桂台农业合作机构、科研院所、实验区以及相关媒体。通过这些平台，不仅可以加快信息交流，及时更新最新数据和资讯，而且能有目的性和针对性地进行技术指导，推动更深层面上的产业合作。

（二）远期：多领域投资合作

在实现一产、二产紧密合作的基础上，逐步推进三产融合是未来桂台产业合作的发展趋向，桂台产业合作应从以下几个方面进行。

1. 发挥龙头企业的集聚效应，加快形成完整产业链和产业集群

当下的桂台产业合作中，应当从数量上的追求转向质量上的要求。以电子信息产业为例，台湾在电子信息产业最大的竞争优势是具备完善的供应链，而广西在这方面处于弱势，在台湾的产业合作中应当注重配套引进，集群承接，着力引导台资企业有一定基础的南宁、钦州、北海、桂林等城市优先发展，发挥龙头企业的作用，注重提升产业和产品竞争力，逐渐形成从研发设计到代工制造、品牌营销的完整产业链。

2. 拓宽桂台经贸合作领域，加大金融支持力度

桂台产业合作应向第三产业拓展，如金融、物流、保险、旅游等。广西在与台湾的交流合作中应充分利用台资，引进台湾金融机构。要把握好实力雄厚的大型金控公司，着力引进金融租赁公司、保险公司、台资银行机构、投资公司以及一些连锁酒店和观光旅游企业。

3. 发挥示范园区的带动效应，发挥重点区域的辐射效应

示范园区规划要科学，布局要合理。以示范园区的建设进一步带动产业的发展，桂林、南宁、柳州三大城市应当是桂台产业合作的重点城市，应由中心城市逐步向周边城市扩张。产业外销是台湾经济重要的组成部分，台湾可以通过北部湾经济区把产业扩张至东南沿海。因此，北部湾经济区也应当重点筹划，发挥其外向辐射效应，以此将产业扩展至东南经济圈、西南经济圈以及东盟经济圈这三大商圈。

参考文献

[1] 孟庆蛟. 桂台产业合作的实证分析与政策建议[J]. 时代经贸，2014(6).

[2] 杨梅. 桂台经贸合作的发展现状与对策研究[J]. 经营管理者，2013(16).

[3] 向晓梅. 区域产业合作的机理和模式研究——以粤台产业合作为例[J]. 广东社会科学，2010(5).

[4] 单玉丽. 后 ECFA 时代两岸产业合作的推动策略——兼论福建与南台湾的产业合作[J]. 福建论坛：人文社会科学版，2010(11).

[5] 张瑞枝，黄光云，唐拥军，李小红，张建中，蒙聪惠，谢涛. CAFTA 和 ECFA 背景下深化桂台经贸合作研究[J]. 改革与战略，2012(5).

[6] 容静文. 桂台产业合作领域及区域布局[J]. 市场论坛，2014(07).

[7] 李丹. ECFA 条件下桂台文化旅游产业合作模式研究[D]. 桂林：广西师范大学，2014.

[8] 丘德彬. ECFA 时代桂台产业合作的推动策略[J]. 经济与社会发展，2013(04).

[9] 吕国清，黄沫，胡国盛. 桂台物流产业合作对策浅析[J]. 知识经济，2014(01).

作者简介：

(1) 李月明，女，1992 年出生，广西贵港市人。大学本科学历，经济学学士，广西外国语学院国际经济与贸易学院 2016 届国际经济与贸易专业毕业生。主要研究方向：国际经济与贸易，桂台产业合作与发展。

(2) 孟庆蛟，男，1985 年出生，山东省济宁市人。经济学硕士，广西外国语学院国际经济与贸易学院讲师。主要研究方向：区域经济合作与发展，桂台经贸交流与合作。

(审稿：韦克俭)

广西与台湾实体店经营对比研究

广西外国语学院国际经济与贸易学院　姜雁秋　李春妮

摘要：随着电子商务的发展和壮大，网购已经成为当今购物方式的潮流。随着网络购物交易额的逐年上涨，各地的许多售物实体店纷纷转让或关闭。网络购物以价格低、方便快捷等特点满足了当今各类消费者的需求，随着电子商务的日益成熟和完善，成为售物实体店的强劲竞争对手，抢占了实体店的大量市场份额。本文针对目前广西和台湾售物实体店经营状况进行对比分析，以便在激烈的市场竞争中相互学习和借鉴。

关键词：广西和台湾　售物实体店　O2O 对比

一、广西与台湾实体店经营现状

（一）广西实体店经营现状

1. 百货零售实体店竞争激烈，关店频现

近几年广西各地的零售实体店开开关关，百货、个体零售竞争激烈，关店频现。2014 年实体店跌入低谷，在各种竞争中被压得喘不过气，整个实体店行业似乎都在亏损，即使是经营了多年的老店也承受不住低利润和高成本的双层夹击纷纷关门。有些店家不甘心这么多年积累下来的事业就这么毁了，于是换了个店铺成本较低的冷清地段重新开业，即便如此做法也没有好转，依然是经营一段时间又关门了。小的个体实体店如此，较大型的百货零售业也不例外。例如，来宾的中心超市——百货超市换了好几个经营者最后还是关门。普通的百货零售店关门，大的连锁百货店则是减少店铺的扩张和把不景气的店铺关店整合。

2. 促销格调一致

如今走在大街小巷无论何时都熙熙攘攘，然而不同的是，这熙熙攘攘不是车水马龙的行人而是争相不让的店家，每家都必备两个大音箱，左右各一个，内容不是与店面风格一致的柔美音乐，而是雷同一致的叫卖，大分贝地重复播放。另外，每家为了促销而促销，相互模仿，倒闭、店面到期等不约而同的促销原因都一致，就连折扣都争低不让。按理说这么大的促销力度应该是客源不断、门庭若市的，但景况正相反，商家拼命叫卖，店内仍然冷清。

3. 开始进入改革转型发展的碰撞期

近几年随着电子商务的壮大、市场环境的多元化以及多种因素的影响，各地实体经济遭到重创，实体店零售情势一年比一年严峻，甚至有网购将取代实体店成为市场主流，而

实体店将会消亡的言论。广西位于中西部地区，是经济发展相对落后的后起省份，在这样的经济大环境下也难以幸免，广西的实体店陷入了困难期。实体店为了生存，商家们纷纷寻求出路，尝试各种办法探索转型，谋求生存和发展。例如，在南宁、柳州、桂林、梧州和玉林等人口比较集中和商品流通较为活跃的城市转型发展做得比较好。

（二）台湾实体店经营现状

1. 受大陆电子商务进入和本地电子商务发展的双重竞争

据统计，2014 年“双十一”淘宝交易额突破 571 亿元人民币，在全球 217 个有订单成交的国家和地区中，中国台湾地区成交额排在境外地区第四，仅次于中国香港地区、俄罗斯和美国。淘宝真正进入台湾才 4 年光景，根据 2013 年淘宝网公布的数据，在台已有 50 万个注册会员，年交易额近 500 亿元（新台币，下同）。不止于此，更让人吃惊的是，2013 年支付宝公布的年度全民对账单上，人均支出金额前十的城市中，台湾地区就独占 4 席，其中嘉义市还以高出杭州市 1.8 倍的总额位居第一。在大陆电子商务的强猛攻击下，台湾实体店的城池已经受到影响。不仅如此，大陆电子商务入台还促进了台湾本地电子商务的发展。大陆电子商务入台给台湾本土电子商务提供了新思路，例如台湾雅虎奇摩的购物中心，利用网购年销售额达到 120 亿元，折合成人民币大约 24 亿元。台湾另一知名购物网站 PChome 的线上购物，年营业额也在百亿元规模，台湾电子商务也在竞争中发展了起来，因此也使台湾的实体店受到了本土电子商务的威胁。

2. 在宅经济的时代备受压力

台湾将网购、无店铺销售等称为宅经济，电子商务的持续高速增长，催熟了“吃饭叫外卖、购物上淘宝”的“宅经济”，致使诸多购物中心“门前冷清鞍马稀”。另外，开发全台物流园区而成立的台湾最大规模的现代化智能物流园区——“永联物流共和国”，串联全台物流网络，促进了台湾宅经济的持续发酵，使实体店追赶不及。在宅经济如此发达的同时，实体店正备受考验，在竞争中顶着沉重压力。如何唤醒宅男宅女的出门购物需求成为实体店家当前的难题。

3. 实体店开始跨足虚拟并起到示范作用

台湾资策会研究显示，2005 年起台湾的 B2C 电子商务市场规模，每年以倍数成长，由于进入门槛较实体店低，竞争趋向白热化，除了既有网络公司，实体零售业也开始发展虚拟途径，成立自有购物网站以扩大客源。如统一超商于 2010 年正式推出购物网站自有品牌——7net，定位为云端超商，至此，7net 利用统一超商完整的物流资源及多年累积之品牌优势跨足电子商务市场，成为台湾第一个虚实整合（Click and Mortar）的零售商。

二、广西与台湾实体店经营存在的问题及原因分析

（一）广西实体店经营存在的问题

1. 电子商务的迅速发展抢占了大量的市场份额

近几年来电子商务发展的速度快得令人吃惊，如 2011 年中国大陆电子商务持续快速

增长，交易额突破8万亿元，同比增长31.7%，电子商务的B2C产业逐渐取代了传统零售产业，网上购物成为主流。

随着每年“双十一”狂欢购物节交易额的节节攀升，电子商务变得家喻户晓，网购成为老百姓的必备技能，也成为时代的潮流。加之国家对电子商务新模式多方面的支持，电子商务在短短几年内抢占了实体零售店的大量市场份额。例如，近7年来天猫每年“双十一”交易额增长见图1。

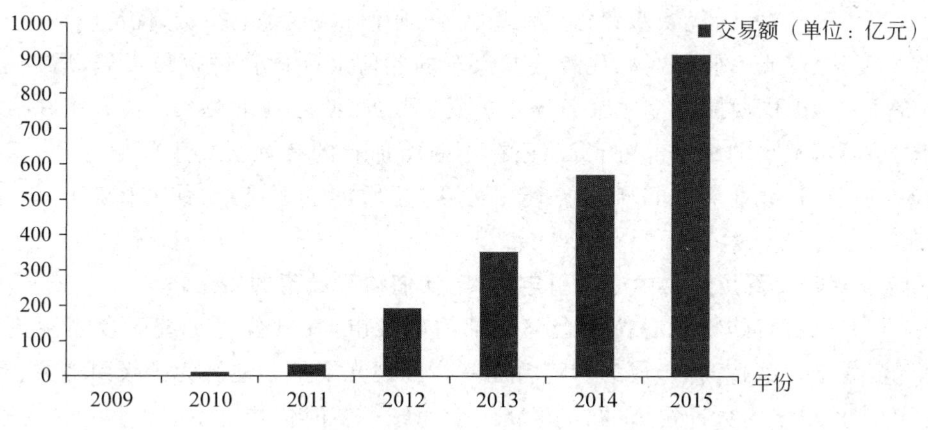

图1　2009—2015年天猫“双十一”交易额

（资料来源：中国统计年鉴.）

2. 应对电子商务冲击的方法不当

实体零售萧条，实体店家一致地把原因归结于网购，纷纷对电子商务的冲击做出应对，但其中99%的都是盲目跟风，病急乱投医，看问题只看表面不看本质。在促销方面，只考虑促销方法，不考虑实体店的“进店率”。个体零售实体店所在的商圈普遍缺乏人气，进店率低，如果促销活动都是为了提高成交率和销售业绩，而没有考虑提升顾客的进店率，那么即使有再丰富的销售技巧和活动打折，没有顾客进店，成交也难以实现。目前，店家只考虑自己的利益，这也是门店目前最严重的误区和症结。特别是近几年来，零售店面临的经营成本压力比较大，这种只考虑自己、不考虑顾客感受的单向式经营思想，忽略和不尊重顾客的真实需求，阻碍了实体店的经营发展。

3. 通货膨胀导致成本增加

连续几年持续通货膨胀导致物价逐年上涨，也就是说近几年物价一直在上涨，引起了经营成本的增加，店铺租金、水电费、人工费一年比一年贵。尤其是店铺租金，除了受通货膨胀物价上涨的影响外，还受实体店关店热潮的影响，实体店开开关关，店铺因转手率太高而把店铺租金炒得居高不下。

（二）台湾实体店经营的优势和成功案例

台湾实体店经营情况有着和广西相似的境遇，但有和广西不一样的应对办法。大陆电子商务突如其来地进入，使台湾本土的宅经济发展得如火如荼，但台湾的实体店却能够得心应手地应对。目前，台湾实体零售转型成功的案例主要有以下一些。

1. 台湾 7-11 连锁便利店经营红红火火

在台湾 7-11 连锁便利店被大家亲切地称为“小七”，在台北的街上，每隔几百米就有一家 7-11 连锁便利店，它们藏身于写字楼、地铁站、医院、景区、火车站甚至校园之中。台湾拥有 5000 家 7-11 门店，即便是在花莲或垦丁等偏远的小市镇，转角总能遇见“小七”。7-11 连锁便利店以便利为基本立足点，在旅途中或生活中所需要的一切几乎都可以在这里找到。它以年轻、收入较高的顾客群体为主要服务对象，提供各种社区服务功能，包括为消费者提供照片冲洗，代缴水费、电费、煤气费、通信费、有线电视费，代售电话卡、邮票、信封，提供复印、传真、网络购物，代售公共汽车的储值卡和代管付费垃圾袋，增设了自动提款机(ATM)，提供便捷的金融服务等诸多便利服务，使之真正融入社会大家庭中去，成为人们生活不可缺少的组成部分，目前还在不断增加新的有社会需求的服务项目。急人所需、应人所急，这些业务项目不仅方便了公众，还增加了客流量，使实体店经营得红红火火。

2. 统一梦时代百货购物中心吸引宅男、宅女们购买欲望的做法

统一梦时代百货购物中心位于台湾南部的高雄市，其母公司是统一食品制造公司。业态规划汇集全台独特商店，成为台湾首屈一指的观光聚集之地。为了吸引宅男、宅女们前来购物，突围电子商务冲击下的“宅经济”，台湾统一梦时代购物中心汇集了全台独特商店，积极引进第一次在岛内办店的日本阪急百货、Open Plaza 等，创造独特性和差异性，创新宅男、宅女们新的生活需求。

梦时代百货购物中心的经营场地布局从大楼地下二层到地上第九层，应用宇宙(银河星际)、自然(自然生态)、花卉(缤纷花卉)、水(海洋世界)4 大特色主题串起各楼层业态组合触动消费者精神感受。利用最新科技，打造高颜值的购物“体验空间”，给消费者带来一场独特的视觉盛宴；多元化的美陈布置和别出心裁的服务设施，吸引宅男、宅女们的购买欲望。

三、借鉴台湾经验探索广西实体店发展对策

(一) 实体店可采用私人定制的特色经营手段应对电子商务冲击

台湾 7-11 便利店和梦时代百货购物中心的成功告诉我们，电子商务并不可怕，实体店并非没有出路，只要顺应时代的要求，就没什么不可以成功。特色是这个时代的需求，每个人都希望自己是独一无二的，消费也不例外，消费者希望所逛的每家店铺都会有不一样的体验。所以私人定制成为消费者的“宠儿”，实体店只有独一无二才不会被人所取代。广西实体店可以多参考和借鉴台湾的一些成功经验，采用私人定制的特色经营手段，使自己成为独一无二的实体店，以便更好地吸引消费者。

具体可采用的方法有：①设置限时特惠商品，即定期不定时地挑选一些商品设置限时特惠以吸引顾客进店率；②设置定期主推商品，即按周或者按月选出店铺优秀商品作为主推商品，并附上主推商品清单，做到有理由推销；③凭小票寄存商品或者满额寄送。

现在顾客的一个烦恼是购物时一不留神就买了一堆，其实还想游览可是又不愿提着一大堆沉重的商品游览，同时也担心再买就拿不回去了，所以门店可以根据这个情况给入店的顾客提供相应的服务，无论是本店商品还是顾客带来的，顾客都可以凭小票寄存或者消费满额提供寄送服务。

（二）与电子商务化敌为友，借鉴 O2O 模式创造出新型的经营模式

自从电子商务发展以来，实体店与电子商务就成了不共戴天的“敌人”。实则并非如此。实践告诉我们商场上没有永远的敌人，实体店作为人们消费的主体形式目前虽经营艰难却不会就此没落消失，电子商务发展得再强劲也不可能完全取代实体店。其实换个角度思考，实体店与电子商务是可以化敌为友，互补互助、合作共赢的，如若两大阵营相互攻击只能两败俱伤。实体店与电子商务化敌为友，借鉴 O2O（线上线下）模式创造出新型经营模式是电子商务和实体店的共同出路。

O2O 是线上线下电子商务联合模式，也就是虚拟电子商务将线上购物延伸到线下体验，即消费者可以在线上搜索查看商品下单，在线下实体店体验试用。这种模式在电子商务模式和实体店模式任何单方面来全部实施都是困难的，因为电子商务擅长的是网上营销，实体店擅长线下经营，无论是电子商务跨足实体店还是实体店涉及线上都需要大的成本投入，承担自己不擅长领域带来的风险。电子商务和实体店可以密切合作、各取所长，发挥本身优势，根据各自品牌文化、市场定位等各方面情况进行线上线下联合营销，要做到价格统一、文化一致、品质保证，线上负责宣传推广，线下负责体验和服务。

（三）做好城市商圈规划挽回移动消费人群

在广西实体店经营困难的原因中，移动消费群体出现的根本原因是地方经济商圈（商场）规划不当。由于经济的滞后和投资引进不到位，这种问题在较小的县市尤为突出。在小县市，实体店家只要租个店面就可开店，没有城市商圈规划和经营品类划分，一切都鱼龙混杂，妨碍消费者的需求导向。例如，买件衣服都要绕城走几圈，增加了消费者的购物疲劳。对此政府应该加大投资引进力度，做好城市商圈规划，打造分类清晰、品类齐全的一站式商圈，让消费者根据需求选择自己的购物去处，在此基础上加入一些潜在消费需求的配套服务，让顾客有清晰的购物体验和需求导向，促成再次光临。一个好的商圈应该具备以下几个特点。①完善的生活服务配套设施，满足吃喝玩赏购五点需求。以南宁万象城为例，餐饮在地下一楼和六楼，有星巴克和外婆家等；玩的有溜冰场、白迪乐 KTV 和儿童游乐场；万象城会不定期举行一些明星见面会以及每个节日都会有节日展吸引大量顾客来观赏。②清晰的消费水平和顾客群体定位，可使进商场的顾客是有意消费的目标客户，进店的是消费得起的顾客，提高成交率。③合理、周到的店铺布局，可让顾客玩好了购，购累了歇，歇好了吃。④可提供优质的服务，以解决顾客在商场里遇到的各种问题。无论大城市还是小县市都应该尽量依据消费者的需求做到消费体验一应俱全，防止出现许多需求无法满足的窘境，挽回移动消费群体。

参考文献

[1] 林建荣.网店VS实体店：谁更盈利?[N].第一财经日报,2011年10月22日.
[2] 郎咸平.中国经济到了最危险的边缘[M].北京：东方出版社,2012.
[3] 陈伟.网络购物、传统零售业的比较分析与发展趋势[D].长春：东北师范大学,2014.
[4] 周利.建材市场O2O商业模式研究[D].南昌：南昌大学,2014.
[5] 侯佳均.传统零售业发展电子商务风险因素研究[D].广州：华南理工大学,2014.

作者简介：

(1) 姜雁秋,女,1992年出生,广西来宾市人。经济学学士,广西外国语学院国际经济与贸易学院2016届国际经济与贸易专业毕业生。主要研究方向：国际经济与贸易,桂台经济发展比较。

(2) 李春妮,女,1984年出生,广西崇左市天等县人。研究生学历,广西外国语学院国际经济与贸易学院讲师。主要研究方向：金融学,互联网金融,桂台区域经济发展比较。

(审稿：韦克俭)

桂台旅游合作的发展现状及政策建议

广西外国语学院国际经济与贸易学院　黄淑娇　孟庆蛟

摘要：海峡两岸实现经贸往来后，政策机制愈加完善，两岸产业合作也更加频繁，尤其是旅游业的合作，更是大陆各个省份和台湾产业合作的重点。广西作为中国-东盟自由贸易区的枢纽，是台湾间接参与泛北部湾次区域经济贸易的过渡区。随着桂台经贸合作领域的扩大与制度成熟化，桂台旅游业合作愈加频繁。本文基于桂台旅游产业的发展现状，发现桂台旅游业合作中存在着资源开发不完全、企业合作状态弱散以及旅游接待力不足等问题，针对存在的问题提出政策建议，旨在促进桂台旅游产业发展，实现合作共赢。

关键词：桂台旅游　合作现状　政策建议

服务业的发展步伐逐渐加快，旅游业逐渐成为发展潜力最大的服务型产业之一。促进经济增长、提高居民可支配收入、提升就业率、缓和国家或地区之间的关系都与旅游业的发展分不开。中国大陆接待入境旅游人数从1978年的180万人次增长到2012年的1.40亿人次，年均增长率约为28%。出境旅游方面，年出境旅游人数约为8318.27万人次，同比增长18.4%。

近些年来中国大陆积极倡导与台湾合作，政府方面也给予了诸多政策支持。如2010年ECFA的签订，为两岸政企合作提供了政策上的强有力的保证。大陆的几个省区与台湾的旅游业合作形成了特有的旅游产业合作模式。随着桂台经贸合作的深入，两地旅游产业合作成为企业投资的新热点。相关部门在现有的合作基础上，借鉴各地与台湾的合作经验，加快推进两地旅游产业的合作进程，取得了很大进展。

一、桂台旅游产业合作现状

台商从1984年到广西来投资旅游产业，旅游业是桂台产业合作中发展较快、收益较高、前景广阔的行业之一。2013年6月，广西南宁市获批为赴台个人游试点城市；2015年3月，桂林也获批为第五批赴台个人游试点城市，赴台个人游申请人数快速增长并远超全区团队赴台游人数。据统计，2014年1～10月，广西居民赴台旅游47903人次，同比增长138%。其中，团体游15672人次，同比下降7.7%；个人游32231人次，同比增长939%。同时，台湾居民来广西旅游的人数也随着交通的便利化逐年增多，见表1。

表 1　2012—2015 年台胞赴桂旅游人数

年份	台胞赴桂旅游人数(万人次)	同比增长率(%)
2012	76.8	16.1
2013	81.47	6.1
2014	84.4	3.6
2015	82.66	9.6

(资料来源:广西壮族自治区统计局.)

台商到广西投资的旅游企业中,桂林占据了较大的投资份额,台商仅在桂林投资的旅游企业数量就高达 300 多家。桂林现有的 8 个 4A 级景点中,台资企业占到 4 个;7 个 3A 级景点中,台资企业占据 3 个。台商在广西投资了如桂林乐满地、桂林愚自乐园等竞争力较强的企业,这些企业在经营中都取得较大的收益和带来较好的社会效益,极大地提高了广西旅游产业的竞争力,推动了经济的发展,见表 2。

表 2　2010—2014 年广西接待入境旅客人数和入境旅游收入

年份	广西接待入境旅客人数(人次)	国际旅游外汇收入(亿美元)
2010	2502363	8.07
2011	3027923	10.52
2012	3502732	12.79
2013	3915435	15.47
2014	4211845	17.28

(资料来源:2015 年广西统计年鉴.)

随着南宁、桂林两市先后被列为大陆居民"台湾地区自由行"城市,广西居民赴台湾地区旅游的人数急剧增加。据出入境管理部门统计,广西居民台湾游出境团队业务量从 2013 年的 8285 人次急剧上升到 2015 年的 16545 人次,2 年时间增长了 1 倍。

近十多年来,广西的企业也赴台寻求机会合作,管理部门多次组织人员赴台进行项目考察。例如,参加 2013 年台北两岸观光博览会,在会上展览的绿城南宁、桂林山水、德天瀑布、北海银滩、防城港京族风情等旅游宣传照片吸引了大量的同业人员;又多次组团到台湾花莲、宜兰等地进行考察,旨在从两地旅游资源相通之处,探索生态旅游合作发展模式。

二、桂台旅游业合作发展状况分析

(一)广西旅游产业发展优劣势分析

1. 广西发展旅游产业的优势

(1) 区位优势及交通优势明显

广西处在我国大陆东、中、西三个地带的交汇点,是我国唯一与东盟既有陆地接壤又有海上通道的省区,也是连接台港澳与中西部地区的重要通道。广西作为连接中国西南、中南、华南以及东盟大市场的枢纽,能充分发挥接合部的重要战略作用。

(2) 旅游资源类型丰富,特色鲜明

广西拥有极为丰富而独特的喀斯特地貌和亚热带生态旅游资源、动植物资源以及水资源,这些正是发展旅游业的必要条件。广西已经建立11个国家级森林公园、8个自治区级森林公园和多个珍稀动植物保护区。各种旅游资源和生态环境并存,成为桂台旅游合作的理想性条件之一。

2. 广西旅游业发展劣势

(1) 旅游交通建设进度滞后

区位优势需要配套便利的交通基础设施才能发挥最大效用。但是广西旅游交通体系依旧不能满足旅游产业发展的需求,主要表现在交通密集度不高,高档次旅游用车少,公路运行舒适度不佳。缺乏便利化的交通基础设施会减少与台湾进行产业合作的机会,这对于亟待发展的广西经济来说,是个不利的影响。

(2) 旅游业管理机制缺乏效率

首先,在旅游产业管理层面,缺乏有效的管理制度,以致项目实施不到位,管理没有针对性与有效性。其次,旅游业从业人员素质不够高,缺少系统性培训,导致旅游业的服务质量较低。最后,旅游资源开发不够科学,未能突出旅游资源优势。

(3) 旅游行业专项管理人才缺乏

经济增长理论将人力资源视为经济增长的长期影响因素之一。广西区内高校虽然开设有旅游管理专业,但缺乏实践交流机会,导致人才培养项目止步不前。同时,意愿接受旅游文化教育的人员较少,这给发展旅游产业带来障碍。

(二) 桂台旅游产业合作已具备条件

1. 旅游产业自然资源与文化资源存在相似性

桂台两地旅游产业发展由原来的单向流动发展到如今的双向合作,在文化资源上具备互补优势。在气候上,两地都是亚热带季风气候,自然生态条件十分相近。此外,两地都拥有客家文化和少数民族文化,文化上的相通,让桂台旅游产业合作具备了良好的基础,同时也为打造产业合作整体品牌创造了条件。

2. 桂台两地交通基础设施比较完善

随着两地直航航班增多,越来越多的台湾居民选择到广西旅游。广西对台具有便利的交通优势,至今为止,广西全区拥有直航点2个,开通了9条直飞台湾的航线。其中开通南宁至台湾的航线每周共有7条,开通桂林至台北的航线有2条。具体情况见表3。

表3 广西至台湾的航空发展历程

时 间	事 件
2009年5月20日	广西直航台湾的首个包机——桂林至台北直航包机首次起飞
2009年8月31日	桂林至台北直航包机航线被中国民用航空局列为定期航线
2010年春节	南宁被批准为大陆至台湾的第31个直航点
2010年2月21日	首航南宁—台北直航包机
2010年7月19日	桂林—台北直航航班由每周一班增加到两班

续表

时　间	事　件
2010 年 7 月 22 日	南宁—台北直航航班实现定期
2013 年 6 月 19 日	南宁—台中首条航线实现了成功首航
2013 年 6 月 20 日	广西全区直飞台湾航线达到 9 条

（资料来源：广西壮族自治区发改委.）

航班更加密集，将更好地满足两岸居民往来交通便利化的需求。台湾地区拥有台北桃园国际机场和高雄国际机场，线路也相当密集，有环岛公路、横贯公路等公路系统，铁路还拥有普通线路、产业轻便铁路和高速铁路。便捷的交通，为旅客出行提供了重要条件。这些优势成为加速发展旅游产业合作的重要基础，同时也为深化桂台旅游产业合作打下坚实的基础。

3. 桂台两地市场条件丰富

2015 年年底广西人口总数约为 4822 万人，台湾人口总数约为 2349 万人，旅游客源市场极其巨大，见图 1。

图 1　广西接待国外境外游客人数

（资料来源：国家统计局.）

除了在 2013 年因特殊的政治原因导致的国际接待游客比上一年略微下降外，广西的旅游接待人数都呈现出上升的趋势。

2013 年 8 月 28 日广西南宁开放了个人台湾自由行后，扩大了广西赴台旅游的客源，为台湾的旅游产业带来高收益，对台湾地区的经济增长起到了促进作用，如图 2 所示。两地一旦形成旅游合作区，游客数量将大幅度提高。这种巨大的市场潜力将为旅游合作提供充足的客源条件。最重要的是，两地进行旅游产业合作后，在相当程度上缓解了两地的就业压力。如通过开发旅游项目和建设旅游基础设施，将失业人口安排到与旅游产业相关的服务行业，为两地民众提供更多的就业机会。

4. 经贸往来频繁助推旅游产业合作，扩大融资规模

目前，台商在广西投资兴办的企业已有 462 家，2014 年全区新增台资项目 48 个，新增加合同台资额达 9.01 亿美元，增长 10.6%。广西累计批准台商投资 1607 项，合同台

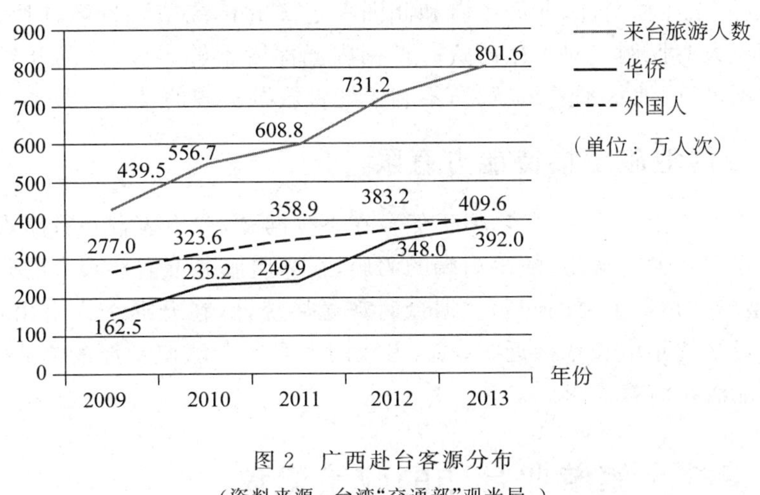

图 2　广西赴台客源分布

(资料来源：台湾"交通部"观光局.)

资额为 94.08 亿美元。其中，旅游业的投资比重达 36.2%。台商在桂投资为两地的旅游业注入充足的资金，有效地保障了发展的持续性。同时，广西政府在吸引台商投资方面，拓宽了融资渠道，简化了审核程序，完善了以政府为引导、企业为主体、社会为补充的多元化投资体系。

三、桂台旅游产业合作现存的问题

(一) 旅游资源尚未完全开发利用

桂台两地的旅游业合作以山水旅游为重。产品结构上，一方面，桂台旅游业合作的领域目前多数仅限于自然资源，对于文化资源的开发力度极小，这导致了人文方面的旅游产品过少，不能提供多样化的旅游消费和满足旅客的多样性需求；另一方面，旅游开发地区失衡，桂林一个市的旅游景区就远超其他主要旅游城市之和，对于其他地区的人文资源开发力度远远不够，企业对两地文化的相似性和互补性都不能进行深刻认识，因而带来的经济效益远没有预期的高。

(二) 旅游企业合作处于弱散状态

两地的旅游合作项目逐渐增加，然而几家较为有名的旅行社，参考费用比较高。广西现有旅行社 600 多家，广西居民赴台游指定旅行社却只有 5 家，分别为桂林中国国际旅行社、广西中国旅行社、广西中国国际旅行社、桂林阳朔国际旅行社和 2015 年刚刚获批的广西柳州国旅国际旅行社。台湾方面较为有名的旅行社有很多，例如雄狮旅行社、东南旅行社、台湾风情假期等。此外，旅行社规模较小，获利经常低于周边省份的同行。旅游成本由于缺乏弹性，城市和地区发展不均衡，弱散状态显而易见。

(三) 广西旅游业发展落后

广西近年来虽然对旅游业的发展日益重视，但广西旅游业起步较晚，发展落后。旅游产品单一,多数依靠桂林漓江、北海银滩和涠洲岛这样的传统旅游景区,门票收入在旅游收入中占据相当大的比例。对于旅游资源挖掘内涵深度不够,旅游产品开发滞后。这使得对台吸引力不足,两地水平差距较大,不利于桂台旅游资源的整合开发。

(四)桂台两地旅游接待能力有限

广西的基础设施虽然得到改善,但仍然存在不少问题,突出表现在行路难、住宿难、旅游难上。住宿难问题尤为突出,缺少高端的酒店,在酒店服务上需要很大的改进。其中层次低、服务类型单一是最主要的问题。据台湾观光局统计,在开通个人自由行后,台湾接待大陆游客数量平均年增长率接近20%。人数的大幅度上涨使台湾的酒店、交通和景区的承载能力不能满足游客需求。

四、完善桂台旅游业合作的政策建议

(一)加强桂台两地人文旅游资源的开发

文化是一个国家和地区旅游业保持自身竞争力和吸引游客的重要原因,文化旅游资源的开发深度可以体现旅游业的发展程度。两地企业在开发旅游资源时没有将文化资源凸显在旅游产品上。同时,在自然资源上,应该将方向适时转移到其他城市,而不是集中在单个城市。解决这些问题,企业需要高度重视文化旅游项目建设,以开发文化旅游产品作为旅游业合作的重点,营造文化旅游氛围,将两地的文化资源优势转为经济优势。

(二)坚持桂台两地旅游业对外开放

政策支持在产业发展过程中起到极其重要的作用,大陆和台湾先后出台诸多的鼓励政策旨在加快两岸的旅游产业合作步伐,如2010年签署的ECFA(《海峡两岸经济合作框架协议》)中的关税减免原则。因此,两地企业应该充分解读政府的优惠政策,充分发挥符合自身企业发展的利好条件。同时,坚持旅游市场对外开放,坚持“走出去”与“引进来”相结合,整合最好的旅行社资源,寻求桂台旅游产业发展的最优化。最后,两地政府在旅游企业申请项目上,应该减少审批程序,降低企业的制度性交易成本。

(三)提升广西旅游业发展水平

广西旅游业的落后状况可以借鉴其他省区与台湾旅游业合作的经验以求改善。比如,福建、上海、北京在与台湾旅游业的合作发展中就吸收了台湾的经验,较好地提高了本地区的旅游业发展水平。因此,广西可以在深入挖掘自身的自然与人文旅游资源的条件下,转变旅游业的发展方式,合理借鉴其他省区与台湾的合作经验,创新与台湾的合作机制,提升旅游业发展水平,实现旅游产业持续发展。

(四)完善基础设施建设

基础设施系统的完善是每个产业得以快速发展的前提。桂台应该同时建设更多的高端酒店，提供全方位的优质服务，满足不同游客的需求。同时提高服务管理水平，加强对服务人员的管理。出行上，要完善交通系统。广西目前的公路、铁路系统还不够完善，应该适当增加出行路线，满足民众出行需求。由于两地居民旅游的主要交通方式以航空为主，这就需要进一步加强航空方面的交通建设。桂台两地虽然都拥有互飞两地的航线，但是航次较少，有时不能满足两地居民的出行。因此，应该酌情增加直达航线，或者在其他城市开设转机航线，如经香港或澳门转机的航线，在方便桂台游客来往的同时为其他城市增加旅游收入。

参考文献

[1] 谢贵安，谢盛. 中国旅游史[M]. 武汉：武汉大学出版社，2012.

[2] 石正方. 两岸经济合作与海西建设[M]. 北京：九州出版社，2011.

[3] 陈清龙. 两岸旅游发展政策的比较研究[D]. 北京：中国社会科学院研究生院，2010.

[4] 李金荣，张向前. ECFA 框架下闽台旅游业合作研究[J]. 华东经济管理，2013(28).

[5] 彭兴丽. 广西特色文化旅游开发模式探究城市旅游规划[J]. 旅游纵览，2013(10).

[6] 韦信宽. 两岸共建东澎海峡文化旅游经济圈的战略构想[J]. 综合竞争力，2010(61).

作者简介：

(1) 黄淑娇，女，1992 年出生，广西柳州市人。经济学学士，广西外国语学院国际经济与贸易学院 2016 届国际经济与贸易专业毕业生。主要研究方向：国际经济与贸易，桂台旅游合作与发展。

(2) 孟庆蛟，男，1985 年出生，山东省济宁市人。经济学硕士，广西外国语学院国际经济与贸易学院讲师。主要研究方向：区域经济合作与发展，桂台经贸交流与合作。

（审稿：韦克俭）

桂台跨境电子商务物流发展比较研究

广西外国语学院国际经济与贸易学院　陈　倩　张　玲

摘要：本文探讨广西及台湾地区近些年来跨境电子商务发展的情况，分析广西及台湾地区跨境电子商务的差异之处，以及两地跨境电子商务物流的发展模式、广西及台湾地区对跨境电子商务物流的政策以及两地跨境电子商务物流存在的问题，并提出解决此类问题的建议。

关键词：广西与台湾　跨境电子商务　物流发展

一、桂台跨境电子商务的发展现状

（一）广西跨境电子商务发展的基本现状

2014年8月，广西南宁市获得了开展国家跨境贸易电子商务服务试点的机会，这预示着广西的跨境电子商务发展进入新的舞台。南宁市高新区的美丽湾网络有限公司，是广西第一家跨境电子商务公司，该公司2014年创造了2000多万元的销售额。南宁市新达士电子有限公司也是广西跨境电子商务的试点企业，该公司即便在淡季每天销售电子产品及日用品也有600多件，在销售旺季每天的销售量高达1000多件，月销售总额达到20多万美元。

广西的跨境电子商务发展很快，但是其“痛点”也不容忽视。跨境电子商务的推进，渠道是制胜点，但就目前的态势来看，广西的物流成本消耗较高，造成物流成本过高的原因是南宁市目前只是开通了出口跨境电子商务业务，还没有相应的进口物流配置，进口贸易通关速度相对较慢，周期延长。例如，以出口业务为主的南宁市金岸网络科技有限公司，每月的货物需要从广东中转，增加了大约30％的物流成本。因此，广西的物流发展牵动着广西跨境电子商务的进步，物流是影响广西跨境电子商务发展的关键因素。

为推动广西与台湾经济贸易合作的进一步发展，2015年10月，北海-台湾跨境电子商务合作正式开启。这一举措将广西与台湾地区之间的跨境电子商务合作推上经济发展的舞台，为桂台合作创造新的贸易通道和桥梁。

（二）台湾地区跨境电子商务发展的基本现状

据台湾地区资策会2014年对网络商店跨境发展的调查显示，已经存在的跨境网络商店已经由2012年的17.5％增加到了20％，并且具有跨境销售或开始展开评估跨境计划的网络商店已经高达61.8%。目前，台湾地区跨境电子商务向全产业电商化、全电商行动化和社群商务趋势发展。现今社群商务来势汹汹，品牌商品有越来越多的机会透过内容与消费者深入互动，沟通情感诉求，提升产品价值。

台湾地区跨境电子商务的世界通路布局战略有两个，分别是跨境电子商务的世界物流及跨境电子商务本土架站的海外直购。这两种战略也是很多国际和地区跨境电子商务运用的方式。例如，跨境电子商务的全球物流较为出名的有日本乐天，它的运作模式简单来说就是把日本卖家的商品卖到国外去；跨境电子商务本地架站的海外直购较为出名的是台湾新蛋，它主要推行的是海外直购模式。

二、桂台跨境电子商务的物流发展现状

从跨境电子商务发展的基本现状可以得知，物流是跨境电子商务发展的重中之重，而广西与台湾地区各自在跨境电子商务物流方面有较多不同之处，主要体现在跨境电子商务物流的政策、优势和模式这几个方面。以下探讨广西与台湾地区两地跨境电子商务物流发展的相异之处。

（一）广西跨境电子商务的物流发展现状

1. 广西跨境电子商务物流的政策

大力发展广西的现代物流，是广西加快跨境电子商务发展的重要举措。为了全面实施自治区党委及政府把广西全区建设成现代化的、具有区域性的国际物流中心的战略，广西采取的物流政策为：①增强物流的管理及规划编制的管理；②加快区域物流中心建设及物流资源整合；③重点培养有潜力的物流企业；④加大招商引资力度及改革开放力度；⑤对于广西全区的现代物流发展给予积极的扶持政策。与此同时，对于物流企业的行政审批进行简化，进一步加强口岸设施设备建设，加强基础性工作及简化通关程序。

2. 广西跨境电子商务物流的优势

广西跨境电子商务物流的优势具有独特性。其主要表现如下：

(1) 独特的区位优势。广西处于中国大陆东、中、西三个地带的交汇点，属于东盟经济圈、华南经济圈及西南经济圈的接合部，客观上是双向沟通台港及东盟和中国大陆的重要桥梁和基地。

(2) 较为便利的公路、铁路、水路和航空基础设施，形成了四通八达的物流体系，这为广西跨境电子商务物流的发展奠定了一定的基础。

(3) 物流政策的优势。广西跨境电子商务物流享有区内的优惠政策，还享受着区外省市所没有的沿海开放政策、少数民族自治区政策及西部大开发政策，政策优势潜力明显。

3. 广西跨境电子商务物流模式

广西跨境电子商务物流最新模式是将跨境电子商务服务点与保税物流中心相结合。在南宁、钦州、北海、凭祥等地设有保税物流区，主要作用是解决三大类问题，即一般贸易出口商品入中心退税问题、保税问题和需要接转的加工贸易中深加工货物“境外游”问题，

以便此类货物免去境外检验的烦琐。出口货物进入保税物流区即可享受退税，节省物流成本。跨境电子商务的保税物流在保税区享受物流、仓储、监管、通关"一条龙"服务，可以在一定程度上减少物流成本，增加企业跨境电子商务贸易的利润。

（二）台湾地区跨境电子商务物流的发展现状

1. 台湾地区跨境电子商务物流的政策

台湾地区跨境电子商务物流政策与广西跨境电子商务物流政策有同有异。其政策主要有：

（1）市场管制相对放松。

（2）重视物流基础设施的建设与衔接。

（3）提升货物的通关效率。

（4）促进大陆与台湾地区物流及跨境物流的发展。

（5）强化物流标准化及信息化的建设。

2. 台湾地区跨境电子商务物流的优势

与国际市场相比，台湾地区人口比较少，市场也相对狭小，企业经营挑战大。促使台湾地区跨境电子商务物流朝向精细化管理与服务、优质服务与加强资源整合、创新特色产品等方向发展。对跨境电子商务物流发展计划进行量身定制，具有较强的可执行性与可操作性。在执行的过程中，使用大量的行政辅助手段，提出相应的问题研究、政策解释以及问题诊断，保证方案全面实施。

3. 台湾地区跨境电子商务物流发展模式

现阶段，台湾地区主要有四种物流发展模式。

（1）企业自主经营物流部分。

（2）整合第三方综合物流服务商。

（3）比较常见的国际物流服务商。

（4）特殊货物物流。

可见台湾地区的跨境电子商务物流发展模式有两种因素影响：一个是企业类型；另一个是货物性质。

三、桂台跨境电子商务物流发展的障碍

（一）没有适用的桂台跨境电子商务物流平台

跨境电子商务物流平台可以直接服务于货品通关、企业原材料供应和产品销售、涉税事务以及运营决策。从货物申报、运输工具申报以及出口退税、涉税担保事务都可以利用跨境电子商务物流平台实现，还可以达到一次申报、一次检查、一次放行，关检共同查验的效果、通关效率的提高可以减少通关成本。不管是广西还是台湾地区，高速发展的跨境电子商务物流平台都应该具有高效率通关、低关税方式进出口的通道，这些不仅可以在一定程度上降低物流成本，更能够促使商品快速送到客户的手中，以便顾客有更佳的体验。目

前，广西与台湾地区的跨境电子商务合作刚刚进入预热阶段，物流方面还依靠传统的方式，需要烦琐的通关手续以及高成本的中转费用，严重阻碍广西及台湾地区之间跨境电子商务的发展。广西及台湾地区之间的跨境电子商务的发展需要有适用的物流通道为其服务。

（二）没有相对应的桂台跨境电子商务物流政策

2013 年 10 月，国家海关总署公布的电子商务试点城市为重庆、郑州、上海、杭州、宁波，后又增设广州以及深圳两座城市。广西没有搭上这一趟电子商务发展的列车。目前，两岸三通在中国大陆及台湾地区已经开始实行，但是台湾地区对大陆方面政策的不确定性，不利于两岸经济发展，也对两岸物流产业合作与发展产生重大影响。随着两岸经济合作的发展，大陆不断释放利好政策，但是台湾地区仍然采取比较保守的方式，除了两岸三通部分的直航航空公司、海运公司外，台湾地区并没有给予大陆地区物流相同待遇进入台湾物流产业，众多物流企业的货物还是受到相当大的限制。不管是广西方面还是台湾方面，跨境电子商务物流的政策都不够明朗。

（三）广西与台湾地区跨境电子商务物流发展水平相差悬殊

台湾地区经济发展水平高于广西，其物流产业的技术水平和与国际接轨的物流标准化水平优于广西。台湾地区物流行业经过多年发展，优势与劣势十分明显，其优势在于有比较成熟的发展理念、比较稳定的发展水平以及相对较高的管理水平，可以全方位、多层次地提供服务。广西的物流行业起步比台湾地区晚很多，在成本消耗以及业务管理方面亟待加强。

四、促进桂台跨境电子商务物流发展的对策

（一）构建区域物流服务格局

应当按照经济区划和物流业发展的客观规律，加强桂台的物流合作，积极推动广西与台湾省和大陆中西部地区的物流合作，逐步形成区域一体化的物流服务格局。落实已推出的优惠政策，建立更加紧密的区域合作机制鼓励广西区内港口企业和物流企业到台湾及大陆腹地承接大宗散货运输业务。

（二）推进桂台两地物流企业的合作

应当根据桂台两地物流企业的发展现状，加大物流资源整合力度，鼓励广西物流企业兼并重组。引导桂台大型物流企业通过投资合作参股等形式，加大物流设施投入，共同做大物流产业。争取台湾大宗货物由广西中转促进桂台港口联盟发展，主动承接台湾物流产业转移，推进桂台临港产业全面对接，构建环台湾海峡临港工业走廊。引导和支持物流企业向专业领域渗透和延伸物流服务领域，在广西产业集聚地区建设综合性物流服务平台，全面提升广西物流业水平，着重做好与跨境电子商务密切相关的快递物流节点布局

建设。

（三）提升桂台物流协作水平

推进广西物流标准化和信息化建设，促进供应链物流分工，实现企业内部供应链环节管理和技术标准化，建立健全物流标准化门类。加强推广国际标准和国家标准，积极制定地方标准。加快仓储转运设施运输工具的标准化改造，推广应用物流领域信息技术，鼓励物流企业广泛采用先进技术，实现商品来源可追溯、去向可查证、流程可视。鼓励桂台两地港口协商建立共享的信息系统，提高工作效率。扶持一批物流信息服务企业成长，开发符合桂台物流合作需求的软硬件产品，为桂台物流合作提供信息支撑。推动台湾物流企业与广西高校开展多种形式的合作，共享优质教育资源，加强高端物流人才培养，建立港口和航空物流人才培训中心，提高物流从业人员素质，建立物流专业人才信息网络。加强两地人员的联系与沟通，促进物流人才合理流动，鼓励广西大型物流企业引进台湾地区物流人才。

五、进一步做好桂台跨境电子商务物流发展的建议

（一）突出重点产业，推进桂台冷链物流合作

冷链物流是一项为了保证食品品质以减少食品损耗的系统工程，这项系统工程的使用方式是让冷藏冷冻类食品在生产、贮藏、运输、销售等消费前的各个环节中，自始至终处于所需的低温环境中。冷链物流是跟随制冷技术的进步、冷冻工艺的发展等科学技术而成长起来的一种低温物流过程。冷链物流具有技术性要求高、以保持低温为核心要求的特性，需要有雄厚的技术力量以及丰富的发展经验，这是台湾地区所长而广西所短之处；广西有丰富的资源以及庞大的市场需求，这是台湾地区期盼的。因此，桂台冷链物流产业合作互补性强，双方互利合作，前景广阔，在ECFA实施的推动下，台湾农产品可以快速保质销售到大陆市场，又可以把广西丰富的农产品和特产运输到台湾地区和国际市场销售。

（二）强化桂台物流标准化的交流合作

物流标准化主要体现在三个方面：一是物流整体系统标准化；二是子系统的配合标准化；三是整个物流系统与其他系统的配合标准化。物流标准化是现代物流发展的基础，对于物流业发展的规范和引导作用十分明显。迄今为止，国际标准化组织已批准发布了200多项与物流设施、运作模式与管理、物流条码标识、数据信息交换相关的标准。桂台物流的交流合作应该强化标准化，提高物流效率，促进广西和台湾跨境电子商务的发展。

参考文献

[1] 广西试点国家跨境贸易电商服务中国网河南频道，2015-09-16，http://hn.china.com/news/today/11145527/20150916/20406730_all.html.

［2］ 廖尚文.台湾电子商务发展现况与两岸跨境合作机会探讨.河南金融网，2015-06-27.

［3］ 曹海龙.港口物流系统构建及评价研究［D］.大连：大连海事大学，2007.

［4］ 物流行业标准化形成规范发展中商情报网，http://www.askci.com.

［5］ 狄夫.开创闽台物流合作新局面：机遇、重点与路径［J］.现代台湾研究，2014(01)：48-56.

［6］ 王玲，蒋笑梅.台湾物流政策特点、经验借鉴以及对策建议［J］.港口经济，2015(03)：41-45.

［7］ 魏澄荣，吴德进，黄继炜. 闽台物流合作存在问题及对策研究［J］.亚太经济，2013(06)：138-141.

［8］ 葛绍健. 后三通时期闽台物流对接研究分析［J］.物流工程与管理，2010，32(08)：55-56.

［9］ 南宁新闻网.广西南宁跨境电商项目落户保税物流中心.中国电子商务研究中，2015-04-14，http://www.ebrun.com/20150604/136247.shtml.

［10］ 广西新闻网-广西日报.建设综合型物流商贸园区　打造西江经济带升级版.2015 年 11 月 16 日，http://gx.people.com.cn/n/2015/1116/c360170-27105234.html.

作者简介：

(1) 陈倩，女，1983 年出生，广西北海市人。硕士研究生，广西外国语学院国际经济与贸易学院讲师。主要研究方向：国际法，桂台区域经济合作。

(2) 张玲，女，1992 年出生，广西桂林市人。经济学学士，广西外国语学院国际经济与贸易学院 2016 届国际经济与贸易专业桂台班毕业生。主要研究方向：国际经济与贸易，桂台经济贸易合作。

（审稿：韦克俭）

桂台进出口贸易存在的问题与对策

广西外国语学院国际经济与贸易学院　万丽云　莫新贤

摘要：广西与台湾的进出口贸易不断发展，台湾成为广西重要的经济贸易伙伴之一。台湾与广西的经贸往来有利于台湾介入东盟自由贸易区与北部湾经济区的发展，抢占潜力巨大的区域市场，而广西则可以凭借台湾强大的经济辐射能力发展自身经济。改革开放以来，桂台贸易一直在不断发展和扩大。但桂台之间的贸易也存在诸多问题，使双方的进出口贸易面临诸多困难。两地应该积极协商，把进出口贸易建立在互利共赢的基础上，推进效益双向覆盖，使桂台经贸来往得到更大的发展。

关键词：桂台进出口贸易　发展现状　问题与对策

一、桂台进出口贸易发展现状

2001 年中国大陆加入 WTO 以来，台湾于 2002 年 1 月 1 日正式成为 WTO 的会员，之后桂台进出口贸易逐步得到发展。主要表现为进出口贸易额在不断增长，进出口贸易往来主要在农业领域和轻工、食品、化工、电子、电器等行业，但进出口机制不够有效和完善，开放不对等，广西一直处于贸易逆差状态。

桂台进出口贸易中，广西大力支持中央对台湾经济的扶持政策，放宽对台的进出口贸易尺度，允许进入广西境内的产品类型繁多，在关税上还有一定的优惠政策，鼓励广西企业对台商品的进口，见表 1。

表 1　近些年来广西单方面允许桂台进出口产品种类

序号	进出口商品类别	种类数量
1	食品、土畜类	630
2	轻工、工艺类	365
3	纺织、服装类	132
4	工矿、化工类	579
5	医药、保健类	382
6	机械、电子类	359
7	其他类	113
	合　计	2560

（资料来源：广西统计局.）

广西商贸部门数据显示，2014 年桂台进出口贸易呈现强劲增长势头。据统计，

2014 年桂台进出口贸易额达 13.75 亿美元，同比大幅增长 170.6%。其中出口 1.12 亿美元，同比增长 45.8%；进口 12.63 亿美元，同比增长 192.8%。2005—2011 年桂台贸易总体呈上升趋势，见表 2。

表 2 2005—2011 年广西与台湾双边贸易情况

年份	对台进出口总额（亿美元）	增长率（%）	广西对台出口（亿美元）	增长率（%）	广西对台进口（亿美元）	增长率（%）	占广西进出口比重（%）	占全国对台进出口比重（%）
2005	1.45183	−4.4	0.76049	−11.7	0.69134	5.1	5.1	0.19
2006	1.59341	9.7	1.10773	45.6	0.48568	−29.7	2.4	0.18
2007	2.13135	33.7	1.57324	42.0	0.55811	14.9	2.3	0.21
2008	2.46037	15.5	1.53933	−2.0	0.92104	65.1	1.9	0.24
2009	1.84314	−25.1	0.75433	−51.0	1.08881	18.2	1.3	0.22
2010	2.91640	58.3	1.04502	38.8	1.87138	71.9	1.6	0.25
2011	3.82777	31.5	1.25488	20.5	2.57289	37.6	1.64	0.24
2012	4.5145	17.9	0.7793	−37.9	3.7353	45.1	2.92	1.22
2013	5.0816	12.7	0.7679	−1.5	4.3137	15.6	2.72	1.25
2014	13.7506	170.6	1.1197	45.8	12.6309	192.8	5.65	2.97

（资料来源：广西统计年鉴.）

据广西商务厅相关人士分析透露，广西大力实施北部湾经济区和珠江-西江经济带“双核驱动”策略，构造中南西南地区开放发展的新的战略支点，加快港口、铁路、高速路等交通基础设施建设，为桂台进出口贸易的提升打下良好基础。台商普遍看好广西面向东盟的区位优势和广阔市场，也从另一方面推动了桂台贸易的提升。台企富士康、光宝、九兴、冠捷等进出口大户扩产增资，拉动了桂台进出口贸易额持续增长，预计未来桂台进出口贸易还将保持强劲增长势头。

2015 年 1～10 月，桂台贸易总额达到 11.53 亿美元，同比增长 105.3%。据了解，2015 年广西适应经济发展新常态，深入实施“双核驱动”战略取得新成绩，中小企业发展活力增强，居民收入持续快速增长。在这样的经济环境下，桂台经贸文化合作取得丰硕成果。1～10 月，全区新增台资项目 36 个，累计批准台商投资 1643 项，合同资额 99.59 亿美元，实际到位 51.25 亿美元。台资企业投资广西连年呈现稳定增长的良好态势，台商已经成为广西经济发展的重要组成部分。

二、桂台进出口贸易存在的问题

1. 无完善的进出口合作机制，合作不对等

虽然桂台进出口贸易发展迅速，但仍无完善的进出口合作贸易机制。①两岸特殊政治关系与 ECFA 的不具体性极大地影响了桂台进出口贸易的发展。ECFA 无具体内容，只大致地规划了两岸的合作构建与目标。两岸双方的政治立场也在很大程度上左右着桂台的进出口贸易往来，而政治态度存在多变性，一旦双方政治关系紧张，经贸来往将面临

瞬间停止的风险。②双方没有健全的沟通机制与机构，两岸政府没有共同组建授权的服务机构，缺乏两地联合商业协会，以政府沟通为主，这样极大地制约了经贸往来的效率。③没有合理、充分地利用ECFA及CAFTA，广西在贸易中过度倾向东盟或台湾，合作的不对等必定影响到另一方的经济利益，造成经贸往来不均衡。

2. 进出口贸易规模偏小，合作范畴不够大

不可否认，桂台进出口贸易的规模呈不断扩大的态势，但与大陆其他省区的两岸经贸合作规模对比仍存在较大差距。①虽然桂台进出口贸易额不断地上升，但只占广西对外进出口贸易总额的2%左右；桂台两地贸易仅占全国对台进出口贸易的0.25%。②广西占全国批准台资项目总数的比例偏小，2010年广西累计批准项目数还不到全国的3%；而东部的福建省实际利用台资就占我国实际利用台资总额的1/4，其累计批准台资项目已超万项。③桂台进出口贸易主要集中在农业及劳动密集型产业，在桂台签署的合作项目中，涉及农业领域的合作项目超过半数，资金密集型及技术密集型产业合作较少，在高科技数码、生物科技产品、医疗产品、低碳产业、新能源等领域的经贸合作项目还比较少。

3. 广西经贸软环境不够好，相关服务较为滞后

①当局部门行政效能低，体现了广西经贸来往软环境不够好。在CAFTA与ECFA接连运作的情况下，广西政府相关部门行政工作仍存在审批手续烦琐、工作效率低下，对进出口贸易的介入尚未从领导型向服务型转变。②CAFTA与ECFA的发展表露出广西缺乏进出口贸易方面的人才，具备专业化的高级人才短缺成为广西新一轮发展的软肋。③ECFA与CAFTA的运作虽然促使了广西配套服务行业的快速发展，但配套服务行业相对滞后。进出口贸易需要强大的物流货代企业做支撑，目前广西登记在册的物流货代企业超过3000家，但企业普遍规模小、注册资金少、盈利能力不足、专业化程度低，同时缺乏严格的管理，专业化人才匮乏，服务质量差，物流市场缺乏规范。

三、促进桂台贸易合作的对策建议

桂台之间的进出口贸易合作发展受到诸多因素的影响，如政府出台的相关政策措施、进出口产品本身的原因等。下面笔者从宏观与微观两个层面进行研究探讨，并提出相应的对策建议，以促进桂台贸易合作进一步发展。

（一）宏观层面

1. 政府方面

台湾与大陆经贸合作往来一直享受大陆众多的优惠政策，特别是两岸都加入WTO以来，大陆一直对台湾实行单方面的开放，以至于大陆在与台湾的贸易中一直处于逆差。根本原因有两个：①大陆对台湾出口到大陆的产品优惠政策多、力度大；②台湾对大陆开放实行严格的限制政策，在某些农产品方面进行严格限制，不许大陆产品进入台湾市场，由于台湾对进口大陆的产品实行限制，而大陆对台湾产品出口广西又有大量政策优惠，导致广西对台湾的贸易额仅相当于台湾对广西贸易额的四分之一，桂台贸易严重不对等，贸易逆差一直在高位徘徊。

因此，为了实现两岸经济共同繁荣、促进两岸经贸往来的交流与合作，顺应广大同胞、台商们的共同期望，促进两岸经贸健康持续发展，两岸必须步调一致，携手前行。台湾当局应当加大对大陆开放的力度，加强两岸政府之间的沟通交流，以一个中国为前提，以互利共赢为目标，深化推进“一国两制”方针的实施。自2008年以来两岸政治之间交流越来越频繁，签订各种相关协议框架有利于两岸经贸往来合作，如2012年两岸签订的《海峡两岸投资保护和促进协议》、2013年两岸签订的《海峡两岸服务贸易协议》等。相关协议的签订让两岸经贸来往有了依据，使目标更明确，责任与义务更分明，合作更紧密。只有这样，桂台进出口贸易合作才能不断发展。

2. 进出口产品方面

桂台进出口贸易合作，广西出口到台湾的商品多为劳动密集型产品与初级产品，附加值和科技含量比较低。较低的劳动力成本可提高中国商品在国际市场的竞争力，目前劳动密集型产业仍然是广西出口的比较优势。广西对台湾出口近年发展加速，但大部分企业都集中在劳动密集型、传统型行业，广泛存在结构不合理、高科技含量低、布局相似的问题；技术密集型企业所占比重较少，科技创新投入严重不足，产品的科技含量较低，这与发达国家和地区在产业结构上的差距巨大。广西企业普遍存在以低价而不是创品牌、靠品质参与国际和区际竞争，导致出口的产品经济效益低、劳动力廉价，打击劳动者与企业的信心，严重影响企业的未来发展，长远来看，这必将阻碍桂台贸易合作的可持续发展。

台湾出口到广西的商品主要有电子产品（含半导体、资料处理设备、有线电通信器材、其他电子器材、电脑组件、其他电子零部件、资料输出入周边设备等）、化学产品（化纤针织布、合成树脂及塑料、其他化学制品等）、金属机械（未分类金属制品、特殊合成金属等）等。这些产品有较高的科技水平，市场竞争力强，在桂台贸易中利润比较大。在桂台贸易中，农贸产品也占有很大比例，但由于台湾当局的限制以及大陆政策对台湾的特殊优待，使广西的农产品价格低，而台湾农副产品大量进入广西市场，这也对广西本土农业产生了很大的冲击。所以，在桂台间贸易合作中，台湾在进出口的产品上占据了很大的优势。

广西应该加快进行产业升级，对进出口商品结构进行调整，提高出口台湾的商品附加价值，扩大出口到台湾商品的种类，缩小与台湾的贸易逆差，逐步做到平衡发展。

（二）微观层面

1. 提升进出口产品的竞争力

广西出口的产品主要为劳动密集型产品，科技含量和附加值较低，而且出口增长仍旧主要依靠数量扩张，整体竞争力低下。而台湾的出口商品大部分以农产品与机械产品为主，台湾在科技上较广西发达和先进，在科技类产品的出口上对广西有明显优势，但台湾资源相对匮乏，这极大地阻碍了其外贸的发展，要想使桂台的进出口贸易合作良好发展，就必须提高出口商品的竞争力，桂台双方都必须做到以下几点：①重点扶持一部分有前景的产品，培育有竞争力的出口产品和产业，扩大传统大宗出口商品的出口规模；②调整目前进出口贸易合作产品的生产布局，增大机电产品和高新技术产品的出口份额，以品质取胜取代以数量取胜；③实施外贸体制改革，建立新型的外贸出口服务体系，构建服务导向的外贸管理新模式，提升出口商品竞争力；④重视产品品质，积极开发，培育各自的名牌出口商品，鼓励和支持企业获得各种国际标准认证，从技术改造、市场开发、通关便利、商品检验等方面给予政策扶持。

2. 从初级产品的进出口升级为高科技产品的进出口

长期以来，桂台之间的进出口贸易都以初级产品为主，在2009年的全球金融风暴中桂台外贸出口中初级产品和一般工业制成品均受到重大冲击，而高科技产品却不减反增，拉动了外贸出口的增长，推动了经济稳定与发展。这正好验证了发展高科技产品出口可以减少经济的脆弱性，减少经济波动的频率，发展高科技产品已成为全球社会公认的拉动产业结构和出口商品结构升级的根本动力，它将打破桂台进出口贸易长期以初级产品为主导的局限性，大幅度地拉动桂台的经济增长。随着时代的进步、资源的消耗、工艺的创新，初级产品与劳动密集型产品的市场竞争力必将慢慢消失。因此，桂台贸易合作中，只有使初级产品的进出口升级为高科技产品的进出口，才能跟上当今时代前进的步伐，才有利于双方贸易的健康发展，满足双方的共同利益。

3. 进出口产品的多元化

桂台进出口贸易中的产品种类越来越多，从过去的百来种到如今的近千种，其中主要包括农副产品、化工产品、机电类产品、原材料、服装等。丰富的产品种类极大地满足了桂台两地人民对各种商品的消费需求，最大限度地满足了消费者的物质生活。对于进出口企业来说，社会发展迅速，人们的消费范围也会随着社会的进步而不断地扩大，消费欲望不断增强，未来的需求变化带有明显的不确定性，这种不确定性将造成企业在生产与销售上的不确定，会增加企业风险，同时这也是巨大的商机，考验着企业运营者们的长远眼光。随着桂台贸易合作的不断发展，产品种类多元化，进出口企业也要适应多元化的经营，但要警惕企业多元化经营的风险性，要能稳定地发展。产品的多元化会促进桂台经济贸易的发展，生产企业增多，就业岗位增多，出口增加，经济增长能力也就不断提升。为此，双方政府应当加强沟通交流，加大开放力度，取消不必要的进出口贸易限制，以市场为主导，政府为辅，多元化的产品进出口贸易合作必当大幅度地促进桂台经济合作的发展。

参考文献

[1] 朱金莉. 从热度到深度——桂台经贸合作的双赢选择[J]. 当代广西，2007(20)：24-25.

[2] 孙兆麟. 持续推进 ECFA 后续协商 积极推动经济领域合作[C]. 第九届两岸经贸文化论坛论文，2013.

[3] 肖华. 深化新兴产业领域战略合作 推动两岸经济贸易互利共赢[C]. 第九届两岸经贸文化论坛论文，2013.

[4] 潘青友. 中国与东盟贸易互补和贸易竞争分析[J]. 国际贸易问题，2004(07)：73-75.

[5] 余雷. 改革开放以来的桂台经济交往研究[D]. 桂林：广西师范大学，2013.

[6] 黄志勇，颜洁. 中国-东盟自由贸易区升级版背景下桂台金融合作展望[J]. 东南亚纵横，2014(03)：46-52.

[7] 龙宇. 对深化桂台经贸合作的思考[J]. 经济研究参考，2012(23)：54-56.

[8] 张炜. 国际贸易[M]. 北京：高等教育出版社，2006.

[9] 佟景洋，吴碧波. 多区域合作背景下桂台农业产业合作的成效和趋势及对策[J]. 农业现代化研

究,2014(01):62-65.

[10] 贾磊. 2008年以来大陆地方省部级团组访台述论[D].南京:南京大学,2015.

作者简介:

(1)万丽云,女,1983年出生,广西百色市人。广西外国语学院国际经济与贸易学院讲师。主要研究方向:国际经济与贸易,国际货物运输,桂台经济贸易合作。

(2)莫新贤,男,1992年出生,广西桂林市人。经济学学士,广西外国语学院国际经济贸易学院2016届国际经济与贸易专业毕业生。主要研究方向:国际经济与贸易,桂台经济贸易合作。

(审稿:韦克俭)

中　篇

桂台教育、文化交流合作研究

两岸私立大学的教育发展与交流合作

台湾教育大学总校长　前教育部门负责人　吴清基

摘要：中国历来都十分重视教育，现在大陆和台湾两岸都采取多种形式开办大学，大陆的民办大学和台湾的私立大学都办得很活跃。本文从教育的重要性、公私立学校与人才培养关系、民办(私立)大学的作用，介绍美国私立大学的设立、台湾私立大学的设立和发展、大陆民办高校的政策和发展、两岸私立大学的合作交流情况，肯定了两岸民办(私立)大学都在培育有用人才，相互交流与合作，互相分享办学理念和经验，是互补互利的好作为。

关键词：大陆和台湾　民办(私立)大学　交流与合作

一、前言

(1) 教育是人类希望的工程，大学在培育国家社会、政治、经济发展所需要的人才，历年为各界关心教育的人士所重视。

(2) 学校，虽有公私之分，但人才并没有公私之别。私立大学的教育功能和贡献，应该给予高度的重视和肯定。

(3) 私人捐资兴学、培育人才，国家宪法或法律都应予多方保障和鼓励，以促进私立大学教育功能的极大发挥。

(4) 私立大学分担政府高教、担当培育人才角色，在教学、研究和服务功能上，和公立大学可分庭抗礼，并未逊色。事实上，欧美私立大学的教育质量往往凌驾在公立大学之上。虽然，私立大学的学费较高，但是，学生仍然会趋之若鹜。

二、美国私立大学的设立

(1) 美国私人兴学和教会有密切关系，教会创立大学，最初是为了培养神职人员，具有宗教的目的。

(2) 美国独立革命之前，最先设立的九所大学中，除了宾夕法尼亚学院(后来的宾夕法尼亚大学)之外，其他八所都是教会创立的。包括圣公会(Congregationalist)创立的哈佛、耶鲁、达特茅斯(Dartmouth)；安立甘宗(Anglican)创立的威廉玛莉学院(The College of William and Mary)、国王学院(King's College，后来的哥伦比亚大学)；长老会创立的纽泽西学院(The College of New Jersey，后来的普林斯顿大学)；荷兰改革宗创立的皇后学院(Queen's College,后来的 Rutgers 大学)。

(3) 美国哈佛学院(Harvard College,后来的哈佛大学)创立于 1638 年,主要是培养牧师和教会人才,在 1642—1689 年,有一半的哈佛毕业生进入教会服务。其他大学其前身也都是神学院,其目的也都是培养神职人员。

(4) 从殖民地时代开始,教会创立私立学校,其目的是运用学校做宣教,不是将学校作为一种“社会福利事业”。政府兴办学校,是后来的事。

(5) 美国私人兴学,除了早期由宗教人士或教会投入办学外,在独立战争后,公办教育非常普遍,政府捐地补助办学法案后,私人捐资兴学亦非常受鼓舞。尤其是成功的企业家,捐资兴学办校,更是为人所崇敬。

(6) 私立大学在美国不仅数量多,且质量高,如常春藤大学组群类多为私立大学。私立大学财力雄厚、资源丰富、课程弹性多元,能结合社会企业发展需要,师资重金礼聘,普遍优秀,有大师就可成名校,优秀学生竞相就读,校友社会表现优异,引人注目。即便私立大学学费高,各地精英仍然趋之若鹜。

(7) 美国大学发展,公立大学一般收费较低廉,尤其对本地州民子弟之学费,远低于外地州民子弟之学费,对保障当地州民子弟之教育机会和权益有帮助。美国私立大学一般学费较高,但因学制弹性多元而具竞争力,董事会财力雄厚的私立大学,可聘请大师级的教授,形成学术上的“磁吸效应”。除可易获企业合作研究经费,也可募到捐款,成立项目校务基金,发展特殊研究领域学门,成立重点研究中心,更有助于学术上“马太效应”的产生。

(8) 由于私立大学拥有很强的财力,可添购尖端的研究设备,可聘请到杰出的学者教授,又能吸引世界各地优秀学生前来就读,校友社会表现又优异。因此,在美国就读私立名校,远比就读一般州立大学更受人欢迎。

三、台湾私立大学的设立和发展

(一) 台湾私立大学的设立

(1) 台湾私立大学的设立,除军警院校外,私人均可申请设立。

(2) 私人申请设立私立大学,除提出筹设学校计划,捐助章程须符合各级学校设立标准外,按照私立学校法第 35 条规定,私立学校应向学校所在地之该管法院,登记为“财团法人”设立。

(3) 台湾的私立学校,应该都是以“财团法人”的法律地位而存在的。在法律上,具有行为能力的主体有两种:一种是自然人;另一种是法人。根据民法的规定,法人分为“财团”和“社团”两种。

(4) 所谓“财团”,是依特定目的而成立的财产集合,而“社团”乃是具有相同兴趣的人所组成。财团法人以董事会为其执行机关,其财产集合的来源是捐助,其设立均订有捐助章程,因捐助的目的通常是公益性的,所以财团法人一般都是“非营利性”的。

(5) 台湾私立大学的设立,是一个非营利性的法人组织,具有公共性,一旦登记为财团法人，就是全民共有。它的所有权并非属于董事会，董事会只是其“执行机关”而已。法人的董事，只是受委托而善尽管理的责任。

(6) 因为是财团法人，所以必须有“设校基金”，一般“独立学院”的设校基金是新台币2亿元，“大学”的设校基金是新台币5亿元。其目的在于保障财团法人的财务稳定。

(7) 按现行私立学校法第20条及第23条规定，私立学校创办人是当然董事。由创办人遴选第一届董事报请教育行政主管机关核备后聘任。而下一届董事由本届董事会遴选产生。董事应有三分之一从事教育研究或有相当经验者，另董事相互间有配偶及三等亲以内血亲、姻亲关系者，不得超过总名额的三分之一，其目的在避免财团法人沦为私人财产。

(8) 在台湾，宗教团体在私人兴学所扮演的角色非常有限，所占比例并不高。

在台湾先后设立的37所私立大学中，只有东吴、辅仁、东海、中原、静宜、真理、华梵、慈济、长荣、南华、玄奘、佛光、文藻等13所大学或独立学院及致理、圣约翰、康宁、马偕、耕莘、慈济等6所技专校院，是由宗教人士或宗教团体所创办。

(9) 在台湾，宗教兴办学校，必须被迫“去宗教化”。

私人兴学的“去宗教化”政策，是受到民国初年的影响。在民国初年，教会学校以宗教课程为必修，利用教会学校进行宣教，因而20世纪20年代之后的“收回教育主权”运动，确立教会兴学的“去宗教化”特征。

(二) 台湾私立大学的发展

(1) 台湾私立大学，除少数由宗教人士或教会所设立外，大部分私立大学是由私人企业家、企业集团所捐资兴办。由于私人捐资兴学一般被认为是非营利性的，公益形象良好，是成功企业回馈社会的表征，一般颇受社会大众所肯定。

(2) 台湾对私人兴学，给予明文规定要求保障和奖励。因此，私人兴学在台湾发展应受鼓励。私立大学和公立大学一样，可依法得到政府之补助款，对私校充实教学设施，改善校园环境，发展和提升课程教学及学术研究，均有一定程度上的帮助。

(3) 私立大学校院若因办学绩效良好，也可得到政府奖助款效果显著。奖助款具有很强的激励作用，可提升私校办学质量。目前，台湾少数顶尖大学和典范科大奖助，均有私立大学及科技大学得到奖助。

(4) 私立大学院校由于依法为财团法人设立，因此，捐资兴学的公益性和非营利性深受各方所肯定。和企业投资办事业不同，即使学费收入支出后有盈余，亦不可中饱私囊。若经营不善，财务困难，学校董事会须负责募捐，以维持学校正常运作。若停止办学，财产归地方政府接管，不为私人所有；当然，亦可捐助给其他教育文化机关团体法人代为管理。

(5) 政府为保障和奖励私人兴学，除经由经费奖补助，协助校务发展外，亦对私立学校教职员工待遇的提升和保障有所规范。私立学校教职员工之保险福利，和公立学校一样；退抚亦和公立学校一样，采用年金制，开始支领月退休俸制。私校募款可抵个人或私人企业所得扣缴抵免，其比例权重亦正调整拉齐中。

(6) 只是私立学校学生学费收费较高，对私立学校招生较为不利，则是事实。目前台湾公立大学和私立大学之学费收费比例为1∶1.8，因此，大部分家长和学生都会因学费因素优先选择于公立大学就读，造成私立大学校院招生上的困难，压力较大。即使部分私立大学校院办学质量极优，仍然难敌公立大学低学费在招生上之优势。

(7) 大体上而言，分析台湾一般大学校院之学生家长社经背景，公立大学院校学生家长之社经背景比私立大学院校学生家长之社经背景要高些；另外，一般综合性大学学生家长社经背景，也比技职院校学生家长社经背景来得好些。因此，政府对弱势大学学生族群之就学权益保护也极为关注，提供无息助学贷款、奖助学金、工读机会，以保障弱势贫困学生就学需要，尤其是对私立大学校院学生之就学辅导更为关注。

(8) 学校整并是一种高等教育的发展趋势，一是可增加教育资源整合，提升学校教育之竞争；二是也可符合少子女化发展的需要，减轻因规模太小而造成的招生压力之恶性循环。近年以来，台湾高等教育整并成功的，有嘉义大学（整并嘉义技术学院和嘉义师范学院）、东华大学（整并花莲师范学院为东华大学花师教育学院）、台中科技大学（整并台中技术学院、台中护专）、台北市立大学（整并台北市立教育大学、台北市立体育学院）、屏东大学（整并屏东教育大学、屏东商业技术学院）等校。不少公立大学和私立大学目前也都有整并计划，政府亦在政策上给予鼓励和支持。

(9) 因应少子女化之发展趋势，台湾高等教育亦面临“退场转型发展”之挑战。虽然，政府早有应对措施，发展高教输出政策，向东南亚、非洲、南美洲及中国大陆招生，加强交流。原本 2015 年台湾高中生升入大学院校学生的人数，将从 32 万人减少至 27 万人，减少 5 万人是首波招生的压力和危机。但至 2013 年年底，台湾招收境外学生人数已达 7.8 万人。不过，仍有少数学校因为经营策略、成立较晚、位置较偏、财务不佳、董事会不和等因素，陆续停止招生或停办，或另谋转型发展。

四、大陆民办高校的政策和发展

（一）大陆民办高校的政策

(1) 大陆三中全会对社会力量兴办民办教育指明了方向。

在“创新社会治理体制，激发社会组织活力”中，要求“正确处理政府和社会关系”。这对鼓励吸引民间社会力量兴办教育有很强的指导意义，也为民办教育改革指明了制度性方向。

(2) 政府积极鼓励引导社会力量兴办教育，形成公办教育和民办教育共同发展的格局。①社会力量举办的民办教育，同样是国家教育事业的重要组成部分。民办教育在扩大教育资源供给、提供多样化选择、创新教育体制机制、激发教育活力等方面，具有十分重要的作用。②政府坚持发展民办教育，但仍以推动政府办学为主体，鼓励全社会积极参与。

(3) 政府充分发挥市场和社会需求，对民办教育资源分配有导向作用。①民办教育要充分发挥市场的决定性作用和更好地发挥政府作用，社会力量兴办教育要紧密围绕市场和社会需求，配置教育资源。②兴学办校，特别是民办大学及技职院校，要围绕区域经济社会发展的需要设置专业，适应产业结构调整升级要求，创新人才培育模式。

(4) 政府要不断提高民办教育发展的质量、活力和竞争力。①要树立市场优胜劣汰意识,努力打造人民群众欢迎、办学形式多样、高质量有特色的教育品牌。②要进一步转变职能,加强宏观统筹,做好法律法规、发展政策、制度标准等工作,努力为社会力量兴办教育创造良好条件。

(5) 政府要积极创新民办教育办学体制。①混合所有制经济,对社会力量参与民办教育具有重要的指导意义。要支持各类办学主体通过独资、合资、合作、股份制等多种方式举办民办教育。②要探索建立和完善混合所有制学校法人资产结构,允许学校管理者、骨干教师等,以知识、技术、管理、资本等多种方式,参与民办学校。鼓励民办学校师生将创造的专利等成果,经评估后成为学校的出资。③要鼓励行业、企业等社会力量参与公办学校办学,鼓励公办学校、民办学校通过各种方式相互支持,合作办学。探索委托管理办学形式,鼓励中外合作办学。

(6) 政府要落实民办学校与公办学校的平等地位。①要废除对非公有制经济各种形式的不合理规定,消除各种隐性壁垒,要坚持权利平等、机会平等、规则平等。②教育领域要解决公办学校和民办学校平等竞争问题。例如,在法人属性、税费优惠、财政扶持、产权归属、教师保障等方面,仍存有不少法律障碍。③要坚决消除纠正对民办学校的各项歧视政策,在法律法规和改革制度上保障民办学校与公办学校的平等地位。

(7) 政府要深化民办教育综合改革。①民办教育的改革,要重视其系统性、整体性、协同性。民办教育改革,在教育内部,涉及招生考试、培养模式、课程学制、内部管理等方面。②在外部环境上,涉及登记、产权、税费、社保等政策法规。③在管理体制上,涉及教育、人力资源、社会保障、编制、发展改革、民政、财政、税务、工商等众多部门。④推进民办教育改革,必须加强统筹协调,使政府相关部门团结合作,共同支持民办教育发展。要坚持综合改革,注重顶层设计,鼓励地方创新,制度设计要具综合性,政策实施要注意配套性。

(二) 大陆民办学校的发展

大陆民办学校的发展,可分下列几方面加以析述。

1. 积极完善民办教育法律政策

(1) 教育部目前正配合国务院开展《民办教育促进法》修订工作。印发《关于鼓励和引导民间资金进入教育领域促进民办教育健康发展的实施意见》(简称22条),进一步明晰民间资金进入教育领域的相关政策,拓宽民间资金参与教育事业的发展渠道,着重解决教育内部落实民办学校与公办学校同等地位问题。

(2) 教育部亦正起草《关于鼓励社会力量兴办教育促进民办教育健康发展的若干意见》,力求解决长期困扰民办教育发展,涉及多部门协调的突出问题,如法人属性、分类管理、财政扶持、治理结构、政府服务等。

2. 积极指导民办教育改革试点

(1) 目前有23个省市提出了扶持民办教育的地方法规和政策文件。

(2) 温州市建立了推动民办教育综合改革的政策体系;江苏和福建确立了民办学校事业单位的法人属性;上海开展了非营利性民办高校示范校建设,并对民办学校资产进行监管。

(3) 江苏和广东深圳市落实了民办教育师生公平待遇;吉林华侨外国语学院完善法人治理结构;无锡太湖学院坚持公益性办学;形成了一批具有改革示范意义的典型经验。

3. 建立民办学校分类管理体系

(1) 分类管理是推进民办教育健康发展的重要举措,也是世界各国私立教育发展规范的普遍做法。目前,教育规划纲要提出"积极探索营利性和非营利性民办学校分类管理"的工作任务,也正选择部分省市积极开展分类管理改革试点。

(2) 在登记上,非营利性民办学校登记为非营利性法人,营利性民办学校登记为企业法人。

(3) 在管理上,两类民办学校执行不同的会计制度、收费政策。

(4) 在扶持上,对非营利性民办学校和营利性民办学校,实行差异化财政扶持和税费优惠制度。

4. 完善财政扶持政策

(1) 要健全政府补贴、政府服务、助学贷款、基金奖助、捐资激励等制度。

(2) 推动各级政府补助民办学校建筑、学生培养、教师待遇、贷款融资。

(3) 加强落实民办学校、学生资助工作的监督检查。

(4) 政府民间合组基金设立,对民办教育做出贡献者给予奖励,对捐资办学者给予大力支持。

5. 大力支持民办学校教师队伍建设

(1) 教师队伍是民办教育发展的核心要素,是提高教育质量的关键。目前民办学校发展存在一突出问题——教师队伍不稳定,总体素质与事业发展还存在较大差距。其原因是民办学校教师退休待遇与公办学校教师相比,仍存在较大的差距。

(2) 要加速发展企业年金、职业年金、商业保险,建构多层次性社会保障体系,使民办学校教职员工在医疗、住房、养老等方面,保障水平与公办学校基本相当,这是保障民办学校教育健康发展的关键。

6. 加强政府对民办教育的指导和服务

(1) 转变民办教育管理的基本思路,要求政府加强民办教育发展战略、规划、政策、标准等的制定和实施,加强市场活动监督,加大各类公共服务的提供力度。

(2) 要健全管理机构,转变政府管理职能,加强规划制定政策完善和标准实施,提高管理服务水平。

(3) 要规范民办学校办学行为,加强对民办教育的质量监控和财务监管,建立和完善督导制度。

(4) 要加强民办教育行业协会等社会组织建设,为民办学校提供专业咨询和指导服务。

7. 积极创新推动民办教育发展机制

(1) 积极推动民办教育体制改革试点工作,将试点改革的成功范例和经验上升为国家示范和制度。

(2) 搭建民办教育交流合作、共同发展的平台。成立非营利性民办高校联盟,组织一批坚持非营利办学、定位明确、管理规范、质量优良、特色鲜明的民办高校，引导民办高校非营利、公益性办学，树立民办教育的良好形象。

(3) 中央和地方要积极争取财政支持，建设好一批高水平、有特色，具有引领示范作用的民办学校。

五、两岸私立大学的合作交流

（一）两岸大学教育的交流状况

(1) 两岸大学教育的交流，可溯自1992年，台湾“立法院”通过《两岸人民关系条例》允许两岸教育交流的法律条文。但是，因为台湾政治情势朝野严重对立，始终无法实施。

(2) 2010年8月，“立法院”再度通过《两岸人民关系条例》《大学法》《专科学校法》修正条文(陆生三法)，正式开启两岸大学生教育交流之大门。虽然朝野立场有别，为勉强通过法律条文，有所谓“三限六不”原则，但总算两岸教育交流水到渠成。2011年陆生到台研修学生数有11229人，2012年陆生来台有15590人，2013年更达21233人。而台湾学生到大陆人数也高达有8500人左右。

(3) “三限六不”原则之执行，是一种权变措施，不尽合理和完善，它是政治对立下的一种妥协做法，为免在野党抵制的权变措施，在实施三年后看来，已不复有太大之限制和意义存在。

所谓“三限”，是限制双方交流的学校数、学生数及学科领域，一限只承认台生去大陆“985工程”大学就学毕业之学位；二限只允许陆生每年2000人来台就学；三限是不承认去大陆修读医科之学历文凭。

① 对一限之考虑，乃怕大陆产生磁吸效应，台湾大量流失学生去大陆就读，造成台湾大学院校生源更不足之困境。

② 对二限之考虑，是善意出发，怕大量陆生来台就学，没有做好陆生照顾工作，反而对交流造成负面效应，乃以每年全台大学招生数百分之一为上限考虑依据。

③ 对三限之考虑，台湾医科招生实行限量保护政策，每年只招生1300人，若承认去大陆学医科学生之文凭，则会有医生过剩之问题，会影响顶尖学生医学就读就业之意愿，对台湾人民健康保护会有不必要之担心。

所谓“六不”，是对陆生来台就学，一不加分；二不占台生名额，采外加招生名额；三不给奖学金；四不能在台打工；五不能参加公务人员考试；六不能在台就业。

其实，陆生来台就学很用功，成绩都很好，不需加分；陆生来台就读是外加名额，根本不会占用台生升学机会；至于不给奖学金，只要学校自筹或募捐，则不会受限；不能打工，则开放教学研究相关之工作机会；若要在台工作，则须毕业后先返大陆，再申请来台就学，以符相关法令程序要求。

（二）两岸私立大学合作交流状况

两岸私立大学均在为两岸培育有用人才，相互交流合作，互相分享办学理念和经验，其实是互补互利的。尤其是两岸同文同种，生活习惯、语言文化相去不远。台湾高等教育收费低廉，又比欧、美、日、韩、香港便宜；在国际高等教育评量成绩表现也很不错。台湾又保留有最完整的中华文化，确实在两方教育交流上有其一定的贡献和价值。

两岸私立大学的合作交流，近年来推展颇积极，也有不少成效可言。但大体归纳起来，可有下列几个方面之合作交流做法。

1. 互选学生研修学习

利用两岸校际合作交流机会，互选学生到对岸私立大学研修课程，彼此承认相互授予学分，拓展学生之学习体验和视野。

2. 办理假期参访活动

双方大学利用寒暑假办理对岸参访活动，或利用寒暑假办理冬夏令营活动，或在学期中举办“甲大学之乙大学周活动”，增进双方学生之联谊和生活体验。

3. 合办或轮办双方学术论坛

利用双方合办或轮办学术论坛之机会，增进双方私立大学之学术交流机会，分享彼此办学经验及学术研发成就的长处。

4. 建立双联学制

利用双方姊妹学校建立之策略联盟关系，平常双方教师、行政人员和学生有互相邀请访问的机会，彼此相互承认学分及学历。经由姊妹学校学习机会，互相承认毕业资格及学位学历资格证明。

5. 相互合作办理学校或分校

台湾正经由 WTO 精神规范，修订“设立自由经济贸易区”相关法规，允许境外大学来台设立分校，或允许外国大学来台合办学校。大陆目前也正积极推动外国大学来大陆合办学校，例如浙江宁波之“诺丁汉大学”，即为英国诺丁汉大学在大陆和宁波大学合办之新创全英语教学大学。

六、结语

(1) 两岸私立大学的设立，都是在为社会培育有用的人才，都具有弥补政府公办学校教育不足的作用。双方政府对私立大学之设立，都具有正面肯定和扶助发展之管理辅导政策依据。

(2) 台湾私立大学之定位，是财团法人，具有非营利性、公益性质的特色，政府会定期依法补助经费和奖助经费，以奖励和保障私立大学的优质发展。

(3) 大陆私立大学之定位，可任选登记为非营利法人和企业法人，二者民办大学之扶持有差异化财政及税费制度，亦有不同的会计制度和收费政策。

(4) 两岸私立大学未来在合作交流上均相互有所殷切期待，双方各有所长，能经由合作交流，可互采所需、互补其短。

(5) 两岸教育交流政策，双方均持正面看法，但因双方政治、社会、经济、教育环境之发展，仍同中有异。因此，未来仍需要双方秉持耐心，坚定信心，向前看，往前走，正向发展，相信不久必将会有突破性的发展。

参考文献

[1] 田芳华.私立大学与小区互动关系之探究[J]. 台北：教育研究与发展，2007，3(01)：83-87.

[2] 林本炫.台湾私立大学的设立经营和合并问题[J]. 台北：教育与社会研究，2005(12)：70-78.

[3] 汤尧，苏建洲.台湾私立大学校院教学质量、经济财务与社会服务绩效评估之探讨[J].南投：教育政策论坛，2008，11(03)：33-58.

[4] 赖永裕，郭佳如.私立大专院校创设支持组织与经营绩效关系之研究[J] .南投：教育政策论坛，2014，17(01)：69-97.

[5] 鲁昕.学习领会三中全会精神，促进民办教育健康发展——在2013年中国民办教育协会年会上的讲话[R].江苏无锡，2013.12.15.

（该文是作者参加2014年9月19～20日在广西外国语学院举办的首届"桂台民办(私立)高校高峰论坛"会上的演讲文稿。）

作者简介：

吴清基，男，1951年出生。教育学博士，教授，台湾知名学者，曾担任台湾前教育部门负责人，现任台湾教育大学总校长，一直在积极推进两岸特别是桂台高等教育的交流与合作。主要研究方向：教育学，教育发展与管理，两岸高等教育交流与合作。

（审稿：韦克俭）

桂台高等教育发展及经验启示

广西民办教育协会秘书长　吴桂就

摘要：本文以比较教育研究方法，对台湾和广西民办高等教育的发展历史及现状进行了深度剖析，着重从管理体制、质量评鉴、政策扶持、招生制度改革等方面点评了桂台民办高校发展的异同，并在学习台湾民办高等教育发展经验、破除两地教育发展瓶颈的大局上提出了双方今后加强合作发展的意见和建议。

关键词：广西和台湾　民办高等教育　发展的经验

桂台两地高等院校在不同的历史环境、经济条件和社会背景下经历了不同的发展历程，为发展高等教育、提高公民素质、促进经济社会发展做出了积极贡献，创造了许多有益的经验。

广西2013—2014学年有普通高校76所(其中6所为成人高等学校)，在校生约90.8万人(其中成人教育学生22.7万人)，每10万人拥有本专科大学在校生1924人，高等教育毛入学率25%。全区共有民办(私立)高校22所(1所在建中)，在校生131000人。其中11所本科独立学院，校均在校生9200人；10所民办高职院校，校均在校生3000人。广西民办(私立)高校分别占全区高等院校数的28.9%和在校生数的15%，整个教育体系以公办为主。

台湾现有高校161所，其中专科学校13所，独立学院51所，大学97所，在校生35万人，校均在校生2147人，每10万人拥有本专科大学在校生5822人。台湾每百万人拥有1.7所高校，其中台湾私立大学院校约占高等教育机构的65%，在校生约占70%，高等教育体系以私立为主。20世纪80年代末，台湾高等教育即已实现大众化，至90年代后期迈入普及化教育阶段(毛入学率1991年为32.4%，2001年为63%，2004年为78.6%，2006年达到90%)，台湾民办(私立)高校承担了大部分人口高等教育的任务。

从以上的数字可以看出，广西高等教育大众化程度偏低，每10万人口在校生数、大学教育普及程度指标台湾均高于广西许多，而这一数据是由私立高等学校实现的，可见台湾民办(私立)高校对高等教育普及化的贡献巨大。台湾依靠民办(私立)高等教育走出大众化和普及化的路子，并且已经跃居世界前列，其经验值得我们重视和借鉴。

一、高等教育在适应经济社会发展的过程中不断调整、改革和发展

台湾私立高等教育的发展与台湾经济发展有着极其密切的关系。经济的快速发展为私立高等教育提供了广阔的发展空间并积累了物质基础，成为私立高等教育发展的强大

推动力。反过来，私立高等教育的发展也促进了经济的持续发展。1955年以前台湾私立高等教育为初创起步期；1956—1971年，台湾经济迅速发展，急需各种高级专门人才，强调实用学科教育，因此专科层次的高等职业教育得到了大力发展；1972—1984年，台湾经济受能源危机的冲击面临重大转折，私立高等教育政策也转为限制和管控，主要是通过整顿、提高，使质量上有所提升；1985—2003年，台湾私立高等教育逐步走向市场，得到自主的发展，这一时期台湾经济向技术密集型转型，对人才的质量和数量都提出了更高的要求，单靠公立高校已无法适应新的形势发展需要，只有动员全社会来办教育，才能满足社会对高等教育人才的需求，台湾当局顺应时势，颁行了《私立学校法》和各种教育行政管理办法，放松对高等教育的管制，使民办(私立)高等教育迅速发展起来。同时，高等教育加速向大学和研究生教育层次发展，由此建立了由低级到高级相互衔接的多元化高等教育体系，有效解决了经济社会发展过程中高等教育容量不足、人才紧缺的矛盾。2004年后，台湾经济面临国际化的冲击，教育市场也受到"国际化"的冲击，各项教育政策走向更为开放，教育经费和各种资源供给通过评鉴、竞争获得，私立高等教育进入竞争白热化阶段。

广西在大陆属于西部欠发达地区，经济比较落后，教育基础比较薄弱，因此，高等教育总体上比全国相应落后。民办教育起步晚，总量不够大，质量不够高。2006年，广西发展和改革委员会印发《广西教育事业发展"十一五"规划》，认为广西的"民办教育发展尚处于初始阶段，还存在一些环境性制约因素"。这一时期，广西面临西部大开发、建立中国-东盟自由贸易区等一系列重大利好，经济社会发展已经开始迈入快车道，对高级人才提出了更大的需求，高等教育需要加速发展，这使民办(私立)高等教育也同期获得了重要的发展机遇。面对这一历史形势，广西教育决策部门明确整个"十一五"期间，将"在本科高等教育层面，重点支持独立学院的发展；在专科高等教育层面，继续支持稳步发展民办高等职业教育；在高中阶段教育，重点支持发展民办中等职业教育"。当时(指2004学年)，广西计有民办专科院校5所，其他民办(私立)高等教育机构4所，在校生4829人；依托本科高校举办独立学院8所，在校生2975人。除邕江大学(现南宁学院)在20世纪80年代批办外，8所本科独立学院和5所民办(私立)高校多是在21世纪初批准筹建的。经过10年来的建设，目前广西民办(私立)高校已经发展到22所，在校生从7804人发展到131000人。

从以上可见，高等教育事业的发展，同经济社会的发展密切相关，经济社会的发展促进了高等教育发展，同时，高等教育的发展也反过来促进了经济社会的发展。从广西来看，民办(私立)高等教育起步比台湾晚了整整50年，教育规模总量不大，质量不高。因此，广西的民办(私立)高等教育无论是制度、管理、经验、资历，抑或是数量、质量，与台湾相比都有着较大的落差。

二、加强质量评鉴，提升教育质量

从20世纪80年代开始，台湾高等教育成功引进美国的"绩效责任"评价思想，逐步构建了一套包括师资、课程、教材、教学方法、实验设备、教学研究成果、毕业生就业等在内的比较完善的高等教育质量评鉴体系。1991年始，台湾又加推中程校务发展计划之相关访视活动，并持续到现在。在此基础上，1997年又发展为大学整体校务综合质量议事评鉴。

台湾将高等教育评鉴的结果作为大学奖励补助的直接依据。这些年,台湾高等教育不断加大教学评鉴的力度,以评促改,以评促建;注重大学校园国际化的水平;逐步纳入国际高等教育的认证认可组织轨道;在评鉴项目、评鉴步骤、评鉴院校分类、专业分类以及评鉴结果的处理上都有鲜明的特色,而且在行政主导和社会中介运作的结合中,民办(私立)高校在教育评鉴中拥有一定的发言权,可较好地保证教育评鉴的公平公正和切合实际。

近年来,广西教育行政主管部门引导高校不断深化教学改革,优化学科专业结构。按照扶需、扶特、扶优的原则,支持发展与广西经济社会发展密切相关的专业,特别是与战略性新兴产业相关学科专业、特色专业和紧缺专业建设,支持各高校的传统优势专业建设。对办学质量低、就业水平不高的专业实行预警、退出机制。建立和完善高校办学水平评价制度,建立以学校自我评估为基础,政府、学校、专门机构和社会多元评价相结合的教学评估制度,实施高等学校分类考核评估,评估结论向社会公布。目前广西已启动实施高校分类定位规划评议工作。从实践上看,广西的质量评价虽然已经全面展开,但具体操作还停留在行政主管层面,高校的积极性、主动性严重不足,引进社会第三方评估尚未见到,因此,评估的社会参与度及客观公平性还有待观察。

三、制定特殊政策扶持发展民办(私立)高等教育

台湾当局比较重视民办(私立)学校的均衡发展,多年来一直采取措施扶持发展民办(私立)高等学校。为了缩小公立与私立大学之间的差距,不断提高对私立大学的奖助比例。这项工作早在20世纪80年代即已全面展开。1994年,台湾成立"教育改革审议委员会",为台湾的教育政策提供了很多建议。总咨议报告书中提出:以竞争代替管制,根据评鉴的结果,给予经费上的补助,是缩小公私立大学资源差距的有效途径。至1998年,台湾当局对私立大学的奖助比例即已达到了学校经常性收入的20%。

台湾当局不仅在经费上对民办(私立)高校进行奖助,同时,在学校设立上给高等学校放松限制并且预留空间。1996年提出:公立大学数量不宜再予扩充,以免造成资源紧缩压力,并影响私立学校发展的空间。同时,将鼓励各校自行调整内部系所,此外也鼓励部分规模过小、缺乏经营效率及竞争能力的学校与其他学校合并,建立多校区大学,使资源有效利用;私立学校应逐步走向市场,使社会资源投入高级人才的培育,减轻当局财政负担。由此,台湾私立高等学校发展速度急剧上升,不到20年,私立高校数量增加了50%。

广西对于民办教育发展也给予了高度重视,并在法律和政策上给予支持。1992年《广西壮族自治区教育条例》第七条就明确提出鼓励企业事业单位、个人和其他社会力量办学。2011年,自治区人民政府办公厅印发《关于促进民办教育发展的意见》(桂政发〔2011〕84号),提出要积极鼓励、大力支持、促进社会力量以独立举办、共同举办等多种形式兴办教育,"建立以政府办学为主、社会各界共同参与办学的格局"。该文件提出了一系列关于对民办教育的扶持政策,包括建立公共财政对民办教育的扶持制度,政府委托民办学校承担有关教育和培训任务,拨付相应教育经费。实施中职学校基础能力建设和实习实训基地建设项目、高校质量工程、示范性高职院校建设及高职院校教育基础能力建设等项目时,民办学校与公办学校同等对待;对招生达到一定规模,且出资人不要求回报,办学

条件达标，依法规范办学，财务管理规范，年度检查合格的民办高等院校，通过以奖代补方式给予适当支持。实行民办教育教师参照执行与事业单位一致的养老保险制度。县级以上人民政府可根据本行政区域的具体情况设立专项资金，用于资助民办学校。在国家现行政策规定范围内对民办学校给予税收优惠：对符合规定的从事学历教育的民办学校提供教育劳务取得的收入免征营业税；符合国家有关规定的民办学校用于教学及科研业务的自用房产和土地免征房产税和城镇土地使用税。依法落实民办（私立）高校法人财产权，减免资产过户费和服务性收费。

实际上，受经济欠发达的局限，广西对民办教育的扶持政策力度并不大，有些政策因为管理体制等原因（如分级管理、分级负责、责权下放等）而未能落实，也无法像台湾那样按学校经常性收入的 20%对私立大学实行奖助。更无法像台湾那样，管控公办高校的发展，给民办（私立）高校发展预留空间。广西的现实情况是：一方面政府财政严重不足；另一方面又允许公办高校四处圈地，异地办学，此消则彼长。这种稀释公办教育资源无限扩张的做法，有多重负面影响，既影响自身办学质量，又压抑了民办（私立）高校的发展。比较台湾管控公办高校扩张发展的做法，双方的政策以及由此而衍生的教育效果显然有较大差距。

有必要指出：长期以来，广西以财政经费为主负担高等教育，这种体制已不能适应和满足市场经济发展的要求和人民群众的教育需求。因此，只有大幅度改变单一的国有化教育体制和投入机制，实行多元化办学，采取激励机制，推动民办（私立）高等教育大发展，实现高等教育在广西的普及。

四、改革招生考试制度，实行多元化招生体制

台湾因为高等院校多，早在 20 世纪 90 年代初期每个高中应届毕业生都有机会进入高等教育学府，职业高中毕业生也有 18%能够上职业技术院校。即使在如此高的升学率情况下，高中生升大学的竞争照样激烈。1994 年台湾爆发了“4·10 教改大游行”，要求尽快推行招生考试制度改革。在这样一个大的背景下，1996 年，台湾专设“教育改革审议委员会”司职教育改革事宜，提出了改革“大学联合考试和联合招生制度”和建立新的“大学多元入学制度”的框架设想，并于 1997 年开始组织试行。到 2003 年，台湾当局针对试行过程中出现的弊端进行了简化、修正和完善。经过 10 多年的尝试实践，目前，一个比较完整、成熟、理念与结果相一致的“多元入学方案”已逐渐被台湾民众、高教界和基础教育界接受。台湾“多元入学方案”，是一个学生和学校都可以选择适当的路径，达到适当的人才进入合适的高校的选择系统。这个系统包含着“招考分离”“两类院校”分别操作、基础学科考试、指定科目考试、甄选入学和考试派发等重要组成部分，方案既保证了多元性，又保证了公平性，使学生和学校人尽其才、各适其所。

多年来，广西高等教育的招生考试制度，同样以考试选择为主，基础教育受到高考指挥棒的影响特别严重，学生的个性化发展不足，故社会诟病较多。实际上，受教育部统一管理，单一省区难以自主改革，这是全国普遍存在的通病。虽然如此，广西在招生考试领域也积极地开展了改革探索，但早期的改革仍然没有脱离考试这一指挥棒，主要陷在学科的增加或减少，即所谓“三加 X”之类。近年来，开始尝试部分学校自主招生、中专＋专科

连读、高校招生注册入学等。可以说，招生考试制度的改革步伐已经迈开。在这一方面，广西有必要像台湾那样，加强招生考试制度的顶层设计，努力构建一套多元化、多途径、上下连动、纵横结合、相对完善的招生考试制度体系。

五、需要正确处理教育发展中有关规模与效益、数量与质量的关系

不可否认，台湾高等教育在20世纪快速发展，普及了高等教育，提高了人口素质，带动了台湾经济社会的发展。但台湾高等教育存在过度扩张的弊端，进入21世纪以后，台湾社会少子化导致人口出生率下降。高校多，生源少，使高校招生极度困难，学生少导致教育经费严重不足，进而出现学费高昂、教育质量下降和高失业率等诸多问题。台湾高等教育在历史上过度扩张带给我们的启示非常有借鉴意义。这里面有一个规模扩张必须注意经济与社会效益相结合、数量增长必须以提高质量为前提、教育扩张必须讲究可持续发展等一系列问题。广西目前在民办院校不太景气的情况下，完全没有必要再增加新的校点，而应该重点放在加强管理、积极引导、奖励扶持、均衡发展，努力做到规模与效益、数量与质量的高度统一。

六、对广西与台湾民办（私立）高等教育合作发展的建议

（一）抓住机遇，推动合作

中国-东盟自由贸易区建成和每年一度的中国-东盟博览会、中国-东盟商务与投资峰会在南宁召开；当年孙中山先生《建国方略》中规划建设钦州港为“南方第二大港”已经初具规模；泛北部湾经济合作已经成为潮流，东部地区的产业正向广西加速转移。国际经济学界泰斗、诺贝尔经济学奖得主、“不对称信息条件下的经济激励理论”创始人詹姆斯·莫里斯教授和“最优货币区理论”的首创者、被国际学术界誉为“欧元之父”的罗伯特·蒙代尔教授称广西将在泛北部湾经济合作的大背景下，成为世界经济发展的新增长极，这一切使广西成为世界关注的热点。桂台高校高峰论坛此时此地召开，可谓顺天时、集地利、聚人和。广西经济的大踏步发展，势必为高等教育创造更多的人才需求，创造更好的条件、更大的机遇，从而带来高等教育的更大发展。因此，桂台两地民办（私立）高校应该顺势而为，加强双方的合作，争取在这一轮经济发展大潮中有所作为。

（二）瞄准方向，促进发展

如何合作，这是一个值得双方认真考虑的事情。我们知道，台湾地区受少子化的影响，目前高校招生困难，形成了高校教育资源丰富，但面临生源十分紧缺的窘境，这一矛盾短期内很难解决。因此，许多高校寄希望于到大陆来扩大招生。这一想法虽然很好，但实际上很难操作，由于体制局限，双方的教育制度、学历文凭等还没有相互承认，还有地理环境和生活水平等多种原因，台湾高校想到大陆招生这条道显然不可直通。但“不直通”与

"不通"是两码事,这就需要找准切入点,逐步推进,不断提升,从而推动双方合作办学。

1. 从学习交流上推进合作办学

台湾重视活化入学渠道,营造弹性学习体系,放宽修业年限,树立终生学习态度;持续检讨大学多元入学方案,扩大学校招生选才及学生选校空间,改进弱势学生升学优待措施;实现"高中均质、区域均衡"目标;营造国际化学习环境,迈向国际化教育等,这些做法都很有意义。特别是在鼓励私立办学、多元化招生、构建质量评鉴体系、办好特色高校等方面,积累了丰富的经验,很值得广西教育同行参照,通过学习交流,取人之长,补己之短。

2. 从人才引进上推进合作办学

由于广西民办(私立)高校多数还比较年轻,资历、经验不足,高素质教师紧缺,管理人才储备不够,导致办学管理力不从心。台湾高校恰好在这一方面属于强项,教师学历高,管理人才充裕。广西高校完全可以通过交流学习、引进人才等多种方式,加强学校管理,这种人才引进方式,可以有效扩大广西高校视野,提高自身的管理水平,促进学校与台湾甚至国际方面的交流与合作。在这一方面,广西外国语学院走出了一条成功的道路,大家可以直接向广西外国语学院取经学习。

3. 从学制衔接上推进合作办学

台湾从大陆大规模招生的想法虽然不现实,但双方高校可以采取学制衔接的办法,推动合作办学。具体设计上可以走"3+1"或者"2+2"的办法,教学在广西,最后一年或两年以台湾高校的名义继续教学,发广西高校和台湾高校双文凭。

4. 从学科建设上推进合作办学

目前,广西正在强化大学分类建设和管理,启动高校转型发展应用技术大学试点工作,推动部分本科高校转型发展,并启动高职试点举办本科专业。大学向应用型转型,将会出现各类人才培养职能分工,这需要深化院校内涵建设,根据各自学科优势,找准定位,及时调整办学目标,有的院校,可以加大培养研究生的力度;有的院校,则重点突出应用性职业技术教育。台湾地区高校很早以前就已完成了转型工作,在举办应用技术大学方面有成熟的经验体会。在当前态势下,双方合作,对于加强广西高校软、硬件建设,主动应对高校转型升级具有重要意义。

(三)建立机制,稳步前行

桂台两地可以考虑以协会为基础,以论坛为平台,建立常态化的交流机制,由于双方政治体制还属于敏感问题,所以,需要逐步探索,稳步前行。要加强信息沟通、项目带动,在合作中增进理解,促进双方交流、合作,互惠共赢。

参考文献

[1] 刑慧慧,吴言荪,杨天怡,等. 台湾私立高等教育发展初探[J]. 高教探索,2008(6).

[2] 王焕芝. 试论台湾高等教育发展的特征——20世纪80年代至今从大众化到普及阶段[J]. 洛阳师范学院学报,2009,28(1).

[3] 谢海涛,杨苹. 前车之鉴,台湾高等教育过度扩张带给我们的一点启示[J]. 中共银川市委党校

学报,2010,12(3).

(该文是作者参加2014年9月19～20日在广西外国语学院举办的首届“桂台民办(私立)高校高峰论坛”会上的演讲稿。)

作者简介:

吴桂就,男,1952年出生,广西钦州市人。1978年大学毕业,在广西壮族自治区教育厅从事教育行政管理30多年,正处级干部,研究员职称。主要研究方向:文化学,古典文学,教育管理,桂台教育交流合作研究。

(审稿:韦克俭)

台湾民办高等职业教育发展策略

——以中州科技大学为例

台湾中州科技大学董事长　柴御清

摘要：台湾高等教育近30年来蓬勃发展，大学校院急剧增加，特别是技职校院以培养经济建设所需人才为主，在经济发展与区域建设中扮演着非常重要的角色，发展最快。本文介绍台湾技专校院发展对台湾地区技术人才的培育，技专校院学制以多元适性方式大量培育社会所需人才，技专校院发展与成长，技专校院面临的困难，技专校院的发展机会和台湾中州科技大学的具体发展情况，指出了教育的创新与改革是提升国家竞争力的投资，政府、产业界和学校都应该关注和重视。

关键词：台湾高等职业教育　技职校院蓬勃发展　中州科技大学策略

一、前言

近30年来台湾高等教育蓬勃发展，大学校院急剧增加，相对于教育市场的快速扩充，人口素质的改变影响了社会产业结构的变化，全球化的浪潮更加重了竞争力的需求。尤其技职校院以培养经济建设所需人才为主，在经济发展与区域建设上扮演着非常重要的角色。

技专校院的发展无法独立于宅院，必须面对“未来思考”(Futures Thinking)的主轴，世界经济合作暨开发组织(The Organization for Economic Cooperation and Development，OECD)(2007)认为“未来思考”是在反映下一个10年、15年甚至20年的基本的变迁，而“未来”本就是不可预测的答案，也是教育政策制定者和所有关心教育议题者必须深入省思之处。

技专院校配合经建发展，培养经济建设所需要的人才；由于技专校院发展快速，未来数年内技专校院的发展面临外在环境变迁之冲击，竞争环境日益激烈，如经营不善即面临招生不足之困境，将是一个极为重要的关键阶段。包括技术人才的培育、多元适性的发展、课程与教学的内涵、经营型态及研究发展等，均将面临重大的挑战与考验。

二、技专校院发展——主导台湾地区技术人才的培育

台湾的技职教育一直与经济建设与发展密切配合，自20世纪50年代初开始，设立初级职业教育初中，为工、农、商业的职场提供初级的工作人才；及至延长九年国民义务教育于1968年实施，将初级职学改制及创立高级职业学校，继续为各行各业培育基层人才；20世纪60年代政府开放私人兴学，大量扩充专科学校；1965年扩大办理五年制专校及专

科以上学校夜间部推广教育;1968年二年制专科学校设置,教育主管部门正式成立专科职业教育司。之后逐年调整高中与高职学生比例,由六比四,至1980年调整为三比七。更为适应经济发展及配合加工区的需求,试办轮调式建教合作班,创造出台湾经济发展奇迹,为经济发展立下汗马功劳;而后,"国中生"实施实用技能班技艺教育,毕业后以高职为主要修业管道,强调因才适性。高职以培育基础技术人员为宗旨;专科学校培育中级实用人才,以教授应用科学、养成技术人才为目标。1996年间,政府鼓励专科改制技术学院,技术学院改名科技大学,一贯的技职教育体系于此已然成形。

技职教育白皮书(教育主管部门,2000)指出:技职教育随着经济成长、社会变迁、科技发展变化,所提供人力的质与量,有不同的意涵及范围。由于受到产业结构变动,科技进步快速的影响,不断有新设备的出现、新方法的应用、新职种的产生及旧职种的消失,此现象使职业技能生命周期缩短。面对国际竞争激烈、社会变迁快速、知识爆发冲击,促使产业朝向自动化和不断升级的方向迈进,且高科技产业和服务业人力需求增加,职场要求工作者必须具备良好的基础能力,终生学习的能力、态度和习惯。技职校院亦随之进步,面临求新求变的创新发展。

"提升国家竞争力,增进国民生活质量,促进永续发展,成为现代化开发国家"是政府追求的愿景。面对此一愿景,技职教育应该配合国家经建政策需求及适应高科技发展趋势,培养健全的技术与管理人力,以提升国家竞争优势。

三、技专校院学制——以多元适性方式大量培育社会所需人才

自从2001年联合国教科文组织(United Nations Educational,Scientific and Cultural Organization,UNESCO)发布一项声明,认为技职教育是教育体系里非常重要的一个面向。尔后UNESCO在2005年对技职教育下了一个广义的定义,在普通教育之外研习科技与有关科学,以习得和经济与社会生活各部门职业有关的实用技能、态度、理解与知识之教育历程都跟技职教育有关。UNESCO提出技职教育的重要性后,已开发国家都很积极响应,并调整修订技职体系的相关政策,如芬兰、德国、瑞士、日本与韩国等,都致力于营造技职教育的吸引力、确认相关证照与提升技职教育的地位,也是台湾教育强调适性发展的深层意义所在。

《中国教育行业白皮书》的内容分成"国民基本教育(K-12)""职业技术教育""大学教育暨国际化及全球人才布局"三大主轴,其中"职业技术教育"重点政策包括办理产业学院、建置合作平台与研订技职专法等。不管是技职教育或是普通高等教育,国际化人才都很重要。一般而言,技职教育学生家庭社经背景较低,加上技职教育的社会地位不如一般高等教育,而有普遍呈现弱势的现象;因此建议技职学生要特别加强英文能力,以利未来职涯发展与产业国际接轨。在台湾现代化的历程中,技职教育一直扮演着促进经济成长的推手,培育了质与量俱佳的实用专业人才,并催生许多"隐形冠军",缔造举世赞誉的"台湾奇迹"。台湾的技职教育正透过"典范科技大学计划",在人才培育、产学研发、与产业接轨等领域找回"务实致用"的核心价值。近年来,随着社会经济结构变迁,技职教育大学

化，注重学术发展，与产业人才需求脱钩，如不能尽速找回技专校院应有的发展定位与核心价值，预料未来在少子女化问题冲击下，技职教育体系将丧失其特色及人才培育的功能。

如今，国际竞争激烈、社会变迁快速、知识爆发，产业朝向自动化和不断升级的方向迈进，且高科技产业和服务业人力需求增加，职场要求工作者必须具备良好的基础能力，终生学习的能力、态度和习惯。技职教育政策向来着重与产业的紧密联结，如何配合重点产业发展，适时调整系、所、学程以实时补充所需之技术人力是其重点方向。以当前重点规划的六大产业而言则是技职校院是否能配合课程系所整合规划，带动校院未来发展，吸引生源就读。而归结"务实致用"之理念，主要在于各层面能到实践；因而，结合时势所趋之生物科技、绿色能源、精致农业、观光旅游、医疗照护及文化创意等六大产业，技职校院应可归纳整理出适合学校特性及未来发展方向，在外在冲击不断的困境中，找出具有校适性的蓝海策略。

四、技专校院发展与成长

技职教育的核心价值在于务实致用、促成产学长期合作及人才培育，在发展与定位上应有别于一般综合大学。为使科技大学发挥实务特色，建构产业创新研发的环境，带动产学合作人才培育及智慧财产加值的效益，教育主管部门于 2012 年度编列新台币 4.5 亿元预算试办"发展典范科技大学计划"并于 2013 年正式推动(实施期程 2013 年 1 月 1 日至 2016 年 12 月 31 日)，希望引导学校依托自身背景条件优势，配合产业需求及相关资源，建立整合型的人才培育及产学研发机制，并以此"典范"引导及带动其他技专校院。

1. 体系完整独立

"行政院经济建设委员会"(2009)提出：完善国际化营运环境、积极引进与开发高质人力和建立全球化链接来强化基础环境建设，开展千兆元产业倍增发展策略，发展突破性创新科技与整合应用，争取成为优质平价市场营运枢纽，促成成熟产业价值创造与扩张，作为扩大产业规模的关键。进一步借由提高智能资本与深耕关键技术，扩大设计价值链提高附加价值及推动本土需求型实验计划，发展地方特色产业，强化核心竞争力，作为激发产业突破瓶颈的动能为蓝图，以促进产学合作、提升产官学的沟通协调，带动技职教育互动机制，提供业界助力及产业升级发展平台，共创共荣与共赢局面。

2. 鼓励私人兴学

当前台湾地区经建发展受到经济自由化及产业信息化两股力量的影响，这两股力量也主导世界经贸的发展，促使各国生产、贸易、企业经营、生活型态及社会产生结构性的改变，无国界地球村也逐步形成。面临此一冲击，必须及早突破产业升级瓶颈，以加速经济转型，提升整体国力。适应新世纪发展趋势的经建政策，或产业结构的调整与改善，都需要有高素质的技术人力，技职教育将培育高素质技术人才，以利加速推动台湾地区经建的发展与转型(技职教育白皮书，2000)。因此，掌握产业脉动，对于技职校院的发展规划是极其重要的。教育主管机关在面对全世界教育环境的大幅改变下，鼓励私人兴学，让教育更具有多样性与普遍化。

3. 产学互动配合

针对缩短学用落差强化产学合作，到底是学校的责任或是企业应共同负担，并没有提及。但是，学用落差并非全是学校的责任。假如把学用落差全推给学校十分不公平，毕竟大学不是职训中心，若是从职训中心结业，当然必须要立即能上工；但学校不能定位为职训中心，毕竟大学基本教育并不是只教导学生实作，大学还有许多功能，如社会功能、群体生活功能等，因此企业不要把大学定位成职训中心，企业若要毕业生立即就能工作上手，必须协同合作把最后一里做好。

企业有责任与学校共同培训人才。例如“产业学院”，虽说是建立学校与业界共同培育人才机制，但特别着重于鼓励科技校院，办理针对职场与产业需求之学分或学位学程专班，对于企业参与并无规定实质责任。中州科技大学强调产学互动配合，因此提出学生在课业学习上，能够兼具与企业实务工作结合，包括计划案合作、结合企业委托项目办理与企业提供工读或实习以及企业委托市场调查案等。另外，在企业专业人员协同教学上，重视全学期之业师协同教学（教育主管部门补助案）、部分时间的业师协同教学与主题式的业师协同教学，让学生在学习上能展望未来与充实自我。

4. 学以致用

各类型职业或协会组织，应该要参与人才培育，让技专校院的学生在专业技术上有学习的目标，政府机构更应逐年更新高职及技专校院系科与产业需求相对应之专业证照，通过各项考照辅导及见习，鼓励学生取得业界所需之专业证照。目前，部分由“劳委会”所发的专业证照已不符合业界所需，若能由企业、专业组织的公会与政府单位，一同制定专业证照所需技能，一方面可确保学生在校所学的实务技能为业界所需；另一方面通过证照鉴定进一步确立技能合格。

中州科技大学在实用课程上，强调几项观念：①实际经验是最重要的，原则和推理是次要的；②理论、信仰和观念是否真实，在于它们是否能带来实际效果；③理论是对行为结果的假定总结，其价值取决于是否能使行动成功；④实用课程是可以解释师生教与学互动后，对学习者能产生什么效果；⑤实用课程强调行动优于教条，经验优于僵化的原则；⑥实用课程是借由结果来验证理论或概念的真实性；⑦实用课程是培养学习者能“带得走”的知识与技术；⑧实用课程是培养学生谋生的“核心能力”。

五、技专校院面临的困难

台湾少子化的问题日益严重，但是相对的大专校院不减反增，生源减少，因此招生不足及困难的程度亦逐年增加。另为教育质量提升的问题。从 1997 年教育主管部门鼓励技术学院改制为科技大学后，技职高等教育大量聘用博士学位师资，以提升教师素质，相对挤压实务专长教师，因此除鼓励具有实务专长教师继续取得博士学位，还必须鼓励教师进修实务知能，多参与产业合作计划。还有面对国际竞争（国际化）及知识经济（终生学习）等，这种种问题，都是技专校院面对的挑战（王国明，2008）。另外，技专校院与普通高等教育相比，台湾的高等技职教育相对性较未受到重视，主要原因在于近年来技职学校大量改制升格，让高职学生逐渐以升学为导向，导致技职教育定位不明，学子进入职场发生学用落差等情况。高雄第一科技大学陈振远校长举例说，技职体系学校的目标是鼓励学生走实务路线，但以往技职学校升格的条件之一为，专任助理教授以上高阶师资须有一定比例，各校为求早日升格，因此增聘许多具有博士学位之教师，造成师资多以学术导向为主。这也使技专校院出现必须面临如下困境。

1. 改制四技（日间部四年制）后，丧失原来技职教育特色

技专校院改制为技后，技职体系的教师升等比照《大学法》，重学术而轻教学与实务技能，大多数技专校院教师较缺乏实务经验。此外，全台湾技专校院仅占三成高教经费，然而技职体系学校教学上所需之机器、厂房与相关设备经费需求实高于普通教育。实作教学的预算都不足，更难论增加设备以供学习。由上述因素归纳，在目前情况下要培育技职专业人才可说是巧妇难为无米之炊。中州科技大学有崇高的办学理念，坚持技职教育特色，并强调学生必须有毕业时的门槛，包括以下几项。

（1）日四技（日间部四年制）学生至少通过相当于 CEFR 英检测验 A1 级以上。

（2）日四技（日间部四年制）学生于在学期间必须取得信息能力鉴定考试证照。

（3）日间部四年制学生应于在学期间取得各系自定义之专业证照等，让学生在进入职场前，具备最基本的素养与能力。

学科属于高职特性，转型面临困境，技职学生背景大多是提早分科、专业较早熟，人文通识语言教育不足，价值观念较狭窄，信心不足，较追求短期目标，就业初期具优势但长期而言却形成劣势。在课程安排上大都属于高职体系的衔接。因此，建议培养优质专业人才，各校应依其资源条件有不同定位，发展不同特色，依其定位及特色规划基础核心课程，吸取多元文化精华，强化教学资源整合，建构以学生及学习为主之校园，加强学生阅读，培养口语及书面的整合表达沟通辩证能力、团队合作能力、领导力，进行跨领域实务训练，加强与业界合作，跨领域特色中心（研究团队培育产学合作、技术研发、专利技转、师生创业），进行基础工具训练课程。

2. 所招收学生的素质往往落于后段

面对高等教育竞争激烈情势，技职校院应如何走出自我特色，甚至根本解决招收后段学生的窘境？目前，区内大专校院数量众多，许多私立大学办学绩优直追“国立”学校，私立大学较自主，不受政府僵硬人事、会计制度的束缚，并具备企业化经营之观念；反观“国立”大学，虽然在资源及人才素质具竞争优势，但受限于政府法规规范，较缺乏弹性，教职员工在心态上，无法体认教育市场进入全球化竞争之趋势，较无忧患意识，因缺乏共识，无法有效整合资源。一般大学利用现有之优势，并体认教育市场之改变，朝向企业化经营，以市场与顾客为导向，全面进行资源整合，提供国际水平的服务才有竞争力。因此，技专校院更应以不同性质的特色，在创新经营策略上提出迥异的内涵，这也是竞争力的表现。

3. 现行教育方式，无法提供产业升级所需人才

依靠技职教育培育务实致用的技术与专业人力，是产业竞争力的关键要素。教育主管部门在 2010 年提出“技职再造”方案，技专校院以培养务实致用的专业技术人才为目标，课程应与职场需求紧密结合，并以就业为导向，希冀凸显技专校院与普通大学不同之实务特色。随后在 2013 年 8 月 30 日“行政院”核定第二期技职再造方案计划，提出制度调整（政策统整、系科盘点、实务选才）、课程活化（课程弹性、设备更新、实务增能）与就业促进(就业接轨、创新创业、证能合一)等三大面向,要求各校无论是设备更新或课程规划,都要与业界密切结合,共同培育企业所需人才,其核心目标就是让学生毕业后都具备专业能力,借此活化技职教育。

中州科技大学在业界结合上,积极引进业界师资增加学生的实务经验,包括金马奖最佳摄影奖张展老师、员荣医院张克士院长与鼎新计算机信息学院王敬毅总经理等专业人士。因此,在2012学年度全校引进业师50人,选课人数为1995人,充分提升学生在与业界实务上的成长。

六、技专校院的机会

21世纪是信息化、科技化、国际化与多元化的社会,也是个终生学习的社会。未来数年内,技职教育的发展将是一个极为重要的关键性阶段,包括技职教育的理念、制度的变革、课程与教学的内涵、经营型态及研究发展等,均将面临重大的挑战与考验(技职白皮书,2000)。技职校院面临的挑战非常多元,有外在环境的险峻,更有内在组织的阻力,威胁步步进逼,但也有些学校看到了机会。

1. 适应中国的崛起

大陆1200多所专科学校,每年毕业约300多万人,仅5%可升学。台湾技职院校很希望开放大陆专科毕业生到台湾读大学,因为大陆三专毕业生很少有机会升本科(大学)。开放陆生来台修读学位已一年,教育主管部门最近透露的信息是,将修订陆生来台的规定。其实台湾教育界最希望招收大陆"专升本技"职科系的学生来台读大学(大陆称大学为本科),但是其中牵涉到的还是学历认证的问题,是否能解套,教育主管部门已在积极研究中。"我们想要大陆的学生,但大陆想要我们的老师。"如今,开放陆生来台因为限制多,只收到了少数的学生,但大陆的老师、校长已不断来台培训,台湾还有多少时间招收陆生?因为少子化,台湾技专院校招生名额已由4万多名降到只剩2万多名,而大陆的技职教育只到三专,很多学生希望能再进修大学学位,却苦无机会。目前的研究是,台湾的学校到大陆去设80学分境外专班,招收大陆高中及职高毕业生就读,取得台湾二专"同等学力",再来报考台湾的二技,或依转学办法插班读大二或大三。但问题是80学分境外专班在大陆属于推广教育范畴,无法转换为"学位"学分;且大陆地区学生学籍需要经过大陆教育部单位认证才有效,台湾单方面承认其"同等学力"来台衔接大学,还要看大陆是否同意放行陆生来台"专升本",因此这个部分仍有待两岸协商,也是未来技专校院的挑战与机会。

2. 一般大学教改未见起色

"经济部"(2008)提出:民之所欲与科技发展的众多可能,台湾无法再以过去单一目标、集中发展为考量,仅仅重视一般大学教育发展,忽视技专校院在教育领域与经济环境上的贡献,而应以"多元布局、聚焦发展"思维,容许多重愿景角色可能,并依据产业特性,选择利基点进行突破,循序渐进达成人民心之所向。在地区整体产业的规划上,一味求新不如追求稳健成长,一步一个脚印地迈向不可知的未来。以建设台湾为国际化营运环境等议题,提出另一种维度的思考可能,希望跳脱传统认为是限制与瓶颈的危机,成为另类发展可能的转机。而技职校院的配合发展，如何规划进阶的课程、整合的学门、跨系组的领域以提供业界更优质的人才、提升更优异的“组合”，是我们技职校院急需突破的发展方向。

3. 十二年教育的改变

面对全球化时代的来临，岛内出生率降低，以及十二年教育的推动，导致大学处在危机之中，须发展自我特色，培育具有核心竞争力的人才，来挑战激烈的竞争，大学始能永续生存与长远发展。未来高等教育的挑战，分为内在与外在两方面。内在环境，大学自主异化，校数扩增、人口递减；资源分配问题；策略多元而无用；教育质量低落；社会责任未尽；国际交流问题，等等。外在环境，大学数量多，人口逐年递减，形成资源排挤不足的现象（何卓飞，2008）。

4. 政府的重视

台湾产业政策的重点，从生产、研发、服务转为现今之创新。从劳力密集产业转向知识密集产业，其中的变迁牵动着整个社会的经济发展型态，也牵动着技职教育的脉络。政府主管机关也相当重视技专校院在台湾经济发展中的重要作用，“经济部”与工研院、“资策会”在项目计划《2015 年台湾产业发展愿景与策略（2008 版）》中强调：近年来，台湾产业发展面临重要关卡，对外遭逢全球化引发的经济无国界与资源重整，网络化导致新行为与商业模式的转变，由需求端开始思考跨领域整合创新，以永续观点规划资源运用，以及以环保和弹性提升制造竞争力等趋势的冲击；对内亦面临人口结构变化与产业转型的压力，台湾需要以更积极的态度，来寻求产业发展契机，否则极可能面临边缘化与空洞化的危机，连维持现状的机会都很渺茫。

七、中州科技大学的具体发展

1. 本位课程的推动

技职教育应回归“务实致用”的本位课程正轨，而技专校院未来发展的目的，就是建构科技大学为亲产学环境，让各校朝本身特色的方向多元发展，为技职教育注入新的活水，并发挥典范移转的扩散效益，使人才培育与产业需求紧密契合，缩短学用落差，为台湾产业“加值”，引领国内产业加速转型和升级，创造另一个全球瞩目的经济奇迹。

中州科技大学在本位课程的推动上，建构完善的教育内涵与制度，包括下列几个面向。

（1）建立核心就业力，顺利与职场接轨。

（2）积极证照辅导，培养专业技能。

（3）校友服务机制，凝聚校友力量。

（4）提供多元服务，鼓励终生学习。

2. 实用课程的导入

“台湾应该比照日本或韩国的产业振兴条例，规定企业有责培育技职体系人才。”以韩国订单式教育（Order Education）制度为例，主要是将产业导向的技术职能与需求引进学校培育机构，在大一或大二为该科系一般性与专业性的课程，大三后若已确定毕业后将就业，则编成订单式教育专班，针对企业需求进行相关技能的授课，让该班学生毕业后即能进入该企业工作，减少学校到职场最后一里的距离。订单式教育有三大特色。首先，为企业量身定做；其次，运用企业资源，如现有设备协助教学实务经验；最后，订单式教育的相关事务分别由“产业资源部”“教育人力资源部”与“劳动部”共同主管，借此督促企业必须善尽参与培育人才的责任。

中州科技大学在实用课程上，利用本校现有之教学资源，课程规划以社会需求为导向，办理在职劳工及失业劳工教育训练，积极推动成人教育学习，提升社会竞争力，创造终生学习的环境，在上述各项教育推展上，中州科技大学荣获多项卓越绩效。

(1) 推广教育的规划上，每年度开班班级平均近 80 班，学员人数 3000 多人，金额约 4800 万元。

(2) 成立即测即评学科测试与即测即评及发证承办单位，建构 36 个全国性证照考场。

(3) 每年度平均进行 17 场，考照人数约 8000 人，金额约 1100 万元。

3. 全方位生涯发展的终身教育

技职教育的主要目标即在于培育经济产业所需的人才，因此课程设计与教学的规划强调实务应用的原则，但是长期受到升学主义、文凭主义及落实实务教学的配套措施不强的影响，技职教育并未充分发挥其预期的功能，反而导致技职教育与普通大学功能上逐渐模糊。因此，台湾的技职教育在定位上与功能的界定上，宜重新厘清。特别是在终身教育面向上，学校以经营创新的学习环境与活泼的教学氛围为主体工程，希望能提升教育视野，发展各校特色，让包容与想象力无限延伸，营造尊重差异、欣赏创造之多元教育学习环境(教育主管部门，2003)。综合以上所论，技专校院的终身教育除业界潮流外，更是技职体系承担着提供充分人力资源以供业界发展所需的使命，知识经济强调创造力，组织兴革要以愿景凝聚共识，学习者与教师是学校组织的资材，提供优质的竞争策略、找出红海中的蓝海策略，才是创新经营的要义。

在终身教育的议题上，中州科技大学提出几个重要面向。

(1) 提升农村的新面貌，成立“小区咨询辅导小组”，小区辅导小组共有 4 系 9 位教授加入。

(2) 鼓励本校师生走入小区，共同发掘小区农业开发、产品营销、景观营造、古迹维护等，提升学生务实经验，服务学员累积超过 6 万人次。

(3) 推动小区深度参访计划，并协助小区建立观光产业，共有 19 个小区加入小区辅导。

八、结论

技专校院面对国际社经结构瞬息改变，全球经济不景气造成各国失业率居高不下，台湾也不例外，在形势影响观念之下，家长及学生的态度随之改变了。从历年数据显示，有些基测绩优的学生宁可选择职校，以求学得“一技之长”，确保将来就业之稳定。而政府为推动技职教育，免除技教生的学费，预料应会造成一股就读职校之热潮。尤其台湾加入

WTO 后，全球化接轨的步调快速，产业结构大幅转变，主客观环境有了很大的变化，技职教育面对此一波澜壮阔的情势，若能掌握全新策略思维，顺势做一变革，不啻为技职教育发展的一大契机。美国国家科学院(2008)针对 2005 年发表的《穿越风暴：为美国缔造更光明的经济前途》(Rising Above the Gathering Storm：Energizing and Employing America for a Brighter Economic Future)报告书在美国华府有 500 位商业、政府、学界的代表，进行后续会议讨论。针对呼吁，美国政府为提升国家全球竞争力进行改革与投资的有四个领域：K-12 科学与数学教育、科学与工程研究、科学与工程高等教育、鼓励创新。以《穿越风暴》报告书，美国政府近两年的响应，以及近两年美国在教育、研究、创新方面进行的改革观之，教育的创新与改革是国家竞争力的投资，是产官学都关注、重视的议题。中州科技大学办学的宗旨，主要是成为满足区域发展的实用性的科技大学。

参考文献

[1] 王国明.技专校院面临的外在环境挑战及因应策略[R].台中：中台科技大学，2008 技专校院优质化革新论坛，2008 年 12 月 12 日.

[2] 江文雄，王义智.两岸技职教育[M].台北：师大书苑，2004.

[3] http://www.taiwan2015.org/MegaTrend/more.asp? nplShoV=.

[4] http://www.cepd.gov.tw/m1.aspx? sNo=0011413.

[5] 何卓飞.高等教育的过去与未来[J].台北：高教技职简讯，2008，14(01).

[6] 黄政杰.技职教育的发展与前瞻[M].台北：师大书苑，2000.

[7] http://history.moe.gov.tw/important.asp? id=38.

[8] http://www.taiwan2015.org/.

[9] OECD. Schooling for Tomorrow—The Starter pack：Futures Thinking inaction. Retrieved October 14，2007 from http://www.oecd.org/document/33/0,3343,en_2649_34521_38981601_1_1.

(该文是作者参加 2014 年 9 月 19～20 日在广西外国语学院举办的首届“桂台民办(私立)高校高峰论坛”会上演讲的论文。)

作者简介：

柴御清，男，1968 年出生，祖籍江苏省淮安市，出生于台湾。博士，教授，现任台湾中州科技大学董事长。主要研究方向：农学，教育发展与管理，两岸高等教育交流与合作。

(审稿：韦克俭)

民办应用型高校在地区产业发展中应扮演之角色与经营策略

——以台湾龙华科技大学为例

台湾龙华科技大学　葛自祥

摘要：相较于一般高校，应用型高校强调与实务联结，重视专业能力与技术能力培养，并非以学术研究为导向。如何凸显应用型高校的教育特色，培养学生具实务竞争力，使之毕业即具就业能力，是应用型高校的教育目标。学校除了了解自身定位及优劣环境外，必须强化与产业界之联结，方能了解未来产业所需，以发展独特的培育系统以培养未来产业所需人才。本文以台湾龙华科技大学为例探讨民办应用型高校在地区产业发展中的角色定位及经营策略。

关键词：应用型高校　实务联结　教育　产业　龙华科技大学　经营策略

一、民办应用型高校的定位与角色

民办高校相对于公办高校，缺乏政府提供的丰富资源，在面临各校激烈的竞争时，必须有明确的定位、鲜明的特色，方有机会脱颖而出，取得优势。而由于民办高校一般较公办高校具危机意识，行政效能及运作弹性高，因此，如能妥善运用资源，取得优于公办学校的办学绩效并不无可能。其关键首先在于其是否能掌握明确的学校定位与发展方向。

应用型高校与学术研究型高校应是两种不同的类型，而绝非两种不同的层次。如应用型高校经营者不能有此认知，便很容易为求得学术研究方面的表现（如发表 SCI、SSCI 论文等），而在校务发展中迷失方向，脚步错乱，既想追求实务应用人才的培育目标，却又过度强调学术研究的发展，终究搞得分散资源，焦点模糊，使办学毫无特色与竞争力。

民办应用型高校的教育目标，简单地说就是要使学生具有就业竞争力，使培养的学生受到业界欢迎。另外，由于高校中拥有大量优秀的师资以及新颖的设施，这些软硬件形成强大的研发能量，使民办应用型高校之使命，除为产业培养优秀实务人才外，也应扮演为产业提供创新技术发展的角色。民办应用型高校特别应与所处的地区之产业紧密结合，积极扮演为产业输送所需之实务人才，并为产业解决技术发展瓶颈，发挥引领、创新技术发展之功能。与此同时，亦能引入企业资源，补充校务发展能量。

以台湾龙华科技大学而言，其探讨学校发展定位并确定自我角色扮演的思维逻辑，简单来说具有下列两部曲。

第一部：探讨政府未来的产业发展政策，以及学校所处区域的产业发展趋势与人才聘用的需求。

表1为台湾"行政院"针对台湾未来黄金十年之产业发展需求及重点所揭示的内涵，包括传统产业全面升级、新兴产业加速发展以及服务产业国际化、科技化等三项重点，在各重点之下并明列有各相关之产业项目。

表1　黄金十年政府推动之关键产业政策

传统产业全面升级	新兴产业加速推动	服务业国际化和科技化
石化	先进电子材料	流通服务
基本金属	先进医疗器材	信息服务
机器设备	生物科技	4G
半导体	电动车辆	医疗照护
平面显示	汽车电子	文创-设计
运输工具	智慧生活	文创-数位内容
食品	云端运算	会展产业
纺织	智能型机器人	都市更新
通信	软性显示	观光旅游
精致农业	绿色能源	发明专利产业化
	智慧绿建筑	

（资料来源：台湾"行政院"2011年5月9日颁布产业发展纲领.）

除检视整个产业发展方向外，特别重要的是：必须检视学校周边的环境与产业是否与未来政府所积极推动的产业方向契合。龙华科技大学位于台湾北部地区，地处新北市及桃园县（将于2014年12月升格为直辖市，成为台湾之第六都）交界，距大台北捷运（地铁）新庄线回龙站仅1千米、距台北车站30分钟车程、距桃园国际机场40分钟车程，交通十分方便，属位处都会区之学校。更重要的是，龙华科技大学位于台湾北部地区六大重要产业园区（新北产业园区、林口产业园区、华亚科技园区、龟山工业园区、树林工业园区、土城工业园区）之中心位置。该六大产业园区内共有2306家重要企业，涵盖多数台湾之国际级大厂，如宏达电子、广达、日月光、鸿海等，年产值超过新台币1兆元。且其中多为黄金十年需推动待全面升级的传统产业及需加速发展的新兴产业。此外，邻近龙华科技大学之新庄副中心（台湾于北部之第二政府办公区域）已规划发展数码科技、计算机动画和数码游戏及影音之"新庄产业园区"，预计未来年产值可达4000亿新台币；为配合副中心之发展，此区域亦规划进驻国际级展览会馆、商办金融中心、五星级观光饭店与购物中心。在学校所处之桃园地区，政府更已规划航空城计划，预计在2020年前投资1.2兆新台币，未来年产值将达6000亿元新台币，提供超过8万个工作机会，包括传统产业、新兴产业及服务业，皆涵盖在内。

第二部：针对学校自身之优势和劣势，及所处环境提供之机会与形成之威胁，进行SWOT分析，以作为学校研拟发展策略之重要参考。龙华科技大学之SWOT分析如图1所示。

了解学校自身的优势和劣势及所遭逢的威胁与可能具有的机会后，便可拟定学校发展定位。龙华科技大学身处重要产业群，及政府重大投资计划区域，四十余年来已发展成

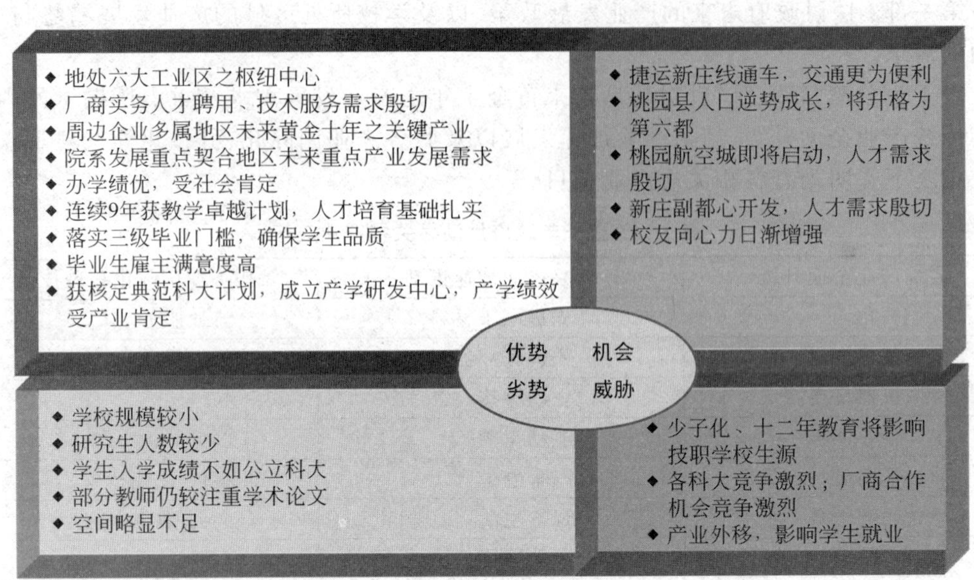

图 1　龙华科技大学 SWOT 分析

为台湾北部地区卓越的民办应用型高校，在此雄厚基础上，遂定位龙华科大成为一所“为黄金十年关键产业培育优质之实务人才，并提供产业创新技术服务之实务应用型大学”。

二、民办应用型高校的经营与发展策略

民办应用型高校的经营与发展策略，依其所处的环境、发展历史及文化背景各有不同，以下提出四项重点以供参考：系所发展应符合产业的需求，人才培育系统应务实且创新，制度调整应与发展目标一致，优势技术的发展投资应聚焦。以下依序说明。

（一）系所发展应符合产业需求

应用型高校既为产业提供人才，并引领产业创新技术发展，其专业系所设置理应与产业需求相符。因此，在前述对学校所处区域产业未来发展重点及人才需求理解基础上，接下来首要工作即应着手检讨学校各系院的发展是否与前述产业发展趋势相契合。学校必须将此一检讨列为首要工作，必要时应调整系所设置，以符合产业需求。

以龙华科技大学为例。龙华科技大学现具有工程、管理及人文设计等三个学院、十四个系、八个硕士研究所，经各学院、系所各自审慎盘点其发展的特色领域与黄金十年关键产业的关联性，以及是否已具有重要合作厂商后，检视结果摘要详列于表 2。由此表可看出，龙华科大各学院之发展特色皆与产业需求密切契合，从此确认各系院发展方向大致与产业未来需求相吻合。

（二）人才培育系统应务实且创新

应用型高校虽强调与企业密切合作，为企业培养实务应用人才，但高校毕竟非职业训

表 2　龙华科大各院系所之特色领域与关键产业联结

学院	特色领域	黄金十年关键产业	合作(潜在)企业
工程学院	无线通信 机电整合 能源电浆	传统产业：石化、机器设备、ICT(半导体、平面显示、通信) 新兴产业：绿色能源、自动化(智慧生活、智能型机器人) 服务业：医疗照护、信息服务	宏达电子、华硕、威达电子、铭益科技、赫普真空、景腾科技、台耀化学、普一公司、连承企业、巨品表面工程等
管理学院	物流运筹 国际商务 产业服务	新兴产业：云端运算 服务业：营销流通服务、信息服务、发明专利产业化	鼎新集团、物流协会、八达国际、联成计算机、精诚信息、崧旭信息等
人文设计学院	观光会展 数位故事力 严肃游戏设计	服务业：文创-设计、文创-数位内容、观光旅游、会展产业	雷爵网络、王品集团、巧克力共和国、白木屋文化馆、华航大饭店、微风广场、鼎王餐饮等

练所，高校教育人才培育方案设计，除应注意学生实务技能的培养外，更应留意学生全程生涯规划与发展潜力的开发。

以龙华科技大学为例，其人才培养方案具有下列阶段。

(1) 低年级的课程设计着重人才基本素养及专业核心基础能力养成。其中有两项重点。①全人教育，以培养学生应有的公民素养：包含通识课程、职场伦理、服务学习、劳作教育、项目管理、创新创意、职涯规划、社团活动等。②系专业基础课程，以奠定学生基础核心能力。

(2) 高年级推动“订单式就业学程”。此学程与企业合作规划，共同设计课程内容，并邀请业师共同授课。每一“订单式就业学程”涵盖 2～4 门课程，学生修习后，于大三升大四之间的暑假至合作企业进行实习，可为暑假三个月，或四上、四下整学期或整学年的实习。企业在学生毕业时，择优正式聘用。

(3) 订定为期一年的“专题制作”为全校必修，探讨题目由企业指定，由业师及校内师资共同指导。经此可有效地将企业资源引入校园。优秀“专题制作”成果，进一步由教师辅导提出专利申请。

（三）制度调整应与发展目标一致

在发展成为产业培养人才、引领产业创新技术发展的应用型高校时，学校各项制度的搭配与调整十分重要。否则光说不练，难究其功。以龙华科技大学为例，针对教师方面及学生方面，皆进行必要的制度调整。

1. 教师方面

(1) 聘用具实务经验与产学合作能力之教师：修订教师聘任及资格审查办法，明确新聘教师必须具备 2 年以上工作实务经验，或具执行产学合作案之能力。

(2) 提升教师实务经验与业界关系：修订教师赴公民营机构研习及服务办法，鼓励教师利用寒、暑假期间至业界协助技术与业务发展。

(3) 以制度引导教师迈向实务与产学合作：修订教师评鉴办法，产学合作绩优教师，当年度得免评鉴。

(4) 提升教师以技术报告与产学研发成果升等：修订教师聘任及资格审查办法，放宽以技术报告或产学研发成果报告申请升等所需之校级门槛。

2. 学生方面

(1) 推动学生实习：规定大学部实习为必修课程，硕士生赴企业实习可抵免学分。

(2) 推动“实务型硕士”：硕士生得以专利研发成果、产学合作绩效、国际竞赛获奖作品代替硕士论文。

(3) 推动大学部“拔尖专题”与“典范专题”：大三学生为期一年之“专题制作”经评定优异者，可于大四上学期修习“拔尖专题”，其目标为将成果转化为专利；“拔尖专题”如再经推荐，则可于四下转为“典范专题”，其目标则为将成果予以商品化。“拔尖专题”与“典范专题”皆须由业师及校内师资共同指导并评定成绩，以确认其专题之实用性，并借以引入业界资源于教学活动中。

(四) 优势技术的发展投资应聚焦

应用型高校如要有能力扮演引领产业创新技术发展的角色，自身必须拥有优势技术能力。由于发展优势技术能力必须投入巨大的软硬件资源，因此，必须谨慎盘点学校优势技术，集中资源聚焦发展。特别是民办校院资源有限，优势技术的深耕发展项目，不可能太多，否则资源分散，将无法形成特色。

龙华科技大学所择定的深耕优势技术共有五项，其中工程学院三项、管理学院及人文设计学院各一项。这些项目的选定，皆经过各院充分讨论，在考量已有基础、产业需求、未来发展、合作企业等面向后审慎择定。图 2～图 6 为此五项深耕优势技术说明。

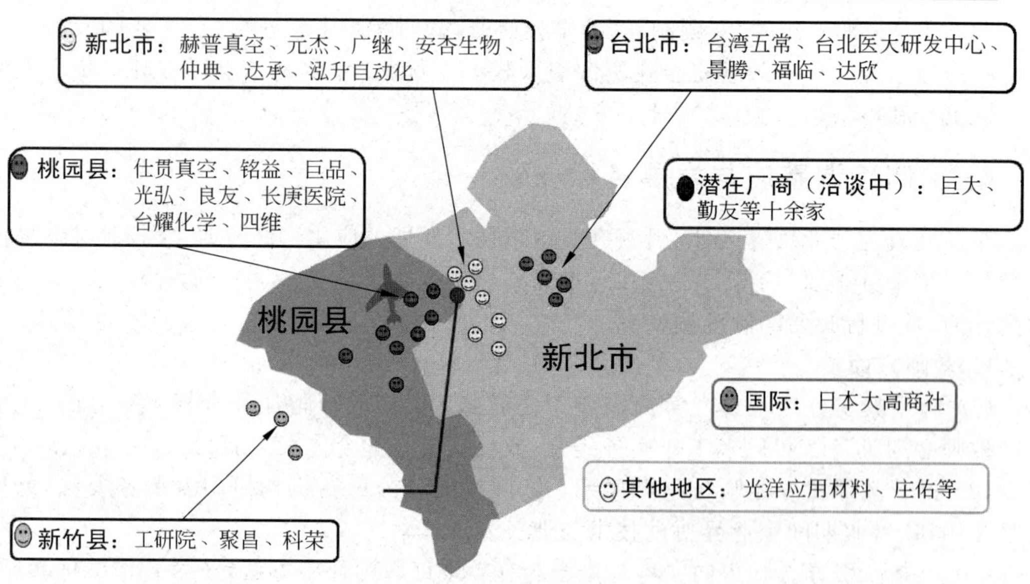

图 2　工程学院深耕优势技术-电浆与雷射应用技术

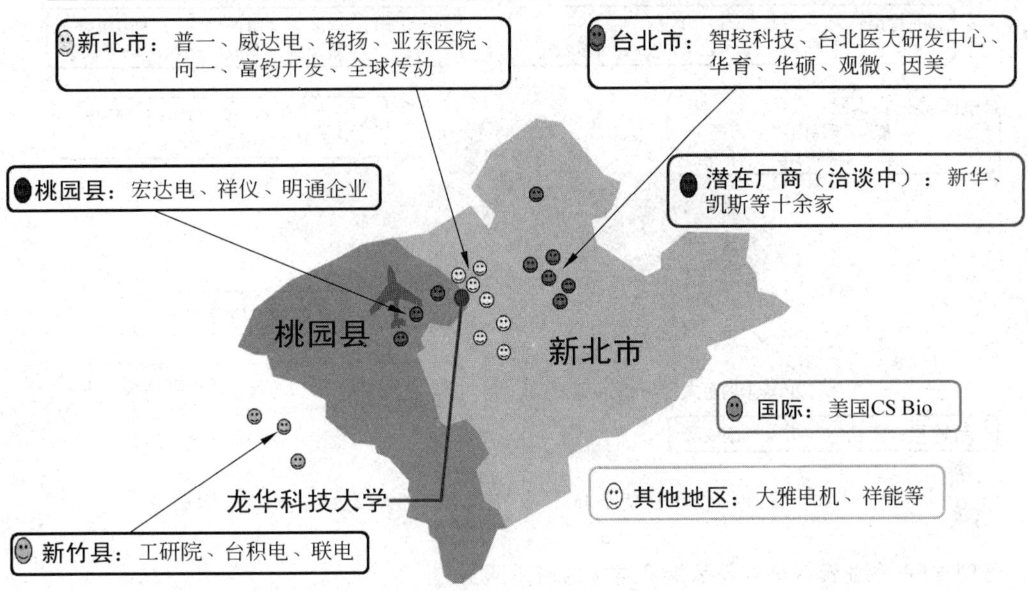

图 3　工程学院深耕优势技术-嵌入式系统关键实务应用技术领域

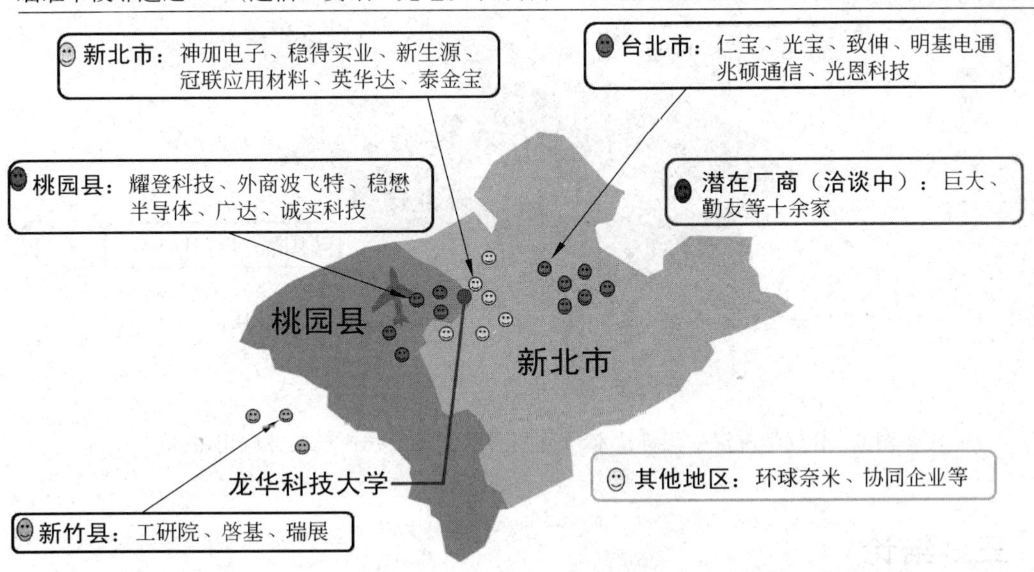

图 4　工程学院深耕优势技术-行动装置微小化技术

人文设计学院-文化观光产业行动社群导览技术服务

瞄准新庄副都心、双北市、桃园县及桃园航空城之数位内容及观光休闲产业，以及行动数位多媒体应用技术支援转型所需

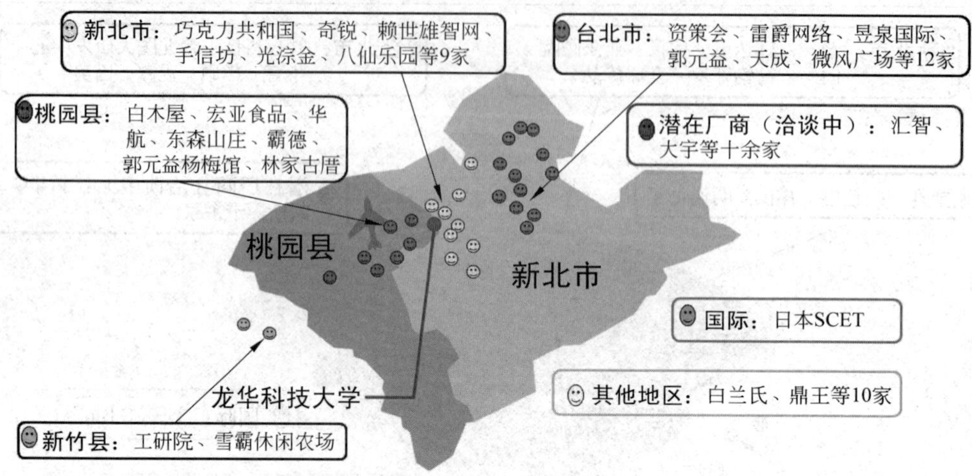

图 5　人文设计学院深耕优势技术-文化观光产业行动社群导览技术服务

管理学院-企业资源规划及云端产学实务应用服务

瞄准广大之中小型企业，冀望扩大导入ERP及云端培训平台、以达成企业优化调整、符合国际产业竞争所需

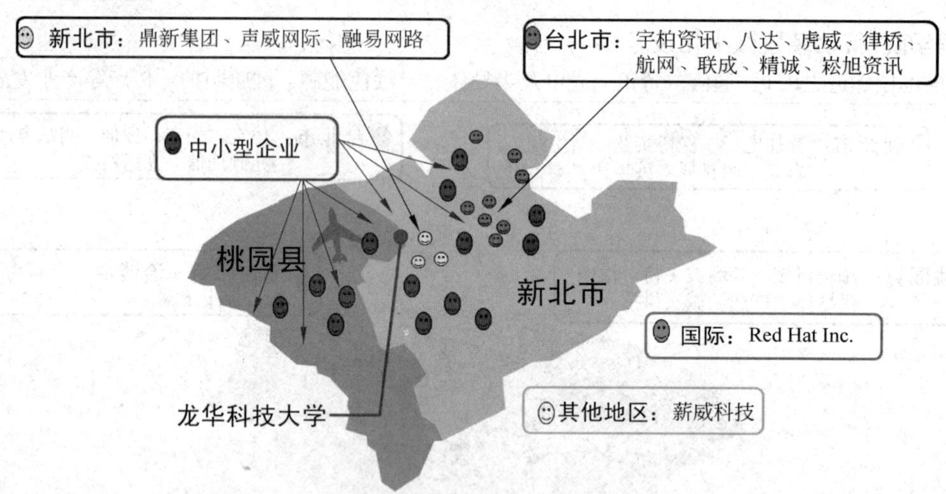

图 6　管理学院深耕优势技术-企业资源规划及云端产学实务应用服务

三、结论

在前述之经营理念与发展策略下，民办应用型高等院校必能达致卓越的办学绩效，达成为产业培养实务人才、引领产业创新技术发展的教育目标。以龙华科技大学为例，在其

明确定位及合宜之经营策略下，已达成卓越的办学绩效，在台湾教育主管部门三项重要且客观的办学绩效指标中，皆名列前茅：龙华科技大学除所有院系皆被台湾教育主管部门评鉴评为一等外，更连续九年获教育主管部门核定教学卓越计划，共获近五亿元新台币的补助，为北区民办科技大学第一名；近三年更连续被台湾教育主管部门核定为典范科大，在台湾台中以北地区民办科大中，是唯一被选定为典范的科技大学。其卓越的表现证明，民办应用型高校只要定位明确，发展方向正确，亦能办出特色，超越学术研究型高校，并领先公办高校。

作者简介：

葛自祥，男，1962 年出生。博士，教授，现任台湾龙华科技大学校长，台湾私立科技大学校院协进会理事长，陆生联合招生委员会副主任委员，财团法人高等教育国际合作基金会董事，财团法人高等教育评鉴中心基金会董事，台湾高等教育审议会委员。

（审稿：韦克俭）

桂台高等教育合作发展研究

广西外国语学院国际经济与贸易学院　邓钧芳

摘要：近些年来，随着两岸高等教育交流合作呈现出日益开放的多元化格局，桂台两地高校在校际合作等方面取得了丰硕的成果，产生了积极的意义和影响。但桂台两地高等教育交流合作还存在着不少的问题和障碍，需要进一步研究，以利于顺应高等教育开放化趋势、强化政策保障，规范桂台高等教育交流合作、签订桂台高等教育交流合作协议，建立长效合作机制，深化两地高等教育交流合作的政策和保障措施。

关键词：桂台两地　高等教育　合作研究

近几年来，广西高等教育发展取得了显著的成就，但也面临着不少瓶颈，突出地表现在高等教育资源分配不合理；专业设置不够合理，与社会经济发展联系不够密切；办学质量和理念有待提高；人才培养模式有待改进等，迫切需要学习和借鉴其他高校先进的教育理念和成熟经验。反观台湾地区高等教育由于发展起步较早，已经形成了比较完备的教育体系和比较先进的教育理念。但是，近年来，台湾面临着日益严峻的“少子化”问题，新增人口逐年减少，高校生源大量缺额，许多优质的高等教育资源不得不闲置，造成严重的资源浪费。

桂台两地在高等教育领域进行交流合作，各取所需，对于两地高校来说不失为一个双赢的举措。本文的研究希望能够为深化桂台两地高等教育交流合作提供一定参考，建立高等教育交流合作长效机制，实现两地高等教育交流合作的制度化、规范化和长期化。

一、桂台高等教育合作的互补性和可行性

（一）桂台高等教育合作的互补性

在 1981 年，全年台湾新生人口数量为 414000 人，每一妇女平均生育 2.46 个子女。到 2004 年，全年台湾新生人口数量下降到 206000 人，每一妇女平均生育子女仅 1.18 人。台湾已经成为少子化和高龄化社会。近些年来，台湾出现日益严峻的“少子化”问题，如表 1 所示。

据统计，台湾地区 2015 年共有 135583 人参加考试，创 15 年来报考人数新低，这表明台湾地区许多大学招生将面临“少子化”的严重冲击，因此 2015 年也被称为高教

表 1　2010—2014 年台湾出生人口数增减表

年　度	2010	2011	2012	2013	2014
出生人数(人)	191310	196627	229481	199133	210383
粗出生率(%)	7.21	8.84	9.86	8.53	8.99
增减人数(人)	－24424	5317	32854	－30348	11250

(资料来源:台湾"教育部"统计处.)

"105 大限"①。

台湾人口的不断减少直接导致了台湾高校生源不足,缺额现象很严重。据台湾"教育部"统计处资料显示,虽然在接下来的几年中,高校招生缺额人数有所降低,但每年缺额率依然超过 16%(详见表 2)。

表 2　2010—2014 年台湾高校招生人数及缺额人数比较表

年　度	2010	2011	2012
招生名额(人)	332650	328358	327474
新生注册人数(人)	271152	273713	272288
新生注册率(%)	81.51	83.36	83.15
招生缺额(人)	61498	54645	55186
缺额率(%)	18.49	16.64	16.85

(资料来源:台湾"教育部"统计处.)

"少子化"由家庭逐渐往上传递到学校,"招生难"首当其冲。受招生缺额的影响,台湾许多优质的高等教育资源不得不闲置,造成严重的资源浪费;高校为了在激烈的招生市场招收更多的学生,争相降低录取分数线,日益严重的招生缺额问题将直接影响台湾高校的生存与发展。台北市教育局相关负责人表示,每年高校生源均会出现大幅度缩减,预计 5 年内台湾大学数量将从现有的 162 所减至 100 所。未来 8 年,将有 1.2 万名大学教师下岗或失业,约占整体高校教职员工的三成。

反观广西则拥有充足的生源(详见表 3)。广西近几年的高招录取率虽然呈上升趋势,但由于教育资源有限,每年都有很多学生高考落榜,无法进入高等院校继续深造。

表 3　2010—2014 年广西高考报录人数表　　单位:万人

年　度	2010	2011	2012	2013	2014
报考人数	29.9	29.2	28.5	29.8	28.4
录取人数	20.9	20.9	22.5	22.7	24.3
富余人数	9.0	8.3	6.0	7.1	4.1

(资料来源:广西高考网.)

广西与台湾在高等教育领域进行交流合作,台湾凭借优质的高等教育资源,必将吸引大量优秀的桂籍学子赴台高校学习,这样不仅满足了桂籍学子渴望大学教育的愿望,也可

① 台湾地区学测昨日开始报考人数创 15 年最低. http://culture.taiwan.cn/twwhdt/201601/t20160112_11363477.htm,查阅时间:2016 年 1 月 13 日.

以使台湾闲置的教育资源得以有效利用，缓解台湾高校因生源不足而面临的生存和发展的难题，这无疑是件互利双赢的好事。

（二）桂台高等教育合作的可行性

1. 桂台两地的文化差异性小

台湾著名历史学家连横在《台湾通史》中写道，“台湾之人，中国之人也，而又闽粤之族也”[①]，广西的很多先辈都是从福建、广东等地移民到广西居住的。所以，桂台间交往也与闽台一样，有着地缘相近、血缘相亲、文缘相承、商缘相连、法缘相循的“五缘”独特优势。

2. 持续发展的两岸关系

两岸关系的持续发展，为桂台两地高等教育交流合作创造了有利的政治环境。自1979年《告台湾同胞书》发表以来，经过1992年两岸会谈取得的《九二共识》，到2015年11月7日这天，习近平和马英九在新加坡进行了历史性的会晤，这代表着两岸的友好关系更加迈上了一个新台阶，为桂台高等教育的合作与发展创造了良好的基础条件。近几年来，广西多所高等院校与台湾多所高等院校的合作实践证明了桂台高等教育的合作是完全可行的。

二、桂台高等教育合作发展现状分析

（一）桂台高等教育合作的现状

1. 稳定开展校际合作关系

近几年来，桂台两地高等教育交流合作如火如荼，越来越多的桂台高校签订了较为稳定的校际合作协议。

截至2015年，广西大学、广西师范大学、广西民族大学、广西外国语学院等高校已经和台湾大学、台湾中原大学、台湾中州科技大学、文藻外语大学等二十多所台湾高校签订了校际合作交流协议。力求在学生互换、科研活动、教师和研究人员研修、资源共享等多个领域开展合作。截至2015年，广西大学、广西民族大学、广西外国语学院等高校多次派出学校干部及专家学者和师生赴台进行研修学习。

作为民办高校的广西外国语学院更是走在桂台高等教育交流合作的前头，在2012年就与广西壮族自治区人民政府台湾事务办公室共同成立了桂台产学研用一体化研究基地，学校成功申报了国际经济与贸易专业桂台合作方向的课程一体化建设项目，填补了学校本科专业在该领域课程一体化建设项目的空白，也填补了广西壮族自治区桂台合作方向的本科专业建设空白。几年来，广西外国语学院与台湾14所高等院校签订了“校校合作”培养应用型人才的长期协议。现在，越来越稳定的校际合作关系已经成为增进桂台高等教育互动的重要纽带。

2. 频繁进行教师交流和学术交流活动

近几年来，教师交流和学术交流活动已经成为桂台两地高校互动的重要平台。从

---

① 连横. 台湾通史(史卷二十三)[M]. 北京：九州出版社，2008：368.

2005 年开始，两岸经贸文化论坛已经连续成功地举办了 11 届。2014 年首届桂台民办高校高峰论坛在广西外国语学院顺利举办，之后每年在台湾和广西轮流举行，2015 年在台湾中州科技大学举行，2016 年在广西师范大学漓江学院举行。

3. 丰富多彩的桂台青年学生联谊活动

近几年来，桂台两地共同举办了各种各样的学生交流活动和技能竞赛，如 2007 年广西大学、台湾大学暑期基层服务美丽行动联合社会实践的全体志愿者来到广西富川县的铁耕村开展清洁乡村活动；2015 年台湾景美女子高中拔河队来访广西外国语学院，并举办了拔河友谊赛。各式各样的文娱交流活动为两地青年学生同心而聊、同场竞技创造了条件，增进了两地高校学生的相互了解和情感交流。

4. 深化桂台高等教育交流合作的其他方式

(1) 广西有组织、成批次地选派学生赴台学习。为加强桂台高校学生交流，进一步推进两地高等教育的交流合作，广西开展了高校学生赴台学习项目。近几年，广西大学、广西民族大学、广西外国语学院等高校的数百名品学兼优的学生赴台进行为期半年到一年的学习。

(2) 相互招生。相互招生是桂台教育交流合作的重要形式。现在台湾有学生在广西就读，经国家教育部批准，广西外国语学院从 2015 年起，可以招收来自台湾的从学前教育到高等教育各个层次的就读学生，特别是来广西投资经营发展的企业家及其员工的子女。包括广西的大陆目前共有 3000 多名学生到台湾高校攻读学士学位、硕士学位和博士学位。台湾方面承认大陆学历、招收大陆学生是两岸高等教育交流合作意义极大的事件。台湾领导人马英九表示，“承认大陆学历、开放陆生来台就学，是两岸关系发展的又一划时代里程碑，对两岸未来的发展一定会有相当大的影响”，两地高等教育交流合作从此又站到了一个新的高地。

(二) 桂台高等教育合作的影响及意义

1. 优化整合桂台高等教育资源，对提升两地高等教育品质有重大影响

台湾教育水平优势明显，但是面临着“少子化”问题加剧、高校生源不足、优质教育资源闲置、高等教育市场狭小等难题。相比之下，广西高等教育市场广阔，生源充沛，但是存在着教育制度和体系不够健全等问题，满足不了广西及其北部湾经济区建设对高素质应用型尖端人才的大量需求。因此，积极推进桂台两地高校交流合作，有利于优化整合两岸高等教育资源，共同提升两地高等教育品质，培养适合广西及其北部湾经济区建设发展所需的高素质人才。

2. 能够维护两岸共同的中华文化传承，加强两岸民众的精神纽带联系

众所周知，两岸同文同种，台湾文化是中华文化的重要组成部分。但是一些“台独”误导和教唆已经使得台湾青少年对祖国大陆的情感多少有些疏离，部分不明实情的台湾居民还一直以为大陆居民还生活在水深火热之中，每天吃不饱穿不暖，要靠吃香蕉皮生存等，这些误解都是由于交流过少所导致的。教育作为文化传承和沟通的重要载体，在文化的传承和延续方面发挥着不可替代的作用。

3. 对营造两岸关系和平发展和统一祖国具有重要意义

两岸关系的和平持续发展是需要建立在坚定互信的基础上的，除了两岸政党之间增强政治互信外，更广泛、更持久的互信是来自于两岸民间的相互了解和信任。实践证明，只有民间形成共识，两岸才有更足够的智慧和实力找到问题的解决办法，两岸人民渴望的和平发展、共同繁荣的愿望就能实现，形成推动中华民族伟大复兴的强大精神力量，促进祖国统一。

三、桂台高等教育合作中存在的问题与障碍

（一）两岸存在的政策壁垒

1. 台湾方面的政策限制

（1）有限制地承认大陆高校学历

台湾针对陆生赴台出台了“三限六不”政策。所谓的“三限六不”是指2008年年底，台湾教育主管部门向“立法机构”提出的“限制采认大陆优秀院校、限制陆生赴台总量、限制采认医学和关系国家安全领域的专业，不加分、不提供奖助学金、不影响招生名额、不允许校外打工、毕业后不可留台就业、不开放报考证照”，只承认大陆的清华大学、北京大学、厦门大学等41所高校的学历。目前，广西高校还没有哪所大学在台湾教育主管部门承认之列，学历都不被承认，这必将影响今后台湾学生到广西高校就读的积极性。

（2）限制赴台陆生的学习交流时间

台湾对大陆学生赴台交流时间作了严格限制，规定陆生赴台只能进行短期交流。在这么短的时间内，陆生在台湾高校很难取得良好的学习效果，更难满足大陆学生了解台湾、亲近台湾的美好诉求。因此，台湾方面应该站在鼓励两岸青年学子交流的角度，放宽陆生赴台的学习交流时限，让两岸青年学子更加深入地相互了解。

2. 大陆方面的政策缺欠

（1）现行法律不适用

在两岸合作办学上，大陆现行法律不适用。现行两岸合作办学的主要参考依据是2003年国务院颁布的《中外合作办学条例》，但台湾并非“外国”，仅是境外，条例似乎不够符合国情。

（2）限制学生出境，赴台就读手续烦琐

两岸在办理大陆师生赴台的手续方面是比较烦琐的。整个流程下来，前前后后一般需要花一两个月时间，如果其间因事短暂返回大陆，再回到台湾还需要重新办理赴台签证。陆生赴台“除了常规的入学手续和赴台通行证外，还要向台方提供健康证明和学历证明等”。这种烦琐的赴台手续耗时又耗力，在一定程度上影响了桂台高等教育交流合作的效率和效果。

（二）桂台两地教育交流合作的长效机制尚未建立

目前，桂台高等教育的互动虽然在数量上颇具规模，但实际上是浅层次的交流互访

多，实质性的常规合作少；一般性的学术会议多，基于长远规划的深度合作少。加上两岸在高等教育交流合作领域都存在不同程度的政策制约，使得如今的桂台高等教育交流合作大多停留在教师交流、学术研讨、学生短期互换等初级阶段。推动签署桂台两地高等教育交流合作协议，建立高等教育交流合作长效机制任重而道远。

（三）桂台两地高等教育交流合作严重失衡

1. 桂台两地的政策措施不对等

在台湾特殊的政治生态下，台湾当局在深化两岸高等教育交流合作方面意志不坚定、政策不连贯，无疑大大影响了桂台两地高等教育交流合作的进程。

2. 桂台两地高等教育交流规模不对等

台湾方面对大陆方面的教育交流包括广西的教育交流存在不少限制性政策和措施，如不承认广西高校学历；对赴台学生设置“三限六不”等，极大地限制了台湾教育界来广西交流的人数和项目，桂台两地高等教育交流规模出现严重的不对等现象。

四、进一步深化桂台高等教育合作的建议

（一）顺应高等教育国外境外开放化趋势，相互开放市场

在经济全球化的推动下，国际教育市场的竞争日益激烈，互相开放教育市场是必然的趋势。因此，两岸都应秉持求同存异、互利共赢的态度，互相尊重和学习对方的教育制度和教育体系，互相开放教育市场，努力寻求两岸高等教育交流合作中存在问题的解决办法，共同应对未来高等教育国际化进程中出现的挑战。

（二）强化政策保障，规范桂台高等教育交流合作

应加强两地高等教育交流领域的立法工作，方便和规范两岸学生来往就读。鼓励台胞来广西投资，推动两地经贸合作；规范台生招收和就业工作；方便台胞出入内地，等等。

（三）创新两地合作办学政策

目前，桂台两地高校合作办学参考的是《中外合作办学条例》。实践证明，这项法规不利于指导当前两地日趋高涨的合作办学需求，台湾不是外国，所以《中外合作办学条例》并不适合作为两岸之间的法律准则。建议国务院将合作办学的审批权限下放给地方政府，以便地方政府在两地合作办学项目的审批程序、产权归属、质量管理、协调机制等问题中，能够更加详细和贴切地做出符合实际情况的规定，以便更好地推进两地高校合作办学，实现互利共赢。

（四）积极推动台湾承认广西高校学历

学历互认已经是桂台高等教育交流合作的最大现实障碍。因此，广西在桂台高等教育交流合作中努力提高教育质量的同时，还要加强各项合作交流的细节工作，推动台湾方

面早日承认广西高校的学历。

（五）允许两地建立大学分校

由于历史的原因，两岸都不允许高校在对岸设立分校。但是当前桂台两地都有为数不少的生源素质高、办学质量好的名校，如广西大学、广西师范大学、广西中医药大学等；台湾也有台湾大学、台湾交通大学、台湾"清华大学"等。这些高校在教学科研领域普遍取得了较好的成就，并拥有包括师资、实验器材、强势专业等优质的高等教育资源。如果两地大学能够利用自身的特色和优势到对岸开设分校，不仅有利于大学本身的发展，也有利于推动两地高等教育交流合作、互利共赢。

（六）其他政策保障

1. 进一步简化赴台人员的手续办理

建议广西壮族自治区简化高校人员赴台进行文教交流活动的审批程序，参照国人出国或赴港澳地区的标准，省去某些不必要的中间环节，由各高校直接上报给广西壮族自治区人民政府台湾事务办公室，这样可以缩短不少审批时间；审批通过后，允许在赴台通行证的有效期内免去前面的程序，在多次往返桂台两地从事文教交流活动等问题上有更合理合适的规定。

2. 加强经费保障，设立桂台高等教育交流合作专项经费

由于两地在物价、消费等方面存在一定的差距，台湾地区的物价比广西昂贵，在开展交流合作中开支较大。因此，广西应该设立桂台高等教育交流合作专项经费，对两地高等教育交流合作的科研项目、合作办学项目等重点合作项目要给予专项经费支持，经费按照统一规划、专款专用的原则，实行有效管理。

3. 建立广西高校赴台生奖学金制度

在奖学金的奖励类别、申请条件、评审标准等方面加以详细的规定，切实激励在桂台生勤奋学习，进一步增强广西对台高等教育交流合作的优势。

五、结论

在桂台两地高等教育交流合作取得成果的同时，我们要看到，由于受两岸政策约束、两岸教育体制的差异等因素的制约，桂台两地现阶段的高等教育互动还在彼此了解的初级阶段前进，实质性的交流合作需要两岸更多的交流沟通，桂台高等教育交流合作评估价值很宝贵，意义很重大。随着两地高等教育交流合作的不断深入，难免出现各种问题，但解决问题的办法总会比问题多。展望未来，桂台两地高等教育交流合作有着光明的前景与未来。只要两岸人民共同秉持"求同存异、优势互补、携手并进、共创双赢"的原则与共识，桂台两地高等教育交流合作必将迎来更加美好的明天。

参考文献

[1] 刘菲. 从 GATT 到 WTO[J]. 财贸经济，1994(02).

[2] 顾经仪. WTO 法律规则与中国服务贸易[M]. 上海：上海财经大学出版社，2000.

[3] 张金根. CAFTA、ECFA 后桂台合作交流面临的机遇与挑战[J]. 产业与科技论坛,2015(02).

[4] 张磊. 新形势下广西对台合作的对策建议[J]. 广西社会主义学院学报,2014(04).

[5] 广西外国语学院桂台合作研究所. 桂台民办(私立)高校高峰论坛资料汇编[J]. 广西外国语学院,2014(09).

[6] 孟庆蛟. 桂台产业合作的实证分析与政策建议[J]. 时代经贸,2014(06).

[7] 简文湘. 桂台教育交流合作渐入佳境[J]. 时代经贸,2013(05).

作者简介:

邓钧芳,女,1993 年出生,广西防城港市人。经济学学士,广西外国语学院国际经济与贸易学院国际经济与贸易专业 2016 届毕业生,曾于 2015 年作为交流学生到台湾中州科技大学学习半年。主要研究方向:国际经济与贸易,桂台服务贸易合作。

(审稿:韦克俭)

桂台高等教育交流合作的条件与路径研究

广西外国语学院国际工商与公共管理学院　黄　宁

摘要：本文从广西和台湾高等院校的交流合作现状与问题入手，提出了相关解决对策，力求使桂台高等教育交流合作实现双赢的效果。两岸高校的交流合作已初见成效，随着时间的推移和相关政策出台，桂台高等教育交流合作的局面将会更加喜人。

关键词：桂台　高等教育　交流合作

一直以来，桂台两地的高等教育互为补充，相辅相成，为彼此交流与合作奠定了良好的基础。台湾高等院校拥有明确的办学理念和出色的成果，为高等教育积攒了很多成功的经验，而这恰恰是广西高等院校需要学习的。不过，台湾高等教育也存在一些问题，如生源较少、教师虽然充足等，但奈何“巧妇难为无米之炊”，英雄无用武之地。由此可见，加强桂台高等教育交流合作，可以实现双方资源共享，取长补短，促进高等教育的发展。近几年来，桂台两地加大了高等教育合作的力度，两地的许多高校签订了合作协议，开展合作，逐一落实合作协议内容，互相派学生到对方的学校去学习。此外，桂台两地的教育专家也互相交流学习。桂台高等教育交流合作颇有效果。

一、桂台高等教育交流合作的意义

（一）实现祖国和平统一的意义

一个是广西，一个是台湾，双方的高等教育交流与合作充分彰显了教育无界限。近几年来，桂台高等教育的交流合作已经初见效果，保持长期的合作是大势所趋，也是对彼此互相信任的体现，海峡两岸的教育共同发展、互为补充，实现双赢的目的。更重要的是，对于推进和实现祖国的和平统一有极大的意义和价值。

（二）教师互相交流合作，培养人才

教育是培养人才的摇篮，同时也是推动经济发展的重要抓手。在中国与东盟贸易合作的大背景下，桂台高等教育交流合作可以定向培养贸易等专业所需的人才。海峡两岸的教师也可以彼此互相交流沟通，开展科研合作，分享成果，精进专业和教学技能，拓展思维，开阔视野。

（三）传承文化的重要载体

桂台高等教育的交流合作，可以实现不同文化的传递，吸取精髓，培养学生的创新精神。由此可见，这种交流合作恰恰是文化交流的有效载体。文化与文化的碰撞很容易擦出智慧的火花，而大陆和台湾本是同根同源、一脉相承，桂台高校的学生互相交流，在开阔视野的基础上，还会对两岸的文化萌生新的想法，认真思索，并深刻认同中华民族传统文化的魅力，使海峡两岸的学生对中华民族文化拥有共同的追求。

（四）为学生和教师搭建良好的交流平台

桂台高等教育交流合作为学生和教师搭建了良好的交流平台，两岸高校的学生和教师在此平台上分享经验，互相交流，有助于提高教学水平，形成先进的观念，扩充教育资源。在这样的形式下，广西与台湾的高等教育合作将会走可持续发展的道路，对于广西高校而言，具有里程碑的发展意义。

二、桂台高等教育交流合作的条件

近些年来，广西十分重视高等教育的发展，而高等教育如何走可持续发展道路，已成为值得广西政府和教育界人士思考的课题。为了缓解财政经费投入高等教育不足的问题，同时又要满足日益增长的高等教育需求市场，高等教育体制迫切需要改革。民办高等教育是高等教育的重要组成部分，在国民教育中是不可或缺的。在广西，民办高校正逐渐兴起，但是与公办普通高校相比依然存在起点较低、师资不足等问题。一些民办院校与台湾高校开展合作，可谓是恰逢其时。

2011 年 5 月 23 日，广西壮族自治区人民政府办公厅印发了《广西壮族自治区人民政府办公厅关于促进民办教育发展的意见》。在该意见中，广西壮族自治区人民政府已明确提出和鼓励民办教育的发展，并给予一系列的扶持政策。但是广西许多民办高校依然存在着资源有限、管理粗放等问题。而台湾民办高校的办学理念和经验有很多值得借鉴。台湾民办高校在高校中占据很高的比例，使得许多人享受到高等教育。台湾民办高等教育起步较早，其办学理念、特色和出色的办学成果很值得广西高校借鉴。桂台两地的民办高等教育交流合作可以实现双方资源共享，取长补短，使民办高等教育获得持久的发展。

三、桂台高等教育交流合作的现状

从 2008 年开始，桂台高等教育交流与合作一直是教育界的一道风景线。广西教育主管部门十分重视与台湾高校的合作，并多次组织区内高校赴台考察和培训，特别是近几年赴台人数越来越多。在走出去的同时，广西教育主管部门还邀请台湾教育界知名人士来到广西进行考察和培训，广西区内许多高校特别是民办高校都与台湾高校签订合作协议，交流合作初见成效。2014 年桂台两地的民办高校进一步加大了合作力度，特别是在南宁举行了具有广泛影响的首届桂台民办高校高峰论坛，在论坛上共有来自桂台两地的53所高校代表围绕论坛议题进行了主题发言和分组讨论，其中大陆的16所民办高校与台湾的18所民办高校就教育合作与交流签订了合作协议，合作领域从交流考察到教师培训，从学生互相到对方高校学习到科研成果的分享与探讨等。之后，2015年在台湾举办了第二届桂台高校高峰论坛，2016年又在广西桂林漓江学院举办了第三届桂台高校高峰论坛，可以说桂台两地高等教育交流合作已越来越活跃。

（一）桂台高校高峰论坛逐步扩大

自2014年首届桂台民办高校高峰论坛成功在南宁举办以来已经先后在桂台两地举办了3届，两地高等院校交流合作的范围从民办扩展到公办及公立高等院校。借助桂台高校高峰论坛这个平台有效地推动了桂台高等教育的交流，促进了两岸教育互动，加强了交流与合作，也使交流合作更加规范化、制度化。在这个平台上，广西与台湾高校的教师、专家、学者的互相学习和交流得到了进一步深化，对当前教育进行交流，分享科研成果，取长补短，创新教学理念和教学模式，使教育水平更上一层楼，也促进了两地教师的互动，激励各位教师勤于精进自身技能，刻苦钻研，为教育贡献力量。

（二）桂台高等教育交流合作趋于常态化

目前，广西与台湾的高等教育合作已趋于常态化。多所广西与台湾的高校签订了合作协议，可以预见将来还会有更多的高校彼此之间达成合作。目前，桂台两地的高校主要以学校之间的交流为主，双方互派教师和学生到对方学校参观、学习，促成校际交流。在交流的同时，双方的教师之间和学生之间频繁互动，体现了桂台高校交流正逐步走入常态。近几年来，桂台两地高校参加交流的学生越来越多，交流时间逐渐延长，规模逐步扩大，交流的范围也越来越广泛，各种专业的学生在交流的过程中体会到了交流的意义，受益匪浅。

（三）推动了桂台两地高校师资队伍素质的提升

桂台高等教育的交流合作正逐步向规范化发展，在签订各种合作协议后，实现资源共享，举办各种各样的培训班，方便教师们学习，提升师资队伍的水平。特别是广西教师培训中心在其中起到关键作用，其注重加强与台湾高等教育界合作，并签订了若干合作协议，在提升桂台高等教育交流与合作的品质上起到了规范化的作用。

（四）促进了桂台学生的友好交流与合作

学生是桂台高校交流合作的主要参与者。因此，在交流与合作中应尊重学生、爱护学生，以学生为中心，促进两岸学生的友好交流。广西与台湾本就一脉相连，同为华夏儿女，促进学生的友好交流，恰恰是促进祖国早日和平统一的重要途径之一。近年来，广西与台湾双方都精心策划组织了多种形式的学生文化交流活动，这些活动拥有浓郁的文化特色和魅力，吸引着两地学生积极参与。不仅如此，活动非常注重实践，学生可参与到社会实践之中，深切感受到社会的气息，在多种多样的社会实践中培养学生的情怀，增进了两岸学生的交流和友谊，使两岸的学生对于中华民族的文化有着共同的认知与自豪感，使其产生更强的民族凝聚力，更加团结。

（五）桂台高等教育交流与合作的主要载体

广西外国语学院在广西壮族自治区台湾事务办公室的支持下，于 2012 年成为全区首个桂台产学研一体化研究基地，是一体化建设模式的主要代表，其主要职责是促进桂台两地教育、经济、文化、社会等领域的交流与合作，同时大力引进一批台湾籍的著名学者来校任教。2013 年以来广西外国语学院分别与台湾的 14 所大学达成了长期的合作伙伴关系，主办了影响全国和两岸的"产业升级与桂台合作论坛"和"桂台民办高校高峰论坛"等，可以说在推动桂台高等教育合作方面做出了很大的贡献。在培养桂台合作的本科人才上开设了具有地方特色的经济与贸易（桂台合作方向）专业，成功申报桂台合作方向的经济与贸易专业课程一体化建设项目，该项目填补了广西桂台合作方向的本科专业建设空白，也成为广西民办高等教育与台湾高等教育合作的优秀案例。

四、桂台高等教育深度合作的成绩

广西许多高校通过与台湾高校深度合作，不仅培养了人才，还拓展了办学途径，积累了大量的人脉和资源。例如，广西外国语学院引进了多位台湾籍人才，增强了学校的师资力量，成为广西其他高校的典范。不仅如此，该校还十分重视发挥台湾学者的作用，对他们委以重任担任校内的重要职务，利用他们丰富的学识为学校的教育事业发展做出了很多贡献。

广西外国语学院不仅会集了桂台教育界的一些顶尖人才，让人才乐于留下，在桂台教育合作中做出了重要的贡献，而且也得到了广西壮族自治区台湾事务办公室的高度重视，该办公室与学校签订了战略合作协议，建立了桂台产学研用一体化研究基地等科研机构。该办公室主要为学校提供相应的支持和必要的指导，使合作更加顺利；学校为该办公室提供优质的科研服务。学校还与台资企业进行了校企合作，可谓成绩斐然。

五、桂台高等教育交流合作存在的问题

尽管桂台高等教育交流合作初见成效，但不可否认的是，目前还存在着一些问题。如两岸的学生在交换的过程中存在数量失衡的状态，广西学生去台湾学习的人数比较多，台湾学生到广西来学习的人数比较少，这种差距还会随着时间的推移而逐渐扩大。又如，由于政策和名额的限制，广西赴台湾的学生在名额和数量上都受到一定的限制，学习的时间也受到某些限制。之所以会出现这样的问题，原因在于两岸还未能实现真正的开放式合作，两岸高等教育的交流与合作还有许多门槛，影响到桂台高等教育交流合作的进一步发展。

六、加强桂台高等教育交流合作的对策

（一）进一步落实合作框架协议

虽然桂台高校的合作正在逐步展开，但如何获得成效这才是最关键的问题。合作的目的是两岸教育的融合并切实落实合作，因此对密切相关的交流合作协议还是要慎重签署。目前，桂台高校签署的合作协议大部分只是框架协议，对具体合作细节涉及得比较少，真正开展有实质性内容和形式的合作还是比较少，这也在很大程度上影响了桂台高校合作交流的效率和成果。因此，在交流合作工作中双方应当更多地具体落实框架协议内容，共同协商如何开展交流与合作，真正将桂台高校交流与合作落到实处。这既体现了合作的诚意，也为双方的合作权益提供了保障。当然，在双方合作中也会涉及诸多难以解决的细节问题，这需要与两地政府有关部门进一步沟通解决，以保证交流合作渠道畅通。

（二）开放招生宣传，增加交流合作的透明度

由于受到两岸政治、经济、文化等客观因素的影响，双方在信息流通方面有时会产生一些滞后。特别是在招生宣传中，虽然近年来桂台两地高校交往日益密切，总体来说，无论是广西还是台湾的高校对彼此的熟悉程度还是不够高。因此，两岸应进一步开放招生宣传，使两地高校的学生对彼此的高校能有更深入的了解，更有利于学生做出恰当和合理的选择。对学生而言，选择学校和专业都是很重要的，学生提前了解学校的相关信息，就可以充分考虑，从而做出最合适的选择。

（三）增加合作模式，扩大交流合作的范围

桂台高等教育交流合作应该增加合作模式，扩大交流合作的范围。例如，学生被一所学校录取后可以在桂台两所高校学习，修满学分后可以获得两校文凭。此种方式可以使两岸高校的教育合作更加默契，这对学生来说会有更大的吸引力。还可加强桂台民办教育合作，由台湾向广西输送师资资源，在广西当地开办培训班，或者联合办学。此外，合作模式除了师生交流、教学科研交流等常规方式外，双方还可以根据社会各行业和企业需求开设相关专业，进行校企合作，定向培养人才，共同为大陆和台资企业培养急需的人才。

桂台高等教育的交流合作已具成效，尽管还存在一些问题，相信随着时间的推移和相关配套政策的完善，桂台高等教育交流合作的前景将会更加喜人。

参考文献

[1] 邓启明，闫华清，张真柱. 海峡两岸高等教育交流合作的内容与平台创新[J]. 台湾研究，2011(05).

[2] 黄建如，黄敏. 海峡两岸高校合作办学的新途径——马来西亚国际合作办学模式的借鉴意义[J]. 台湾研究集刊，2010(03).

[3] 凌靖波，肖萍. 海峡两岸高等学校共筑创新人才培养模式[J]. 高教论坛，2013(08).

[4] 邓启明，闫华清，张真柱. 海峡两岸高等教育交流合作的内容与平台创新[J]. 台湾研究，2011(05).

[5] 戴相斌. 华南师大海外合作办学案例研究——以菲律宾光启学校中文项目为例[J]. 安徽电子信息职业技术学院学报，2012(05).

作者简介：

黄宁，男，1971 年出生，广西玉林市博白县人。毕业于广西大学商学院，研究生学历，广西外国语学院工商与公共管理学院副教授。主要研究方向：人力资源管理和企业文化创新，物流管理，跨境经贸合作研究。

（审稿：李春醒）

广西和台湾两地高校自主招生的比较研究

广西外国语学院东南亚语言文化学院　雷小捷

摘要：自主招生作为高等院校选拔学生的另种方式，经历了数十年的发展，已经成为高校招生制度的重要组成部分。近些年来，随着自主招生政策的进一步完善，其招生的范围和影响力也进一步扩大，自主招生逐渐成为社会关注的焦点。本文对桂台两地高等院校的自主招生进行比较、分析和研究，从中使广西等大陆高等院校的自主招生获得启发与借鉴。

关键词：广西和台湾高校　自主招生　比较研究

一、台湾地区高校的自主招生

（一）起源与发展

台湾地区高等院校于 1954 年开始以"统一考试，统一分发"的联考联招方式办理入学考试事务，其中虽有变化，但较大的变革是从 20 世纪 90 年代中期开始的。1992 年台湾地区大学入学考试中心提出《大学入学制度改革建议书——大学多元入学方案》。1994 年引进"推荐入学"方案，由各高中根据各高校订定的条件并参照学生的意愿推荐学生，高校依其办学理念制定多项客观的条件作为自主招生审核标准，以达到兼顾"高中举才"与"大学选才"的目的。1998 年推行由高校主导的"申请入学"方案，学生可以自行提出申请，主要由招生机构的主体各大学院校实施，由各高校招生人员审核学生。1999 年正式通过"大学多元入学新方案"并于 2002 年实施。2002 年至 2006 年台湾地区自主招生为"学校推荐"和"个人申请"两种形式，2007 年加入"繁星计划"，2011 年将"繁星计划"更名为"繁星推荐"并且取代"学校推荐"。

（二）自主招生的考试形式与内容

考试统一由台湾省大学入学考试中心办理，现行多元入学方案实行以下三项考试。

1. 学科能力测验（以下简称学测）

学测由大学入学考试中心于每年 2 月底前办理，主旨在于测试考生是否具有接受大学教育的基本能力，作为大学校系初步筛选学生的门槛。测验的范围以高一及高二的必修课程纲要为准，测验科目包含国文、英文、数学、社会以及自然五科，其中社会考科的内容包含历史、地理、公民与社会；自然考科的内容包含物理、化学、生物、地球科学，考生须五科都应考。成绩均采用"级分制"，可用于大学繁星推荐入学、大学个人申请入学、大学考试入学，及科技校院申请入学等招生途径。

2. 术科考试

术科（艺术类专业，下同）考试由大学术科考试委员会联合会于每年 2 月中旬办理。测验科目包括音乐、美术及体育三组，舞蹈、戏剧、国乐、京剧与运动竞技等术科考试，由相关校系自行办理。成绩可供甄选入学等各招生选拔使用。

3. 高中英语听力测验

高中英语听力测验由大学入学考试中心分两次于每年 10 月中旬及 12 月中旬测试，测验着重英语在日常生活中的应用及沟通，强调课堂学习相关的英语能力。测验范围涵盖普通高级中学必修科目英文课程纲要第一至第四学期必修课程。测验成绩采用等级制，2013—2014 学年度纳为大学甄选入学审查资料之一，2015 学年度起纳入甄选入学必考科目。

（三）自主招生的程序

这种多元入学方案采用“考招分离”的政策。具备自主招生资格的各高校，依其专业需要自主安排“推荐甄选”与“申请入学”比例，订定多元化的招生条件，招收志向、兴趣与能力相符的学生。学生亦能依其志向、兴趣与能力选择适合的大学校系就读。具体做法如下。

1. “繁星推荐”

“繁星推荐”在 2006 年由台湾“清华大学”发起，目的为缩减城乡差距、增加校园的多元化。公告后的同年台湾地区教育主管部门以实现“照顾弱势、区域平衡”精神，号召其他 5 年获得 500 亿元台币资助计划的大学加入。目前的繁星计划，以达到“高中均质、区域均衡”为目标，由高中向大学校系推荐符合资格的学生，提供各地区学生适性扬才的均等机会，并引导学生就近入读高中。

各大学根据学科性质分学群招生，各高中以“推荐保送”方式办理。各校系依学测成绩订立门槛，再依“校校等值”精神，通过门槛者完全以在校成绩作为比序基础。大学甄选入学委员会依各大学校系所订的学测成绩检定标准、术科考试成绩检定标准、高中推荐优先级及分发比序项目进行第一轮名额分配，各大学录取同一高中学生以一名为限。校系于第一轮分发录取后仍有缺额者，大学甄选入学委员会就缺额校系依前项分发作业原则进行第二轮分配。

2. 个人申请

学生可根据个人志趣选择大学校系，大学校系根据其特色适性的目的来选才。符合大学入学资格者可申请志趣相符的大学校系，每人以申请六校系（含）为限，学科能力测验成绩的检定、倍率筛选、采用同分参酌等标准由大学校系自行定义，并由大学甄选入学委员会公告筛选标准。大学甄选入学委员会根据各校系招生名额、录取生状况、备取名次及考生网络登记就读志愿顺序进行分发录取作业，每一录取生至多以分发一校系为限。

（四）台湾地区高校自主招生的特点

1. 考试制度合理，确保公平录取

无论是通过“繁星推荐”还是“个人申请”方式通过高校的自主招生考试，学生都需要提供学科能力测验成绩，在此基础上再参加各高校的选拔。而学科能力测试是由大学入学考试中心统一出题，在录取时由大学甄选入学委员会依据院校招生名额、学生志愿、学生成绩，在网络公开公布学生录取情况。自主招生制度合理，在很大程度上减少了个人对考试录取的干扰，确保招生录取公平。

2. 高校自主权限大，招生机动灵活

高校在自主招生方面权限较大，可自主安排“推荐甄选”与“申请入学”的比例。院校可从社会发展需求、自身特色优势、考生偏好等多个角度衡量，自主决定可供考生选择的专业与院系，增强在自主招生考试时对考生的吸引力。

3. 招生途径多，学生可选择面广

台湾地区高校自主招生分为由高中学校推荐学生参加“繁星推荐”，也可由学生自主报名参加“个人申请”。学生除校方推荐之外，还能从自身实际情况出发，结合个体的兴趣爱好，申请参加自己喜爱的高校及专业的自主招生，如个人申请考生可一次最多申请六个院校（含专业）以减少入学后因专业不满意而转专业或退学等情况，减少学生心理负担，同时可以确保高校的新生入学率。

二、广西高校的自主招生

（一）起源与发展

广西现行的高校自主招生模式，最早可以追溯到 2002 年在南京地区的南京大学、东南大学、南京理工大学、河海大学、南京航空航天大学以及中国药科大学等高校的试点工作。将自主招生政策正式确定下来则为教育部在 2003 年 1 月 10 日颁发的《教育部关于做好 2003 年普通高等学校招生工作的通知》。在通知的第三条明确指出：“积极稳妥、规范有序地开展高等学校自主选拔录取改革试点工作。”至此，自主招生政策逐步在高等院校展开，2005 年北京开始试点在高职院校推行自主招生政策。随后，这一政策在广西壮族自治区、重庆市等地区也相继得到推行。到 2010 年国务院发布了《国家中长期教育改革和发展规划纲要（2010—2020）》，纲要中明确指出“完善高等学校考试招生制度，逐步实施高等学校分类入学考试”，对普通院校和高职院校招生方式逐步进行改革。为了贯彻改革的实施，教育部和财政部联合下发了《关于实施国家示范性高等职业院校建设计划加快高等职业教育改革与发展的意见》，在意见中提到：“完善政策措施，支持示范院校的改革试点工作。各地要制定相关政策，优先安排招生录取批次，鼓励开展单独招生试点，保证生源质量。”一系列政策的出台保证自主招生的正常顺利开展，实施自主招生的高职院校由原来几个省（市、区）的试点逐步推广到大陆的各个省（市、区）。

（二）自主招生的考生来源

在广西，凡是参加高等职业院校自主招生考试的学生主要有两个来源：一个是来自普通高中即将毕业的学生；另一个是中等职业学校的学生。来自普通高中的学生，他们在参加高考之前根据自身的情况选择感兴趣且适合的高等职业院校进行报名，通过相关部门的资料审核后，便可以参加学校的自主考试。源于中等职业学校的学生，若想继续深造便可以参加报名。待到报名成功后，考生根据相关校方的安排参加学校组织的考试。这些参加自主招生考试的学生，都来自于本区（省），均为在本区（省）的高中、中等职业学校有学籍且能够达到学校毕业要求或者是已经毕业的学生。需指出，外省区的学生无法参与本省区高等职业院校的自主招生考试，无形中将其他学生排除在自主招生的门槛之外，违背了教育公平公正的原则，这也是现行自主招生政策的不足且亟待改进之处。

（三）自主招生的考试形式与内容

在广西凡是进行自主招生考试的高等职业院校，其选拔方式主要为初试＋复试的形式。初试主要以考查学生综合素养为主，因此在初试阶段考察的内容常常以文化基础课和专业基础知识为主，而文化基础知识主要是以中学阶段学习的语文、数学等基础学科为主，专业基础知识则根据考生报考的相关专业来定。若学生报考的是绘画方向的，则考查的知识为美术方面的基础知识。通过初试的考生才有资格参加复试。复试的形式以面试和专项技能实践为主，不同的专业采取不同的方式。对于实践性和动手性很强的偏理工类的专业，倾向于采用专项技能实践测试的方式，更能够检验出学生的实践和动手能力。而对于偏向文科方向的专业，更多采用的是面试的方式，重在测试学生的口才和思维反应能力。最后，按照各自的比重，将初试与复试成绩相加，得到学生最终的成绩，招生院校根据各自的招生计划录取相应的学生。

（四）自主招生的程序

现今高等职业院校自主招生的程序主要为报名、资料审核、考试、录取等四个步骤。各省区由于自身的情况不同，也会出现一定的差异，但是总体上还是这几个主要的步骤。

报名分为两个阶段：第一阶段为网上报名，各省区在自主招生计划出台后，符合条件的考生可以根据自身的情况，在网上先报名并填好专业志愿。第二阶段为现场确认阶段，已经通过网上报名的学生，根据系统的要求在相应的时间和地点进行现场确认，并交纳相关材料和相应的考试费用。

资料审核对学生上交的资料进行审核，主要目的为审查学生的资料是否真实，保证考试的公平与诚信。凡是弄虚作假的行为，就会取消其考试资格。

考试为自主招生中重要的环节，其考试常分为初试和复试两个环节。考生只有通过初试环节后才能够进入复试。在完成复试后，院校根据相关的比例计算出学生最后的成绩。

录取是自主招生中最后的环节，招生院校根据自身的招生计划和学生的最后成绩做出决定，选择符合自己招生要求的学生。然后将这些名单报到省区的招生考试院备案，待

"考试院"审核通过后,各个院校便可发布录取信息并且向录取的学生发放通知书。

目前自主招生整个程序还是以考试为主,学生要进入高等职业院校还是要通过一系列考试。这种方式过于单一,有可能影响某些人才的发现,与自主招生的初衷相违背。因此,自主招生不应该以原来的高考考试方式来主导,应该提倡多元选拔方式。

三、台湾高校自主招生对广西等大陆高等院校的启示

(一)确保教育公平,破除户籍限制

台湾地区高校的自主招生,从学生的能力出发来进行,对于考生的来源和考生的户籍并没有特别的限制,这样给出生于不同地方的人提供了一个更为公平、合理的平台去竞争。而现今,广西等大陆高等职业院校自主招生还不能破除区域和户籍的限制,在招生考试中往往对考生籍贯提出严格的要求,不仅违背了教育公平公正的原则,也与自主招生的初衷背道而驰。许多考生因为户籍和区域问题,被排除在自主招生的名单之外,限制了学生自身的发展,同时也会影响高等职业院校本身的发展。要改变这种格局,就要破除区域、户籍的限制,扩大高等职业院校自主招生的生源范围,给予更多学生进入高等院校就读的机会。多地区、跨省(市、区)的招生方式还能够帮助高等职业院校选择更满意的学生。

(二)招生机动灵活,选录专长和特长学生

台湾地区在招生过程中学校拥有较大的自主权,而且招生的形式机动灵活,这样能够充分地保证那些有专长和特长的学生被录取。而现今,广西高等职业院校的自主招生也应该向一些拥有专长、特长的学生倾斜。对于有"非常之才"的学生可以采取免试的政策优先录取。虽然有部分省(市、区)已经开始对有专长或特长的学生实行免试的政策,但还需要进一步完善,如对在中学阶段拥有省级或者是国家级发明专利的学生应该纳入免试的范围中,取消获省级以上三好学生称号学生免试的政策。不断地调整与完善政策,才能够将更多的有专长或特长的学生纳入录取的范围。

(三)多种方式并行,考核与推荐相结合

台湾地区在高校招生过程中,为了保证录取生源的质量,打破以往传统单一的考试形式,采取多种考核的形式。这样能更大限度地保证在招生过程中选拔到更多优秀的人才。而现今的广西等大陆高等职业院校在自主招生过程中,主要以考试(初试+复试形式)为主,方式过于单一,造成人才选拔的遗漏。因此,高等职业院校在自主招生过程中除了考试外,还可以采取其他选拔方式,如校长推荐与学校考核相结合等方式。选取重点中等职业学校作为拥有推荐资格的学校,给予相应的推举名额。高等职业院校对于推荐的学生进行考核,达到要求者即可录取。若推荐的学生连续多次都没有通过学校的考核,则高校便可取消其推举资格。避免推举过程中的裙带关系,保证举荐的质量。推荐与考核并行的模式能够更好地弥补自主招生考试过程中对于人才选拔的遗漏,帮助高等职业院校录

取更多优秀的学生。

四、结语

高等职业院校自主招生作为高考之外新型的选拔方式，其存在与发展对于我国人才的选拔与社会的发展起着重要的作用。因此，对于高等职业院校的自主招生进行改革的时候，既不能全盘地继承科举的考试制度，也不能全盘地移植别人的自主招生模式。应站在本国国情的基础上，吸收科举制度的合理成分，同时也要借鉴他方的先进的经验。台湾地区高校自主招生的做法比较先进和完善，值得广西等大陆高等院校学习和借鉴，以使自主招生真正能发挥其公平、公正选拔人才的作用，更好地为国家和社会的发展做贡献。

参考文献

[1] 国务院. 国家中长期教育改革与发展规划纲要(2010—2020)[Z]. 2010-03-01.

[2] 孙秉良，吴锦波，赵立本. 应用 Open Data 于学院学生之地理分布——以系层级招生为例[J]. 电子商务研究，2014(03)：301-318.

[3] 薄占宇，黄颂顺，吴素菁. 海峡两岸高等教育国际化发展现况探讨[J]. 明道学术论坛，2011(07)：71-79.

[4] 吴金熊. 私立大学招生策略之探究——以 S 大学为例[J]. 明道学术论坛，2014(09)：3-18.

[5] 乐毅. 我国高校自主招生与高考改革的若干问题浅析[J]. 江苏高教，2008(03)：84-87.

[6] 傅丽娟. 高职院校自主招生工作的探索与实践[J]. 职教通讯，2012(11)：43-44.

[7] 郑若玲，朱贺玲. 我国高职招生变迁与未来发展方向[J]. 河北师范大学学报：教育科学版，2013(03)：41-46.

[8] 田芳华，傅祖坛. 大学多元入学制度：学生家庭社经背景与学业成就之比较[J]. 教育科学研究期刊，2009(01)：209-233.

[9] 秦梦群. 大学多元入学制度实施与改革之研究[J]. 教育政策论坛，2004(02)：59-84.

[10] 大学招生委员会联合会(台湾)大学多元入学方案[Z]. 2013.

[11] 夏人青. 台湾地区高校招生考试制度的改革发展[J]. 教育发展研究，2006，26(23)：31-36.

[12] 刘华强. 试析台湾高校招生制度的启示——从大陆高考生源"拐点"谈起[J]. 闽台文化研究，2010(04)：58-62.

[13] 张利菊，张欣. 中国台湾地区和美国高校招生考试制度比较[J]. 理工高教研究，2003，22(04)：22-23.

作者简介：

雷小捷，女，1989 年出生，广西贵港市人。教育学硕士，广西外国语学院东南亚语言文化学院教师。主要研究方向：比较教育研究，区域或国别教育研究。

（审稿：韦克俭）

“一带一路”发展战略视角下桂台高等教育合作模式研究

广西外国语学院国际交流处与港澳台事务办公室　雷剑强

摘要：台湾地区的高等教育达到世界先进水平，对广西高等教育的发展具有重要的借鉴价值和引导作用。广西作为面向东盟打造“一带一路”战略的重要门户，桂台两地高等教育合作发展具有巨大的潜力和空间。本文主要探讨桂台高等教育合作发展的意义和前景，以校际交流为依托，开展多方面、多形式合作，推动桂台高等教育交流合作常态化，创新高等教育交流合作的模式，提高高等教育交流合作的水平。

关键词：“一带一路”战略　桂台高等教育　合作模式研究

一、引言

加强桂台两地教育尤其是高等教育的合作交流，对广西构建21世纪“海上丝绸之路”的重要枢纽有重要的推动作用和社会价值。随着中国“一带一路”战略的提出，广西作为东盟自贸区重要门户的地域优势日益凸显，“泛北部湾经济合作区”与东盟各国的产业合作不断深化升级，同时也吸引了许多台港澳各界人士的广泛参与。与此同时，桂台两地文化教育合作也在不断创新升级。根据广西教育厅统计：截至2013年，桂台两地教育界已经签订了30多份教育交流合作协议，教育交流涵盖基础教育、职业教育和高等教育各个层次，并且签订协议数仍有不断增加的趋势。加强桂台两地高等教育合作成为桂台两地教育事业发展的必然趋势，如近年来桂台两地高等院校的合作热情高涨，往来交流频繁。但合作的模式需要探究和实践。

二、台湾高等教育发展的基本情况

（一）重视高等教育及教育质量的提高

从20世纪60年代开始，国际产业布局发生转移。中国台湾地区与韩国、新加坡、中国香港特区一样，通过“两头在外，大进大出”的战略，实现了经济结构由“进口替代”向“出口主导”的转型。台湾为了适应本地区社会经济发展的需要而大力发展“高等技职教育”，使得台湾高等职业教育成为高等教育的重要组成部分，成为台湾经济发展的主力军。台湾提出高等技职教育的主要目标定位于“培育经济产业所需的人才”，充分发挥高等技职教育的功能和作用。在大力发展高等职业教育的同时,台湾也加快了提高普通高等院校教育质量的步伐,引入国际比较架构,包含相关的细化与量化指标、人力资源投资、人才培育、加强高等研究等一系列措施。台湾在1999年提出了与大陆建设“985工程”大学和“211工程”大学类似的“学术卓越计划”,建立卓越研究中心,并于2002年核定了7所研究型大学予以重点资助;2004年核定了12所“发展国际一流大学及顶尖研究中心计划”的大学,启动一般大学的校务与专业评鉴,并在2006年至2009年期间,在高等技职校院评估的基础上,对一般大学系所进行评鉴,全台湾高等院校近4000个系所参加评估;2005年在30余所高等学校中推动“教学卓越计划”。

(二)强调高质量的人才培养目标

台湾参照世界著名大学的办学模式和发展目标,提出了高水平的发展目标,把发展高等职业教育作为职业教育的主流,不仅重视高等技职教育的类别结构调整,而且重视高等技职教育的层次结构提升,以提高人才培养的质量水平。笔者在参观考察“国立”中山大学和“国立”暨南国际大学时了解到台湾许多高校都建立创新育成中心,不仅为中小企业全方位提供包括创意、技术、流程、管理、质量与市场在内的整合服务,而且推广本校师生的研究成果,以产学合作、研发或技术移转方式,提升研究成果实用性和技术流通性。这样,在高等职业技术教育中,把科研能力、创新能力和创业能力作为教育目标,创造新产品、创设新行业,让更多的人就业,从而把高等职业教育人才培养质量的培养目标提升到更高层次。

(三)多元化的办学主体

中国台湾高等教育办学与欧美国家比较相似,主要体现为办学主体社会化、教育集资社会化和教学管理社会化,社会力量办学比重逐渐超过政府办学,尤其是企业办学特别引人注目,如富士康公司的IE工程学院等。台湾通过在办学主体、学校类型、经费来源渠道等各方面的多样化,形成政府办学、企业办学、社会办学和私人办学共同发展的格局。其中私立学校学生比重达65%~70%,这样有效地解决了单纯依靠政府投资而导致的教育投入不足的问题。

三、广西高等教育发展的基本状况

近十多年来,随着中国-东盟自贸区和北部湾经济区建设得到国家政策的大力扶持,广西人才资源的数量和素质结构有了显著提高,政府对教育投入不断加大,高等教育发展迅速。但从广西经济社会发展对人才资源的客观要求来看,人才数量、素质差距与结构失衡的矛盾仍然十分突出,特别是随着北部湾经济区开放开发不断加快,需要大量受过高等教育的专门人才,因此扩大升级广西高等教育规模与质量刻不容缓。

(一)教育规模发展快速,但高等教育仍低于全国平均水平

广西高等教育在发展总量上取得了可喜的成绩,截至2015年,共有高等学校76所,

其中普通本科高校 23 所，高职高专 35 所，独立设置的成人高校 7 所，独立学院 9 所。1995—2015 年，广西普通高校平均每万人在校学生数基本达到 5 年翻一番的发展态势。但是广西教育面临比较突出的问题是基础教育的缺失与高等教育的薄弱，特别是广西高等教育与全国相比平均数有近 1/3 的差距，与人才资源丰富的发达地区如北京、天津相比有至少 3 倍以上的差距。2015 年广西壮族自治区人民政府在《广西壮族自治区人民政府关于深化高等教育综合改革的意见》(桂政发〔2015〕6 号)中提出，未来几年的高等教育发展目标是到 2020 年要实现“一个格局、一个体系、两个达到、四大突破(1124)”的目标，即形成政府宏观管理、高校依法自主办学、社会广泛参与支持、开放有序、充满活力的高等教育发展新格局；建成服务政府决策、推动经济发展和事业升级、引领社会进步和文化繁荣、具有广西特色的高等教育体系。高等院校在校生规模达到 100 万人以上，高等教育毛入学率达到 40%以上。在高水平大学建设、高水平学科专业建设、高层次人才队伍建设、高水平科研创新平台建设上取得新突破。广西高等教育发展任重而道远。

（二）地方教育投入与人才分布基本一致，人才结构仍需完善

广西高等院校资源 70%集中在南宁、柳州、桂林，特别是南宁占了广西高等院校资源数量的 50%。好在近几年来得益于重点高等院校的升级和新建的地方高等院校、民办高等院校的增加，广西高等教育得到了快速发展，区域高等教育资源比以前有明显改善。但从人才结构上看，广西受过高等教育程度的人口总体水平不高，金字塔形人才结构底端大，高层次人才特别是第一、第二产业的人才比较缺乏。高等职业教育和继续教育水平相对沿海发达地区较滞后，已成为区域经济发展和广西打造“海上丝绸之路”特别是“一带一路”战略的重要门户的软肋。

四、桂台两地高等教育发展的差距

（一）教育投入比较

台湾高等教育投入较高，这是台湾人力资本水平较高的重要标志，也为台湾科技进步、产业结构升级、经济和社会发展提供了人才储备。例如，2007 年至 2008 年，台湾公私部门教育经费总和占 GDP 的比重为 6.1%，广西在教育投入方面仍以政府财政投入为主，所占 GDP 的比重偏低，与地区经济发展需要不匹配。

（二）办学水平比较

从 2010 年全球排名前 500 强高校的情况来看，台湾有 7 所高校位列世界排名前 500 强，数量高于京津两地，说明台湾高等学校的层次和质量水平是较高的。广西目前的高等教育水平与发达地区相比有较大差距，尚无高校可以跻身全国一流院校之列，更无世界排名前 500 强的高校，社会办学和私人办学发展较慢，政府需要加大支持力度进一步开放高等教育准入和扶持政策。

（三）社会对教育事业的重视程度对比

台湾社会十分重视教育事业，教师行业属于高收入的职业，月均收入为 8000～25000 元人民币，远超过广西同行业薪资水平。台湾地区民众对教师职业非常尊敬，学生在公共场所都会自觉给教师让座。在台北、台中、高雄等各大城市中心区，极具特色的学校和兴趣辅导中心随处可见，现有 2320 多万人口却办有 158 所大学院校。广西对教育事业的重视程度和高等院校数量与台湾相比仍有很大差距，教育行业和教师的收入待遇与社会重视程度都有待提高。

（四）国际化程度对比

学校国际化指学校配合教育国际化的方向及重点，营造有利于推动教育国际化的软硬件环境，包括校园国际化、人力国际化、学习国际化、行政国际化、课程国际化、建立国际伙伴关系 6 个方面。对此，台湾的教育主管部门制定了学校国际化的各项指标并进行倡导及推广。此外，台湾的教育主管部门还以经费补助的方式鼓励各校以学校教育国际化实际状况为起点，配合课程建设、国际交流及教师专业成长等，逐年落实这 6 方面工作。台湾地区学校国际化的主要实践方式有规划具有国际视野的校园学习环境、发展校际联盟或与大学合作、开展教育国际化教学活动、建立国际教育课程的数字化教学资源网站与交流平台提供师生国际课程学习资源。广西高等教育国际化发展起步较晚，目前广西各高校的国际交流与合作项目主要以东盟国家高校为主，与英语系发达国家合作交流及留学生仍占少数，这对广西高等教育国际化发展指标评估会有一些影响，也说明了广西目前高等教育国际化的水平与台湾相比差距较大。

五、桂台两地高等教育合作的潜力与模式

（一）优势互补，实现“双赢”

在实施“一带一路”战略中，推动桂台两地教育合作是实现两地教育资源和经济发展优势互补的最佳模式。桂台高等教育合作最大的优势就是充分发挥两地民办院校及社会组织的桥梁作用，为台湾高等院校提供生源保证，解决台湾当前出现的生源短缺问题，并在一定程度上缓解广西高等教育投入不足、财政教育经费有限以及广西优质高等职业技术教育总供给严重不足的局面。2013 年 6 月，广西外国语学院联合台湾青年企业研究社在广西南宁成功举办了主题为“面向东盟、共创繁荣”的产业升级与桂台合作论坛。会上 200 多名台湾学者、企业家、广西壮族自治区台湾工作办公室、工商联等代表、驻桂的台商台企代表、国内外特邀专家学者等人士共聚一堂，共同探讨中国-东盟自由贸易区背景下桂台经贸、教育文化往来的发展机遇，为促进桂台经贸、教育文化的友好合作出谋献策。多年来，大量中国台湾企业在越南、泰国、柬埔寨、马来西亚等东盟国家设厂开拓市场，广西作为连接东盟国家的重要门户，可以与台湾高校合作共同为台资企业培养大量高级技术和经营管理的国际化人才，实施“一带一路”战略，从而实现两地共赢。近几年，桂台两

地共同举办了三次高校高峰论坛，如2014年在广西外国语学院举办了第一届“桂台民办高校高峰论坛”，2015年在台湾中州科技大学举办了第二届“桂台高校高峰论坛”，2016年在广西桂林漓江学院举办了第三届“桂台高校高峰论坛”。这三届论坛都取得了很好的效果，对桂台高等教育合作优势互补、实现“双赢”起到了很大的促进作用。

（二）两地高等院校充分利用各自优势选择恰当的合作办学模式

台湾高等教育在追赶世界教育先进水平的发展中积累了丰富的管理经验，非常值得借鉴。广西高等院校可以大胆尝试和创新合作办学模式，互认学分学历，引进台湾先进的教育思想、教育理念、教学内容、教学方法和教学管理经验，这样能够在广西培养出高水平的人才，另外有利于提高广西整体的高等教育水平。合作办学主要有两种模式：一是中外合作办学项目模式。这一模式非常适用于正处于起步和发展阶段的高等院校，特别适合于广西与台湾高等教育合作中市场需求人才多、台湾高等教育有优势、广西高等教育资源不足但急需的项目。二是合作开办非独立设置的二级学院模式。这种模式与一级大学实行资源共享，可以利用一级大学的声誉、品牌和宝贵的人文精神、文化氛围等无形资产以及师资、校舍、图书等有形资产，有利于提高学生的综合素质以及合作办学的质量和知名度，这种模式有更大的自主权和稳定性，应该成为广西与台湾高等教育合作的主要模式。

（三）接轨国际教育通用惯例和标准原则

桂台高等教育合作办学涉及两地学历、学位证书和学分的认可问题。目前两岸学历互认工作根据中华人民共和国教育部通知，为保证大陆学生赴台就读工作稳妥、有序进行，特成立“海峡两岸招生服务中心”，与台湾负责招收大陆学生的“大学院校招收大陆地区学生联合招生委员会”（简称陆生联招会）对口沟通和协调招生相关事宜。因此，在广西与台湾开展高等教育合作的过程中，要树立高等教育国际化标准的观念。在坚持自己的特色和标准的前提下，重视参考各种国际标准，如衡量教育质量的标准、国际人才标准、各种职业的专业资格标准等，在教育规则、教育质量水平及其评判标准等方面做到总体上与国际通用的惯例和标准相吻合，以保证两地高等教育合作办学的质量。

（四）以高等教育合作为纽带，带动两地经贸合作快速发展

桂台两地合作办学有利于两地经济贸易合作及两地共同辐射整个东盟自由贸易区的发展，有利于推进两地经济社会的进步。桂台两地高等院校互派学生或在广西设立合作办学的独立学院、职业院校或培训机构，为广西及在桂的台资企业进入东盟国家发展培养大量的高素质经营管理及技术人才做储备，有效地解决区域经济发展和实施国家“一带一路”发展战略遇到的人才短缺问题。

我们相信，桂台两地的高等教育交流合作必将能够促进中华民族高等教育的发展，带动两地经济贸易合作快速进步，实现“教育兴桂”的目标，并推进两地面向东盟“一带一路”重要战略的实施。

参考文献

[1] 张宝贵.海峡两岸高等教育合作发展的策略研究[J].复旦教育论坛,2011(05).

[2] 李国助.广西高等教育经费投入问题及对策[J].经济师,2015(01).

[3] 李玫姬.关于广西与东盟高等教育合作的战略思考[J].教育与职业,2009(36).

[4] 闫闯.台湾地区基础教育国际化的策略及启示[J].世界教育信息,2012(17).

作者简介：

雷剑强,男,1979 年出生,广西南宁市人。美国 MBA 硕士,广西外国语学院讲师。主要研究方向:企业管理,商务英语,国际市场营销。

（审稿：李春醒）

桂台大学本科英语专业课程设置的比较研究

广西外国语学院欧美语言文化学院　黄春兰

摘要：本文对广西与台湾两地六所比较具有特色和注重实践的高等英语高校，其中包括“国立”台湾科技大学应用外语系、台湾中兴大学、台湾文藻外语大学和广西外国语学院、广西百色学院、广西民族大学外国语学院的本科英语专业课程设置进行比较研究，通过收集两地上述六所学校的本科英语专业人才培养方案和教学计划表，对比、分析、探讨桂台两地本科英语专业所设置的课程内容、特点及其对英语专业人才培养质量的影响，并对大陆的应用型本科高校英语专业课程设置提出一些建议。

关键词：桂台高校　英语专业　课程设置　比较研究

一、研究应用型本科高校英语专业课程设置的重要意义

2015 年广西高校的毛入学率已达到 30%，到 2020 年将达到 40%。我国高等教育正在告别精英教育，走向大众教育。2012 年教育部颁布了《关于全面提高高等教育质量的若干意见》，正式提出牢固确立人才培养的中心地位，走以质量提升为核心的内涵式发展道路。课程设置是专业建设和内涵发展的关键环节之一，应用型本科高校如何科学制订人才培养方案和进行课程设置决定着如何提高和保证人才培养的质量。

2014 年 10 月，《高等学校外语类专业本科教学质量国家标准》出台，明确规定该标准是全国高等学校外语类本科专业准入、建设和评价的依据。各高等学校外语类专业应根据该标准制订适应社会发展需要、体现本校定位和办学特色的培养方案。这指明了应用型本科高校的人才培养方案和课程设置是在本科教学质量国家标准的框架下进行的，服务地方经济需要，把促进人的全面发展和适应社会需要作为衡量人才培养水平的根本标准。

2008 年 1 月，国家正式批准实施《广西北部湾经济区发展规划》，由南宁、北海、钦州、防城港市所辖行政区域组成，后进一步扩大到崇左市和玉林市。按照规划，广西北部湾经济区将依托本地优势资源，建成中国-东盟开发合作的物流基地、商贸基地、加工制造基地和信息交流中心。外向型经济要发展，需要大量的外语类人才。

应用型本科高校的办学宗旨是服务地方性或区域性经济，具有行业性特征。在人才培养定位上体现出明显的职业适应性、规格多样性，课程设置灵活、开放，市场需要是应用型本科高校人才培养调节的杠杆。

然而，应用型本科高校由于起步晚，基础薄，其上述特点还没有完全显现出来。目前，

应用型高校在课程设置上大多是沿用原有本科高校的课程设置体系。这样做的原因，一是没有经验可以直接借鉴；二是应用型高校在建校之初，人力、物力、财力紧缺，没有能力颇费周折地进行市场调研工作。

为此，本文对广西与台湾两地六所比较具有特色和注重实践的高等英语高校，包括"国立"台湾科技大学应用外语系、台湾中兴大学、台湾文藻外语大学和广西外国语学院、广西百色学院、广西民族大学外国语学院的本科英语专业课程设置进行比较研究，通过收集上述两地六所学校的本科英语专业人才培养方案和教学计划表，对比、分析、探讨桂台两地本科英语专业课程设置的内容、特点及其对英语专业人才培养质量的影响，旨在对广西应用型本科英语专业课程设置提出某些有意义的建议。

二、当前桂台高校本科英语专业课程结构与内容比较

本文借鉴的广西高校本科英语专业人才培养方案和教学计划表主要通过直接获取或委托该校教师以电子文档传送，在台湾方面的资料通过广西到台湾的访问学者在当地收集资料然后通过 E-mail 传送的途径获得。资料选自最近毕业的一届英语本科（四年制）从大一到大四完整的教学计划表和人才培养方案。在进行桂台两地英语专业课程设置的比较分析中，主要参照了南京大学的李梦瑶和张逸辰(2011)的研究成果。根据《高等学校外语类专业本科教学质量国家标准》（以下简称国标）的课程体系总体框架，课程体系包括通识教育课程、专业核心课程、培养方向课程、实践教学环节和毕业论文五个部分，以下将从这五个方面对当前桂台高校本科英语专业课程结构与课程内容进行比较。在此说明，台湾的英语本科教育不在国标的框架下进行课程设置，但为了研究方便，进行了如此的分类。也为下文进一步讨论和分析，对所选的这六所桂台本科高校进行简单的介绍，见表 1。

表 1　六所桂台本科英语高校简介

校　　名	建校时间/年	所 在 地	办 学 性 质
广西外国语学院	2011	广西南宁市	民办外语专门高校
广西百色学院	2006	广西百色市	公立普通本科高校
广西民族大学外语学院	2006	广西南宁市	公立综合性民族大学
台湾文藻外语大学	1966	台湾高雄市	私立外语专门高校
"国立"台湾科技大学应用外语系	1997	台湾台北市	技术研究型大学
台湾中兴大学	1971	台湾台北市	综合性研究型大学

注：此处的建校时间指目前校名确定年份。

（一）通识教育课程的设置

三所广西高校英语专业通识教育课程开设情况见表 2。

表 2　三所广西高校英语专业通识教育课程开设情况

学校名称	课程类别	开课年级	课程数量		
			总数	必修	选修
广西外国语学院	公共基础课程	1,2	10	10	0
	校级通识教育课程	1,2	1	1	0
广西百色学院	公共基础课程	1,2,3,4	15	14	1
	校级通识教育课程	2,3	14	0	14
广西民族大学外语学院	公共基础课程	1,2,3,4	22	22	0
	校级通识教育课程	1,2,3,4	31	0	31

表 2 对比了三所广西高校本科英语专业通识教育课程的设置情况，从表 2 可以看出，广西公立高校在英语专业通识教育课程的设置上比民办高校更具有优势，表现在公共基础课程和校级通识教育课程方面的开课数量和种类比较多样化，开课时间贯穿了大一到大四，比较注重通识教育，注重学生的人文素养培养。相对而言，民办本科高校在英语专业通识课程的重视程度方面不足，表现为开课数量和种类不多，校级通识教育课程还没有得到重视和积极开发。

国标指出，通识教育课程分为公共基础课程和校级通识教育课程两类。国标在公共基础课程上做了硬性规定，指出公共基础课程一般包括思想政治理论、信息技术、体育与健康、军事理论与训练、创新创业教育、第二外语等课程。我国大陆的英语本科高校公共基础课程基本上按照该标准设置，广西的英语本科高校与此相同，一般开设有思想道德修养与法律基础、毛泽东思想和中国特色社会主义理论体系概论、中国近现代史纲要、马克思主义基本原理、形势与政策教育、计算机文化基础、大学语文、就业指导和创业教育、心理健康教育等通识必修课。由于受到行政管理的影响，这个标准可变性不大。在校级通识教育课程的设置方面，大陆的英语本科各高校有权根据学校的办学定位和人才培养目标，结合学校通识教育课程资源进行课程设置，这也是反映学校特色办学的一个重要方面。

在台湾，有关通识教育方面的资料不齐全，无法将上述三所台湾本科高校英语专业的通识教育课程设置具体列表。以下借鉴大陆北方工业大学余婷婷 2014 年的硕士研究生毕业论文《台湾高校通识教育研究》的成果进行概括性阐述，以便本文对比研究。

余婷婷以现阶段开有通识教育中心网站的高校为具体研究对象，对台湾 151 所开设通识教育中心及网站的高校进行了研究，总结概括出了以下主要几种通识教育课程实施模式。

1. 核心通识课程

核心通识课程依照学校办学特色与目标，将通识课程划分成为几个不同向度，每一向度开设数门不同主题的课程，学生可以自主按照学校要求修习一定学分的课程。这一模式的课程设置一般将核心通识课程与共同必修课程分开，两者地位相同，但内容和选课方式不同。共同必修课一般为基础课程，如国文、英文、军训和体育等。核心通识课程为各向度引领下的课程。在选课方式上，共同课程为必修课程，核心通识课程为必选课程。

2. 核心通识课程与多元通识课程结合

这是一种组合式的通识课程实践模式。核心通识课程与多元通识课程地位同等，核心通识课程的内容为基础的、共同的课程，为必修课程，学生必须在规定学分要求下完成课程的学习。多元通识课程的内容则被分为若干领域，学生按照学校要求，从中选取规定学分的课程进行学习，是必选课程。

3. 共同必修课程与通识(共同)选修课程结合

该模式是台湾高校通识教育的传统模式，该模式是在1996年5月《大学法》废除共同必修科目之后，将共同必修课程的内容加以合理修改，并与通识课程相结合的一种模式。这种模式在台湾高校广为盛行，很多知名高校长期沿用。

4. 正式课程与非正式(潜在)课程结合

正式课程指传统的以课堂讲授为主要方式的课程，依靠课堂授课的方式传授相关理论与知识。非正式(潜在)课程不仅包括学校组织的讲座、院系组织的相关通识教育活动，还包括以校园建筑、校园文化、学习风气等为代表的隐形的教育和熏陶。

对比分析桂台两地本科高校英语专业通识教育课程的开设，台湾本科高校具有很大的课程设立自主性、灵活性，开课种类繁多，依照"全人教育"的理念，借鉴美国通识教育的同时，形成了自己独特的通识教育体系。通识课程总学分数平均为31.2，占毕业总学分数的23%，可见通识的重要性。

(二) 专业核心课程的设置

1. 英语专业技能课

六所桂台高校英语专业技能课程开设情况见表3。

表3 六所桂台高校英语专业技能课程开设情况

学校名称	课程类别	开课年级	课程数量		
			总数	必修	选修
广西外国语学院	初阶	1,2	18	18	0
	进阶	2,3,4	11	11	0
广西百色学院	初阶	1	13	13	0
	进阶	2,3	15	15	0
广西民族大学外语学院	初阶	1,2	9	9	0
	进阶	1,2,3	13	13	0
台湾文藻外语大学	初阶	1,2	6	6	0
	进阶	2,3,4	5	5	0
"国立"台湾科技大学应用外语系	初阶	1	8	8	0
	进阶	2,3,4	20	20	0
台湾中兴大学	初阶	1,2	9	8	1
	进阶	1,2,3,4	17	0	17

表3对比了六所桂台高校英语专业技能课的设置情况，从表3可以看出，广西高校比

台湾高校开设了更多的初阶课，而进阶课数量不如台湾高校。

广西外国语学院是一所民办高校，生源一般基础较为薄弱，该校初阶课设置的数量较多。百色学院和广西民族大学外语学院虽然都是公立高校，但生源也是有差别的，广西民族大学外语学院的生源比百色学院的生源好，所以，初阶课开设得相对少，但进阶课差别不大。

"国立"台湾科技大学应用外语系进阶课开设最多，其次是台湾中兴大学。而文藻外语大学无论是初阶课或进阶课在六所桂台高校中都是开设最少的。这说明该校生源英语基础较好。

六所桂台高校在初阶课开设的时间上基本相同，都是注重在低年级培养听说读写的技能。进阶课各校基本上是从大二开设到大四，也有部分科目在大一就开设，例如广西民族大学外语学院和台湾中兴大学。台湾中兴大学 17 门进阶课均为选修课，给学生更多的学习选择空间。

在进阶课的内容设置上，广西三所高校相比内容较为单一，基本为听说读写的高级训练。如以广西民族大学外语学院为例，初阶课为综合英语Ⅰ、综合英语Ⅱ，进阶课为综合英语Ⅲ、综合英语Ⅳ。而台湾三所高校的进阶课内容比较倾向于将听说读写译的高级训练和专题内容进行结合，通过专题内容的学习来提高英语技能的训练。以文藻外语大学为例，该校设置的进阶课为主题讨论与写作、实用英文与写作、商务口语训练等课程，体现出了英语技能的加强与提高融入了专题内容的学习，通过专题内容的学习同时提高英语听、说、读、写、译的技能。

2. 英语专业知识课

六所桂台高校英语专业知识课程开设情况见表 4。

表 4　六所桂台高校英语专业知识课程开设情况

学校名称	课程类别	开课年级	课程数量		
			总数	必修	选修
广西外国语学院	文学	2,3	6	2	4
	语言学	3,4	4	0	3
	文化	3	2	0	2
广西百色学院	文学	3,4	2	0	2
	语言学	3	1	0	1
	文化	2,3	6	2	4
广西民族大学外语学院	文学	2,3	3	2	1
	语言学	3	2	1	1
	文化	1	2	2	0
台湾文藻外语大学	文学	1,2,3,4	9	2	7
	语言学	2,3	4	1	3
	文化	2,4	3	2	1
"国立"台湾科技大学应用外语系	文学	1,2,3,4	11	2	9
	语言学	1,2,3,4	7	1	6
	文化	1	1	1	0

续表

学校名称	课程类别	开课年级	课程数量		
			总数	必修	选修
台湾中兴大学	文学	1,2,3,4	30	8	22
	语言学	1,2,3,4	17	1	16
	文化	3,4	2	0	2

国标指出外语类专业知识课程包括外国语言学、外国文学和国别与区域研究的基础课程。通过对比分析上述表格，发现广西三所高校基本在大二、大三、大四开设文学、语言学和文化相关课程。也有特例，广西民族大学外语学院把两门文化课程作为必修课开设在了大一。台湾三所高校中，"国立"台湾科技大学应用外语系和台湾中兴大学的文学和语言学课程贯穿四年不断线。另外，"国立"台湾科技大学应用外语系将仅有的一门文化课程作为必修课开在大一。台湾中兴大学的两门文化课程作为选修课开在大三和大四。文藻外语大学也同样将文学课程贯穿了四年不断线，在大二、大三开设了语言学课程，文化课程开在大二和大四。

对比分析结果发现，台湾高校在文学和语言学课程上给予了高度的重视，表现在开课时间贯穿四年不断线，课程种类、数量繁多，选修课所占比例远远超过必修课。例如，台湾中兴大学的文学课程开设有 30 门，其中 8 门为必修课，22 门为选修课；语言学课程开设有 17 门，一门为必修课，16 门为选修课。相比之下，广西高校在文学和语言学课程的设置方面的数量、种类远远不如台湾高校。桂台两地在文化课程的开始上均表现为课程门类和数量较少，只有一两门而已。也有特例，百色学院在大二、大三开设了六门文化课程，其中两门为必修课，四门为选修课，可见，该校较为重视文化课程。

3. 培养方向课程

三所广西本科高校培养方向课程开设情况见表 5。

表 5　三所广西本科高校培养方向课程开设情况

学校名称	课程类别	开课年级	课程数量		
			总数	必修	选修
广西外国语学院	语言学	2,3,4	6	6	0
	国际贸易	2,3,4	6	6	0
	教育	2,3,4	6	6	0
广西百色学院	国际贸易	3	6	0	6
广西民族大学外语学院	教育方向	3	14	10	4

没有将台湾三所高校一起列表，是因为这三所高校的教学计划表没有按模块或方向进行课程设计，但是台湾三所高校在方向课程开设方面，种类数量比较多，不好归类。如以文藻外语大学为例，该校方向课程的开设有儿童英语教学、公共关系、国际礼仪、大众传播概论、新闻英语、秘书实务英语、网络英文与教学、英文商业概论、英文行销概论、英文财管入门、英语教学法概论、英语教材设计、观光英文等课程，涉及了教育、传媒、秘书、商业、

行销、财务等领域，更多地考虑了学生相关职业技能的培养，以选修课的形式出现，给予学生更多的自主权和学习的选择，课程的设置就好比物品销售一般，学校就像超市或自助餐饭店在一定的货架或平台上提供各种课程，学生可以按需挑选。

对比分析六所桂台本科高校教学计划表发现，只有广西外国语学院在培养方向课程方面按模块或方向进行课程设置，其他学校均没有这么做。百色学院虽然在大三开设了6门有关国际贸易方面的课程，但没有分方向或模块；广西民族大学外语学院也没有分方向和模块，但设置了“教师教育平台课程”，含教师教育专业必修课（20学分）和选修课（6学分）共14门课程，以提高学生的教学教育能力。但总体而言，广西高校在职业相关方面的课程设置无论是种类还是数量都远远不如台湾高校，培养的人才相对单一，抵抗市场人才的竞争能力不够强。

4. 实践教学环节

四所桂台本科高校实践教学环节开设情况见表6。

表6 四所桂台本科高校实践教学环节开设情况

学校名称	课程类别	开课年级	课程数量		
			总数	必修	选修
广西外国语学院	实践教学	1,2,3,4	8	8	0
广西百色学院	实践教学	4	2	2	0
广西民族大学外语学院	实践教学	1,3,4	9	9	0
台湾文藻外语大学	实践教学	4	7	0	7

在实践教学这个环节，按照目前笔者所掌握的资料，无法看出“国立”台湾科技大学应用外语系和台湾中兴大学的实践教学动态，所以没有在上述表格中列出来。

通过对比分析，上述四所桂台高校在实践教学的课程设置上，广西外国语学院、广西民族大学外语学院、文藻外语大学在课程种类和数量上基本相当，都非常重视学生的实践教学，只有百色学院较少，只在大四开设了两门课程——专业实习和毕业论文（设计），模式较为单一。广西外国语学院非常重视实践教学环节，体现在课程种类和数量多，四年不断线方面，含军训、社会调查、专业综合实验训练、学术讲座、学科竞赛、课程论文撰写、毕业实习和毕业论文（设计）等教学环节。广西民族大学外语学院也较为重视实践教学，在课程设置方面开设了英语朗读技巧、中学课堂观察与教学方法研究、网络教学与多媒体课件设计、学术论文写作、教师职业技能训练Ⅰ、教师职业技能训练Ⅱ、教育见习（包括课程见习、教学观摩等）、教育实习、毕业论文等。两所学校相比，不难看出，广西外国语学院作为民办本科应用型高校更为关注培养学生的实际操作能力和社会实践能力，而广西民族大学外语学院作为公立高校，市场危机感相对不那么明显，在实践教学的环节设计上多局限于课本知识、理论成分和课堂教学。综观而言，两所高校在实践教学环节方面都有很大的开发空间。

文藻外语大学的实践教学环节作为专业选修课安排在大四，课程包括学年校外实习、学年海（境）外实习、学期校外实习、学期海（境）外实习、专业实习、海外实习、职场体验实习。从课程设置中可见，文藻外语大学作为一所专门外语高校，以应用型人才为培养目标，其实践教学环节比较成熟，既提供了真实英语语言环境的实习，还提供了可以实际操作和体验的职场实习平台，语言交际能力和职场工作能力的实战训练两者都包含在内。

5. 毕业论文

广西三所本科高校均将毕业论文设在大四第二学期，广西民族大学外国语学院和百色学院的毕业论文课程为4学分；广西外国语学院为8学分。这三所高校都将毕业论文纳入实践教学环节。有关台湾高校这一方面的毕业论文设置，按目前手头上的资料，无法看到台湾三所高校的毕业论文教学环节。在此，不做分析和评论。

三、对大陆民办应用型本科高校英语专业课程设置的建议

不同类型的高校，其学校定位和人才培养模式不同。大陆民办应用型本科高校以培养应用型人才为目标，以服务地方性或区域性经济为宗旨，必然以适应社会需要为检验标准，以市场的需要、学生的就业为导向进行办学管理。由于民办高校起步晚，办学经验不足，在课程教学体系上，主要沿用公立高校的课程教学体系，造成了一些问题，如公立高校的特色和优点，民办高校做不到，而民办高校的灵活性和人才市场的适应性又没有充分发挥出来。

目前，中国高等教育逐渐大众化，选择教育对我国民办高校的质量、特色和品牌提出了新的挑战。为此，民办高校必须锁定未来发展目标——建成有较高办学水平、人才培养质量较好、社会声誉较高的高校，才能保证其在市场的滚滚浪涛中站稳脚跟。

民办高校培养方向应该定位于实用型和技术应用型人才，充分发挥自身优势，坚持改革创新，相对地集中力量办出特色和品牌，做到"人无我有，人有我优，人优我新"，在课程设置上要明确学科专业的现代化、前沿化，教学模式的信息化，培养人才的国际化。

结合上述六所桂台高校英语专业课程设置的对比研究，笔者对广西民办应用型本科高校英语专业课程设置提出以下建议。

（一）在通识教育课程设置方面

2014年10月出台的《高等学校外语类专业本科教学质量国家标准》是全国高等学校外语类本科专业准入、建设和评价的依据。大陆民办应用型本科高校必须要符合国标的最低要求，在这个基础上考虑充分挖掘符合地方经济发展需求的高校通识教育课程资源进行课程设置，依据全面培养人的理念，将学校的办学特色充分发挥出来，即重视具有特色的学校通识教育课程设置，将其分成若干领域，让学生按照一定的要求，依据自己的需要从中选取规定学分的课程进行学习，有必修课程也有选修课程。

要重视正式课程与非正式（潜在）课程结合。除了要考虑正式课程的设置，还要重视各种类型的讲座活动、相关通识教育活动，包括校园建筑、校园文化、学习风气等为代表的隐形的教育和熏陶。

（二）在专业核心课程方面

既要重视培养学生扎实的英语基本知识和技能，又要重视进阶课程的开发，不要走入

单一的培养模式。在进阶课程的设置上可以采取听、说、读、写、译的高级训练与专题内容相结合，通过专题内容的学习来同时提高学生的英语技能。要重视文学和语言学课程的开发和设置，让学生在低年级对文学或语言学有基本的概念和理论基础，在高年级再进一步学习某一特定领域方向的文学课程和语言学课程，要增加文学课程和语言学课程的选修种类和数量，给予学生更多的学习主动权和选择空间。

（三）在培养方向课程方面

要大力开发与职场挂钩的方向课程，增加符合地方性或区域性经济发展需要的方向课程，在课程的种类和数量上要尽可能地结合学校的人力、物力、财力的实际来增加。将这一类课程设为选修课，让学生可以结合自己的需求来选修。同时，在这一类课程的宣传和指导上要同步跟进，以帮助学生认识到自己的需求，知道按自己的需求有目的地选修，以增强学生今后从业的竞争能力。

（四）在实践教学课程方面

台湾文藻外语大学的做法很有借鉴意义，要创造一切可能为学生提供实习、实验和实践的机会和平台，要重视开发校内实验和校外实践的相关课程，走校企合作、校政合作、国内国外联合办学的道路，既尽可能地考虑为学生提供真实英语语言环境的实习机会，还要考虑给学生提供实际操作和体验职场的平台，提供语言交际能力和职场工作能力的实战实践机会。

四、结论

本文比较分析了广西与台湾两地六所较具有特色和注重实践的高校本科英语专业课程设置，并提出了大陆民办应用型本科高校英语专业课程设置的建议，希望能够借此启发和完善大陆民办应用型本科高校英语专业的课程设置，为提高大陆民办应用型本科高校的人才质量提供一定的借鉴。

参考文献

［1］钟美荪，孙有中．以人才培养为中心，全面推进外语类专业教学改革与发展——第五届高等学校外国语言文学类专业教学指导委员会工作思路［J］．外语界，2014(01)：2-8.

［2］王广亚．我的大学理念［M］．北京：中国发展出版社，2015.

［3］广西民办高等教育发展研究课题组．北部湾经济区开放开发背景下广西民办高等教育发展研究［M］．南宁：广西人民出版社，2009.

［4］陈小虎，杨祥．新型应用型本科高校发展的 14 个基本问题［J］．中国大学教学，2013(01)：17-22.

［5］余婷婷．台湾高校通识教育研究［D］．北京：北方工业大学，2014.

［6］于罂．台湾地区大学通识教育课程设置与管理的研究［D］．上海：复旦大学，2013.

作者简介：

黄春兰，女，1976 年出生，广西南宁宾阳县人。英语语言文学硕士，广西外国语学院欧美语言文化学院讲师。主要研究方向：桂台英语教育合作与交流，英汉翻译教学与研究，中国古典文学。

（审稿：韦克俭）

台湾高校创新创业教育对广西高校的启发

广西外国语学院国际工商与公共管理学院　黄富国
广西外国语学院国际会计学院　陈　霖

摘要：台湾高校开展创新创业教育比较早，其先进的创新创业教育理念、独特的创新创业课程开发、不断创新的创业教学方式、政府和民间对高校创新创业教育的重视等让创新创业教育成为台湾各高校的热门课程，广西高校在开展创新创业教育的过程中可以从中得到很多借鉴。

关键词：台湾高校　创新创业教育　启发

2015 年 5 月 4 日国办发〔2015〕36 号《国务院办公厅关于深化高等学校创新创业教育改革的实施意见》中提出，“深化高等学校创新创业教育改革，是国家实施创新驱动发展战略、促进经济提质增效升级的迫切需要，是推进高等教育综合改革、促进高校毕业生更高质量创新创业就业的重要举措”。国家也将进一步推动“大众创新创业，万众创新”。大学生创新创业教育不仅能够培养具有创新意识和创新创业能力的新型人才，对促进大学生就业质量也具有重要的意义。台湾高校开展创新创业教育比较早，也有较多成功的经验值得广西高校学习和借鉴。

一、台湾高校创新创业教育理念

台湾各高校普遍重视大学生的创新创业教育并将其列为必修课程，同时辅以大量的选修课程。如中山大学是台湾第一所开设创新创业课程的高校，于 1993 年首次开设创新创业课程，以项目为依托、创意是关键、在做中学及整合教师资源与转变角色等方法独树一帜，取得较好的效果，其他高校纷纷效仿。

图 1 是台湾中山大学的创新创业教育理念，其理念是先培养创新意识，再提高基本创新创业素质，强化创新创业实践。

二、台湾高校创新创业课程的开发

台湾高校开设的创新创业课程主要包括基本能力类、专业能力类、基本素质类和特定项目类等。

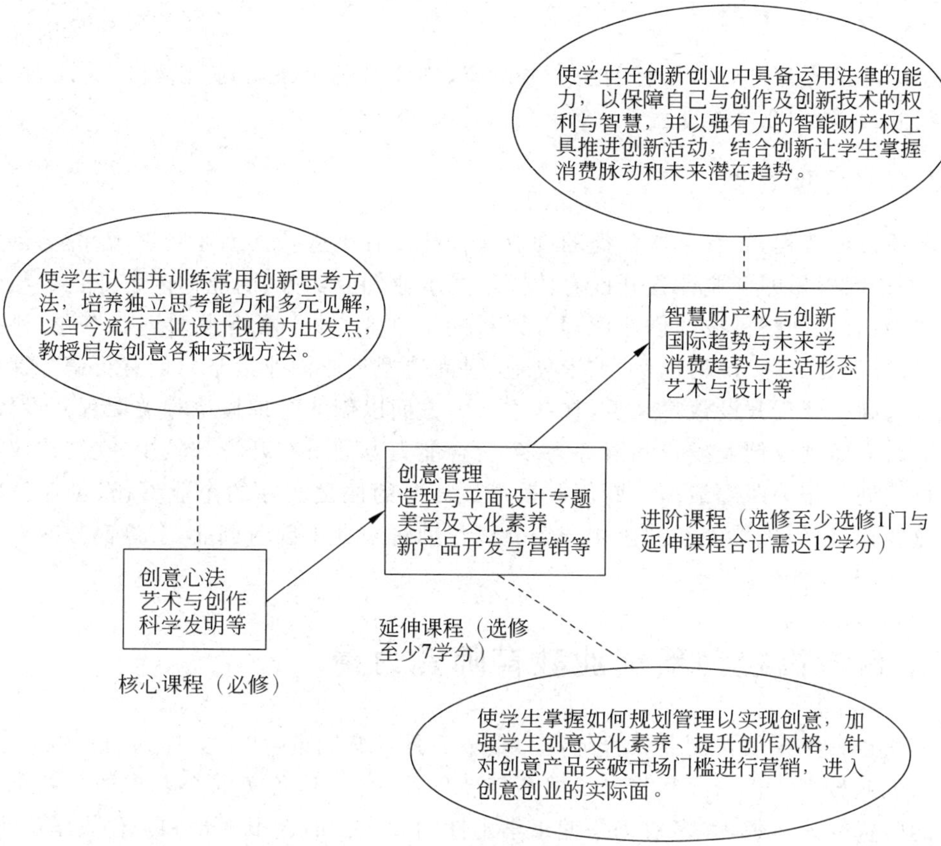

使学生在创新创业中具备运用法律的能力，以保障自己与创作及创新技术的权利与智慧，并以强有力的智能财产权工具推进创新活动，结合创新让学生掌握消费脉动和未来潜在趋势。

使学生认知并训练常用创新思考方法，培养独立思考能力和多元见解，以当今流行工业设计视角为出发点，教授启发创意各种实现方法。

智慧财产权与创新
国际趋势与未来学
消费趋势与生活形态
艺术与设计等

创意管理
造型与平面设计专题
美学及文化素养
新产品开发与营销等

进阶课程（选修至少选修1门与延伸课程合计需达12学分）

创意心法
艺术与创作
科学发明等

延伸课程（选修至少7学分）

核心课程（必修）

使学生掌握如何规划管理以实现创意，加强学生创意文化素养、提升创作风格，针对创意产品突破市场门槛进行营销，进入创意创业的实际面。

图 1　台湾中山大学创新创业教育理念

（一）基本能力类

基本能力类课程，关于基本能力开设有企业家精神与创新创业、创新创业与兴业家专题、经营管理-创新创业与兴业家精神等课程；关于创新精神，开设有组织创新与创新创业精神等课程；关于创新创业管理，则开设有创意与创业导论、创意与创业管理、创新与创业管理、创业管理实务、创新创业学等课程；关于创业环境则开设有亚太创业环境、创业产业分析、高等创业管理研究等课程。

（二）专业能力类

专业能力类课程，关于机会判断，开设有创新创业可行性评估、创业规划、创业环境分析与风险评估等课程；关于创业投资，开设有创业投资评估、投资银行与创业投资、创业投资与私募股权等课程；关于创业财务，开设有创业财务、创业管理会计等课程；关于创业策略，开设有创业策略管理、创业经济环境与竞争策略等课程；关于创业资讯管理，开设有RFID系统与创业设计、资讯产业创业实务研讨等课程；关于创业行销，开设有创业行销、创业与行销管理等课程。

（三）基本素质类

关于基本素质开设的课程有创业个案研究、创业管理个案研讨、创新创业计划、创业计划与实务、行动创业家等课程。

（四）特定项目类

特定项目类课程，如有关饮食类的创业课程开设有小型餐饮创业管理、营养与创业等课程；有关休闲娱乐的创业课程开设有休闲游憩事业创业实务、商业休闲事业创业与营运实务等课程；有关网络科技的创业课程开设有网络创业专题、网络微型创业专题、科技产业创业、科技创业专题、微型创业、纳米创业、时尚造型产业创业策略与创意行销等课程。

从台湾高校课程开设数量来看，在基本能力方面以创业管理概论相关课程开设较多，在专业能力方面则以创业投资和财务为多，统合能力方面虽有开设却较少，在特定议题方面则以科技创业相关课程最多。而创业教育最需要的便是实际的企业参访、创业体验和创新创业实践，以便积累创新创业相关经验以帮助将来真正创新创业，台湾高校对此也很重视。

三、台湾高校创新创业教育师资力量

台湾高校大学生创新创业教育师资力量较强且各有侧重，如上文提到的中山大学，它们的创新创业教育课程的教师其专长多与创新创业相关，具备实际企业界或创新创业相关经历的师资并非多数，大多数仍是偏于学术性的为多。而逢甲大学和辅仁大学的师资，较多具备业界的经历或是聘请业界主管担任其教师。同时它们很重视和企业合作，经常聘请企业高管或退休高级经理到校内讲学，亲自向大学生传授创新创业经验。

四、台湾高校创新创业教学方式

台湾高校的创新创业教育活动也较丰富，包含创新创业讲座、创新创业竞赛、企业参访、创新创业体验、创新创业育成、“最后一里”学程实践教学环节等六类。

（一）创新创业讲座

创新创业讲座大多由授课教师规划在其课程内，邀请的对象也因授课教师的授课目标而有所不同。但也有少部分是由其他单位所举办的活动，如通识教育中心或系所院内所推动的讲座。

（二）创新创业竞赛

创新创业竞赛包括课程内竞赛、校内竞赛和全省性竞赛。课程内竞赛方面，中山大学、政治大学、台湾海洋大学、辅仁大学、逢甲大学等校的授课教师在授课中皆有规划并实际操作。举办校内竞赛的学校有大同大学、辅仁大学等学校。举办全省性竞赛的学校有政治大学、逢甲大学等学校。学校对于活动的举办类型因各校的支持度、经费和看法不同而各有差异，但是各高校均鼓励学生积极参与校外的创新创业竞赛。

（三）企业参访

中山大学、政治大学、台湾海洋大学、辅仁大学、逢甲大学等高校皆有组织学生到企业参访的活动。企业参访大多由授课教师规划在其课程内，至于参访企业的规则可依授课教师的授课目标而有所不同。此外，政治大学、辅仁大学还举办海外企业的参访活动，希望借此拓展学生的视野。

（四）创新创业体验

逢甲大学的创新创业课程包含有创新创业体验的内容，让学生真正实际体验如何创新创业，采取渐进式的方式让学生实际体验。

（五）创新创业育成

1996 年，台湾“经济部门”为落实培养中小企业的目标，鼓励设立创新育成中心，其后的 15 年间发展迅速。其中有八成以上的创新育成中心设置在高校中，接收大量大学生创新创业团队。台湾各大学的创新育成中心，类似于大陆耳熟能详的“孵化器”“创新创业科技园”，但提供的服务更加多元化。如中山大学于 2009 年成立产学营运中心，整合产学合作、智财技转与创新育成等业务，其中创新育成就是中山大学率先于 1997 年创立的。通过产学营运中心商业技术培育园地，协助师生创立公司，并提供营运辅导，引进创新资金，寻求厂商投资平台。创新育成中心可以充分利用中山大学丰富的学术研发能力、贵重仪器设备资源及完整的软硬件设备，包括图书馆、各种纸质及电子资料等。

台湾的许多大学如台湾大学、台湾政治大学、暨南国际大学、台湾“清华大学”等都有“创新创业育成中心”，学校的教师会跟外界企业接触，从而得到一些创新创业项目，有创新创业想法的学生就可以和教师交流，从而得到项目课题，真正实现创新创业教育到真实创新创业的过渡。

五、广西高校创新创业教育存在的问题

（一）高校重视不够

广西高校对创新创业教育还没有足够重视。对所谓创新创业教育往往只是就业指导课老师讲一讲就可以了。目前广西各个高校都开设有大学生就业指导课程，创新创业指导课程是其中一章。但是由于师资的原因，对这一章也没有能很好地展开讲。据调查，目前广西高校中专门以必修的形式开设创新创业教育课程的高校寥寥无几。

（二）课程体系设置不够完善

广西高校的创新创业教育起步较晚，在很多方面都急需完善。部分高校虽然响应教

育部的要求开设了创新创业教育课，但仅仅以选修课的形式开展了有关创新创业教育的课程，而且还都是最基础的创新创业教育，教育涉及范围太过狭小，难以普及多数学生，并且多数高校都并没有形成完整而系统的体系设置，教材的选取也比较随意，因此创新创业课程很大程度上流于形式且收效甚微。除此之外，有关创新创业教育的讲座较少，也难以满足学生对创新创业教育的高度需求。

（三）师资队伍力量薄弱

师资队伍是创新创业教育的关键，他们能够对学生进行专业上的指导，帮助学生更好、更快地进步。但是，由于广西高校创新创业教育起步较晚，只是最近几年才引入高校的教学中，因此师资力量极其缺乏，尤其缺乏高端专业教师。就目前情况来看，广西高校的创新创业教育教师多是就业指导教师，而就业指导老师往往是辅导员兼任，他们对学生的创新创业指导显然不如专业教师那么专业而全面。很多教师自己都没有受到系统的创新创业教育，缺乏实践经验，难以立身说法，对学生创新创业意识和创新创业能力的培养效果较差。

（四）教学模式有待改进

由于深受传统教学模式的影响，创新创业教育所使用的教学模式也比较落后，难以取得显著的教学效果。目前，广西高校开展的创新创业教育大多是在传统的就业指导课教学基础上增添了一些创新创业教育的内容，并没有形成完整的创新创业教育模式。而且，创新创业教育课程的设置太过分散，也缺少与其他课程的联系。学生只注重于创新创业理论的学习，而难以将创新创业理论灵活运用到创新创业实践中，并发挥创新创业教育的作用来提升学生的创新创业能力。

六、台湾高校创新创业教育对广西高校的启发

台湾高校创新创业教育起步较早，发展迅速，它们有较丰富的创新创业活动和创新创业组织，并且台湾地区高校创新创业教育的支持系统较完善，这极大地推动了地区创新创业教育的发展。其经验可以为广西高校发展创新创业教育提供借鉴。

（一）自上而下高度重视创新创业教育

任何组织或政策若要实施与持续推动，均需获得高层管理者支持，才能进行整体性改革、激励推动者，获得较多的资源，有效且持续地推动。台湾各高校开设创新创业课程均得到了学校高层管理者的支持，中山大学、辅仁大学、逢甲大学等台湾高校还将创新创业教育当作学校特色之一。而各高校教师也认同学校应开设创新创业课程，使得管理层与一线教师能互相配合，有效运用资源并持之以恒地进行，进而真正落实创新创业教育的各项工作。

（二）完善创新创业教育规划

各高校应明确合理完善的创新创业教育教学基本要求，开发丰富多样的创新创业类课程以供学生选择，兼顾通识教育和专业教育，合理管理创新创业课程。

（三）成立独立组织，整合与培训创新创业教师资源

拥有独立的组织才能有效统筹、规划并善用所有资源，且组织能激励同仁的力量和向心力。台湾大多高校均成立独立的组织以推动创新创业教育的开展，如创新创业教育中心、创新创业学院、创新创业育成中心等。如政治大学以系所为单位设立了创新与创造力研究中心、政大公企中心和创新育成中心等创新创业相关的组织；中山大学成立专职机构产学营运中心；辅仁大学以学程为组织设立国际创新创业与经营管理硕士学位学程在职专班；逢甲大学创立了企事业教育发展中心。各高校一般都积极推动创新创业组织的成立，但也有部分高校认为若能发展出一个跨系所学院的独立创新创业组织会更加有助于创新创业教育的推动，如台湾大学、淡江大学、台湾科技大学等。其中，台湾大学跨学院“科技创新创业与管理学程”组织，结合工学院、管理学院及电机资讯学院的专业师资，融合管理与工程学的知识和创见，使工程师能够具备管理的技能，从事管理的人也懂得如何有效、有策略、有智慧地运用科技。

创新创业是一个非常复杂的过程，培养学生的创新创业能力仅依靠理论知识的学习是完全不够的。目前，广西各高校的创新创业教育模式仍以单个教师课堂授课为主，且具有创新创业经历的教师极少，创新创业教育不同于传统教育，除了学校教师理论上的授课，更需要企业界的业师分享其经验，让学生能将理论与实际结合，进行整合性的学习。所以各高校应大力开展创新创业师资培训，聘请企业家、专业技术人才和能工巧匠等担任兼职教师，以改变创新创业教育中以理论知识学习为主的教学模式，为学生全面理解创新创业理论和实践提供更多渠道。此外，学生还可以通过社团，以团队合作的方式参与创新创业相关活动，积累创新创业相关经验。

（四）以创新创业活动带动创新创业训练

各高校应开展更多的创新创业活动，以便学生有更多的实践机会，台湾高校在创新创业教育过程中注重与企业界、创新创业协会的合作，充分发挥产学合作的优势。如企业参访、创新创业竞赛、创新创业模拟等创新创业活动均值得借鉴。在创新创业教育过程中，广西高校应积极与各类型企业加强交流，为学生提供参访的机会，增加学生对企业管理和日常工作的感性认识。各高校可以依托高新技术产业开发区、工业园区和大学科技园等，建设学生科技创新创业实习基地。举办并鼓励学生积极参与各类创新创业计划竞赛和创新创业模拟活动，国家应推动地方和高校联合建立创新创业教育指导中心和孵化基地，为创新创业竞赛中的优秀项目提供创新创业育成条件。创新创业教育是着重于实际操作的学习，产学合作的方式不仅能让学生接触社会实际场所与实际的操作练习，对于学校的名声、资源获得如制造更多合作的机会及创新创业教育的推动皆有所助益，而业界也能获得

更多创意、创新的思考方向，并有助于其经营。

（五）加强创新创业教育的校际合作

除了各高校校内的创新创业教育体系外，台湾部分高校依据专业资源互补、地域相近的优势推出了跨校创新创业学程。如高雄海洋科技大学、高苑科技大学与台南科技大学于2008年共同推出三校“创意与创新创业学程”，旨在结合不同学校专长领域，发展学生有兴趣的创意课程。中山大学为了向高屏地区高校扩大服务，产学营运中心成立了高屏财智技转联合平台，利用中山大学优秀的教学及学术资源促进高屏地区高校创新创业教育发展，从而服务于该地区的产业技术升级。这些思路广西高校是可以借鉴的。

（六）增加创新创业教育资金投入

凭借政府和民间的资助，无论是体制上还是经费等方面的支持和鼓励皆有助于创新创业教育的推动与创新创业环境的塑造。台湾高校在积极推动创新创业教育过程中，政府非常重视对创新创业教育的投入，资金投入的多寡决定了创新创业教育活动的完善性。广西高校应通过多种渠道增加创新创业教育资金投入，如国家及地方财政加大资金投入，各高校在创新创业教育资金上给予一定的倾斜力度。此外，还可以吸引社会资金进入创新创业教育，如国家通过政策扶持，对优秀的创新创业项目寻找风险投资或金融贷款，解决创新创业育成的资金难题。

七、结语

总之，广西高校应该真正重视大学生创新创业教育，善于学习别人的经验，各种办法自然就会源源不断地产生，创新创业教育质量也会显著提升。也只有这样，我们才能真正解决大学生创新创业“最后一里”（所谓“最后一里”，就是学校与企业界之间的最后一点距离）的问题，才会解决一直困扰政府的大学生创新创业成功率的问题。创新创业成功率的提升在拓宽大学生就业渠道的同时也会提供更多的就业岗位。

参考文献

[1] 佟擘.我国高校大学生创新创业教育现状分析及对策研究[J].中国地质大学学报，2009(01).

[2] 丁志忠.我国高校创新创业教育现状分析及对策的探讨[J].企业改革与管理，2015(04).

[3] 侯东喜.台湾地区高等院校创业教育相关学程发展述评[J].河北大学学报：哲学社会科学版，2010(01).

[4] 曾梅华.台湾地区高校创新创业学程的特色研究综述[J].新课程教育研究，2012(04).

作者简介：

(1) 黄富国，男，1979 年出生，广西河池市都安县人。毕业于广西师范学院经管学院，管理学硕士，广西外国语学院国际工商与公共管理学院讲师。主要研究方向：大学生就业与创新创业，大学生思政教育。

(2) 陈霖，女，1985 年出生，广西玉林市博白县人。毕业于广西师范大学教育学院，管理学学士，广西外国语学院国际会计学院讲师。主要研究方向：大学生个性教育，大学生心理，大学生思政教育。

（审稿：李春醒）

桂台高校交换生学分转换及成绩认定现状的思考

广西外国语学院艺术学院　卢　念

摘要：桂台交换生项目是广西和台湾高校相互交流的重要内容，开展交换生项目对提升两岸教育文化交流有很大帮助，但在实际操作的过程中也暴露出了一些问题。本文在分析广西高校赴台湾高校交换生项目中学分转换及成绩认定现状和不足进行思考，并提出相应的处理对策。

关键词：桂台交换生　学分转换　成绩认定

在世界经济全球化和区域经济一体化的背景下，桂台高校间的交流与合作日益密切，这为进一步加强两岸高等教育资源优势互补，促进桂台高校间的交流与合作，共同推进教育事业发展做出了积极的贡献，其中交换生项目就是一种重要的合作方式，实施交换生这一项目对参与交流与合作的桂台高校和学生个人都有重要的意义。但是在实际操作过程中也存在一些问题。本文从分析桂台两地高校交换生合作项目中学分转换的现状入手，找出交换培养中出现的问题，从而提出进一步完善成绩认定的方法与对策。

一、桂台交换生项目概况

桂台交换生是指广西壮族自治区与台湾地区高校间通过签订校际合作的学生交换学习协议，广西学生赴台湾地区高校进行短期交换学习的这类学生。随着两岸经贸发展越来越繁荣，教育文化交流也日益频繁。在实现两岸三通后，在社会各界的努力下，两岸高校之间纷纷派遣交换生到对方学校交流学习。早在 2005 年大陆高校学生就已经开始以“交换生”的名义赴台湾地区学习，但交换生项目较系统和正式地开始实施则是在 2007 年。此外，从 2010 年开始，大陆又开展了学生赴台湾地区短期学习项目，该项目与赴台交换生有类似的性质。交换生项目不仅可以推进高校之间的交流与合作，而且能够使学生丰富经历，开阔视野，拓展思维模式，为学生以后的成长和就业创造有利条件。广西派往台湾的交换生学习时间一般是一个学期或者一年。

二、桂台高校交换生学分转换及成绩认定现状

（一）学分和成绩互认互换制度多样，标准不一

针对日益增多的交换生项目和日渐增长的交换生数量，包括广西在内的大陆各高校都出台了相应的交换生管理制度来规范管理。其中，针对交换生成绩管理的规定主要集中在学分和成绩互认互换方面。学分的互认互换是交换生项目的核心。对于交换生来说，回校后成绩是否得到互认互换、是否及时补修等无疑是其交换期满后最为关心的问题。但由于交换的项目不同，各交换学校在学期、学制、学分、学时、课程衔接、成绩记载等方面的差异也很大，因此制定学分互认互换的规则具有难度，在进行学分互认互换的工作中具有一定复杂性，目前比较先行的有大陆的广东工业大学与台湾的高雄第一科技大学的交换学习项目。两校根据交换生在对方院校修读的课程，若与其所学专业培养计划的课程内容相同或相近、学时相当，则免修本校相应课程，成绩记为“免修”。但对于交换生而言，这意味着无论在对方学校学得如何，返校后成绩都一样，失去了比较性，在参加各种与成绩相关的评比活动时失去了优势；高雄第一科技大学和暨南大学等高校根据对方院校相应课程的学分和成绩记载方式制定了学分认定规则，各种成绩等级与百分制成绩有对应关系，成绩将转换成相应的百分制成绩并予以记录。对教务工作者而言，不仅要根据已有的各种规则认定学生交换期间的学分成绩，还要根据新的课程、学分、成绩记载方式制定与时俱进、不断细化的转换规则，增加了不少的工作量。由于交换的项目不同，前往的各所交换学校在学期、学制、学分、学时、课程衔接、成绩记载方式也有很大差异，这样给制定学分互认互换的规则带来难度。西北师范大学除了可以按照一定规则转换对方院校课程学分和成绩，还可视学习情况到教务处办理不超过三门的免修、免听课程。暨南大学也规定除了互换的课程，学年平均学分绩点在 3.5 学分或以上的交换生，回校后可申请免听某些课程，但必须参加期末考试。但通过缓考或免听不免考而完成的课程对于不了解学生交换项目情况的任课教师来说难以评定平时成绩，对于未上课却要参加考试的交换生来说难以考出理想成绩。多样的学分、成绩互认方式使学分、成绩互认互换问题更为复杂。中山大学甚至规定，若对方学校的课程学分低于中大，学生应参加中大的相关课程补修或重考，成绩可按较高的等级。

桂台合作高校也出于自身情况的考虑出台了各种细则，但是由于台湾某些高校的学期开始和结束时间往往与大陆高校不一致，导致入选交换项目的学生不得不暂时中断本校当前学期的学习考试赶往即将开学的台湾高校就读。若中断的课程不能在广西修读，大多数学校都安排了缓考或免听不免考等办法让学生完成课程考核，获得学分和成绩。而完全未修读又无法互认互换的课程则安排补修，学生必须完成课程的修读并通过考核才能获得学分和成绩。

广西外国语学院从 2013 年开始与台湾 14 所大学合作的做法是交换生先按专业对接，再按相关课程对接，尽可能标准化，由台湾高等院校开出成绩证明，回到本校进行学分和成绩认可，效果比较好。

（二）交换生成绩的记载及保存不规范

交换生的成绩生成方式有学分成绩认定、缓考或免听、补修三种。各高校均要求交换生回校后进行课程的学分、成绩互认互换，而不能进行学分、成绩互认互换的课程必须通过补修等方式完成校内课程的修读。为了减轻学生补修的压力，部分高校还会安排缓考、免听不免考等的方式完成校内部分课程的考核。除了补修课程，其他两种成绩的生成方式都在不同程度上缺失了平时成绩、试卷等教学档案。对于不了解学生交换项目的任课教师来说难以评定平时成绩。正常开考的试卷堆、缓考的试卷堆、补修的试卷堆中都可能出现交换生的答卷，教学档案管理人员很难将这些复杂的情况有序归档。成绩的记载和保存是成绩管理的一部分，由于交换生成绩记载和保存不规范，各种试卷、成绩单、申请表只能单独归档，增加了进行成绩核查和分析时的工作量和工作难度。

（三）缺乏有效的管理模块支持

高校的教学运作一般都采用教务管理系统进行运作，成绩管理是教务管理系统的重要子系统，但交换生的成绩管理起步较晚。包括交换生成绩管理在内的大多数交换生事务依然是依靠手工操作或后台修改来完成。大多数高校的学分、成绩互认互换的程序是填写学分成绩互认互换申请表，先经二级学院审核后，再交教务处审核，最后将待互认互换的学分和成绩通过手工录入系统，成绩是由纸质结果传递的，而交换期间对方学校未开的课程，学生回校后必须补修。部分交换生回校后补修课程多，难免与正常课表有冲突，学习压力大。此外，补修课程的交换生人数少，补修课程各不相同，其补选课、安排上课时间等都不得不采用手工操作或后台修改，为教学管理增加了额外的工作量；此外，由于参与交换项目的学生并不在学籍系统内进行标示，任课教师既不了解参与交换项目的学生情况，也不掌握交换生需不需要来上课或考试等情况。

（四）对交换生的统一管理有待加强

目前大多数高校对交换生的成绩管理程序是模糊不清的。主要原因是学校相关管理部门各自为政，缺少沟通和交流。高校交换生的事务往往由几个部门分工负责：高校的外事部门负责交换生的选拔派出；教务部门负责交换生的成绩、学籍、补修选课等。交换生从参与项目开始就与不同部门的工作人员打交道，但是这些部门之间各自为政，负责选拔派出的外事部门工作人员或负责学生工作的辅导员不一定熟悉教务部门的运作，不一定熟悉交换生回校后学分成绩互认互换、缓考、补修选课等具体事务，也就不能给交换生明晰的指引。交换生对成绩管理、教学管理的运作更不熟悉，尤其是涉及考试安排、课程安排等时间性较强的教务工作，交换生回校时如果错过了申请缓考和选课的时间则可能会影响其毕业。

三、桂台高校交换生学分转换成绩认定的对策

（一）对应课程名称，免修相应课程

目前，有的学校已经解决了桂台交换生的公共必修课问题，交换生因赴台学习交流未

能修读公共必修课，返校后参加集中学习，考试通过即可。但是根据交换生在台湾高校研修的课程，与所学专业对应的人才培养计划的课程内容相同或相近、学时相当的可以免修本校相应课程。即：

（1）在台湾高校所修的课程与本校专业必修课相同或相近的，可申请转为教学计划中对应的专业必修课程。

（2）所修台湾高校课程与本校专业性质接近的，可申请转为专业选修课程。

（3）所修台湾高校课程与本校已修读课程相同的，原则上不能申请转换学分。

（4）其他课程可向学校申请转换为公共选修课程，但规定，交换生认定的公共选修课学分不得超过一定的学分，其余多修学分只可以备案或放弃。

（二）学分转换和成绩认定的基本方法

1. 完善交换生成绩互认互换制度

鉴于桂台高校之间的交流与合作日益增多，针对高校交换生逐步建立起一套科学、合理、规范且可操作性强的学分、成绩转换机制是我国高等教育逐步开放和国际化的重要制度基础。学生赴台湾大学完成交流项目并归校后，派出学校应根据台湾大学出具的成绩单以及课程大纲、课程简介等材料以便进行学分、成绩的认定。广西高校应根据自身实际情况及多样化的交换项目，按照一定原则，完善交换生成绩互认互换制度，明确学分成绩互认互换的条件和要求，以保障学分成绩互认互换过程的科学、合理、高效、规范。

（1）学分认定原则。尽管桂台合作高校学分体系差别甚大，但学分以学时为基础，都与学时挂钩。桂台合作各高校学分体系千差万别，但本质上还是可以根据学时来换算学分。

（2）成绩认定原则。桂台合作各高校评定成绩的方式差别很大，各校只能立足本校实际情况，认真研究参与项目的桂台合作院校的成绩制度，针对桂台合作院校常见的评分方式建章立制，确定科学合理、行之有效的成绩转换标准，避免对成绩进行主观认定。

（3）课程内容认定原则。桂台合作高校课程内容的难易程度及其与本校课程的相似程度较难判定，管理人员必须了解对方高校的课程设置、课程大纲和课程简介。此项工作存在一定专业性和主观性。交换生所在专业的负责人应对其学习内容把关，根据学习的内容和质量，配合学校管理部门对交换生的学习成果进行互认或转换。

2. 学分转换和成绩认定具体操作办法

按照广西高校实行的学分转换办法规定，桂台交换生的学分基本上可按照1∶1转换为本校学分。百分制成绩可直接转换，非百分制成绩，按照相关学习管理办法规定，转换成百分制成绩后纳入计算。在台湾高校所修课程名称及类别与本校相同或相近时，如果课程学分高于本校该课程学分可按照本校课程学分记录，多出的学分可转换为相应课程的选修课学分。如果课程学分低于本校该课程学分，则按照本校课程为准。经认定后的交流学习课程成绩纳入桂台高校成绩系统并计算相应学分绩点。如赴台交换生在交流期间未达到本校教学计划中的学期学分，则返校后于下学期继续选修相应课程，修满学分方可毕业。

学生在交流学习前应向所在学院提交赴台交流学校学习的课程修读计划，在确定修读计划后，把课程修读计划报所在学院审核和教务处备案。交流学习结束后，提交成绩证明，将成绩转换即可。台湾高校采用百分制的，按台湾高校给出的成绩认定。台湾高校按A、B、C、D，优、良、中、及格记录成绩的，分别对应百分制为92学分、82学分、72学分、62学分，允许上下浮动3学分。台湾高校采用"合格""不合格"的，则分别认定为75分、55分。与合作台湾高校的成绩转换标准，学院可在具体的实施过程中根据学校建议及学生的修读情况，对其中的执行标准进行微调。

（三）建立交换生信息管理模块，对交换生事务进行信息化管理

方便灵活的教务信息管理系统中应包含交换生信息管理模块，学校管理部门、任课教师和学生能通过网络迅速管理、查询交换生事务。只有建立交换生的信息管理模块，才能将交换生事务真正纳入学校整体教学管理业务中，为交换生事务提供方便、快捷、有效的管理方式和手段。正是因为交换生的各种管理未能真正实现信息化，管理手段落后，共享程度低，才导致对交换生的过程管理和监控缺失，成绩管理呈现半手工状态。

（四）完善二级学院成绩管理体制

目前，大多数高校的交换生成绩管理都由学校教务部门包办，学生所在的二级学院除了对学生的学分成绩互认互换申请进行审核外，其余事务基本一概不管。据负责交换生成绩管理工作的教师透露，交换生所在的二级学院经常反映不清楚交换生的具体情况，有疑问一律让学生咨询教务处，难以对其考试、选课等后续安排提供指导。学校教务管理部门应该从宏观上规范交换生成绩管理的各环节，建设交换生成绩管理制度和相应的管理系统，理顺运行机制和运行程序，对各二级学院的成绩管理工作起到指导、培训、督促、协调的作用；各二级学院应该主动了解交换生的学习情况，特别关注交换生的成绩互认互换、缓考、免听、补修选课等具体事务，为交换生回校后的学习提供清晰的帮助和指引。

综上所述，各高校要充分认识课程学分转换和成绩认定在桂台高校交换生中的重要作用，不断完善认定机制。同时，也建议我国高校教育管理部门尽快制定和完善高校学生校际交流的相关法律法规，以保障学生校际交流顺利实施。

参考文献

[1] 林伟．提高独立学院教学管理水平的几点思考[J]．南昌教育学院学报，2012(04)．

[2] 鲁春梅．浅析高校教学管理特点 提高教学管理水平[J]．中国科技信息，2005(19)．

[3] 高玉蓉，李晓培．开展交换生项目 促进高等教育国际化[J]．内蒙古师范大学学报：教育科学版，2011(01)．

[4] 陈青，刘济科．加强校际教育交流 提升人才培养质量——中山大学开展本科交换生工作的探索与实践[J]．高等理科教育，2009(01)．

[5] 张淑.大陆交换生在台情况的调查研究——以高雄大学为例[J]. 当代体育科技,2015(32).
[6] 李芹,王雷震.南京高校校际学分互换探究——兼与上海比较[J].中国农业教育,2009(02).
[7] 米红,李国仓.美国大学与社区学院学分互认机制研究——以北卡罗来纳州为例[J]. 比较教育研究,2007(10).

作者简介：

卢念,女,1988 年出生,广西来宾市人。毕业于广西艺术学院,文学学士,广西外国语学院艺术学院教师。主要研究方向：音乐与舞蹈学教学与研究,艺术文化教育教学研究。

（审稿：李春醒）

桂台高校学生管理工作模式比较研究
——以台湾文藻外语大学和广西外国语学院为例

广西外国语学院艺术学院　刘雨萌

摘要：随着桂台经贸文化交流合作的进一步深化，桂台各大高校的教育交流合作也取得显著的成果。以广西外国语学院为例，已与我国台湾文藻外语大学等14所大学签署了合作交流协议，广西外国语学院与我国台湾地区高校的交流形式也日趋丰富。两岸高校之间对于学生的教育管理、学生工作的管理模式存在共同点的同时也存在许多差异，其差异方面值得我们深究。当然，在广西外国语学院学生赴台湾文藻外语大学等高等院校做交换生期间，在学生管理工作方面，一定程度上也促进了彼此之间的交流和学习。本文从桂台两地教育管理组织结构的差异、理念的差异、职能的差异、管理人员与方法的差异进行比较分析和研究。

关键词：桂台教育交流　高校学生管理　比较分析

一、桂台高等院校的交流合作快速发展

桂台教育交流合作已成为两地近几年来交流合作的重点和亮点。从广西壮族自治区台湾事务办公室了解到，从2008年至2013年，广西教育部门共组织赴台考察22批次，赴台培训、参会共19批次，赴台人数790人。邀请台湾专家来广西壮族自治区举办培训班6批次；举办桂台教师高峰论坛1次；广西与台湾高校签订合作意向书12份。2014年，桂台两地民办高等教育合作力度更是前所未有，在9月19日至20日于广西南宁市广西外国语学院举办的桂台民办高校高峰论坛上，就有桂台两地的22对共47所高校签订了合作协议，结成姊妹学校，双方约定在教育、文化和科学技术方面进行合作与交流。以广西外国语学院为例，目前已与台湾文藻外语大学、中州科技大学等14所台湾高校签署了合作交流协议，是目前广西与台湾签署合作协议最多的高校。广西外国语学院副校长韦克俭说："我校通过与台湾高校合作，积聚了人才，拓展了办学途径。"在积聚人才上，广西外国语学院早在2011年引进了两名台湾博士，再利用他们的人脉关系，从台湾引进10名博士作为学校客座教授，迅速壮大学校的台湾博士团队，这一规模超过了广西其他高校的总和。引进人才，更要委以重任。学校聘请台湾管理学博士、省级高等学校教学名师潘连乡教授为副校长，聘请台湾著名财经专家叶传财博士担任国际会计学院院长。同时，大力营造聚积人才的宽松环境，实行弹性工作制、常规工薪制、绩效工资制等用人机制，以吸引人才聚集。此外，学校还与广西壮族自治区台湾事务办公室签订战略合作协议，广西壮族自

治区台湾事务办公室为学校提供政策咨询指导，支持和帮助完成桂台交流合作研究成果转化，学校向广西壮族自治区台湾事务办公室提供优质、高效、优惠和个性化的科研服务与智力支持。

除了广西外国语学院与台湾多所高等院校密切交流合作之外，广西还有很多高等学校如广西大学、广西师范大学、广西民族大学、广西中医药大学、广西艺术学院、南宁学院、广西机电职业技术学院、广西经济职业学院、漓江学院等多所高等院校与台湾多所高等院校交流合作和互派学生交流学习，其中广西高等院校派出学生到台湾高等院校学习比较多。桂台两地高等院校的交流合作发展很快。

二、桂台高等院校学生管理的比较

（一）桂台高等院校学生管理组织机构名称的不同

台湾地区高等院校如文藻外语大学学生管理的主要负责机构是“学生事务处”，简称“学务处”，这也是台湾地区高等院校学生管理组织机构名称典型的表达和用法，主要负责全校除课堂教学以外的所有日常事务。与之相对应的是，大陆高等院校负责学生工作的管理部门一般称为“学生工作处”，简称“学工处”，如广西外国语学院和广西的各所高等院校都是这么命名的。

（二）桂台高校学生教育管理工作的理念差异

从教育管理工作理念来看，台湾地区高校如文藻外语大学等以“个人本位”为指导思想，以学生学习和发展为学生事务管理理念的核心，注重学生的权利救济，慎用惩罚措施，建立改过销过制度，处处为学生的学习、生活、身心成长与发展着想，十分强调学生事务管理工作的目的不是执行服务本身，而是通过服务能够使学生获得全面发展。大陆高校如广西外国语学院的学生管理也同样强调以人为本，但落实到具体工作中，仍明显存在“重管理、轻服务，约束多、疏导少”的做法，许多高校以学生不出问题为最高宗旨，注重和强调“管理学生”，教育过程比较强调规范、守纪，而不够重视学生实际需要和基本能力的培养，很少关注不同类别不同层次学生的需要。

（三）桂台两地高校学生管理职能和管理内容的异同

桂台高校的学生事务管理在职能上有许多相同之处，基本都包含了学生就业指导、学生活动指导、学生心理指导、奖助学金管理等。台湾高校如文藻外语大学学务处包含了教学以外绝大部分的学生活动及生活管理。不同之处是，广西外国语学院学工处的职能还包括招生工作；文藻外语大学学生管理工作还包含了留学生服务等工作，相当于广西外国语学院的国际交流合作处等职能。

（四）桂台两地高校学生管理方法的差别

从管理方法上看，大陆高校采取多部门联合管理，除了学生工作处(部)、共青团委员会等部门外，教务处、保卫处等相关部门也会一起参与学生事务管理。而台湾地区高校采取的是集中管理，统一由学校学生事务部门管理。从管理内容上看，大陆高校学生教育管理工作强调思想性和政治性，把安全稳定工作作为出发点，对学生进行人格塑造、素质培养、创新能力教育等活动；而台湾地区高校以提供生活服务、咨询指导等服务和指导性工作为主。在台湾地区高校，学生事务部门承担的工作内容也是很繁杂的，但能针对每个学生不同的资质、不同的个性、不同的需要，提供不同需求的个性化服务。相比之下，大陆高校的学生工作很琐碎，学校和教师承担了太多本应由学生自身、家庭和社会承担的责任，加大了学生的依赖性。

（五）管理队伍人员的职称、专业化不同

台湾地区高校的学生教育管理工作主要由学生事务处负责，这实际上是个“不管处”，即凡教务处不管的事务，都由学生事务处管。从对学生的奖励到惩处，从学生的食宿到活动，从学生的入学到毕业等都设有专门的管理人员。从事学生教育管理工作的人员也大多是获得教育学、心理学、精神病学方面的硕士甚至博士学位的专家，一般分为生活辅导组、咨询辅导组、毕业辅导组、课外活动组、卫生保健组等，管理人员的专业化水平较高。大陆高校学生管理工作往往突出“辅导员”的政治性、行政性，忽视了其职业本身的专业化属性，相当一部分辅导员缺乏教育学、心理学、管理学、社会学等相关专业背景，专业化程度不高，参加工作后又整天忙于日常事务，无暇顾及参加培训和学习来提高自身业务水平。可见，相比台湾地区高校的学生教育管理队伍，大陆高校学生工作队伍人员专业化、职业化程度不够高。理念的差异、组织结构的差异、效率的差异造成学生的差异，大陆学生管理工作接入的部分比较多，倾向于保姆式的工作模式，不利于学生的独立与自主。老师在这方面承担了较多的本应由学生及其父母和社会承担的责任，加重了学生的依赖心理，降低了自我管理以及自我发展的自觉性。

三、台湾高校学生管理工作对广西高校的借鉴

（一）发挥专业优势，积极倡导实践

以广西外国语学院艺术学院艺术类专业学生为例。根据艺术类专业的特点，可以着重发挥他们的专业优势，积极倡导实践活动，具体的工作如下。①针对性地开拓与专业紧密相关的特色活动和专业性学生社团组织，鼓励学生发挥专业特长和优势，在特色活动中和专业性学生社团组织中进一步感受专业魅力，体验特色活动和专业性学生社团的乐趣和感染力、凝聚力，达到寓教于乐的目的。②加强专业建设，每学期末举办优秀作品展和阶段性专业成果汇报会等相关活动。在展示专业教学成果的同时，展示优秀学生的学习方法和优秀作品，在促进学科发展的同时，促进学生的争优意识。例如，广西外国语学院艺术学院在艺术学科的每门专业技术课程结束后，开展“学、训、展、行”活力一体——艺术学院教育教学综合实践展演周活动，对该专业技术课程的学生作品进行集中选拔和展示。该院从 2014 年 12 月开始，已举办两年设计类优秀作品展和学期末展演周的专业成果汇

报展，大大促进了专业建设，提高了学生的专业学习兴趣。③引领学生参加专业竞赛实践。艺术类专业注重实践，教学成果需要实践，大力地推行和倡导实践，力图将学校教育转化成现实的实践成果，积极倡导和引领学生参加专业竞赛，充分利用校园网络、宣传栏、班级 QQ 群、微信等平台和立体的宣传形式，对各级各类的专业性竞赛进行通知动员，组织专业教师组织、选拔、指导学生参加竞赛，并对参赛得奖的学生给予相应的物质和精神鼓励，同时还组织学生参观相关专业领域知名人士的作品展等，让学生学习和借鉴，开拓他们的视野。广西外国语学院办学 12 年来，艺术类学生的作品就多次参加中国大学生广告设计大赛、金犊奖、全国大学生艺术展演、全国美誉大奖等竞赛活动，在评比中获得了多项奖励。

（二）加强党建宣教，强调法律观念

严格按照党员发展程序发展学生党员，要在新生入学时就用马克思主义理论体系占领学生的思想阵地，通过早宣传、早教育、早培养的方法发展学生党员，要以军训、学生干部自荐、团组织推优以及日常学习、生活、工作中发现好苗子着重培养的方式，培养出一批思想正、素质好、能力强的能够在大陆和台湾的学习期间，发挥先锋模范作用的学生党员。同时要在课堂教学中增设有关的法律知识课程，特别是台湾的法律知识课程，避免学生出现在台期违法行为（在台湾学习期间较常发生的违法问题有私自打工、签证过期未返回大陆、学习期间返回大陆使签证超过有效次数）。

（三）重视前期教育，完备对接机制

我们要准确把握和重视对学生大学前两年的教育工作；要对学生的性格特点、价值取向、身心发展、家庭生活等个体因素有较全面的了解；要深入开展爱国主义、集体主义教育，提高学生的使命感和责任心；要注重学生创新力的培养，确保学生在“三观”方面的健康成长；要完善心理辅导、咨询机制和机构，建立特殊生档案（心理问题生、贫困生）加强学校—家庭—学生三位一体的联系和协作。在国家和学校原有的支助政策下，在制定相应适合桂台高校合作办学模式下贫困帮扶政策，特别是贫困生在台湾学习期间的生活补助。在管理上同时要完备对接机制，挑选和培养素质高、责任心强的人员负责学生赴台学习期间的教育和管理，要加强与台湾大学合作以及师生间的交流和沟通。要重点培养出一批得心应手的学生干部队伍，以提高学生自我学习、自我管理的程度和意识。

（四）树立团队意识，提倡集体精神

苏联教育学家马卡连柯说过：“学生集体不仅是受教育的对象，也是受教育的主体，具有巨大的教育力量。”这个观点肯定了树立团队意识、提倡集体精神的重要性。因此我们要让学生明确团队意识和集体精神的重要性。首先，团队意识和集体精神是社会发展的需要。现代社会，人与人相依互存，社会分工具体、明确，个人所具备的知识储备和能力有局限性，这需要每个人都有着高度的团队精神和协作意识。其次，团队意识和集体精神是个人发展的需要。从生物学和社会学出发，人就是“社会性、群体性动物”，从人一出生，在不同阶段的社会和群体中，每个人都应在不同阶段适应不同的集体，并扮演好相应的角色，以便更好地适应个人发展，提高个人成功的概率，这都需要具有团队意识和集体精神。

在教育管理中，要引导学生从日常学习生活做起，点点滴滴地培育大学生的团队精神。可以通过加强班级建设，有效地凝聚大学生的团队精神；可以依托学生团队组织和各类文体实践活动，激发大学生学习兴趣，培养大学生团队精神，锻炼其协作能力。

（五）平衡学科学习，加强综合素质

全面的专业技术水平和综合文化素质是当今社会对人才的要求和定位，也是形成大学生良好思想道德素质和科学文化素质的重要基础。针对艺术生偏科和文化知识薄弱的情况，我们要科学地制订教育培养目标和计划，提倡设置更多的实践与理论相结合的、可以“学以致用”的教学课程，侧重学生动手、动脑的能力和理论转化为实践的水平。

四、结论

从桂台两地高校学生的管理工作的比较分析中可以看出，大陆高校和台湾高校的学生教育管理工作各有自己的特色与长处。总体来讲，台湾地区高校的学生教育管理理念更加先进，组织机构更加灵活、高效，工作队伍更加职业化和专业。随着高校教育国际化速度的加快，以及桂台高校合作办学的兴起、发展与规模的不断扩大，如何正确面对大陆高校原有的教育管理模式与台湾地区高校方面存在的差异，吸收和借鉴台湾地区高校先进的教育管理经验，构建适合大陆高校学生教育管理工作的新模式，不断加强和完善高校学生的教育管理工作，提高高校人才培养质量，值得进一步深入研究和探讨。广西外国语学院和文藻外语大学的成功合作为桂台高校的进一步发展与交流打下了良好的合作基础，也为桂台高校之间的交流与合作提供了一个良好的平台。相信桂台高校的合作在政府的支持下会越来越好，将桂台合作办学、交流提升一个高度。

参考文献

[1] 林木明. 海峡两岸高校学生教育管理模式对比解析[J]. 新课程(中旬)，2013(04).

[2] 史进. 大陆与台湾高职院校学生工作的类比与思考[J]. 福建信息技术教育，2010(02).

[3] 郝伟韦，李明云. 海峡两岸高校学生工作部门比较及启示[J]. 青春岁月，2011(12).

[4] 黎开谊. 港台高校学生事务管理与内地高校学生工作的比较及其启示[J]. 高等教育研究，2010(07).

[5] 许青云. 台湾高校学生事务管理与大陆高校学生工作的比较及其启示[J]. 经济研究导刊，2011(30).

作者简介：

刘雨萌，女，1988年出生，黑龙江省五常市人。文学学士，毕业于黑龙江省黑河学院广播电视新闻学专业。现担任广西外国语学院艺术学院教师。主要研究方向：广播电视新闻，新闻传播，电视节目策划与制作，电视节目编导等。

（审稿：李春醒）

台湾高校心理健康教育对大陆高校的启示

广西外国语学院学工处大学生心理健康教育中心　云　芸

摘要：台湾高校心理健康教育起步较早，相对于大陆高校的心理健康教育，影响面广泛，工作较规范，专业化程度高。因此，研究台湾高校心理健康教育工作的现状，学习其经验与优势，可以为大陆高校实施和加强心理健康教育提供借鉴。

关键词：台湾高校　心理健康教育　启示

台湾地区开展学校心理健康教育工作已经有 50 余年的历史，早在 1949 年就成立了台湾大学心理学系，从 1951 年至 1962 年，台湾教育主管部门利用美援计划，选派相关教育人员赴美进修，回来后致力推动各级学校心理健康教育的辅导等工作。1961 年又成立了台湾大学心理研究所，随后在政府的推动下，扩展至各级各类学校，乃至社会服务中。

我们可通过了解台湾高校心理健康教育的过程和经验，从中找到一些富有启发性的可借鉴的方法，来推动我们工作的开展。

一、台湾高校心理健康教育的现状

（一）人员专业，设施齐备

台湾各高校都相当重视心理健康教育工作，资金投入充足，人员素质专业，硬件设施完备，咨询中心规模大、设备全、藏书多。部分高校除了为咨询机构提供专门的场所，为心理咨询师提供舒适的办公室外，还设有各具特色的个人咨询室、团体辅导室、活动观察室、舒压阅览室、色彩治疗室等个性空间，为学校开展心理健康活动提供了广阔的舞台。另外，为了拉近心理咨询师与求助者之间的距离，心理咨询机构在空间的布置、色彩的搭配、装饰的效果、物品的摆放等细节问题都极其用心，力求让来访学生身处其中便能顿感轻松。

1951—1962 年，教育主管部门选派大专教师和教育行政人员赴美进修辅导。此后，陆续在台成立辅导组、教育心理系等，使培养专业的心理教育人员的工作进一步发展。现在，从事台湾高校心理健康教育的骨干力量是心理咨询师，聘请时会考虑下列因素：首先，学历至少具备学士学位，以硕士学位或以上为佳；其次，要有至少两年的教学经验，最好还能有一年以上的社会工作经验；最后，专业技能要掌握包括咨询、调查、问卷、测验、个案研究、心理治疗、资料收集等，并受过专门的辅导训练。

（二）机制健全，重在预防

台湾地区教育行政部门十分重视高校心理健康教育工作的开展，教育主管陆续制定并颁布有关学生辅导工作的法规、条文，要求专科以上的学校都必须根据自身办学规模在"心理卫生中心"与"学生辅导中心"这两种形式中选一，设立相应的机构。1982 年起还将台湾划分为北、中、南三区，分别在台湾师范大学、政治大学、台湾教育学院、高雄师范学院成立"辅导咨询中心"来进行学生心理辅导的咨询工作，提高辅导成效。

另外，台湾地区教育行政部门还颁布了《建构教学、训导、辅导三合一的辅导体制方案》，引进辅导工作的初级预防、二级预防和三级预防观念。初级预防是针对一般学生及适应困难学生进行的一般辅导，二级预防是针对处于偏差行为边缘的学生进行较为专业的心理辅导与咨询，三级预防是针对偏差行为及严重适应困难学生进行专业心理矫治咨询及身心复健，充分体现了发展重于预防，预防重于治疗的教育理念，也激励了一般教师全面参与辅导学生的工作。

（三）构建网络，内容丰富

网络心理健康教育方式在台湾高校中已经基本得到普及，并且发挥了重要的作用。有研究针对台湾地区的其中 144 所高校进行调查，97.9％的高校在网站上开辟心理健康网页，除了少部分高校仅有一张网页之外，其他高校均有独立接口的网站。网站上会及时发布有关心理健康教育及其活动的各种消息，营造出浓厚的心理教育氛围，鼓励师生积极参与到心理咨询以及各种心理教育活动当中。

台湾高校心理健康网以活泼、温馨的风格为主，以期给学生一个安全、温暖的港湾。台湾高校网络心理健康教育的栏目齐全，内容丰富。一般包含的栏目有中心介绍、成员介绍、文章赏析、法令规章、心理测验、网络咨询、讲桌活动、性别平等、导师研习、身心障碍辅导、留言以及咨询常见问题等。学生深入其中，可以通过多种形式获得资源和帮助。

二、大陆高校心理健康教育发展历程

（一）大陆高校心理健康教育发展政策背景

大陆的心理健康教育最初是从中小学起步，并进一步扩展到高等学校的。如 1994 年《中共中央关于进一步加强和改进学校德育工作的若干意见》提出，要通过多种方式对不同年龄层次的学生进行心理健康教育和指导，帮助学生提高心理素质，健全人格，增强承受挫折、适应环境的能力。1995 年《中国普通高等学校德育大纲（试行）》要求，把心理健康教育作为高等学校德育的重要组成部分。1999 年《中共中央国务院关于深化教育改革全面推进素质教育的决定》强调，在全面推进素质教育的工作中，必须更加重视德育工作，加强学生的心理健康教育。"加强学生的心理健康教育，培养学生坚韧不拔的意志、艰苦奋斗的精神，增强青少年适应社会生活能力"，"学校教育要树立健康第一的指导思想"。2001 年 3 月，国家教育部印发《关于加强普通高等学校大学生心理健康教育工作的意见》

并指出，心理健康教育要以课堂教学、课外教育指导为主渠道和基本环节，形成课内与课外、教育与指导、咨询与自主紧密结合的心理健康教育工作的网络和体系。2002 年 4 月，教育部印发《普通高等学校大学生心理健康教育工作实施纲要（试行）》，就进一步加强大学生心理健康教育工作做出全面部署，提出具体实施意见，要求各高校把大学心理健康教育当作一个系统工程来抓。2003 年 12 月，教育部办公厅下发了《关于进一步加强高校学生管理工作和心理健康教育工作的通知》，要求各高校党委高度重视，切实把大学生心理健康教育工作纳入学校重要议事日程，采取有效措施抓紧抓好。部分省市也根据《普通高等学校大学生心理健康教育工作实施纲要（试行）》制定了具体措施，对大学生心理健康教育作了具体指导。

（二）大陆大学生心理健康教育开展形式

经过多年的探索，结合大陆的实际情况，大陆高校心理健康教育工作基本也确立了自身发展理念，并且也创立了自己的工作开展体系，主要的途径可以分为以下几种。

1. 以开设心理健康课程为基本途径

为了大学生能科学地了解普通心理学，系统化地学习心理健康知识，大陆高等院校开设了大学生心理健康教育课程。此门课程主要以一定的心理学理论与技术为指导，向学生们普及了心理健康知识与技能，树立了新的健康观，并使学生们可以正确地认识自己，有效地调控自己的情绪及行为，充分挖掘自身的潜力，并有助于学生们妥善地处理自身的人际关系。

2. 设立心理健康教育机构

大陆一般的高等院校都会设立校级大学生心理健康教育机构，依托相关的办公设备，建立一个课内与课外、教育与指导、咨询与自助紧密结合的多层次心理健康教育组织机构和工作体系，同时配备有一定心理咨询专业知识和技能的专兼职人员开展相关的心理健康教育工作，主要负责开设心理健康教育的相关课程、组织实施心理普查、开展专业心理咨询服务、组织进行危机干预、举办大学生心理健康讲座等。同时，也会有部分高等院校在院系一级设立"二级学院心理辅导站"，主要由经过心理健康教育中心培训的辅导老师担任辅导人员，负责帮助学生解决在日常学习、生活、交往、适应和发展等方面面临的一般性心理问题。另外可以针对辅导员、班主任做相关的培训，因为辅导员、班主任与学生朝夕相处，是学校与学生打交道最多的老师，对学生的家庭状况、个性特点、学习情况、人际关系和思想状况都相对清楚，所以辅导员、班主任在学生心理健康教育中可以而且应该担任重要角色。通过专业的心理咨询培训，在日常思想政治教育过程中是能够全部或部分解决学生所面临的一般性心理问题和发展性问题。

3. 开展其他的课外项目活动

学生中可以建立类似"大学生心理健康协会"一类的社团组织作为学生层面的心理互助机构，支持他们自主开展活动，进行"朋辈教育"。利用每年的 5 月即大学生心理健康活动月，依托学生干部组织学生，举办专家心理讲座、出版心理宣传专栏、赏析心理学影片和观演校园心理剧等活动，有效地提高了大学生的心理素质，实现助人自助。此外，学生之间比较平等，相对心情也比较放松，互相之间的共鸣性较高，有些心理问题通过同学之间谈心和相互帮助很容易缓解或解决。

三、台湾高校心理健康教育对大陆开展心理健康教育工作的启示

（一）加大硬件建设，完善心理辅导机构设置

台湾高校心理健康教育机构健全，人员充足。目前，大陆高等院校虽然也基本设立了心理辅导机构，一般挂靠于学校学工处。但硬件设施方面仍存在不足；心理辅导人员较紧缺，专职人员少，多为兼职人员，身兼学工行政、教学等多项任务，占用了大部分心理健康教育工作的时间和精力。故建议应加大投入，划拨专门款项做好基础建设，或根据现有基础，完善心理健康教育中心的各项设施。例如，根据来访对象的不同，分别设立个别咨询室和团体辅导室；根据辅导方式的不同，可设立咨询室、宣泄室、沙盘室等。并且为了大学生心理健康教育中心更好地开展心理健康教育工作和咨询室工作，应配备相关的办公设施和计算机等软件和设备。

大陆高等院校从事心理健康教育工作的师资力量较薄弱，师生均比高于 1∶2000，远远不能满足大陆日益发展的心理健康教育工作的需要。当务之急，需要建立一支专兼结合、专业互补、相对稳定、素质较高的工作队伍。可以制定相应的政策落实兼职教师参与各类活动的课时标准，并设立一定的专项经费，用于组织专题辅导、讲座、报告及人员培训等。

（二）整合共享资源，建立全员参与的教育机制

大陆高校心理健康的发展最开始走的是一条自下而上，而后受到政府重视，规范管理的道路。台湾地区一开始就是自上而下，由教育主管部门陆续制定并颁布了相关的法规、条文，确定行政组织、人员的选聘，工作计划及实施等，保证了心理健康教育在学校工作中顺利开展。另外，台湾高校的心理健康教育工作委员会的设置，对于统筹规划校内资源、鼓励全员参与心理健康教育活动起到了积极的推动作用。不仅如此，他们还积极寻求社会的理解和支持，同时加强兄弟院校、政府部门、社会组织的合作。大陆高校心理健康教育机构应借鉴台湾高校的经验，将心理健康教育工作渗透到各个部门及个人。

台湾高校心理健康教育工作开展时，注意进行分级对待，不同级别采用不同的处理方法，大大提高了工作效率。大陆高校可以借鉴此分级方式，处理不同的个案，但需注意“训导”“辅导”是从西方引入的，由于在观念上混淆不清，容易导致辅导功能被误解或被忽视。大陆高校应结合自身的实际情况，加强本土化研究，着重研究中国大学生的心理行为，注重以前摄性干预为主，重视防患于未然，达到不治而愈的效果。

（三）加强网络建设，推进网络心理健康教育工作

台湾高校网络心理健康教育工作基本得到普及并发挥着重要作用。大陆高校也应利用网络方便、快捷的优势，加大网络心理健康教育工作的开展。目前，大陆高校的网络心理教育整体结构还不完善，网页栏目较少，多以文章和简介、心理测验、美文赏析等为主，

且形式较单一;另外,仅仅利用网络为学生提供自我学习与教育的资源,而忽视了其他方面的辅助与支持作用。

大陆高校应学习台湾高校的网页建设,通过刊登文章和讲桌文本,提供咨询服务、网络心理测验,播发在线电影,发行电子刊物,设置留言板、电子信箱等多种栏目和渠道,为学生独立学习、自我辅导、自我成长提供丰富的网络资源,为学生情绪宣泄及增强自尊自信等提供良好的途径,同时也可以为一般辅导人员提供深入学习、提高专业素养的空间。

(四)规范课程设置,加强心理健康教育课程建设

心理健康的重要性应该深入人心,所以我们应将大学生心理健康教育课程的开设及教授都纳入日常的心理健康教育工作当中,通过课堂让学生了解心理知识,学会自我调适,并能主动、自觉地参加心理咨询,接受心理治疗。

大陆高校可通过优化教学内容、师资队伍和科学研究三个方面的工作,提高心理健康教育课程教学的专业性、系统性和针对性。加强培训高水平的师资力量和编写适合高等院校学生的心理辅导教材。也可以借鉴台湾学者提出的“问题-方式-策略模式”,设置课程的单元活动,紧贴大陆学生的生活,大胆创新教学方式与途径,增强心理健康教育课堂的趣味性和实效性。

四、结语

纵观台湾高校的心理健康教育,具体开展这项工作的时间比较长,大陆高等院校可以得到诸多启示,结合自身的实际情况吸取经验教训,作为我们构建大陆高校心理健康教育发展的借鉴。

参考文献

[1] 樊富珉,古怡.台湾青少年心理辅导发展及其对我们的参考意义[J].清华大学学报,2000,15(02).

[2] 任霞,冯爽,李征.内地港台地区高校心理健康教育的比较及启示[J].思想政治教育研究,2010(03):129.

[3] 陈谞.台湾高校心理健康教育的借鉴与启示[J].教育教学研究,2011(07):132.

[4] 路芳草.高校大学生心理健康教育研究[D].南昌:江西师范大学,2012.

[5] 刘波,闵浩宇,姚信.台湾高校心理健康教育特色以及对大陆高校心理健康教育工作的启示[J].社会心理科学,2014(07):729.

作者简介:

云芸,女,1987年出生,广西南宁市人。教育经济与管理研究生,广西外国语学院学工处大学生心理健康教育中心讲师。主要研究方向:心理与教育,团体辅导,心理危机干预。

(审稿:韦克俭)

广西赴台学生心理健康对策研究

广西外国语学院国际经济与贸易学院　邬　巧

摘要：广西与台湾之间的学生流动作为一种特殊的学生区域交流，是国内境外之间的学生交流，随着两岸教育文化交流合作的发展，广西与台湾之间的学生流动将越来越多。本研究从广西赴台湾求学学生的日常生活、学业适应、人际互动、社会支持等方面入手，研究和了解广西到台湾学习的学生的心理健康状况，并提出相应的对策。

关键词：广西赴台学生　心理状况　适应对策

在经济全球化、区域合作一体化和高等教育国际化发展的今天，不同地区之间的学生交流已成为世界各地区之间教育交流的主要形式之一。大陆与台湾之间的学生流动作为一种特殊的学生区域交流，也随着两岸政治关系的发展变化，经历了从无到有、从单向到双向的演变过程。

大陆最早的赴台学生是通过两岸高校签订协议以交换的方式到台湾高校进行一个学期或一年的学习。至2008年年底，大陆已有284所高校与台湾的106所高校签署了校际交流与合作协议。同年，大陆到台湾交换的学生有900多人。2009年9月，福建省组织了十余所高校的200名学生赴台进行为期一年的学习。2010年9月1日，台湾"行政院"发布了新修正的《台湾地区与大陆地区人民关系条例》《大学法》及《专科学校法》，修正的部分与招收陆生及采认大陆学历有关，也统称为"陆生三法"，为大陆地区的学生以获得学位目的赴台湾学习奠定了基础。2010年6月29日，两岸签署《海峡两岸经济合作框架协议》和《海峡两岸知识产权保护合作协议》。2011年9月，第一批赴台攻读学位的大陆学生入学，大陆与台湾之间学生的正式双向流动形成。借着两岸关系和平发展的东风，桂台合作也抓住机遇顺势而为。2000年12月广西大学被教育部港澳台办批准为广西唯一的可招收港澳台预科生的高校；2012年，首届"桂台教师发展高峰论坛"在广西师范大学举办；2013年9月广西选派了77名大学生赴台湾进行为期3个月的学习培训。这是近年来广西教育交流规模最大、人数最多的一次。而广西学生在赴台求学中会存在诸如气候、日常生活、饮食习惯等一些变化需要适应，一旦适应不良，求学者自身产生压力。Furnham和Bochner对负面生活事件文献的批判性回顾中，提到生活变化与身体、心智健康存在着一定的关系，生活变化和心理失调的平均相关为0.35。也就是说，跨区域文化接触带来的生活变化会影响人的心理适应性能。笔者从气候、住宿、饮食、交通出行、学习方面来探讨影响广西赴台湾学习学生的心理健康情况的问题。

一、广西赴台学生在台湾的生活和消费状况

1. 气候：温暖湿润

台湾北部地区属于亚热带气候，南部地区属于热带气候，海洋性气候明显，整体呈现高温、多雨、多风的气候特点。

2. 饮食：台湾美食多

台湾美食远近闻名，各地美食在此会聚。大大小小的夜市是当地的一大特色，不仅受到不少本地人的青睐，更吸引了无数外地游客。

3. 住宿：条件不一样

台湾的大学宿舍数量有限，一些家离学校相对较近的台湾学生不能住学校的宿舍需回家住宿，或者在学校附近租房子住是很普遍的现象。广西赴台学生住在学校提供的宿舍里，基本设施在数量和种类上有差别，宿舍的新旧及大小也不尽相同。有两人间、四人间、六人间，配备带隔间的浴室、空调，24小时备有热水供应。广西赴台学生大部分跟大陆其他省(市、区)赴台学生住在一起，少数跟台湾学生住在一起，有的跟其他国家的学生住在一起。

4. 出行：主要靠捷运与公交

广西赴台学生在台湾出行主要选择捷运(地铁)与公交等大众交通运输工具，虽然台湾的交通费比较贵，但是秩序非常好。

5. 消费：支出较高

大陆交换生只需上交大陆高校的学费，住宿费则有的是交给大陆高校，有的是交给台湾高校。大陆学位生在台湾的学费和住宿费比大陆高校要高很多，台湾的生活费也比在大陆高。另外，台湾的书籍也比较贵。

二、广西赴台学生在台湾的学习状况

广西赴台学生到台湾接受高等教育，使用台湾的教育资源，接触台湾的教师和同学，体验台湾的课程与教学方式。在文字的使用上，大陆同学基本上能看懂繁体字，答题时可以用简体字作答。两岸在专业术语表述上存在差异，但是不会给大陆学生的学习造成很大困扰。

1. 课程选择

台湾的大学在选课方面自由度很高，学生除了几门必修课以外可以任意选择自己喜欢的课程。大陆交换生可以跨年级跨专业选课，本科生可以选择研究所的课程。

2. 学习压力

(1) 学分算法复杂：台湾高校的学分与大陆算法不一样，并不仅仅是只要及格就能得到全部学分，而是根据成绩的高低给出相应的学分。另外，专业方向、就读年级、所在学校、自身素质、去台湾的目的等不同因素都会影响到学分的算法。

(2) 英语能力要求高：很多课程使用的教科书和参考书都是外国原文书籍。有的课

程不仅教材是英文的，连老师教学都用英语，作业和考试也用英语完成。

(3) 注重平时表现成绩：台湾高校学生的平时成绩占期末成绩的比重比大陆高校高很多，要想得到高分，光凭考试之前背一背书是不可能得到的。

(4) 研究生论文严格：台湾研究生的学制一般是硕士两年、博士两年，而毕业论文的字数要求比大陆的多很多。

3. 课堂教学

(1) 注重实践：老师上课会讲很多实际的例子，理论性不是很强，很容易理解，更注重实践方面。

(2) 轻松互动：上课轻松自在，比较有趣，不会很死板，老师跟学生的互动很多，台湾学生也比较活跃。

(3) 风格各异：不同课程不同老师风格迥异。

三、广西赴台学生在台湾的心理健康状况

对于背井离乡的广西赴台学生来说，到一个文化、社会环境完全陌生的地方求学，不仅面对语言、学习、生活等问题产生的巨大压力，而且还会受到当地政治局势、社会治安、生活环境、自然灾害、疾病疫情等不确定因素的影响，因此他们可能需要承受更多的心理压力和面临更特殊、更突出的心理问题。

（一）生活适应方面

广西地处中国的华南与西南的交接处，广西境内的大部分地区属于亚热带，华南气候特征明显，只有桂林、柳州、河池、百色等部分地区具有西南地区的气候特征，但与华南地区的气候差异并不是特别大。广西赴台学习的学生在台湾气候适应基本没有遇到困难，适应情况普遍良好；在饮食习惯方面，虽然较广西菜来说，台湾饮食偏淡，但口味还是比较接近，种类和选择也较多。

（二）学习适应方面

由于在台读书的学分算法复杂、英语能力要求高、注重平时表现成绩等因素，导致广西赴台学生学习压力较大。另外，短时间内适应不同课程和不同教学风格的老师也给赴台求学的广西学生带来较大的挑战。一项关于非英语专业的广西大学生调查研究显示：在本土学习中，非英语专业学生的英语学习焦虑处于较高的状态，其中考试焦虑和交流焦虑最为明显。来自居住着壮、苗、瑶等 36 个少数民族的广西赴台学生方言多、乡音重、英语底子薄，在英语使用率较高的台湾，学习起来较为吃力。

普遍存在的学习适应性问题来自于两岸对专有名词的称呼的差异及“简体字”和“繁体字”的使用习惯问题。桂台两地对于知识性名词的翻译都有所不同，这样就会造成不同地区对同一概念不同的描述。新中国成立以后，大陆地区就全面推行简体字，而台湾地区一直延续了原有的繁体字传统，这使两岸的文字使用产生了很大差异。

（三）政治适应方面

由于历史因素，台湾和大陆的政治制度并不相同，内地学生对台湾地区的生活、人情、文化乃至政治未完全了解。对于与两岸关系相关的政治话题，大陆赴台学生有着较大的兴趣和较多的关注，而台湾学生则较少关注，尤其在涉及两岸关系及未来的走向时，大多数台湾学生的态度并不是很明确，对此问题也不是很感兴趣。对政治敏感话题态度和立场的异同很大程度上会影响到彼此之间的交往，容易产生观念上的碰撞。

（四）人际交往方面

广西赴台学生在与台湾教师、学生相处时仍然有一定的困难。一方面与广西赴台学生的外语能力有限，未达到正常交流水平有关；另一方面可能与大陆学生大多比较含蓄、害羞，在跨文化交流中比较被动有关。另外，台湾高校对陆生差别化管理的走向使得陆生与台生相隔离。台湾高校将大陆生与外国学生视为境外学生，住宿安排时与台生分开管理。差别化管理的做法固然方便陆生间相互交流、支持，但在客观上阻碍了他们与台湾学生的交流，大陆赴台学生和台湾当地学生接触、交流机会减少甚至成为被忽略的群体，使某些陆生的人际交往局限于大陆留学生群体，不利于他们顺利融入当地的生活以及学习，也难以进入台湾学生的社交圈，无法建立深厚的友谊。

（五）社会支持方面

研究发现，社会的支持因素对留学生的适应有显著影响。社会环境因素影响旅居者适应新环境的重要一环取决于旅居者在一定社会范围内所有的具有稳定性和连续性的社会“强”关系，有学者称为“社会支持网络”，个人能从这个网络中获得一些急需的资源（如金钱、情感、友谊等）。通过社会网络的帮助，旅居者能够得到心理安全感，减少压力、焦虑、无助感和疏远感，获得自我尊重和归属感。良好的社会网络被认为有益于减缓生活压力，有利于身心健康和个人幸福。一般来讲，大学生主要从家人、亲戚、同学、恋人和朋友五类成员中获得社会支持。由于远离家乡，远离亲人朋友，广西赴台学生很容易产生思乡情绪，这在他们当中是一种普遍现象，即使现代化通信手段非常发达，但人们之间的沟通受空间的制约减少，当面对压力与困难而无人倾诉时还是会影响他们的心理。

四、广西赴台学生心理健康对策

（一）广西赴台学生应注意七个方面

1. 提前准备方面

广西赴台学生应尽可能地通过各种渠道获得足够的资讯，如上网寻找相关的信息或联络已经赴台就读的学长、学姐，请他们介绍经验以降低可能发生的矛盾冲突，从不同层面全面细致地分析，提前做好物质和心理方面的充分准备，明白自己即将要面对的是一个全新的环境，所以不适应、不习惯或是有所改变都是必然的，在心里有所准备，受到的冲击就会相对减小。

2. 生活适应方面

广西学生长期与大陆群体的紧密交往在一定程度上会阻碍其与台湾及海外学生和当地社会的接触，降低社会文化适应水平。所以，广西赴台学生群体要多与台湾学生进行交流，以学习当地的社会规范等知识和技能，拓宽视野，获得不同的文化和生活体验，这也有助于更好地适应当地的学习生活环境。

3. 学习适应方面

改变自己的学习方式，积极适应和配合台湾课堂，课前做好功课预习，注重创造力的培养和锻炼，勤学好问。主动融入当地环境，充分有效地利用教学环境、学术氛围、图书资源、师资力量等，如到图书馆学习，利用图书馆的有效资源博采众长；同时，根据自己的兴趣爱好选择课程，课余时间积极参加课外活动和社团组织，克服心理障碍，大声说英语，加强学习，利用当地语言环境迅速提升自身的外语水平和口语交流能力等。

4. 政治适应方面

坚定政治立场，弘扬中华传统文化，促进文化交流。中华文化具有强大的生命力和创造力，在世界上有着举足轻重的地位。中华民族的传统文化博大精深，底蕴丰厚，共同的民族历史文化是连接两岸人民情感的纽带和精神内核，也是塑造两岸共同利益和民族认同的重要基础，文化的交流是让两岸人民结合在一起的最好方式。

5. 人际交往方面

尊重他人，不卑不亢，积极乐观，亲切友好。遵守台湾高校的基本规则，提高人际交往技巧，掌握交往原则，改善自己的交往方式，多参加集体活动，促进与台湾学生的沟通与交流。不可盲目追求高学分，不要"两耳不闻窗外事，一心苦读圣贤书"，为读书而读书，变成没有感情的机器。

6. 社会支持方面

重新构建个人的社会支持网络，不再过分依赖父母的支持，弱化父母的角色分量，减少向家人诉苦或倾诉的意愿。在遇到困难或危机时，转而从同学、朋友那里获取支持与帮助，缔结广西赴台学生与台湾学生的社会支持圈，广结良缘。

7. 自我成长方面

认识自我，塑造健全的人格，善于调节情绪，促进自我的成长与完善，实现自立自强。

（二）台湾高校应完善三个方面

台湾高校应进一步完善对广西赴台学生的管理模式，根据广西赴台学生的需求与特点，因人制宜，采取相应的广西赴台学生管理方式。具体建议如下：

（1）台湾高校应以教学院系为单位建立学术支持体系以缓解学习适应困难。部分广西赴台学生英语学习程度不如台湾学生，学院老师应根据广西赴台学生的程度施以教学内容，可进行双语教学，为他们提供学习指导和建议。

（2）台湾高校应特设留学生心理辅导老师，根据广西赴台学生的具体情况，以人为本，教师多与他们沟通和交流，让他们对台湾的文化、历史和风俗等有深刻的了解。既要关心学生的学习情况，又要关心他们的心理健康，密切关注广西赴台学生的思想和行为的变化，对其进行积极引导，提高他们的抗挫折能力，让他们顺利度过由于文化冲击产生的情绪不稳定时期，解决他们的思想困惑，并努力解决由于政治意识形态等原因造成的认知误差，让他们对学校、对周围同学形成友好的态度和认识。

(3) 台湾高校应重视管理人员队伍建设，特别是提高行政人员的素质。在面对广西赴台学生求助的时候，应以平和的态度对人，以降低学生的焦虑感，积极采取措施帮助他们解决生活上和学习上遇到的各种困难，确保他们在整个学习环境中都能得到强有力的支持；组织更多的互动性的活动，促进桂台两地学生的交流和融合；安排广西赴台学生住宿时，应把同院系的学生不分地域安排在一起，这样不仅有助于两岸学生方便学业上的讨论，也利于两岸学生交流感情、互相了解和减少隔阂，促进和谐。

参考文献

[1] 项硕，莫锋，黄里云.发挥高校优势，促进桂台文教交流[J].广西社会主义学院学报，2004(01).

[2] 简文湘.桂台教育交流合作渐入佳境[N].广西日报，2013-11-15(10).

[3] Furnham A，Bochner S. Culture shock：Psychological relations to unfamiliar environments[M]. London：Methuen，1986：109-112.

[4] 朱猷庆. Study of the Correlation between Self-Efficacy and Anxiety in Non-English Majors' English Learning[D].桂林：广西师范大学，2014.

[5] 王丽娟.跨文化适应研究现状综述[J].山东社会科学，2011(4).

作者简介：

邬巧，女，1985年出生，广西柳州市柳江县人。毕业于广西师范学院教育科学学院，教育经济管理研究生，广西外国语学院国际经济与贸易学院讲师。主要研究方向：教育学，心理学，管理学。

（审稿：李春醒）

桂台中等教育交流合作：背景、概况与问题

广西外国语学院科研与发展规划处　王柏远

摘要：近几年来，桂台两地的教育文化交流与合作活动日趋频繁，对桂台两地文教事业的发展起到了促进作用。桂台两地中等教育在管理体制、教育制度、教育类型、教育规模等方面存在同异。由于两岸关系与政策上的因素，桂台两地的中等教育交流与合作在取得许多成果的同时也存在着一些问题，需要在交流与合作的方式、规模、政策突破等方面进行探索与改进。

关键词：桂台中等教育　交流与合作　概况与问题

桂台两地在历史渊源、地理位置、港湾水运、气候特征、生活习惯等方面有许多相似之处。这不仅为桂台两地的经贸合作与发展提供了良好基础，同时也为桂台两地的教育文化交流合作提供了便利的条件，主要表现为相同的文化传统影响下的可以相互借鉴的教育制度。

一、桂台教育交流合作的背景

由于特殊的历史原因，自20世纪40年代末之后，两岸之间经历了30多年的隔绝往来。直到80年代，这种状况才有所改变。到90年代初，“九二共识”的达成则为两岸各种事业的正常交流与合作奠定了良好的基础。但由于种种原因，两岸关系在90年代中期后仍遇有不少波折，并曾一度出现紧张局势。进入2000年后，由于民进党的当选及在岛内推行“台独”路线，更给两岸关系蒙上了巨大阴影。不过，在2005年之后，这种状况终于有了很大的改变。

2005年4月中国共产党总书记胡锦涛与中国国民党荣誉主席连战举行了历史性的会谈。之后在共同发布的《海峡两岸和平发展共同愿景》中有如下内容。

“两党共同体认到：

——坚持‘九二共识’，反对‘台独’，谋求台海和平稳定，促进两岸关系发展，维护两岸同胞利益，是两党的共同主张。

——促进两岸同胞的交流与往来，共同发扬中华文化，有助于消弭隔阂，增进互信，累积共识。

——和平与发展是21世纪的潮流，两岸关系和平发展符合两岸同胞的共同利益，也符合亚太地区和世界的利益。”

同时明确提出："促进海峡两岸经济全面交流，建立海峡两岸经济合作机制。"

这一共同愿景的提出，使得"两岸人员往来之频繁、经济联系之密切、文化交流之活跃、共同利益之广泛"，均达到了前所未有的程度。

接着，在 2008 年 12 月 15 日，两岸海运直航、空运直航、直接通邮全面启动，两岸"三通"时代正式来临。2010 年 1 月 26 日《海峡两岸经济合作框架协议》第一次海峡两岸关系协会和财团法人海峡交流基金会专家工作协商在北京举行；2010 年 6 月 29 日，《海峡两岸经贸合作框架协议》(ECFA)成功签订。

二、桂台中等教育交流合作概况

（一）桂台两地中等教育概况

在教育行政管理体制上，大陆实行中央统一领导下的以地方政府统筹协调为主的"两级管理、分工负责"体制，中等教育主要由省级以下的地方政府负责。广西教育厅为广西壮族自治区最高教育行政管理部门；在各地市、县设教育局，乡镇设教育组。在 2013 年时，广西壮族自治区共有普通中学 2289 所，其中高中 453 所，初中 1836 所；另有中等职业学校 273 所。技工学校、职业初中暂未设置，工读学校在当年仅有学生 3 人。上述所有的中等教育机构在校学生数总计 3591905 人，其中高中在校生数为 818878 人，初中在校生数为 1950761 人。

台湾的教育行政体制与大陆基本上大同小异：设有"教育部"，县(市)设有教育局，为各层次的教育行政管理机构，实行集权下的均权管理。根据台湾"宪法"的规定，台湾的教育制度由"中央立法"并由市县执行，县市教育由县市立法并执行。台湾教育行政机关或教育机构的权力结构大约可分为决策机构、咨询机构、视导机构、考核机构 4 类。在学制上，台湾与大陆都实行"六三三"制。中等教育机构主要有"国民"中学、完全中学、普通高中、综合高中以及技术高中等。1997 年时，台湾的"国民"中学、高级中学及职业学校数分别为 717 所、217 所。截至 2012 年，台湾地区有公立高中 194 所，学生 280223 人；私立高中 146 所，学生 122465 人。

由上可知，在中等教育规模上，广西壮族自治区的总体规模略大于台湾地区；而在教育行政管理体制、中等教育机构的设置上则同中有异，且区别不大。

（二）桂台中等教育交流合作现状

桂台两地的教育交流合作，是与广西壮族自治区近几届领导与台湾地区相关负责人的相互访问，以及因此而举行的十多届桂台经贸文化合作论坛紧密结合在一起的。2005—2015 年，桂台两地成功举办了 11 届桂台经贸文化合作论坛，其中在广西举办了 4 届，在台湾举办了 7 届。11 届论坛，双方共签署框架协议、备忘录 249 项，签订合作合同、协议、意向书 473 项，这其中就有有关教育交流与合作方面的协议。据了解，广西壮族自治区近几届领导访问台湾时，一些中小学等教育机构为必去之地。据统计，2008—2012 年桂台教育界共签订了 30 多份教育交流合作协议，与台湾花莲县教育处、台北市教师研习中心、台北市文化教育交流协会、台湾海峡两岸人民服务协会建立了长期合作关系，教育交流涵盖基础教育、职业教育和高等教育各个阶段，交流形式也从最初的考察交流、教师培训逐步拓展到专家讲学、学生夏令营、教育行政管理人员和骨干教师考察交流、教师长期研修、学生交换、学术研讨等多元化交流模式，各种交流进一步向纵深发展。

就中等教育的交流合作而言，其形式、途径和举办的活动主要有以下几个方面。

(1) 两岸青少年举办各种文体艺术活动，包括足球赛、拔河比赛、青少年艺术团的交流访问等。例如，2014 年 1 月 5 日在广西外国语学院举行了首届桂台青少年拔河友谊赛；除了精彩的拔河比赛外，广西外国语学院还安排了背篓绣球、高杆绣球、板鞋等民族传统体育项目活动。又如，在 2010 年前后，两岸五地(桂台粤港澳)多次举办"动向杯"青少年足球邀请赛；2010 年 12 月 17 日，广西青少年艺术团赴台交流，以促进桂台文化合作。

(2) 在教师教育、教育培训、教育研究等领域开展人员与机构方面的交流合作活动。例如，2012 年 6 月 23 日，在广西师范大学举办了"首届桂台教师发展高峰论坛"。来自台湾嘉义大学、台南大学、台湾师范大学、台湾教育大学、亚洲大学、中正大学、东华大学、莲花教育学院、台南市立建兴国中等 18 所大中小学及教育研究机构的 18 位专家、学者，以及来自广西壮族自治区的广西师范大学、广西师范学院、钦州学院、梧州学院、广西广播电视大学、广西教育学院及广西 14 市的教育局领导、中小学教师代表等近 300 名代表参加了此次论坛。又如，2011 年 4 月 25 日，广西教师培训中心与花莲县教育处签订合作意向书，以促进在教育行政管理人员、中小学校长、幼儿园园长以及学生教师短期互访、培训等方面的合作交流。2010 年 7 月 19 日，"两岸(桂台)教育交流合作幼教、职教师资培训项目"开班典礼在南宁隆重举行，以推动两岸(桂台)教育的全面深入交流与合作；而在此前不久，广西教育团组赴台湾与台湾教育机构和学校代表共 100 多人，在台北市举行了两岸(桂台)教育交流合作研讨会，对两岸教育的现状和改革趋势、师资队伍建设与管理以及校企合作模式的新思路等，进行了深入探讨与交流。2010 年 7 月 2 日，赴台湾参加两岸产业高峰会议——2010 年桂台经贸论坛活动的广西教育团组，与台湾教育机构和学校代表在台北市王朝大酒店举行两岸(桂台)职业教育交流合作研讨会。在此次研讨会上，广西教师培训中心与台北市文化教育交流发展协会签订了基础教育交流合作意向书、职业教育交流合作协议和两岸教育交流合作协议，就两岸(桂台)教育资源共享、院校交流、师资培训和学生互动等方面展开一系列合作，并通过构建两岸(桂台)师生间、院校间的互访、交流等形式多样的活动平台，逐步实现两岸(桂台)教育交流合作的制度化、规范化、长期化，全面提升两地教育品质，不断推动两岸(桂台)教育的全面交流与合作。2015 年 4 月 24 日，由台中教育大学、广西教师教育研究会联合举办的"第二届桂台教师发展高峰论坛"在台湾台中市举办。与会的广西、台湾两地 20 所高师院校 60 余名专家学者就桂台学者共同关注的教学改革与教师发展内容进行了研讨交流。

(3) 开展桂台两地的少数民族文化教育交流活动。例如，在 2010 年举办了第 11 届桂台少数民族交流周活动，台湾花莲县政商文化教育界共有少数民族代表 50 人来广西联谊。

通过上述各种文化教育交流活动，不但使桂台两地在教育上互通有无、相互借鉴、取长补短、合作共赢、共同提高；同时，也加深了两地人民的亲情和友情，使两地人民体会到

"血浓于水，中华一家亲"的深情厚谊，也为两岸关系的和平发展与统一做出应有的贡献。不但如此，通过教育上的交流与合作，在人员、机构和机制上为两地合作培养各种人才创造了必要的条件，从而更好地促进两地经济社会的发展。

三、桂台中等教育交流合作中存在的问题与改进办法

虽然桂台两地的中等教育交流合作取得了较大的成就，但仍然面临着许多问题。这些问题主要表现如下。

1. 参与中等教育交流合作的在校生规模有限

近十多年来，两地教师和学生在教育理念、教育资源、教育机构等方面开展了多方位的交流与合作，活动频繁、成果较多，但在中等教育交流合作的在校生规模上却十分有限，两地学生在学习目的地的互换上并不频繁，也没有实现长期化、经常化，更多的是短期的文体艺交流活动。一方面，由于两岸在教育制度上毕竟存在许多差别，比如考试制度、招生制度；另一方面，许多政策障碍也无法突破，譬如在台湾就有所谓的"三限六不政策"，这无疑限制了在校生教育交流合作的规模。同时由于交流规模的限制，在教育理念、教育资源等方面难以真正实现共享与借鉴，使许多努力的成果不能得以利用。

2. 在中等教育交流合作的方式上还有待探讨

两岸在文化传统、语言上差异不大，这本应该成为桂台两地教育交流合作的天然基础。但由于台湾地区在两岸关系与政策上仍然存在着一些阻隔，因而许多看似成熟的教育合作模式却不能完全得以运用，譬如学籍互认、学分互换、文凭互认、合作办学、取消升学上的各种限制等。只有通过多种教育合作方式的探讨与实践，才能更好地实现交流与合作。

基于上述问题，桂台两地在中等教育的交流合作上应向以下方向努力。

1. 加强教育制度上的相互借鉴与利用

台湾地区由于工业化进程较早，在移植改造欧美国家的教育制度上有许多值得借鉴的经验，如中等教育的招生考试制度、职业教育制度、中等教育机构与课程的设置等。在条件许可的情况下，这些制度在桂台两地的合作办学中就可以实行。如在招生考试制度上，台湾当前高级中学入学采用多元化方式，即包括入学考试合格、甄试录取、登记、分发和保送入学等方式。这相比于大陆各省区以考试成绩为唯一录取标准的方式，有其可借鉴之处：前者在学业评价方式上更加多样化，更能全面地反映学生的学习过程和学习结果；也有利于高校的自主选拔招生，同时也有利于录取方式上的创新。

又如在综合高中的课程设置上，台湾"在四年制的综合高中内，除第一年属国民教育范围、学生须修习共同课程外，第二年提供多种课程进行性向分化，第三年、第四年则开设学术导向、技术或实务导向、艺术导向及综合导向的课程，有利于进一步的性向试探与进路辅导"。这种课程设置相比于大陆高中更加多样化，有利于选修课程的开设。当然，课程多样化也可能导致教学质量下降，但相比于大一统的必修课程学习，显然对学生多方面能力与兴趣的发展是有益的。"同时综合高中的技术或实务课程，可采用较为统整的学群方式开课，以工商类科为主"，这对培养学生的职业技能也多有益处。

2. 借鉴台湾地区教育改革的措施与经验

例如，自 2011 年以来，台湾开始启动“十二年国民基本教育计划”改革，其中的某些教育理念、政策定位与举措就有一定的借鉴价值。譬如在改革理念上，秉承“有教无类、因材施教、适性扬才、多元进路、优质衔接”等理念；改革后，经济补助及法规政策也取得了一些成效，如高中职免学费、五专的前三年也可免除学费；在资源分配上也基本实现优质化、均质化配置；以高中高职毕业生为生源，大力发展科技大学，缩小学用落差等。这些经验都是值得大陆各省区学习的。

3. 合作交流可从迫切需要的地方着手

譬如，由于桂台经贸合作的发展，在桂台商日益增多。可从解决在桂台商子女的就学问题探索桂台教育交流合作的新模式、新方式，如上面提到的合作办学、学籍学分互认、文凭互认等。

4. 加强政府与民间组织的沟通与交流

进一步加强桂台两地官方及民间教育组织的沟通协商，为扩大桂台教育交流的规模与范围、建立常态机制、突破政策瓶颈创造条件，促进桂台中等教育交流合作的发展。

参考文献

[1] http://baike.haosou.com/doc/1084524-1147689.html.

[2] http://www.gxedu.gov.cn/Item/148.aspx.

[3] 李海绩，郑街蓉.台湾教育概览[M].北京：九州出版社，2003.

[4] 郑若玲，刘盾.台湾“十二年国教”解析、问题与启思[J].教育研究与实验，2014(02).

[5] 万丽云，李小铃.桂台教育交流合作研究[J].文化教育，2013(11).

[6] http://www.gxedu.gov.cn/Item/8270.aspx.

[7] http://202.103.252.83/Item/8601.aspx.

[8] http://www.hxzyedu.cn/NEWS2.ASP? N=C_239122870102MGM.

[9] http://www.gledu.cn/Article/jyxx/rdtl/31515.htm.

[10] 张睦楚.台湾“十二年国民基本教育”及其对大陆教育政策实施的启示[J].当代教育科学，2014(09).

作者简介：

王柏远，男，1975 年出生，湖南省永州市人。毕业于广西师范大学教育经济与管理专业，管理学硕士，广西外国语学院科研与发展规划处干事。主要研究方向：教育基本理论，高等教育管理。

（审稿：李春醒）

下　　篇

桂台民族、艺术、新闻及科技信息交流合作研究

台湾原住民族群的发展与变迁研究

广西外国语学院国际会计学院　叶传财

摘要：在汉人迁台的400多年前，台湾岛上已经有一群住民，他们拥有自己的语言、农耕、宗教祭祀、婚姻、服饰、族群阶级及家庭继承方式。汉人入台后，凭借着人口数量、文化、经济、生产技能等优势使部分原住民族群迁居山上，形成了后来的高山族；居住在平地的原住民族群，成了后来的平埔族。因为统治台湾的清廷在前清时期颁布了汉人移民来台"禁止携眷"的政令，于是出现了汉人与平埔族女性大量通婚的现象，最终在汉人较强势的文化、宗教信仰优势下，平埔族逐渐消失了。但居住在山上的高山族因为少与汉人来往，所以能保存高山族的语言、农耕、宗教祭祀、婚姻、服饰、族群阶级及家庭继承方式。随着台湾经济的快速发展，高山族人在各种领域上便成为弱势族群。20多年前，高山族族群意识觉醒，在若干地方意见领袖的带领下开展了原住民族群正名运动，尔后陆续有各族的正名运动。目前高山族已经有16族正名成功，近年来平埔族也加入了正名运动的行列。

关键词：台湾原住民族群　发展与变迁研究

一、台湾原住民族群概述

高山族是台湾地区南岛语系各族群的一个统称，该民族聚居地区主要在台湾中部山区、东部纵谷平原和兰屿岛上。高山族以稻作农耕经济为主，以渔猎生产为辅，其手工工艺主要有纺织、竹编、藤编、刳木、雕刻、削竹和制陶等。

高山族有自己的语言，属南岛语系印度尼西亚语族，大体可分为泰雅、邹、排湾三种语群。高山族没有本民族文字，但是他们的口头文学却很丰富，有神话、传说和民歌等。在清朝统治台湾时期，原住民族群被称为"生番"与"熟番"。生番也称野番、高山番，为不列入统治管理者，即今之原住民族群。熟番也称土番、平埔番，为纳入统治，服从教化、事徭役、纳税者，即今已消失的平埔族。日本殖民当局所谓"番人""高砂族"，是当前台湾当局法律上"山地原住民族群"和"平地原住民族群"的总和。"山胞"是第二次世界战后的称呼，为"山地同胞"之意，民间则俗称为"山地人"。族群身份的认定基本上可以从户籍所在地的户政事务所调阅日治时期遗留下来的户籍资料来认定，在日治时期户籍誊本上"种族"一栏记录有种族别。"种族"一栏中，山地原住民族群注记为"生"(生番)，平地原住民族群注记为"熟"(熟番，指平埔族)。

国民党迁台湾后，台湾当局参照1936年台北帝国大学(今台湾大学)"土俗人种研究室”研究员移川子之藏、宫本延人等人,根据语言、习俗及社会组织的差异将台湾高山族分类为九族的文献,于 1954 年 3 月 14 日规定:高山族包括九个族群:泰雅、赛夏、布农、曹族(1998 年 11 月更名为邹族)、鲁凯、排湾、卑南、阿美、雅美。1994 年 7 月 28 日台湾地区的“国民大会”“修宪”,表决通过将原于第二次世界大战后所称为“山胞”,改称为“原住民族群”。这是“原住民族群”法定称呼之始(“宪法”增修条文第 10 条),2005 年1 月 21 日台湾“立法机构”通过了《原住民族基本法》。

在原有九族的基础上,“邵族”原被归类于平埔族,2001 年纳入原住民族群的第十族。原居住在宜兰,后大举迁居至花莲的平埔族——噶玛兰族,经过族群认同调查后,于 2002 年正式确认成为第十一族 。太鲁阁族则于 2004 年被政府认定由泰雅族独立出的一个族群,成为第十二族。2007 年原隐身于阿美族之中的撒奇莱雅族独立成为第十三族。2008 年原本被列为泰雅族一支的赛德克族,经过多年的正名运动,成为第十四个官方承认的原住民族族群。2014 年原被归类为邹族的拉阿鲁哇族和卡那卡那富族正式成为第十五个和第十六个官方承认的原住民族族群。截至目前,台湾官方承认的原住民族群共有 16 个。

在唐朝唐太宗时代,由于南岛语族分部的马来西亚发生洪水,马来地区难民遂向北迁移至台湾,即为现今的平埔族,该群难民抵达台湾后,因散居不同区域,而渐渐分流为现今各异的平埔族。早在 400 年前,汉人来到台湾拓垦、定居之前,台湾西海岸的平原地带,从北部的宜兰、基隆一直到恒春就已经有许多不同文化、不同语言、不同部落的人群居住着。这些比汉人更早居住在台湾平原地带的不同人群由于和汉人的语言、文化都不相同,因此在早期的台湾历史文献中常被称为“番”。从“番”的字形、字意来看,“番”字是由“禾”与“田”所组成的,是用来指以某种方式耕作的人,是一种生活方式。但是在汉文化中,“番”含有歧视的意味。

400 余年来,居住在平地的平埔族被同化的过程大概可以分为三个时期。

1. 荷兰占据时期(1624—1662 年)

荷兰人来到中国台湾,官方与教士鼓励通婚以方便统治。包括荷兰来台传教之单身男性和平埔女性,以及平埔族酋长和荷兰女子,以增进亲密交情。除此之外,荷兰人也曾招募汉人至中国台湾开垦,种植稻作物,也成为平埔族同化的威胁。

2. 明末清初郑成功时期(1662—1683 年)

郑成功因清军入关而退居台湾,其间带领明朝降兵至台,数目不可计量,是汉人文化的首度落根。而清廷此时以海禁政策抵制,防止了大部分的汉人迁台,然而汉人偷渡仍络绎不绝,原因为原乡山多平原少,求生困难。迁台后,汉人由沿海进占平埔族原居地,融合已成为不可避免的事情。

3. 清廷统治台湾时期(1683—1895 年)

因郑成功反清复明失利,元气大伤,清廷大臣施琅一举攻台,台湾纳入清朝版图。而后渡台禁令渐松,条件日益放宽,但在执行“禁止携眷”政令下,仍有大量汉人迁台。在废除渡台禁令之后,汉人迁台数量剧增,可谓排山倒海而来。清廷时期,平埔族曾尝试迁移以保血统,仍不敌汉人压倒性的族群优势。直到 1731—1732 年发生该族反抗汉人的大甲西社番乱,清廷才取消汉人移民来台的“禁止携眷”政令。

平埔族人在17世纪以前过着原始游耕方式的旱田农业，并进行狩猎、渔捞等采集经济生活，同时过着“女耕男猎”的生活。他们与外界的经济活动主要是在沿海以鹿皮、林产与中国大陆、日本商人交换布匹和铁器。17世纪荷兰人入侵台湾以后，大量捕杀梅花鹿，致使平埔族赖以维生的鹿只锐减。尤其是1683年以后的清朝时期，大量汉人移民来台，平埔族部落土地经出租、典当、出售等方式逐渐为汉人所拥有。另历经政府的汉化教育、绥靖、征役、薙发、改部落为庄、赐姓，以及与汉人通婚，语言、风俗等相互融合，至19世纪，平埔族群已呈现明显的汉化现象。进入20世纪之后，平埔族之族群文化特色已消失。但近二十几年来，平埔族人的族群意识不断觉醒，陆续有正名，还原历史地位的运动发生，如凯达格兰族的正名运动、西拉雅族(台南市市定原住民族群)的正名运动。

二、台湾的原住民族群各族人口数、主要分布地区及民族特色

（一）台湾的原住民族群各族人口数

参照台湾“行政院”原住民委员会2014年9月公布的各族群人口数，各族群人口数如下：阿美族200023人、泰雅族85604人、雅美族4408人、赛夏族6391人、布农族55815人、鲁凯族12831人、排湾族96052人、卑南族13326人、邹族6891人、邵族752人、葛玛兰族1368人、太鲁阁族29555人、撒奇莱雅族828人、赛德克族8994人、拉阿鲁哇族400人、卡那卡那富族520人；原住民族群人口总数为523758人。

（二）主要分布地区及民族特色

1. 阿美族

阿美族由于大多数居住于平地，因此称为“平地山胞”。主要分布在立雾溪以南的东台纵谷和东海岸平原，包括台东县的东河、池上、关山、长滨、成功、卑南、台东市，花莲县的新城、吉安、寿丰、凤林、光复、丰滨、瑞穗、玉里、富里，及屏东县的牡丹、满州等共19个乡镇市。阿美族能歌善舞，台湾较受欢迎的职棒、篮球明星有许多是阿美人。社会组织是部落，以男子的年龄大小组成严密等级，部落由首领负责，实施任期制和遴选制。阿美族的宗教信仰为多神教和天主教、基督教，祭拜受到普遍重视。流行男子穿裙子，入赘女方和为女方家庭干活。民族制品有制陶、藤编和织布等。

2. 泰雅族

泰雅族主要分布于台湾北半部，如台北县的乌来乡，桃园县的复兴乡，新竹县的尖石乡、五锋乡，苗栗县的泰安乡，台中县的和平乡，南投县的仁爱乡、信义乡，花莲县的秀林乡，宜兰县的大同乡、南澳乡等。泰雅族以狩猎及山田烧垦为生，民族性格剽悍勇猛。宗教信仰为超自然神灵。民族颜色是红色，衣服分为7个系列。工艺品以织布、藤编为代表。泰雅文化是少数民族文化中保存较好且有一定代表性的民族文化。泰雅族生活中最具有特色的是纹面。

3. 排湾族

排湾族由两大系统组合而成，一是拉巴鲁系，二是布兹鲁系，主要分布于台东县达仁、

金峰、太麻里、大武和卑南，屏东县玛家、泰武、来义、春日、狮子、牡丹和满州乡等。排湾族内阶级分明，分为头目、贵族、勇士、平民四个阶级，前三个阶级为特殊阶级。宗教信仰为多神教和祖灵信仰。排湾族是个热爱艺术的民族，尤其是服饰是台湾地区少数民族中最为华丽典雅的，以刺绣宗教信仰神灵为主，刺绣的色彩以橙、黄、绿为主色。雕刻、陶壶、古琉璃珠是受到人们欢迎的珍品，其中陶壶是头目家族权势和财富的象征。手工艺品有藤编、竹编和月桃席等。近些年来，来义乡的排湾族文史工作者大力推动未婚男青年扛一大把木材到心仪的女孩家去表达情爱，以便恢复传统的旧习俗。

4. 布农族

布农族主要分布于南投县的仁爱乡、信义乡，高雄县的三民乡、桃源乡，台东县的海端乡、延平乡，花莲县的万荣乡和卓溪乡。以山田烧垦和游耕为生，对于农作的祭仪复杂和隆重，布农人相信，歌声越和谐、优美，天神越高兴，当年的小米就会丰收。宗教信仰是天神，手工艺品是藤编。只是在布农族的庆典活动中，没有舞蹈动作，只有炫耀武功的跳跃动作。在音乐领域特别值得一提的是，德国“谜”乐团采用郭英男的八部合音(饮酒欢乐歌)创作的《返璞归真》(Return to Innocence)，在乐坛上大放异彩，之后更成为1996年在美国亚特兰大举办奥运会的主题曲。

5. 卑南族

卑南族分布于台东县的卑南乡，共分为宾朗、美农、初鹿、明峰、嘉丰、太平、泰安、利嘉、东兴、温泉、富源、利吉、富山13村。卑南族保持男子训练制度，流行的“少年猴祭、大猎祭”反映的就是这一现实。民族内部设立祭师和头目，信仰传统宗教和天主教。手工艺品是藤编篮子。

6. 鲁凯族

鲁凯族主要分布于高雄县茂林乡的万山村、茂林村、多纳村，屏东县雾台乡的旧大武村、去露村、笞得勒村，台东县卑南乡的大南旧社村等。鲁凯族是个内部制度严谨的部落社会，分为头目、贵族、勇士、平民四个世袭等级，等级可以随着婚姻而改变，社会内部重男轻女。宗教信仰为造物主和祖灵，其中头目家族起源传说的百步蛇，更是族人祭祀和敬重的对象。陶壶、琉璃珠、藤和竹器、刺绣是民族工艺品。

7. 邹族

邹族1998年10月28日由原名“曹族”易名而来。邹族的人口主要分布在嘉义县的阿里山乡，其次为高雄县的三民乡，另外还零星分布于高雄县桃园乡、南投县信义乡境内。历史上邹族曾经盛行男子集会所，少年必须进入夜宿会所，接受历史、文化、传统技艺和狩猎的训练。宗教信仰为超自然的神。以狩猎为生的邹族人，皮衣和皮帽是族人节日时的主要打扮。手工艺品主要是皮革制品和藤编篮子及网袋等。

8. 赛夏族

赛夏族主要分布于台湾北部中央山脉西侧新竹县五峰乡五指山区与苗栗县狮潭、南庄大东溪一带。赛夏族又分为南北两支，各有一名头目，各家族的长老地位崇高。族内盛行以动物、植物和自然现象定为姓氏。宗教信仰是超自然神和祖灵、矮灵，两年一次的矮灵祭是主要宗教活动，其他不同的祭祀由不同的姓氏主持。他们在建筑和生活中，大量使用竹制品，形成了鲜明的竹文化。

9．雅美族

雅美族主要居住在距离台东外海49海里的兰屿岛。雅美族是历史唯一没有“猎头”习惯的高山族，由于居住海外，捕鱼业较为发达，全年的岁时祭仪也是以捕鱼活动为主，女性的甩发舞、男性的丁字裤是该民族的特色。由于兰屿炎热，而且位于台风的要冲，因此当地盛行地下穴居屋。社会内部没有头目，以各家族长老为主，以血统家庭为主体。在台湾的少数民族中，雅美族是唯一具有冶金工业的民族。

10．邵族

邵族主要居住在日月潭畔的日月村和水里乡顶村的大平林。邵族的生活方式是渔猎、农耕和山林采集，农作物主要以板栗、番薯和花生为主。杵音之舞是邵族丰年祭中重要的组成部分，“湖上杵声”成为日月潭八景之一。此外，还有播种祭、狩猎祭、拜鳗祭、丰年祭等。宗教信仰是祖灵信仰，分为最高祖灵和氏族祖灵。族内流行的手工艺品为自己鞣制的皮革和自己纺织的麻布。

11．噶玛兰族

噶玛兰族主要分布在宜兰、罗东、苏澳一带，以及花莲市附近，花莲县的丰滨乡及台东县的长滨乡。噶玛兰人传统的社会形态是一种母系社会，但噶玛兰人是一个没有阶级的平等社会，就算再富有的家庭也没有仆人。首领是以推举的方式产生的。部落内其他的公众事务，则由各年龄阶层的族人分工合作。有事的时候，以大海螺当号角来召集大家。噶玛兰人的宗教信仰以祖灵崇拜为中心，将人间与灵界分开，相信灵界有鬼神能保佑或惩罚凡人，部落里有祭司和巫医来负责灵与人之间的沟通，并为族人治病。族人每逢播种、收成时，都要举行祭典，大伙坐在地上，赛戏饮酒，唱歌跳舞，用手抓取米箩内的食物来吃，除了有糯米、肉尹、鱼贝外，还有噶玛兰人最会采煮的野菜，称为“做年”或“做田”。

12．太鲁阁族

太鲁阁族大致分布于花莲县秀林乡、万荣乡及少部分的卓溪乡立山、仑山等地，是一个父系的小家庭组织结构社会，在家庭或亲族间均以男性权威为主。其“命名法则”是采用父子联名制，也就是子女联父名于自己的名字之后。太鲁阁族人的传统宗教信仰是祖灵信仰，祖灵会庇佑子孙的条件是所有子孙必须遵从祖先所遗留下来的习俗、教训和规范等，也就是祖先的“gayan”。太鲁阁族人的手工艺品在台湾原住民族群当中堪称最为华丽典雅，早期以繁复的夹织广为收藏家喜爱，近些年来以刺绣丰富的图像表现族人对刺绣艺术的天分，图案大抵为祖灵像、人头纹（头目、贵族专用）、百步蛇纹（贵族的祖先）、太阳纹（头目专用）。刺绣的色彩以橙、黄、绿色为主色，并以贴布绣的方式表现。

13．撒奇莱雅族

撒奇莱雅族大致分布于花莲县的新城乡、花莲市及吉安乡三个地区。目前有三个主要部落分布在花莲，分别是位于花莲市国福里及德安里部落、瑞穗乡马力云社部落以及寿丰乡水琏部落。撒奇莱雅族穿着以土金色为主色的服装，并以刺竹及眼泪珠为坠饰，于服饰中呈现族群辛酸及不忘故土的决心。撒奇莱雅族属于母系社会，采用入赘婚，从妻居，因主要分布于花莲奇莱平原，因此同时兼有渔业以及狩猎等经济产业。主要祭典活动有播粟祭、丰年祭、成年祭、巴拉玛火神祭等。

14. 赛德克族

赛德克族集中分布在南投县仁爱乡，以浊水溪上游一带为腹地并建立七个村十二部落。赛德克族属父系社会，但很多现象却显示着赛德克族男女平等的平权社会。赛德克族的家庭乃至社会的互动模式中，除较粗重的工作及纯男性（如狩猎）性质的庶务以外，几乎已很难再细分一定属男性或属女性的生计工作。赛德克族主要的传统祭仪有播种祭、收获祭、祈雨祭、狩猎祭、捕鱼祭及猎首祭等。特别值得一提的是赛德克族人发动“雾社事件”的抗日事迹被拍成电影，电影名称为《赛德克・巴莱》。

15. 卡那卡那富族

卡那卡那富族主要分布在高雄市那玛夏区玛雅里、达卡努瓦里，举行米贡祭、河祭。米贡祭仪式以神为对象，象征行为以祈祝为中心，部族诸神均在农耕祭仪中受祭；河祭主要是祈求上天让族人可以继续享受楠梓仙溪的水生资源。卡那卡那富族人早期以山地耕作为主要生产方式，兼以狩猎、捕鱼及饲养家畜，农作物以小米、旱稻和芋头为主，平日嗜粟酒、薯酒及煌草。卡那卡那富族的服饰，用色包括红、黑、白、蓝。在传统工艺方面，制陶及纺织均为女性工作，可惜已渐为失传，至于藤竹编篮等工作，仍是日常生活中不可缺少的用具，而卡那卡那富族特有的皮革和制革，也已十分罕见。

16. 拉阿鲁哇族

拉阿鲁哇族长期以来被归为“邹族”的分支，居住在高雄市桃源区和那玛夏区。重要祭典有“贝神祭”，烧垦渔猎是传统生活模式，共耕制度是拉阿鲁哇人的习惯。传统拉阿鲁哇人的领导者为世袭制，由长子继承。但领导者的权力并非独揽，族里重要事务必须经由各家族长老共同决议方可进行。

三、台湾地区政府对原住民族群在政治及政策上的变革

1949 年国民党政府退守台湾之后，有感于高山族在台湾历史上的重要性及弱势现象，台湾地区执政当局于是在政治及政策上为高山族族群制定了一些政策，可以概分为三大阶段。

（一）蒋介石执政时期（1945—1975 年）

1. 改建山地行政体制

创编山地乡、村、邻、里制度。根据山地地理环境及交通情形，创编村邻，建立乡公所，下设文化、兵役、民政、建设、财政等课。乡长为行政长官，秘书、审计为其助理。山地乡公所分别于 1945 年年底至 1946 年春成立，全省分为 30 乡 217 村。在乡设“民意机构”“乡民代表会”，治安机关是“派出所”，另有“山地储蓄服务社”以及卫生所和国民中学。村设村长、村干事、里长、邻长，另设有卫生室、国民小学或国小分校。地方组织为“山地青年服务队”，归警察领导。学生毕业未能升学者均编入服务队，服务队每周开会一次，负责地方治安、打扫公共场所卫生、承担其他社会公务。邮件由乡内邮局的邮差派送。

从 1946 年起除委派任命原住民族群任乡长、村长外，又选出山地籍“制宪国民代表大会”代表 1 人，“省参议员”1 人。1950 年，山地同时实施地方自治，在“省议会”73 名“省议

员"中,设有山地籍保障名额,即"山地山胞"和"平地山胞"各2名;在省政府委员中,也设有"山胞"一席。1972年,在增加补选"国大代表""立法委员"时,原住民族群也有"国大代表"2席、"立法委员"1席。

2. 改进原住民族群生活习俗

共设计六项目标:推行"国语""山地语";改进衣着;改变过去吃饭不用碗筷的习俗;改进住房,解决通风、采光,增建浴室、厕所,搞好环境卫生;严禁巫术治病、室内葬尸,纠正婚姻陋习、防止早婚;树立时间、经济观念,引导储蓄,奖励生产,指导副业。

3. 发展原住民族群经济

台湾当局在1947年将日本殖民统治时期的"准要存置林野"这项240634公顷的土地(占台湾面积的6.69%)定名为"山地保留地",专供山地同胞维持生计用,并于1948年公布施行《山地保留地管理办法》,自1948年至1966年完成全部地籍测量以及土地调查工作,绘制图籍,作为管理依据。

蒋介石时期的原住民族群政策对山地社会产生了巨大的影响。首先,它冲击了山胞固有的部落制度和文化。在早期出现新制度与旧体制各行其道的过渡期内,部落酋长仍是传统社会活动如"丰年祭"等节日的主持者。随着时间推移,旧的部落制度彻底解体,行政长官如乡长、村长取代了过去部落酋长的地位,掌握了社会活动的领导权,传统文化开始消失。其次,山胞家庭趋于小型化。"核心家庭"(由一对夫妇及其未成年子女组成)取代了数世代延续的同炊共财的大家庭,为经营企业,扩大再生产创造了条件。最后,在实际生活中,从事农业商品化生产的人口增加。山胞初步改变了没有私有观念和不重视货币流通的旧观念,现代经济开始走进山胞日常生活。总之,蒋介石时期的原住民族群政策从总体上促进了山地经济的发展,改善了山胞的生活状况,缩小了山胞与岛内汉民的生活差距。

(二)蒋经国执政时期(1976—1987年)

这一时期,将经国进行了以"革新保台"和"扎根台湾"为中心内容的政经改造运动。其主要施政重点是抓经济建设,推进已有的"四年经建计划",提出"六年经建计划",实施"十大经济建设"和"十二大经济建设"项目,这样,使台湾在他执政期间一跃成为亚洲经济"四小龙"之一。这一时期,台湾当局积极推进山地经济的平地化,使原住民族群的经济开始逐渐脱离封闭状态,与台湾整个社会的经济建立密切联系,"山胞"的传统经济模式被资本主义市场经济打破,"山胞"的生计方式发生了很大的变化。从20世纪70年代开始,山地经济已经纳入整个台湾经济体系当中。"山胞"在20世纪七八十年代外出谋生的比例也增加了一倍。但是山地同胞外出所找到的工作,大都是工作环境恶劣、报酬偏低的工作,使山胞在纳入台湾的整个经济体系之后处于不利地位。

(三)李登辉执政时期(1988—1999年)

这一时期,李登辉开展了以"本土化"和所谓"政党政治"为中心内容的第三次政经改造运动。在政治上,强化了原住民族群的政治地位。1991年5月,公布了"中华民国宪法增修条文",其中的第一条第一项第二款、第三款明确规定保障原住民族群当选名额为"国大代表”6人、“立法委员”6人。“中华民国宪法增修条文”第九条第七项明确规定：“国家对于自由地区原住民族群之地位及政治参与，应予保障；对其教育文化、社会福利及经济事业，应予扶助并促其发展……”这样，保护原住民族群权益的条款被提升至“宪法”中有具体的明文保障。同时，原住民族群的政治参与权即赋予原住民族群平等参与决策及反映民意的权利也得到“宪法”明文保障。

1994年，“宪法”把“山胞”更名为“原住民”。1996年11月，又公布了“行政院原住民委员会组织条例”，对于“各级民意机关”、现行“议会”“代表会”等的组织规程都定有相关原住民族群当选名额条文。这一政策的出台，较完整地构成了原住民族群由中央、省(市)、县(市)、乡(镇、市)一系列民意代表体系。

在经济上，加大了对原住民族群的投入。台湾当局为改善原住民族群生活环境，提高原住民族群居住水平，在1986年至1994年9年间，实施为原住民族群提供补助购置及整修住宅的政策，其中购置住宅补助每户台币10万元，补助整修住宅每一项台币15000元(每户限4项)。1988年颁布实施“台湾省山胞社会发展方案”，此方案为三期十二年的长期发展计划，其重要措施有“政治社会”“教育文化”“生活辅导”“经济建设”“卫生保健”“治安维护”“财政辅导”等七大项，第一期计划(1989—1992年)执行经费为台币102.6亿元，对于缩短原住民族群聚落与一般城乡发展差距，初见成效。第二期计划(1993—1996年)，执行经费增加为台币203.5亿元，大力促进了原住民族群社会与一般社会均衡发展。目前第三期(1996—2000年)已实施完毕。

此外，还推动还地于民的山地土地政策，将原住民族群原来仅拥有的山地保留地承租权还给原住民族群，并在原住民族群要求增编山地保留地的强烈愿望下，台湾当局核准增编山地保留地16905公顷，其中13168公顷列入《增编原住民保留地三年工作计划》，从1991年起到1993年止。另3737公顷则列入追加工作计划，并于1994年度到1995年度执行，主要是为了解决原住民族群用地不足的问题。

为配合“行政院”通过的“国家建设六年计划”，1997年3月又制订了《都市原住民生活辅导计划第二期计划》，其工作重点是都市原住民族群生活扶助、教育文化、职业训练与就业辅导三项工作。除完成建立都市原住民族群基本资料外，还积极实施辅导原住民族群购置住宅、急难救助、升学优惠保障、推动原住民族群民俗文化活动、职业训练、就业辅导及办理原住民族群创业贷款等措施。其中以辅导参加就业训练与就业服务方面，特别重视并规定原住民族群青年参加各地区职业训练，除享有“省市政府”现行各项优惠辅助外，另由“内政部”核发训练奖励津贴每人每月台币4000元，“行政院劳工委员会”核发生活津贴每月台币6000元，以此来激励原住民族群踊跃参加职业训练，切实提高原住民的生活水平。

四、近些年来原住民族群的生活概况

(一)政府对原住民族群的优惠政策

台湾延续并加大政府前期的政策，加大力度照顾原住民族群及提升原住民族群的竞争力，重要措施如下。

1. 55岁起可领养老保险金（汉人为65岁）

2. 住房贷款利息优惠

在生活方面享有每户台币20万元的自建房补助；住房维修补助每户也有台币10万元。当局立法支持原住民族群向银行借每笔最高台币5万元的小额无息贷款，如果是做生意、创业，能一次借台币30万元。此外，打官司有补助，坐公车有补助，如果住在山里，还能按月领罐装煤气补助等。

3. 考大学加总分35%的分数优惠

为鼓励年轻一代原住民族群子弟学习母语、使用母语，让原住民族语言、文化得以传承，原住民族群子弟只要通过台湾最高行政机关（"行政院"）原住民委员会推动之"原住民学生升学优待，取得文化及语言能力证明考试"，三年内参加升学考试即可获得加分35%。（台湾在陈水扁执政时期开始推动在小学生课程里加入母语教学迄今。）

4. 求学期间的补助

大学求学期间有助学、奖学金，每年学杂费减免2/3，公立院校和私立院校一视同仁；由于政策照顾，原住民族群更容易申请公费留学，每月还能领400美元补助。

5. 推行"原住民特考"制度

原住民族群想考公务员，可以参加"原住民特考"，不用参加一般公务员考试，考取的门槛比一般公务员考试更低，更容易考上，特别为原住民族群安排的考试项目及录取名额，考取后服务地点可优先选择在原住民族群乡镇。

6. 开播原住民族电视台

拥有全天候以原住民族为主题的有线电视频道——原住民族电视台（原民台、原视，简称TITV），该电视台从2004年12月开播，2014年1月1日起，改由原住民族文化事业基金会自主运营的公共电视台播出。

7. 开展原住民族群祭典活动

为发展观光，发扬族群祭典活动，原住民各族群的活动如丰年祭、射耳祭、矮灵祭等，往往都能吸引大量观光客到来。

（二）原住民族群的经济活动概况

（1）大部分山地乡镇已经改变旧有烧垦旱地种植农作物的方式，改种高经济价值的农作物，如苹果、高接梨、咖啡、高冷蔬菜等。

（2）大力发展观光旅游，带动地方的商业活动，如餐饮、咖啡及艺术品（雕刻、琉璃珠）。例如，屏东县山地门乡（排湾族）的蜻蜓雅竹琉璃工坊生产的琉璃珠远近驰名，并为当地妇女提供就业机会。

（3）由于原住民族群居住地大都在山上，享受的教育资源相较于居住在平地的汉人更少，教育程度普遍不高，所以到平地工作时往往只能从事粗重的劳力工作（如建筑工）、低阶的工厂作业员工、远洋渔船（商船）的船工。

（4）原住民族群到平地工作期间，相较于汉人而言，人口比率低、风俗习惯差异大、教育程度偏低、工作性质差异大等，原住民族群往往选择住在都市边缘，因为他们都是来自山上狩猎的同胞,汉人称他们为“城市猎人”。

(5) 早期原住民族群离开山里到外地打工是以当远洋渔船或货轮船工为主,离家远,一年中回家与家人团聚时间短。近些年来,由于教育普及化及教育水平的提高,柏油道路的开通,电信及网络到达每个家庭,促进了汉人与原住民族群的交流,基本上原住民族群与汉人地位是平等的,所以当今受过教育的年轻人,都与汉人分布于各个工作岗位,少部分年纪较大、受教育程度较低者,则大部分选择收入较高、干体力活、在艳阳下工作的建筑工,或到工厂上班。

(三) 原住民族群的阶级渐渐被打破,与汉人通婚增加

(1) 每四年一次的村长及乡长选举(除阿美族居住在平地,乡长可能出现汉人的情况外,其他族群住在山上,乡长必须具备原住民身份),当选者代表政府主持地方政务,无形中形成了众人或部落领袖,所以旧有的酋长或头目体制渐渐改变。

(2) 因为工作关系及交流频繁,原住民与汉人结婚的比率在不断增加。

(四) 原住民族群的宗教信仰在改变

由于外来的宗教,如基督教、天主教的强势进入,原住民族群旧有的宗教信仰(如祖灵祭)消失了。

(五) 原住民族群在许多重要领域渐渐崭露头角

1. 体育领域

体育领域主要有如下人员:①陈连宏:中华职棒选手,西拉雅族;②陈金锋:中华职棒选手,西拉雅族;③王建民:旅美职棒选手,西拉雅族;④陈义信:前中华职棒选手,阿美族;⑤陈镛基:旅美棒球选手,阿美族;⑥古金水:前田径选手,阿美族;⑦郭源治:前旅日职棒投手,阿美族;⑧黄忠义:中华职棒总教练,阿美族;⑨林英杰:旅日棒球选手,阿美族;⑩林智胜:中华职棒选手,阿美族;⑪曹锦辉:旅美棒球选手,阿美族;⑫杨传广:前田径选手,1960年罗马奥运会男子十项全能银牌,阿美族;⑬阳建福:中华职棒选手,阿美族;⑭阳仲寿:旅日职棒选手,阿美族;⑮余贤明:中华职棒选手,布农族;⑯张泰山:中华职棒选手,阿美族;⑰增菘玮:旅美棒球选手,阿美族;⑱郑兆行:中华职棒选手,阿美族;⑲石志伟:中华职棒选手,邹族。

2. 政治领域

政治领域主要有以下人员:①华加志,前省议员、前“立法委员”、前“行政院”原住民族委员会主委,排湾族;②简东明,“立法委员”,排湾族;③陈建年,前“行政院”原住民族委员会主委,卑南族;④浦忠成,前“行政院”原住民族委员会副主委,台湾史前文化博物馆馆长,邹族;⑤夷将·拔路儿,前“行政院”原住民族委员会主委,阿美族;⑥高金素梅,“立法委员”,泰雅族1/2混血(父亲为外省族群);⑦孙大川,前“行政院”原住民族委员会主委,卑南族;⑧瓦历斯贝林,前“立法委员”、前“行政院”原住民族委员会主委,阿美族;⑨陈莹,“立法委员”,卑南族;⑩林江义,现任“行政院”原住民族委员会主委,阿美族;⑪郑天财,“立法委员”,阿美族;⑫孔文吉,“立法委员”,赛德克族;⑬廖国栋,“立法委

员”,阿美族。

3. 表演领域

由于原住民先天拥有一副好嗓音,所以在演艺圈崭露头角的知名表演者或音乐人不少,简要介绍部分比较著名的人员如下:①言承旭,演员,有 1/2 泰雅族血统;②周渝民,有 1/4 泰雅族血统;③徐若瑄,具有泰雅族血统;④温岚,歌手,有泰雅族的血统;⑤梁文音,歌手,有 1/2 的泰雅族血统;⑥王宏恩,歌手,布农族;⑦高胜美,女歌手,布农族;⑧秀兰玛雅,女歌手,有 1/2 布农族血统;⑨汤兰花,女歌手,邹族;⑩沈文程,男歌手,鲁凯族;⑪布拉瑞扬·帕格勒法,现代舞编舞家,排湾族;⑫施孝荣,歌手,排湾族;⑬动力火车,尤秋兴与颜志琳的合唱团体,排湾族;⑭戴爱玲,歌手,排湾族;⑮胡德夫,歌手,排湾族;⑯曾淑勤,歌手,排湾族;⑰叶玮庭,歌手,排湾族;⑱民雄,影、歌、主持三栖艺人,排湾族;⑲张惠妹,歌手,卑南族;⑳吕建忠,男歌手,阿美族;㉑张震岳,男歌手,阿美族;㉒卢静子,女歌手,阿美族;㉓罗志祥,知名艺人,歌手,母亲是阿美族;㉔宋少卿,知名艺人,阿美族;㉕李泰祥,知名作曲家,阿美族;㉖萧敬腾,歌手,有 1/2 阿美族血统;㉗范逸臣,男歌手、演员,阿美族;㉘阿蜜丝女孩,《中国好声音》选手,阿美族。

五、平埔族的正名运动

平埔族人的族群意识在觉醒,如近些年来该族人在如火如荼地恢复各项祭典活动,推动正名运动,截至目前,正名运动获得成功的有如下一些。

(一)凯达格兰族

(1)据考证,现今台北许多地名为凯达格兰族语音译而成,例如大龙峒、北投、唭哩岸、八里、秀朗、艋舺等,甚至连钓鱼岛之名也是源于解作“跳板”意思的“钓依达阿”。

(2)1996 年 3 月 21 日,时任台北市市长陈水扁为彰显本土化特色取原住民族群凯达格兰族之名,将台湾领导人办公室前的介寿路改名为凯达格兰大道(简称凯道)。

(二)西拉雅族人

台南县政府在 2005 年认定西拉雅族为“县定原住民族群族”;2010 年台南市政府认定西拉雅族为“台南市定原住民族群”(曾经向台湾最高行政机构申请正名被驳回)。

(三)举办平埔族群正名高峰会

台南市政府于 2015 年 8 月 15 日下午在成功大学举办了“平埔族群正名高峰会”,共有 11 个平埔族群(巴布萨族、洪雅族、凯达格兰族、巴布拉族、巴宰族、猴猴族、西拉雅族、道卡斯族、雷朗族、马卡道族、安雅族)数百人参加,与会人员希望通过政治解决正名问题。

参考文献

[1] 台湾"行政院"原住民族群委员会官网.
[2] 陈国强，叶文程，吴绵吉. 闽台考古[M]. 厦门：厦门大学出版社，1993.
[3] 刘益昌. 台湾的考古遗址[M]. 台北：台北县立文化中心，1992.
[4] 连横. 台湾通史[M]. 北京：商务印书馆，2010.
[5] 余文仪，黄佾纂. 台湾省续修台湾府志[M]. 台北：成文出版社，1991.
[6] 卫惠林. 台湾土著族的源流与分类[C]. 台湾丛谈，台北：幼狮文化事业公司，1997.
[7] 林惠祥. 台湾番族之原始文化[M]. 上海：商务印书馆，1930.

作者简介：

叶传财，男，1956 年出生，台湾省屏东县人。毕业于厦门大学，管理学博士，现为广西外国语学院国际会计学院副教授。主要研究方向：财务管理，投资研究，台湾原住民族群研究。

（审稿：李春醒）

台湾与大陆南方民族女性始祖神话的比较

广西外国语学院文学院　石　媚　杨　东

摘要：在当今神话学研究中，普遍认为神话起源于人类社会野蛮期的低级阶段，即母系社会的繁荣期阶段，由此其反映的神话多以自然和女性为核心。女性的生殖功能以及母系社会催生的影响力使她们成为创世神话中不可或缺的一部分，这一点在南方民族女性始祖神话中尤为突出，但在台湾地区的创世神话中却没有过多的体现。南方少数民族与台湾地区的女性始祖文化在形象描述、母性特征及部分情节上存在相似之处，但在女神创世、女神造人、女神地位、女神配偶等方面存在大量不同，这也反映出大陆南方民族与台湾地区在民族文化上的交流与各自的发展。

关键词：始祖神话　台湾女性始祖神话　与大陆南方女性始祖神话的比较

一、台湾女性始祖神话简述

关于人类起源的说法有很多，不同的民族有不同的人类起源神话，其中女性始祖神话是一大特色。但据目前神话学研究的学者们的收集与考证，在台湾地区却鲜有关于女性始祖神话的传说或记录。

台湾地区的人类起源神话中很多是自然生人神话。其类别主要有如石生人、水生人、蛋生人、竹生人等。那个时期的起源神话，大多是描述自然世界万物孕育出人类，然后人类再逐步发展，形成人类社会文明。这些神话情节较为简单，思想十分单纯、质朴。随着人类文明的进步，人们进一步了解了自然生育现象，女性生人观念兴起，自然生人神话慢慢发展为感生神话（或称贞洁受孕神话、图腾受孕传说、孕育图腾主义）。在这一类神话中，某一女性在身体触及某种如水、风、树等的自然物之后，便会怀孕生子，此后人类得以繁衍，生生不息，使女性受孕的仍旧是自然之物，而在其中作为受孕体的女性便是人类始祖。这类神话虽然为数不多，但却有非凡的意义。如在《神话与鬼话——台湾原住民神话故事比较研究》一书中就收录了这样一个故事。

从前有只蜘蛛玩泥土，并将泥土推成圆团，后来泥团突然站起成了一个女人，那时便开始有了人类。女人想要怀孕，她去山上吹风，结果生下了一个女儿。后来女儿也去山上吹风，也生下女儿，但却一直没有男人。直到有一天，女人们去吹风的时候突然来了一只怪物，大家纷纷逃跑，只有一个傻子没有逃开，那个傻子被怪物摸遍全身上下，偶然间摸到女子的阴户，于是女子便生下了男孩，从那以后，人类便有了男人和女人。

这个布农神话的发展几乎与自然生人神话的发展相吻合，从最初单纯的泥土生人到以女性为母体，吹风受孕从而衍生繁殖出人类，从自然生人发展为女性受孕生人。虽然两者是融合在同一个神话之中的，但我们可以从中看到，人类的自主意识在不断地进步。

在这些台湾地区人类起源神话中所出现的女性始祖们，都有一个共同点，就是在她们的形象描绘上都很简单甚至缺失，有很多是连名字都没有的平凡女性。仅有几个是赋予了女性始祖名字的神话。如雅美族从竹子中生出来的二女神，其从地上捡来石头夹于腋下，有石头便生出许多男女，从而有了雅美族。在雅美族这一神话中，女性始祖有了自己的姓名，不但如此，这位女性始祖还是一位女神，这一类不用依附于男人而单独生出人类的女神在台湾地区的创世神话中是少之又少。不同于大陆南方地区如广西壮族神话中的米洛甲创世女神、瑶族的密洛陀女神这般，即便是在之后结构情节都相对成型的台湾人类起源神话中，有比较好的形象体现的创世女性始祖都是很少见的。

台湾地区的女性始祖神话在台湾众多的始祖神话中仅仅占有很小一部分，更多的是男性和女性共同结合而衍生的人类文明，而在仅有的一小部分女性始祖神话中，对于女性始祖的描述更是微不可查。即便如此，我们依旧可以从中找出台湾地区创世女性始祖与大陆创世女性始祖的一些相似之处，以及两者的区别。

二、大陆南方民族与台湾地区女性始祖神话比较

无论是大陆南方民族的女性始祖神话还是台湾地区的女性始祖神话，都是中国几千年来所承袭的传统文化的重要组成部分。将两者进行比较，有助于我们以后更好地梳理中华各民族在女性始祖神话方面的文学脉络。经过对这两者的分析，我们可以更深入地了解各民族的文学在发展的过程中是否相互产生影响，从而促进中国民族文学的进一步发展。

（一）南方少数民族的女性始祖文化与台湾地区相似

在大陆南方民族的始祖神话中，女性始祖往往深得人们的青睐，如广西壮族的米洛甲女神、瑶族的密洛陀女神、苗族的女神蝴蝶妈妈以及侗族的女神萨天巴等。南方民族的女性始祖神话丰富多彩，天马行空，充满丰富的想象和联想，有较为完善的情节结构。就大陆南方民族与台湾地区女性始祖神话而言，其中存在一些相通之处。

首先，两岸女神神话对女性始祖的形象描述都较为简单。如在《中国少数民族神话选》一书中关于瑶族创世女神密洛陀的故事。

几万年前，密洛陀用师父的雨帽造成天，用师父的两只手和两只脚做四条柱，顶着天的四角，用师父的身体做大柱撑着中间，天地就造成了。接着她就造大河、小河，造花草树木，造鱼虾和猪马牛羊……

在这一段叙述之后，便进入了密洛陀女神的详细造人过程，其间并没有涉及任何关于女神外貌形象的描述，只能根据书中关于密洛陀动作、神态等方面的描写进行模糊的想象。同样的，在台湾地区，女性始祖的形象刻画也与大陆如出一辙，对于女神的出场，并没有什么言语，最多就是描写其出现时的大致形象，犹如逆光而察，只能判断人物轮廓而已。如台湾雅美族创世神话中的女神，仅仅说到“太古时期出现一个女神，右手握石头，左手握

竹子”。

究其原因，在原始社会阶段，人们的生产力水平有限，对自然的认识更是处于一种幼稚阶段。面对庞然未知的自然世界，人们往往借助丰富的想象去描述、解释。正如马克思所说的：“借助想象力以征服自然力，支配自然力，把自然力加以形象化。”但是人的想象会因为现实因素而受到一定的阻碍，在人们所拥有的认知度中，还没有办法把从未见过的创世女神具象化。因此黑格尔认为，最初级、最原始的象征型艺术，其所想要表现的理念(神力、永恒等)往往是飘忽不定、无法定形的。同时可以设想，原始人类还无法像今天这样通过书籍等媒介统一人们的思想和对女神形象的认知，但是他们却可以想象出女神们创世时的动作行为。因此，在这一时期的创世神话中，不论是南方少数民族还是台湾地区，都是侧重对故事情节的描写，弱化具体形象。

其次，有研究者认为，大陆南方民族女神神话体现出浓厚的母性特征。诸如密洛陀、米洛甲等孕育出人类的女性始祖们，在她们身上无一不显示出母性温和柔美的光辉。这一点在台湾女神神话中也有体现。如在台湾阿美族神话中，母神(太阳神)见人间有难，遣其子下界传授“各种作物及耕作法、播粟之顺序及巫术”。按照考古界的说法，台湾土著居民大多是从大陆迁移过去的，虽然已经经过了较长时间的演变，但是她们身上原始的集体人的烙印却一直传承至今，如南方少数民族神话中的女性始祖。两者虽然没有相似的样貌或共同的血缘亲族，但在共同的文化影响之下，都被奉为民族的瑰宝，是独一无二的精神品格。

最后，大陆南方民族和台湾女神神话有部分情节相似。比如台湾神话和大陆南方民族神话中都存在大量的兄妹婚母题的神话，又如对“因风感孕”的描写：“泰雅族、排湾族、布农族还传说，远古住民都是女人，她们到山崖、屋顶，叉开双腿，让风吹进阴部就会怀孕。”这样的情节与广西壮族米洛甲神话极为相似。广西壮族米洛甲神话中称米洛甲“只要赤身露体地爬到高山上，让风一吹，就可以怀孕”。因为台湾原住民究其根本仍旧是从大陆南方迁往，因此，其存在一些情节上的共性就是可以理解的事情了。

（二）南方少数民族女性始祖神话与台湾地区的不同

南方少数民族神话和台湾地区的神话细究起来还是有诸多不同的。首先，在自然地理因素方面就会产生比较大的差异，而在之后的流传中又受到战乱、自然灾害、政治、人类迁移等因素的影响，不免有了不同之处。加之不同民族在历史发展中所形成的本民族所特有抽象思维等思想观念使得人们在流传中加入自我的主观因素，久而久之差异渐渐扩大。

1. 女性始祖是否创造了宇宙天地

数量繁多、想象丰富的南方少数民族女性始祖神话中所描写的女神，大都独立完成了“开天辟地”的任务。如瑶族的密洛陀，以师父的雨帽造天，四肢做支柱并以身体撑于中间，这样便形成了天地，随后她又造了山川河流等世间万物；再如布依族生天地、生天亮并在夜间生出太阳和月亮的女神翁戛；还有广西壮族神话中吹一口气从而生出天空，但因天小地大而将地边缝封起来，但在收线时不小心扯皱地面而产生了高山河流等万物的女神米洛甲；以及侗族造了天、造了地、造了火球并孕育了天地自然万物的女神萨天巴……这一类开辟性的创世女神神话在南方少数民族神话中不胜枚举，传颂至今。

但是在台湾地区经过研究者收集的神话中，这一类神话却相当少。李福清认为，台湾原住民大概只有邹族与阿美族有描写神话时代各种活动（如创世、造万物）的神话，而阿美族的创世者 Roparagaw 和邹族 Nivenu 都没有明确为女性。女神往往出现于已经有了宇宙天地万物，但却还没有人类的状态；或者说，台湾神话中的女性始祖大多本来就是"被造"的产物，失去了密洛陀、米洛甲的权威性特征。此类神话中所描写的女性始祖都跳过了对宇宙天地万物的探索开辟，直接开始关于人类的孕育行为。如在高山族的神话传说中，一女子在河中拿到一条木棒，随后便怀孕产下一男婴；又如布农族神话中由土变人，人又经过吹风受孕而开始孕育人类的描述。泰雅族的来源是为了追寻太阳来到台湾的两兄妹，排湾族的祖先是太阳在"茶卡包根"降下的红白二卵所孵出的男女二神，鲁凯族神话中的第一个女性是太阳与壶所生之蛋。即使与"创世"略有关系的阿美族神话，也只是说在未有天地之时，出现了男神 Marejap，女神 Maswan，他们婚后的子女传承中出现了太阳和月亮，对于其他世间万物的出现则漠不关心。可见，在现有的台湾地区的女性始祖神话中，往往选择性地遗忘了解释天地宇宙万物的来源，只叙述女性如何与男性一起孕育了人类。

其原因有可能是因为以下几点。其一，原有神话传承的丧失。设若原本就有创世神话，但是在早期的迁移和发展过程中遗失了，流传至今的神话多半是后来形成的。其二，在神话传承过程中，被选择性忽略了。随着人类生产的发展，时代也发生了变迁。李福清曾指出，在台湾原住民中，男人比女人更多地保持了口头文学传统，女性很少有可以讲一些故事的，相信这多少也影响了台湾女神神话的存续。于是那些女性始祖神话经过一次次的整理和被保管，之后被社会主流所忽略，便渐渐难觅其踪。其三，对于宇宙起始的神话，涉及一个民族的世界观，这是抽象思维能力获得发展之后的产物，并不是在神话一出现时就必然具备的。因此，也许在原始民族迁移到台湾之后，失去了各民族间在神话上互相交流、探索的土壤，神话并未获得更深层次的发展，因此创世神话迟迟未能出现。

2. 女性始祖在造人方式上的差异

在南方少数民族女性始祖神话中，有各式各样的造人方式，但是有很大一部分的神话以蜂蜜或者泥土造人，如瑶族的密洛陀女神在经过无数次的试验之后，用蜜蜂和蜜蜂窝造出了人类，让他们过上男耕女织的生活；广西壮族米洛甲女神捏土造人从而产生人类的神话；而在台湾地区的相关神话中，女性在造人时多是借助外物的触发（如竹生人、石生人、感风受孕、感水受孕）或与男性一起孕育出人类。这是由于不同的民族之间对世间万物的认识的不同而形成的。在原始社会时期，中国南方少数民族大部分是以山为邻、傍水而居的，受客观地理环境等影响，他们想象中的女神造人这一行为也会依照本民族的特色而进行，所以不可避免地借用本民族所独有或崇拜的事物，甚至是图腾。如苗族蝴蝶妈妈的神话，至今，蝴蝶都是苗族人心中神圣而不可侵犯的事物，这也与长久以来流传下来的神话息息相关。因此，就形成了女神们五花八门的造人方式。

3. 女性始祖地位的差异

在南方少数民族女性始祖神话中，女性不仅有自己的名字，更是被奉为女神。她们开天辟地、哺育万物，有着不可否定的功绩，大多具有无上的地位（虽然米洛甲等创世女神的地位逐渐被布洛陀这样的男性神所取代了)。反之,在台湾地区,这些创世女性始祖大多默默无闻,她们往往不会得到像南方少数民族神话中的女神们那般的至尊地位,甚至往往不如自己所孕育的英雄儿子更受人们尊敬。直至十几万年后的今天,在南方少数民族还有关于女性创世始祖的一些特色节日。比如,农历5月29日是瑶族一年中最盛大的节日——"达努节",相传这一天是瑶族创世女神密洛陀的生日。这种类型的节日在台湾地区却很少见。

或许在早期,台湾女神的地位还是比较高的,因为其与太阳崇拜有关。在台湾神话中,太阳为女性,月亮为男性。《台湾土著社会传说》载:"在天地开创之前,有神明Lopalanau最为伟大,他把天地撑开,又命其姊为太阳神,其女为月神。"张崇根认为,"台湾少数民族的太阳神话,当与大陆东夷族人的太阳崇拜有一定的联系。如东夷人以太昊、少昊为先祖,昊即太阳。考古学家认为,卜辞中的'东母'即太阳,可见东夷人亦以太阳为女性。"但是随着生产力的进步,原始的太阳崇拜逐渐褪色,也影响了女性始祖在神话中的地位。

当前在台湾地区影响比较大的女神文化为妈祖文化。妈祖是流传于中国沿海地区的汉族民间信仰,肇于宋、成于元、兴于明、盛于清、繁荣于近现代,体现了汉族海洋文化的一种特质。妈祖文化与女性创世始祖文化有着本质的区别。女性创世始祖文化是在原始社会时期人类在面对未知的宇宙万物时所形成的一种解释性的神话,有很强的幻想性。而妈祖文化存在某个人物原型,并不是凭空捏造的人物形象。妈祖信仰是由民间传说的历史化与神化而形成的信仰,其盛行的封建社会距离创世女神所产生的原始社会已经有数千年之久,因此妈祖也基本不承载如创世女神神话那样对于世界起源、人类起源的思索,而仅仅是保护神的性质。大陆南方创世女神与妈祖,这两者虽然都对人类有至高的恩泽,但却并不是同一类神话。

4. 女性始祖的配偶问题

在南方少数民族神话中,女性始祖多为天地间独立生出的女神,在神话故事中,人们往往赋予了她们无上的权力,她们可以通过捏泥人等方式直接造出人类,而不是借助于男人。如广西壮族的密洛陀女神以及苗族的蝴蝶妈妈等形象,因此在南方少数民族女神神话中,往往并不需要一个相对应的男神。如果说后来男神逐渐参与到创世、造人中,那也是神话在历史中的不断变迁。

但是在台湾地区的女性始祖神话或者是感孕生人,或者是与其他男性始祖结合而孕育出人类,在这类神话中女性往往没有太高的地位,只是男性的附庸品与帮助者。值得注意的是,在台湾原住民神话中,有大量论及兄妹婚的神话,这一类神话往往以高山部落、洪水暴发等为背景,世界上只剩兄妹二人,进而催生了兄妹婚型洪水神话。例如,阿美族一则神话中说:在马兰社南方的山上有男女二神,他们生下六个子女。洪水泛滥的时候,一对兄妹因为乘着木臼而幸存。已经没有其他人类,兄妹只好结为夫妇。没想却生下一些蛇、蜥蝎、青蛙、乌龟之类的动物。太阳神教导他们祭祀、祈祷的方法,之后兄妹就生下了俊美优秀的子女。这就是阿美族各社的祖先。

在这则神话中,遭遇洪水泛滥的兄妹俩因乘着木臼而幸免于难,为使人类这一种族得以延续,他们决定结为夫妇,虽然之后在繁殖人类的问题上面临了一些困难,但最后的结果都是繁衍了至今生生不息的人类。在“兄妹型”洪水神话中,女性始祖配偶不再是某一位男神或某一个陌生男性,而是女性始祖的兄长。但无论如何,女性始祖在繁殖人类的过程中所扮演的角色依然只是男性的附庸者或帮助者。

三、结语

中国大陆南方少数民族神话很大程度上受到了汉族神话的冲击,如密洛陀女神、米洛甲女神等神话,它们在造人方式、工具或者开天辟地的描述中都有一定的相似度,一般认为,在南方女神神话形成过程中,受到了汉族女娲神话的影响。在发生文化冲突时,南方少数民族思想观念受到影响,将两种神话进行整理、互补,形成了广泛的大陆南方女神神话系统。而台湾岛自与大陆板块分离,其长期处于孤岛状态,在这种隔绝状态下台湾地区的神话呈现出一种相对滞后性,因而台湾地区的神话呈现出与大陆南方神话系统所不同的面貌。

从主观方面分析,台湾地区女性始祖神话尤其是女性创世神话稀少的原因是长期以来台湾地区男性作为主体地位的影响力。人类学家泰勒曾说:“各民族的早期历史,或多或少是由那些在文字出现之前从祖先那里靠记忆传下来的传说组成的……但是,文字还没有普及全球,还存在这样一些民族:这些民族的历史仅仅由祖先传下来的传说组成。”台湾原住民便是这样一个民族,他们的民族历史有很大一部分因为没有文字记载从而依靠这些神话传说。因而几千年来在男权文化引导下,在一次次的口口相传中,女性形象这一类神话逐渐被弱化并慢慢沉寂。而中国南方少数民族的神话虽然也经历了很长一段历史时期,但其起源在早期没有因为战争或自然灾害的影响而发生大规模的迁移,因而保存得较为完善,而在之后的文化碰撞中又较好地吸收了汉文化以丰富自己本民族的文化,故而大量丰富多彩的神话故事流传至今。总的来说,女性始祖神话是中国几千年来承袭的传统文化的重要组成部分,女神神话影响着台湾以及大陆南方民族的生存方式和民族心理,其研究意义是重大的。

参考文献

[1] 李福清(B. Riftin). 神话与鬼话——台湾原住民神话故事比较研究[M]. 北京:社会科学文献出版社,2001.

[2] 谷德明. 中国少数民族神话选[J]. 西北民族学院研究所,1984:105.

[3] 马克思. 马克思恩格斯选集(第二卷)[M]. 北京:人民出版社,1995.

[4] 郑尤. 汉族女娲神话与南方民族女神神话比较研究[D]. 武汉:中南民族大学,2008.

[5] 陈国均. 台湾土著始祖传说[M]. 台北:东方文化书局,1976.

[6] 张崇根. 台湾少数民族的神话与传说[J]. 中南民族学院学报:哲学社会科学版,1994(01):53-57.

[7] 蓝鸿恩. 广西民间文学散论[M]. 南宁:广西人民出版社,1981.

[8] 爱德华·泰勒. 人类学:人及其文化研究[M]. 连树声,译. 桂林:广西师范大学出版社,2004.

作者简介：

(1) 石媚，女，1996年出生，广西南宁市人。广西外国语学院2014级汉语言文学1班学生。主要研究方向：美学，文艺理论。

(2) 杨东，男，1982年出生，新疆维吾尔自治区库尔勒市人.哲学硕士，广西外国语学院文学院教师。主要研究方向：生态美学，文艺理论。

（审稿：李春醒）

桂台艺术交流合作的回顾与展望研究

广西外国语学院艺术学院　刘建伟

摘要：本文对广西与台湾的艺术交流合作发展历程进行研究，对桂台几十年来的艺术交流合作进行回顾，探索台湾艺术发展的优势与劣势、广西艺术发展的强项和弱点，并对桂台艺术交流与合作进行展望，指出桂台艺术资源优势互补，交流合作前景广阔；桂台艺术和技术应取长补短，交流合作大有可为。

关键词：广西与台湾　艺术交流合作　回顾及展望

在国家和地方政府的大力推动和政策支持下，广西与台湾的经济往来飞速发展，文化领域的交流也日益频繁。如何充分、有效地利用天时、地利、人和来推动和发展桂台艺术交流，是发展艺术文化产业进程中面临的一个重要课题。本文在这方面作了一些探讨和研究如下。

一、台湾及广西的艺术发展概况

（一）台湾艺术发展的优势与劣势

台湾地区经济发展速度较快，社会文化结构随着时代不断发展，呈现出多姿多彩的变化。艺术作为台湾社会环境的重要组成部分，一直受到台湾相关部门的重视，专门设置了艺术管理部门——文化建设委员会，来进行台湾艺术的推进。

长期以来，台湾在艺术方面的发展一直讲求加强艺术文化建设，推展艺术活动，鼓励艺术创作，意在提高民众生活品质及促进民众的身心健全发展。而且台湾由于地理位置的优势，较易接受西方文化思想的影响，所以艺术发展也呈现出西方化，顺应时代潮流。但是台湾的艺术发展也尊重民族艺术，将民族与西方文化相结合，所以台湾艺术的发展呈现出民族的特色。而且台湾对于艺术人才的培养非常注重，培养了一大批优秀的艺术人才。台湾对于艺术方面的学术研究工作非常注重，各种艺术类的出版物应接不暇，台湾的艺术发展在民间有着雄厚的基础，而且政府非常支持艺术的发展，有着很好的国际艺术交流的自由空间，很多艺术国际交流活动经常在台湾举行，台湾本地还举行了很多本土艺术活动，如各种画廊、音乐会、戏剧节、舞蹈比赛等，这些艺术活动都有着广泛的群众基础，受到官方和群众支持，开展情况非常乐观，有着很好的普及性与广泛性。

台湾艺术发展具有优势的同时，也存在一些劣势。台湾的艺术发展博采众长，所以非常繁杂，一味地注重吸纳其他地区或者国家的艺术，而忽视了对于本土艺术的关注，有些台湾本土的民俗艺术和艺人被人们淡忘。很多外来的艺术被广泛传播，但是当地优秀的艺术得不到有效的宣传和传承。这些问题阻碍了台湾的艺术发展。

（二）广西艺术发展的强项和弱点

广西地理位置优越，是少数民族的集聚地，所以民族艺术多彩多样，具有古老艺术与现代艺术结合的特点。广西地区各民族之间的歌舞乐丰富多彩，是人们生活不可或缺的一部分。广西艺术的发展有着独特的文化优势和地理优势。尤其是独特的城市风景为艺术作品的创作提供了丰富的素材与艺术源泉。

广西政府非常支持艺术的发展。多年来，政府通过各种途径推广了广西艺术文化品牌——“漓江画派”，把打造“漓江画派”文化品牌列为广西继文学、戏剧、音乐、舞蹈之后的第五个文化发展战略和建设富裕、文明、和谐新广西的重要内容。广西非常注重文化艺术间的交流，所以各类艺术品层出不穷，书画展和书画艺术产业园的建立，对于加强和推进书画作品的艺术培训和人才培养非常重要，广西非常注重并积极促进工艺美术品和书画作品产业链的形成，打造广西艺术品牌。随着西部大开发的开展，广西的艺术发展提高到了更高的层次，取得了累累硕果，打造出了许多属于广西特色的艺术品牌。

但是广西艺术在发展的同时也存在一些问题。由于广西地理位置较为偏远，所以很多民俗文化并不能被人们所了解，有些地方的民俗文化随着人员的流失与村庄的合并，慢慢就被人们所遗忘。有的地方太过局限于保留，认为自己的民俗文化只能自己人知道，忽视了对外传播，导致民俗文化封闭，不为其他人所知道。而且不同地区对于民俗艺术文化的认识不同，有的支持，有的不支持，所以广西的民俗文化艺术发展的层次参差不齐，整体水平有待提高。虽然广西政府有很多规章制度用来发展民俗艺术文化，但是这些规章制度制定出来之后，却执行不到位，所以效果并不理想。由这些问题可看出，广西的艺术发展还有很大的提升空间。

二、桂台艺术交流合作回顾

20 世纪 70 年代末中国大陆改革开放前由于两岸隔离，桂台无法开展包括艺术在内的各种交流与合作。改革开放后进入 80 年代初期，桂台艺术开始出现交流合作，进入 21 世纪以后，桂台的艺术交流与合作越来越深入，交流活动频繁，合作内容丰富，交流合作形式多样，桂台艺术文化交流合作深入发展。多年来，双方优秀的影视、歌舞、民族民俗文化、美术、书法、摄影艺术作品相互展演，新闻出版、影视传媒、特色民俗文化交流内容不断丰富。

2009 年首届桂台书画艺术交流会在广西南宁市举行，数十位台湾与广西的书画家进行了书画艺术交流观摩，并一同挥毫泼墨，切磋技艺，互赠佳作。台桂文化交流活动，对于促进两岸文化交流、加强民间沟通具有重要意义。广西文学艺术联合会先后组织了“2009 · 台湾—广西漓江画派精品展”“广西 · 花莲美术、书法作品展”，随广西经贸文化代表团与台湾文艺界进行了交流，签订了合作交流协议书，取得了丰硕的交流成果。相信以文化艺术沟通为纽带，促进其他各方面的沟通和合作，可以使得两岸关系更融洽、更密切。

2010年桂台文化交流活动于7月在台湾台北隆重举行，两地艺术家共200余人参加了活动，进行了广泛交流。广西赴台艺术家们还到台湾的东部花莲实地进行采风考察等活动，一些台湾画廊来到广西进行艺术品收购，还在台湾南部的高雄市举办了两岸名家的书画交流展，在摄影艺术方面也进行了一系列的交流。此次活动为海峡两岸文化艺术进一步交流架起了友谊的桥梁，得到了两岸艺术家共同的赞誉和认可。艺术家们切磋技艺，增进友谊，期盼未来，为实现中华文化艺术常态化交流奠定了基础。

之后双边的文化艺术交流越来越密切。例如，2011年广西艺术品收藏协会考察团一行赴台与台湾美术、收藏界知名人士欢聚，畅谈艺术创作心得，探讨桂台两地书画艺术和珠宝玉石收藏品的特点、风格及合作前景。又如，2012年开展的桂台书画艺术文化交流活动以及陶瓷艺术的交流合作，也为桂台艺术交流做出了巨大贡献。再如，在"2013年桂台经贸文化合作论坛"上，广西艺术院校与台湾高校双边签订了学术合作协议，并表示将本着"优势互补，平等互利"的原则，在教育教学、科学研究、教师互访等方面展开积极与深入的合作，为人才培养机制提供制度保障和支持。

为了加强桂台的艺术交流合作，2014年开展了桂台少数民族艺术交流周活动，由台湾花莲县、苗栗县50人组成的参访团来到"中国茉莉之乡"广西南宁市横县开展文化艺术交流活动。台湾参访团还在南宁市参观了广西民族博物馆，与广西少数民族学生交流，并到南宁市隆安县体验壮族稻作文化，与当地"那之韵"群众艺术团进行互动，感受壮族民间民俗文化，进行艺术上的交流沟通。交流会对促进海峡两岸文化艺术的深度交流与融合具有重要的意义，极大地增进了两岸人民的友谊，使两岸人民携手发展、共促和谐。

为了弘扬中华民族传统优秀文化，促进桂台文化艺术深入交流，2015年应花莲县书画协会及民间友人之邀，《江山如画——梁荣中教授作品展》在台湾花莲县文化美术馆举办。开展两地艺术交流周活动可以增进桂台之间的艺术了解，成为桂台结交友谊的平台。广西的特色文化艺术值得借鉴和学习。两岸各族青少年进一步加强互动往来，为传承中华优秀民族文化出力。为了促进桂台两地的少年儿童进行艺术交流，提高少年儿童的艺术水平，广西北海市海城区第二小学与台湾花莲县宜昌小学联合举办了桂台两地音乐交流活动，涉及舞蹈、书法、歌词等艺术类别，促进了两地学校的全面发展，为培养全面发展的少年儿童打下了坚实基础，也为两地之间的艺术交流与理解起到了促进作用。

近些年来，桂台交往持续增温，两地艺术交流周定期举行，各艺术领域如舞蹈、音乐、绘画等，合作进一步深入，这种现象的产生是两地彼此艺术发展的需要，正是由于两地的艺术合作与发展，推动了彼此的艺术发展。

三、桂台艺术交流与合作展望

（一）桂台艺术资源优势互补，交流合作前景广阔

台湾和广西有着很好的艺术资源优势可以进行互补，具有很好的交流合作前景。广西的民族特色艺术、台湾的国际艺术发展上的优势，将民族的艺术发展为国际上的艺术，会大大提高艺术的影响力。建设展示交易平台，如中国-台湾博览会，举办美术作品产业

论坛、优秀美术作品巡展和交易会等活动，高起点搭建广西艺术市场与境外及国际交流合作平台。广西相关文化部门还可以与其他国内外、境内外相关组织合作开展“民族特色书画行、工艺美术文化行”巡展活动，汇聚广西优秀的精美艺术品，开展展览、销售、洽谈、拍卖活动，共同开发艺术品市场、美术工艺市场和消费市场，不断探讨广西艺术市场的发展战略。重点加强与台湾的艺术文化产业合作，让广西的艺术市场成为出口基地、产品和服务贸易与中介服务中心的市场平台，并且利用区域优势，引进台湾的优秀艺术入驻区内，对美术作品产业进行投资、发展，为艺术市场注入更多的活力和因素。桂台艺术在很多方面的资源完全可以优势互补，交流合作前景非常广阔。事实证明，改革开放以来进入广西开展艺术交流的许多台商都尝到了甜头或取得了实效。开发两地的艺术资源，利用对方优势来弥补自己的劣势，使合作交流更有价值。随着时代的不断进步，对于艺术的需要日益增多，桂台之间的艺术交流合作前景非常广阔。

（二）桂台艺术取长补短，大有可为

艺术作品的优化和精品化是激发艺术市场生命力及活力的有效手段。一方面，桂台艺术要取长补短，规范市场秩序，提供便利和鼓励政策，引进台湾大师级艺术人才，在艺术市场中的鉴定、交易、展览、拍卖等环节层层把关，为艺术品特别是艺术精品走向市场创造一个良好的环境。另一方面，要积极引导广西本土艺术家走向台湾市场。不仅要倡导“文化搭台、经济唱戏”，也要积极促进“经济搭台、文化唱戏”，引导台湾的艺术家特别是名家认识到广西市场的前景，积极参与广西的“文化唱戏”。艺术经纪人具备雄厚的经济实力、丰富的艺术品投资知识和经验以及高超的市场运作能力，因此，只有大力培养艺术经纪人，才能够将艺术交流进行更深层次的拓展。积极支持桂台两大画派的发展，以具有民族特色和影响力的文化活动为载体，以本土名家和名作为支撑，可以大大地推动桂台艺术市场的发展。桂台的艺术在很多方面可以取长补短，前景大有可为。

（三）桂台艺术交流合作产品市场广大，前途宽广

应当建设良好的艺术市场交流条件。广西和台湾的政府都要加大力度开展大众审美和艺术教育，提高民众的审美水平和艺术消费意识，这是决定双方交流艺术市场未来发展的关键。要用积极科学的政策引导桂台艺术市场，营造出一个各个主体能够公平进入、平等竞争的良好氛围，在政策上为艺术投资和收藏主体提供金融、税收等优惠便利。同时，要建立成熟的艺术批评体系，推动从业人员的专业化，提高其职业素养。桂台政府之间要对艺术制度建设加以保障，政府要切实落实广西文化产业规划，根据广西艺术品产业市场特点和台湾的艺术文化消费趋势，制定适应桂台艺术品市场发展的政策规划，突出特点，推动桂台美术作品全面、协调发展，搭建有利于桂台艺术文化产业发展的平台，促进桂台艺术市场的跨越式发展。桂台艺术可进一步加强交流合作、拓宽艺术发展道路，前途十分宽广。

（四）深化与创新桂台艺术交流

桂台艺术交流有了一定的基础，需要考虑如何在艺术交流上进行深化与创新。要认真思考谋划，充分发挥艺术文化的亲和力、感召力和凝聚力，努力寻求交汇点和共同点，才

能让桂台艺术交流之路更宽广。

1. 深入基层,认真筛选、保护和开发符合艺术交流需要的艺术文化资源

广西是少数民族自治区,各民族都有自己的习俗和节日,艺术文化资源浩如烟海,而这些文化资源又多扎根于基层民间。因此,要有重点、有针对性地结合艺术交流的实际需要,深入各市、县、乡镇,筛选出健康向上、有较强吸引力、易于在民众中产生共鸣的艺术文化资源。通过对艺术文化的挖掘、整理和研究,丰富民族艺术历史文化内涵,打造一批有影响力、有民族特色的文化品牌。

2. 扶持与引导并重,鼓励民间团体和人士参与桂台艺术交流

艺术文化的活力和动力在民间,一方面要靠民间艺人传承,另一方面要靠普通民众的喜爱来延续。搭建桂台艺术交流平台,使交流真正取得成效,就要鼓励和支持有一定规模和实力、愿意投入交流的民间团体或者有交流意愿和能力的民间人士参与到交流中。而政府有关部门应加强引导和牵线搭桥,视交流的具体情况和需要,给予一定资金或物质扶持,还要对参与交流的人员进行相关的培训,使桂台两地艺术交流更趋多样化。

3. 结合旅游开发,推动两地艺术交流常态化

古朴淳厚、丰富多彩的民族民俗文化往往与优美的自然风光结合在一起,把艺术文化保护与旅游开发有机地结合起来,可以唤醒人们对其价值的重新认识,有利于艺术传统文化的保护和传承。广西应在坚持以保护为重点的前提下,深入挖掘、整理、开发艺术文化旅游资源,让其成为桂台艺术交流的良好平台。

总而言之,桂台艺术交流是一个长期的过程,举办的各种艺术交流活动都为双方的艺术提升做出了巨大的贡献,在交流中取长补短,共同发展,在新起点上加强交流合作,增进友好往来,传承民族文化,共创美好明天。相信在桂台两地艺术人士和政府的努力之下,未来桂台的艺术交流将会越来越好。

参考文献

[1] 陈振强. CAFTA 背景下广西艺术市场发展策略[J]. 美术教育研究,2014(09).

[2] 陈俞志. 广西当代绘画的发展现状研究[D]. 桂林:广西师范大学,2014.

[3] 潘晔. 科学发展,打造广西艺术人才培养高地[N]. 广西日报,2009 年 9 月 5 日.

[4] 唐慕妮. 广西民间艺术产业化发展的初探[J]. 大众文艺,2014(01).

[5] 冯伯阳,李焕星,周绍斌. 台湾艺术近十年发展概况[J]. 艺圃(吉林艺术学院学报),1994(04).

[6] 武定宇. 中国台湾公共艺术的发展与现状[J]. 雕塑,2012(01).

[7] 张屹. 台湾地区数位艺术产业的发展路径探析[J]. 南昌航空大学学报:社会科学版,2015(03).

[8] 陈籽晴. 探索台湾本土艺术走向[D]. 南京:南京艺术学院,2009.

作者简介:

刘建伟,男,1987 年出生,山东省菏泽市人。本科,艺术学学士,毕业于广西大学舞蹈学专业,现为广西外国语学院艺术学院教师。主要研究方向:民族文化艺术,民族民间舞蹈、古典舞蹈等。

(审稿:叶传财)

广西民俗文化艺术与台湾民俗文化艺术的异同点研究

广西外国语学院艺术学院　麦　俊

摘要：民俗文化艺术作为桂台两地的特色，有着相同的历史基础与不同的区域特点，两地对民俗文化艺术的重视与创新，对于桂台两地的借鉴与互补有很好的参考意义。本文对广西与台湾的文化艺术异同点进行了分析对比，发现广西的民俗艺术文化资源丰富，但是相对发展比较迟缓。台湾的民族文化艺术发展较好，但是资源较欠缺。两地之间的民俗文化艺术有的相同，也有的不同，本文的探索为两地的民俗文化交流提供一些理论基础。

关键词：广西与台湾　民俗文化艺术　异同点研究

民俗文化艺术是一个地区特色的艺术形式，有着非常浓郁的民族特色。广西和台湾作为民俗文化非常丰富的地区，在各自民俗文化艺术的开发与重视上有着很多的共同点。两岸民俗文化艺术同根同源，但在发展过程中逐步出现某些不同点。如何探索异同点，更好地发展桂台两地的民俗文化艺术，值得我们研究。

一、广西与台湾民俗文化艺术的相同点

（一）桂台两地丰富的民俗文化艺术底蕴

广西和台湾在民俗文化艺术上都有着丰富的底蕴。广西地处西南地区，是少数民族的集聚地，民族艺术多彩多样，具有古老艺术与现代艺术结合的特点。民俗文化艺术代代相传，来自于人民日常生活之中，是通过一代代人自然传承，保留了最天然的艺术魅力。台湾作为一个岛屿，非常注重民俗文化艺术的发展，加上人们对自然的感悟、对生命的追寻，把来源于生活的具体表现进行了最原汁原味的保存，对于生命的充分感悟都通过民族文化艺术进行充分的表现。民俗文化是广西与台湾各民族中最原始的记忆，是所有舞台表演艺术的源泉，是人们感情的抒发、情感的体会。丰富的民俗文化艺术底蕴是桂台文化艺术的共同点，因为两者之间的民俗文化都是在长期的积累之中才保留下来，不断地丰富的，使民族文化艺术源远流长。

（二）桂台两地注重优秀的民俗文化艺术保护和人才培养

广西与台湾的民俗文化都得到了注重与保护，政府的支持，许许多多优秀的民俗文化

艺术家的努力,使得优秀的传统民俗文化得以延续。台湾当局举行各种民俗文化活动,如画展、音乐会、戏剧节、舞蹈比赛等,这些艺术活动都有着广泛的群众基础,受到官方和群众的支持,开展非常活跃,有着很好的普及性与广泛性。广西政府则通过各种途径推广广西的民俗文化艺术,打造出了画展、文学写作、戏剧、音乐、舞蹈等一系列的民俗文化活动。

广西和台湾都非常注重民俗文化传承人才的培养,一批批优秀民俗文化艺术传承离不开各方面人士的共同努力。在各种民俗文化艺术节中涌现出了一批批优秀的人才,对于民俗文化艺人的奖励与鼓舞,使更多的人愿意投身到民俗文化艺术的传承与保护之中。

(三)桂台两地注重民俗文化艺术的精神价值与民族宗教的传承

民俗文化艺术是民族风格的再现,深深地植根于民族文化中,是各民族人民在日常的生产、生活、宗教信仰上酝酿的结晶,是人们呈现对生命的尊重、神灵的敬爱、精神价值的诉求。广西与台湾在民俗文化艺术的传承中非常注重对精神价值的传承。民俗文化艺术是一种美的表现形式,其中蕴含着人们对艺术的追求,对中华民族文化的继承与创新,在广西与台湾民俗文化传承的过程中可以看到民族精神文化的传承和发展。而且可以发现民俗文化艺术中有很多宗教的特征,在传承民俗文化艺术时,广西和台湾都把宗教对于艺术的影响,以及由民俗文化所带来的宗教性体验的探索放在首位。民俗文化是广大人民的精神文化与艺术文化的集合,是民族灵魂与精神的完美结合。通过民间艺术的呈现,其中的民族风味和历史韵味都是重要的组成元素,随着社会的发展,民俗文化艺术中的精神价值与民族宗教也得到了传承。

(四)桂台民俗文化艺术具有极强的民族认同感

虽然广西与台湾的地理位置不同,但对各自和相互的民俗文化艺术,都具有极强的民族认同感。两地都热衷于自己的民族文化艺术,由于更多地受到本民族文化的熏陶,具有更强的民族意识和民族认同感,具有更纯的民族感情。一个民族在长期的认识自然和改造自然的过程中必然形成一个民族独特的思维方式和信仰。而民族语言、民族的礼仪习惯、民族的风俗正是思维方式和信仰的载体,是思维方式和信仰传承和传播的媒介。民俗文化艺术在发展过程中受到民族认同感的影响,使最原始的民族文化艺术得以保存。民俗文化来源于人们的生活,是人们在生活之中情感的抒发,所以在民俗文化中可以看到人们生活的浓缩,还有生产活动的缩写。民俗文化是建立在人们的日常生活基础上的,以群众的审美为主要目的的民间艺术形式,是人们劳动和生活的表现形式,人们通过民俗文化,将对于劳动的赞美、生活的赞美以及美好的情感充分展示。所以民俗文化中民族认同感是极其重要的。

(五)桂台民俗文化艺术具有丰富的德育资源

一代代艺人们在传承民俗文化艺术时,也将自己的内心情感与精神寄托在民俗艺术当中,这其中蕴含着丰富的德育资源,这些德育资源已经深深地汇集到民俗文化之中,融入了社会百姓的日常生活之中,在艺人、群众的头脑中深深地扎下了根。桂台民俗文化艺术中的德育资源本身散发着独特的魅力,在当前的精神文明建设中起到了重要的作用,在社会主义道德建设上具有独特的意义。在推广民俗文化艺术时,要抓住其中蕴含的德育资源,将艺术与德育相结合,使具有价值意义的民俗文化能够不断发展,并不被人所遗忘,只有充分利用民俗文化中的德育资源,才能够更好地推动民俗文化发展。

二、广西与台湾民俗文化艺术的区别

(一)广西民俗文化艺术历史悠久,台湾民俗文化艺术丰富多彩

广西古属百越大地,是一个多民族聚居地,民俗文化艺术绚丽多彩,有着丰富的历史。远至春秋战国时期,就有广西的民俗文化艺术。随着社会的变迁,历史的沉淀,岁月的洗礼,广西各族人民创造了丰富的民族文化艺术,人们代代相传,在不断前进的历史之中,民俗文化得以传承,经过历史的冲刷与检验,推动广西的民俗文化艺术蓬勃发展。

台湾具有丰富、多元的历史背景,所以台湾的民俗文化艺术丰富多彩。台湾发展的过程中包括了原住民、早期中国大陆闽南和客家移民、荷兰人、西班牙人、日本人和近期的中国大陆移民。台湾的居民十分注重传统文化的保存,并逐渐培育出新的文化;同时,在台湾可以看到原住民的本土文化以及中国的传统文化,还可以看到荷兰、西班牙、日本等殖民者所留下的历史遗迹。在原先本土民族文化的基础上,加入了后来的殖民文化,这些因素不断地填充到台湾的民俗文化之中,所以台湾民俗文化极为丰富多彩。

(二)广西民俗文化艺术注重传统,台湾民俗文化艺术注重创新

广西民俗文化对于自己传统的民族艺术注重传承,将少数民族本身的特色进行艺术呈现,其中民俗文化是整个艺术的表现点,是对传统民俗文化艺术的充分展示。用最直接的表演形式将历史上的民俗文化进行传承,传统的保护留下了独特的艺术魅力。在研究广西的民俗文化艺术中,我们可以看到最传统、最原始的民族文化艺术的积累。例如,将少数民族的人文特色进行展现,其中离不开民族文化的融会贯通。我们可以看到位于南疆广西的少数民族丰富的历史文化艺术的渊源,给观众呈现出原汁原味的民间文化,是少数民族人民生活进行最真实的还原。对于大自然的崇敬与热爱,将最具有民族风情的艺术文化通过演员的表演进行展现,将豪放的民族人文历史加入表演之中。可见,广西的民俗文化虽然传统但是极具号召力与感染力。

长期以来,台湾在艺术方面的发展一直讲求加强艺术文化建设,推展艺术活动,鼓励艺术创作,意在提高民众生活品质及促进民众的身心健全发展。台湾由于地理位置的优势,容易接受西方文化思想的影响,所以艺术发展也顺应时代潮流,呈现出西方化的某些特点。但台湾的艺术发展也很尊重民族艺术,将民族与西方文化相结合,所以台湾艺术的发展呈现出民族的特色。而且台湾非常注重艺术人才的培养,培育了一大批优秀的艺术人才。台湾非常注重艺术方面的学术研究工作,各种艺术类的出版物应接不暇。台湾民俗文化艺术注重创新,很多民俗文化在传承的时候都加上现代化的创新,通过情感上的真实体验,用观众的审美眼光进行新的表演与编排,人们在观看的时候不仅能够感受到原始的民俗文化感染力,还能够感受到现代化的艺术之美,将最自然的民俗文化艺术之美进行呈现。台湾在民俗文化艺术上注重将生命的活力展现在现代人的身上,是对优秀艺术文化的传承,其中还有对艺术的创新,从而引起人们的共鸣,将台湾民俗文化艺术进行创新

发展，使之更具有生命力。

（三）广西民俗文化艺术与台湾民俗文化艺术有着明显的地域性差异

广西与台湾对于民俗文化艺术都非常重视，但是由于地理位置不同，两者之间的民俗文化艺术有着非常明显的地域性差异。广西民俗文化艺术主要是原生态的民族艺术，很多艺术都是纯天然的，未加任何修饰的，在一代代人的传承中，没有进行太多的艺术加工。而台湾民俗文化艺术交流频繁，所以在交流之中，台湾民俗文化不断地创新，在保留原先经典的基础上，加入了很多创新元素，比如西方文化的引入对台湾民俗文化艺术就有着很大的影响。不难看出，不同的地域差别对桂台民俗文化艺术影响极大。

广西作为我国少数民族集聚的一个自治省份，有着不同的文化传统和风俗习惯。在广西有一句老话叫作“十里不同音”，其方言各具特色，不同民族有着不同的语言，而且每个地方都有自己特色的艺术，形成了独具特色的民俗文化艺术。

台湾位于岛屿之上，台湾的民俗文化艺术也在水乡之中诞生，多情的水儿总是伴随着多情的人儿，台湾儿女们由海水孕育，一首民间小调，一首渔歌对答，一支多情对唱，都是台湾人民最为喜爱、最好地表达自己感情的方式，比如歌仔戏。由于他们善于表达自己的感情，一首首经典的台湾情歌就是台湾人心情的绝佳表达。

（四）广西民俗文化艺术市场空间狭小，台湾民俗文化艺术市场空间较大

由于广西地理位置相对封闭，所以民俗文化艺术的市场相对较小，而且较为封闭；而台湾由于地理位置优越，所以民俗文化艺术市场空间大。虽然广西在民俗文化艺术上发展较晚，但发展速度迅猛，越来越多的人开始倾向于对民俗文化的关注，中国-东盟博览会、南宁国际民歌节、印象·刘三姐等大型活动更是掀起了文创产品需求的巨浪，因此广西的民俗文化艺术市场前景广阔。而台湾，民俗文化艺术发展至今，本地市场对民俗文化艺术的需求基本饱和，解决这个问题的途径一个是开发更新的产品，另一个则是寻找新的市场，恰好广西可以为台湾提供这一平台，两地合作将打开双赢的局面。市场空间的相互利用，可以更好地推进两地民俗文化艺术的发展。

三、广西与台湾民俗文化艺术的交流与传承

桂台两地的民俗文化艺术都是民族文化的经典传承，在对比之后，我们要认识到民俗文化艺术的重要性与关键性，注重保护与传承。桂台两地的民俗文化艺术是自古流传下来的一笔重要的物质与精神财富，更是一笔有待于我们去开发、利用、保护、传承的巨大资源。在民俗文化艺术发展的历史源流中，孕育了一代代民俗文化艺术艺人，桂台民俗文化艺术也随着历史的前进而前进，影响着中华民俗文化艺术，将中华传统文化积淀起来，使之成为我们华夏民族文化历史上最为璀璨的一颗明珠。作为我国珍贵的民族民间文化遗产，民俗文化艺术具有重要的历史文化价值、学术研究价值和社会功能价值。在一代代艺人的传播之中，更多的人开始参与到民俗文化艺术之中，为民俗文化艺术的交流、传播和

发扬做出贡献。台湾可以吸收广西优秀的民俗文化艺术资源，广西则可以引进台湾高端的文化艺术人才。广西还可以利用台湾的资金优势，大力发展民俗文化艺术产业；台湾可以利用广西的资源优势，创造出更多、更优秀的民俗文化艺术产品。桂台之间进行交流合作，对于双方的民俗文化艺术都有着很好的促进作用。

世界上没有一成不变的东西，万事万物都有自身的发展、变化过程。社会在发展，时代在变化，民俗文化艺术也在变化。要使民俗文化艺术始终保持最初的状态只能是一种奢望。保护桂台两地的民俗文化艺术，修建建筑进行"圈存"保护，也只是"鱼缸养鱼"，生命力不会长久，最终会走向消亡。不将保护和发展相结合，片面地采取保护措施，是不能够最终保全民俗文化艺术的。所以，桂台两地在进行民俗文化艺术交流的同时也要注重创新发展，只有在继承传统优秀民俗文化艺术的基础上，才能够创新。桂台两地的发展凝聚着历史、文化与艺术，经过一代代的传承并将其内容丰富、发展和创新。在桂台两地的民俗文化艺术中可以看到各种各样丰富多彩的艺术形式，其内容积极向上，艺术形式具有美感，艺术语言丰富且风格鲜明，角色形象有特点。随着社会的发展，民俗文化艺术的形式与内容不断变化，然而它在人们心目中的地位却始终没有变。桂台两地的民俗文化艺术在历史文化长河之中经久不衰，得以继承和发展。

总之，广西与台湾的民俗文化艺术都有着各自的特点，也有着共同点，在民俗文化艺术交流日益频繁丰富的当今，需要取长补短，相互借鉴优势，弥补劣势，大力发展创新，把桂台两地的民俗文化艺术发扬光大，将优秀的民族艺术传承。我们在继承传统民俗文化艺术的同时也要创新与发展，这样才能保证传统文化的生命力。当前，全球化经济文化快速发展，中国文化的发展既面临着机遇，也面临着挑战。桂台两地的民俗文化艺术要想在传承中保留需要得到世界的认同，我们要抓住机遇，面对挑战，将桂台两地的民俗文化艺术经典传承的艺术形式推广至全世界。

参考文献

[1] 江汉英.地方民俗艺术资源的教育价值与实现——以广西民俗艺术课程资源建设为例[J].学理论，2013(21)：293-294.

[2] 李文杰.文化产业视域下民俗艺术再生产探析[J].作家，2014(18).

[3] 帅伟，钱卿.中国民俗艺术的传承及政府支持[J].民族艺术研究，2013(04).

[4] 李建平.发展桂台文化交流与产业合作新途径[J].沿海企业与科技，2012(11).

[5] 苏超艳，李月明，黄淑娇.桂台文化创意产业现状与合作机会分析[J].商，2015(02)：259-260.

[6] 黄桂秋.民俗资源与民俗旅游文化产业开发——桂台民俗事像开发利用交流考察若干思考[J].广西师范学院学报：哲学社会科学版，2012，33(01)：1-6.

作者简介：

麦俊，1992年出生，广西玉林市博白县人。本科，文学学士，毕业于广西艺术学院音乐教育学院教育方向，现为广西外国语学院艺术学院教师。主要研究方向：中国民族民间舞蹈文化，音乐舞蹈美学。

（审稿：叶传财）

浅析台湾综艺节目主持风格对广西本土综艺节目的借鉴作用

广西外国语学院艺术学院　夏一诺

摘要：台湾的电视综艺节目发展至今已有40多年，从最初的单一节目发展到如今的鼎盛时期，得到无数人的追捧，台湾综艺节目一路走来，无论是节目的形式、主持方式、舞台设计、前期策划还是后期制作都有了较大提升，其中有很多经验是值得我们学习和借鉴的。本文就台湾综艺节目发展的现状进行研究分析，并就如何借鉴其经验来提高广西本土综艺节目收视率提出了相关建议。

关键词：台湾综艺节目　广西综艺节目　借鉴

综艺节目是最重要的电视节目类型之一，其作为一种纯娱乐性的电视节目形式，包含了很多性质的演出，比如音乐和搞笑类节目等。根据朱羽君教授的定义，电视娱乐节目是"通过一定的中介形式和大众参与，在相互交流中形成一种娱乐氛围的节目形态"。意思是，电视娱乐节目是以趣味性取胜的电视节目，除了新闻类节目和生活服务类节目之外，以消遣为目的的，包含了演播现场、游戏、竞赛、文艺表演、轻松话题的谈话为内容的电视节目，是综艺节目发展的新形式，较之传统综艺节目，它具有更纯粹的娱乐性、游戏性、消遣性、商业性和大众性。随着两岸文化交流的日益加深，台湾的综艺节目如雨后春笋般出现在大陆的电视节目上，并且受到大陆观众的欢迎。台湾的电视综艺节目发展至今已有40多年，从最初的单一节目发展到如今的鼎盛时期，得到无数人的追捧。台湾综艺节目一路走来，无论是节目的形式、主持方式、舞台设计、前期策划还是后期制作都有较高的水平，这些经验是很值得广西地方各个电视台去借鉴和学习的。

一、台湾综艺节目近十年概况

纵观台湾近十年的综艺节目发展，从《我猜我猜我猜猜》《超级星光大道》《康熙来了》《娱乐百分百》《大学生了没》到《国光帮帮忙》等，这些综艺节目不仅风靡了台湾南北，也吹向了大陆，给大陆的电视节目带来了一股"新风"。根据台湾东森网络投票显示，《康熙来了》以67.05%的支持度当选了台湾"最受欢迎的综艺节目"，是台湾收视率最好的综艺节目，这阵"康熙风"也刮到了内地，在中国大陆，《康熙来了》的网络视频在网络上也赚得了超高点击率。《康熙来了》是由台湾中天综合电视播出的一档娱乐性质的语言谈话类节目，这个节目因为大胆的尺度、无厘头的搞笑获得了观众们的阵阵笑声，也得到了观众们的认可。每个地方的综艺节目都体现了每个地方的特色，融合了当地的风俗民情，台湾的这些综艺节目为何能受到这么多观众的追捧？有什么样的魔力让不同年龄段的人群每周期待同一时间并愿意花费几十分钟对着电脑捧腹大笑？《康熙来了》之所以有得到海峡两岸那么多观众的认可，笔者以为原因有三点。

（一）主持人的主持风格有特色和魅力

《康熙来了》的火爆可谓是持续性的，说它是影响一代人"三观"的节目都不为过。在《康熙来了》大行其道的时候，几乎每个年轻人都能说出几句小S徐熙娣的成名句，几乎每个年轻人都曾巴巴地等待过《康熙来了》的更新，更有甚者说没看过《康熙来了》的人都缺失了一个时代。《康熙来了》是由徐熙娣、蔡康永两个主持人的名字当中各选取一个字组成的，乍一看还以为是哪部古代宫廷戏要开播了，看了才知道和戏剧八竿子打不到一起，原来《康熙来了》和《康熙王朝》电视剧相比较，前者是一个充满了戏谑的、不甚严肃的电视综艺节目。而《康熙来了》之所以会这么火，与两个主持人的搭配相得益彰有很大的关系。徐熙娣个性独特，有时候"恬不知耻"的无厘头搞怪让人们笑得前仰后合，而蔡康永原本是一个作者，出过书，在节目当中时而睿智的语言总能给予观众一定的思考，这样的一张一合、一松一紧，恰恰是这个节目的独到之处，不会因为放得太开，让受众觉得没有营养。一个完全没有内涵的节目无法真正走进观众们的内心，无法得到长久的支持。同时也不会因为都是"心灵鸡汤"太过于严肃，让观众觉得很无趣。试想一下，学生们经过了一天老师在课堂上严肃的教学，青年工作者在工作当中受到了同事、领导的业务轰炸，回到家中打开电视、电脑，出现的还是类似说教的心灵鸡汤，大脑是会疲累的，这时候的观众只需要一些轻松的语言、无厘头的搞笑来疏解一天的疲惫。而第二天醒来的时候还能回想昨晚的节目，还能从中得到某些启示，不致觉得白白浪费了时间，于是等到同一时间，又按时关注节目，这就是这个节目由主持人的主持风格衍生出来的魅力。

（二）主持人说话艺术的后现代化风格引人入胜

电视节目从发展至今，大多数的节目主持人都是作为一个"说者"存在的，形式单一、主持古板，但相对于普通的新闻传播而言又缺乏正规性与严肃性。例如，某些广西本土综艺节目，在节目策划之初，已经由编导和节目制作人定好了节目的风格和走向，甚至把主持稿也写好了，在这个节目中，主持人在哪个流程应该说什么、怎么说已经由框框条条定好了，这时候的主持人在节目中的作用就只是一个背着稿子的传播者。一个节目至少四十分钟，试想，有多少受众愿意用将近一个小时的时间看着台上的主持人背稿子呢？现今，随着电视节目风格发展的多样化，观众们只能欣赏节目的播出形式已过时，节目只凭着主持人穿着华丽的服装在台上担任新闻播音员的年代已经过去。一个节目中只有主持人有着深厚的人文知识，凭着"三寸不烂"之舌能够在节目中旁征博引，才能得到受众们的好评。《康熙来了》的受众大多数是青少年，20 世纪 90 年代，受到国际潮流的影响，年轻人主张张扬个性、解放思想，喜欢标新立异。在台湾的社会文化背景下，在台湾的电视节目中，主持人通常可以无拘无束地表达自己心中的看法。以《康熙来了》两位主持人说话风格为例，徐熙娣在节目当中是“无厘头”的担当，常常调侃到节目来的来宾，例如问连战“你的内裤是什么颜色?”、调侃身材好的男来宾“我可以摸你的胸吗”等这些低级、搞笑的言语，这些也是因为台湾自由开放的社会文化氛围得以接受主持人这种说话艺术，所以《康熙来了》这个节目大胆开放、戏谑搞笑，充满了生活化(闽南语)的语言，而当时大陆的节目，都是以基本的新闻、正式谈话类节目为主，缺乏趣味性，所以受众偏好稀少的、语言犀利而形式新颖的综艺节目是大势所趋。

现在爱奇艺网独家制作的《奇葩说》和《偶滴歌神啊》两个网络节目，这两个节目同是由爱奇艺网站独家制作的语言辩论类网络节目。《奇葩说》由之前在央视担任主持人的马东主持。由两位在说话艺术上很有资历的明星担任导师，高晓松因主持《晓松奇谈》被广大观众熟知，也因其犀利的语言得到观众们的叫好声；蔡康永之前是《康熙来了》的主持人，出过书，在台湾小有名气，其出版的《蔡康永的说话之道》成为大陆的畅销书，同时也因为公开了自己男同性恋身份而名声大噪，得到了社会上“同志”的认可与支持。有着两位重量级导师的加盟给《奇葩说》带来了活力，纵观《奇葩说》整个节目，节目编导与制作人只是既定了一个大方向，选手的言论自由，每期选手都能够爆出金句。蔡康永曾经说过，之前的语言类节目之所以现在走向没落，究其原因是太注重形式感，观众开始往更好处追求，主持人讲得好不好，有没有讲进观众们的内心，至关重要。《奇葩说》的走红，靠的是台上选手们的语言智商与情商，她们知道观众的需求，也会利用情商结合自身的特点把观众的需求呈现出来。而《偶滴歌神啊》这个节目是由谢娜主持的一栏“非大型、不靠谱、伪音乐、纯网综”节目，谢娜因为《快乐大本营》被大家熟知，以其搞怪、欢乐的形象得到大家的喜爱，而在《偶滴歌神啊》这个节目中，谢娜的这种性格更加发挥得淋漓尽致，整个节目下来毫无章法可言，但是整个节目却加入了推理、无厘头表演、戏剧等多种形式，主持人自由发挥，突破了大陆传统节目的束缚，衍生出了很多网络新词，也让观众接触了一个新词——纯网综，还让观众了解到了“纯网综”具有更富于创造性和无厘头的优势。

《北京大学生收视调查》中曾有一项调查显示：多数大学生对于电视节目的喜爱与电视节目的主持人息息相关，如果一档节目的主持人离开了该档节目，该节目将会有60%原有受众对该档节目兴趣消减。所以，比之电视节目的形式性、新颖性，主持人的主持风格更容易走入观众的内心。一档节目的核心在于主持人和该节目的风格，就是这档节目所要呈现出来的风格。有一个词说得特别符合电视节目的特点——风格即人。当下，每家每户都有电视和电脑，电视节目、娱乐综艺在我们生活中不可或缺，各种新的综艺节目如雨后春笋，那么多的电视节目如何在众多的节目中取胜，笔者觉得最重要的一点就是风格。电视节目的竞争也是风格的竞争，而风格的竞争究根结底就是人才的竞争。综艺娱乐节目的竞争也是一样，最终的目的，是让你“看得开心，看得爽”。

（三）节目单元环节的趣味性、影棚布景及主持人服饰大有看点

看过《康熙来了》的观众们都知道，两个电视节目主持人除了言辞犀利、大胆外，独特的服装品位、影棚的布置和充满了奇异风格的片头也是大看点。蔡康永的每期服装都会有很多大胆创新的装饰品，而《康熙来了》影棚的布置和节目片头的制作也交相辉映、相辅相成，都使用了手绘的动画风格，让人感觉轻松、愉悦；而节目单元环节的设计，例如“卸

妆”环节，满足了观众们的“猎奇”心理，看惯了那么多在舞台上光鲜亮丽的演员、模特，突然有机会一窥真假，好奇心得到了大大的满足，《康熙来了》也正是抓住了受众“猎奇”的心理，对症下药。以现在网络综艺节目的新起之秀《奇葩说》为例。《奇葩说》是一档由爱奇艺制作的脱口秀讲坛节目，其在形式上很大一部分借鉴了《康熙来了》的制作，又因为蔡康永的加盟，被网友戏称为“内地的《康熙来了》”。

二、广西本土综艺节目的主持风格应该如何借鉴台湾综艺节目

台湾这些综艺节目的成功，能带给广西本土节目什么样的经验？面对其众多特色广西本土节目应该如何取其精华？台湾的综艺节目对大陆的综艺节目有很大的影响，但是因为区域文化背景不同，我们不应该总是处于复制和模仿阶段，而应该把握优秀节目的核心理念，结合本土理念和收视习惯进行创意创新，对节目注入符合广西本地习俗和审美的内容，在模仿的同时也保留本土的文化，从而形成独特的节目风格。广西的综艺节目从无到有，到现在也有了一些发展得不错的综艺节目。从形式上来看，与台湾的综艺节目还是有很大的距离，广西本土的综艺节目在形式上比较单一，主持风格也相对严肃和古板。以《观点致胜》为例。《观点致胜》是由广西本土主持人盛阳和晏炜主持的一档语言类节目，由主持人组织自己的语言对当下的热点进行传达和分析。对于台湾综艺节目(《康熙来了》)的成功经验，广西的本土综艺《观点致胜》可以从中借鉴、学习，取其精华。

首先，作为综艺节目主持人，拥有丰富的文化知识、深厚的语言基础和随机应变的思维能力是基本要点，有了这些基本功才能更好地驾驭语言，更好地向观众传达节目的主题及中心思想，才能引起观众们的共鸣。虽说这些是基本点，但这也是广西当代主持人所欠缺的，建议可以借鉴《康熙来了》等台湾当红综艺节目里主持人的说话风格，在学习中形成自己独特的主持风格，而不是单纯地取悦观众。因为只有有个性和特点的风格，才能给节目注入活力，才能留住观众、走得更远。

其次，相对于台湾成功的综艺节目，广西本土综艺节目的片头和影棚设计显得粗制滥造，不精细。一个好的节目必须是所有的环节相辅相成、环环相扣才能吸引观众，从而增加受众。例如，大陆新秀网络节目《奇葩说》借鉴了台湾《康熙来了》的后期制作，节目当中有嘉宾被中伤就会出现身上被“箭插”的画面，嘉宾出现难堪就会出现“脸绿”的画面，这些都为节目增色不少。广西本土的综艺节目可以取其优势，结合本土的特色，制作出符合广西观众审美的效果。

最后，台湾的综艺节目虽然成功，但是因为台湾社会文化背景的关系总离不开一些诸如“素颜”“卸妆”“性暗示”等话题，如果生搬硬套，将不符合广西本土的文化背景，从观众的视角来看，不但没有耳目一新，反而会被误认为是节目内容粗俗低下，产生东施效颦的效果。所以，我们在借鉴台湾成功的综艺节目时，不单只是模仿表面的东西，毕竟画虎画皮难画骨，我们应该深入了解这个节目的精髓，结合我们当地的文化背景，做出具有当地特色和引人入胜的综艺节目。

参考文献

[1] 陈振.主持人节目策划艺术[M].北京：中国广播电视出版社，2003.

[2] 傅新春.台湾综艺节目之我见[J].东南传播，2005(z1).

[3] 李敬一.节目主持概论[M].武汉：华中科技大学出版社，2004.

[4] 陈佑荣.论电视娱乐化[J].当代传播，2006(03)：77-78.

[5] 沈国芳.中国传媒大趋势[M].成都：四川人民出版社，2003.

[6] 张静民.电视节目创作与编导[M].广州：暨南大学出版社，2004.

[7] 丛丽静.从娱乐时代看新媒介的发展[J].东南传播，2005(12)：22-23.

作者简介：

夏一诺，女，1990年出生，广西南宁市人。文学学士，毕业于广西艺术学院，现为广西外国语学院艺术学院教师。主要研究方向：广播电视新闻学，广播电视节目制作，电视节目策划，后期剪辑。

（审稿：李春醒）

两岸大事件新闻写作的比较研究

——以2010年桂台经贸文化论坛新闻报道为例

广西外国语学院文学院　贾　茜

摘要：

新闻记录当下，当新闻变成旧闻，它便成为历史的见证。从中，我们能够寻迹曾经发生的现场，曾经时尚的话语方式，曾经涌现的思潮，曾经引领时代的价值判断……可见，新闻作品本身是文化的一种形式。当风云过眼、尘埃落定，以文化的视角重温旧闻，就像临海拾贝——所见令人无限回味。以这样的视角来分析对比两岸关于桂台经贸文化论坛的新闻报道，能够凸显台湾报纸新闻作品的特色——注重细节、突出报道个性化，而这些特色，说明台湾新闻写作所指向的实质意义不是事件或人物本身，而是情怀。当然，两相比较，台湾新闻报道也有失于感性、编校不严等不及大陆新闻报道之处。

关键词：桂台经贸文化论坛　新闻作品　细节　个性化　情怀

由于文化和政治差异，台湾和大陆的新闻报道存在一些明显的不同。长期以来，这种区别被更多地关注在政治层面，而在非政治层面却被忽视。特别是在针对国际大事件（比如香港回归、中国加入 WTO、北京奥运会等）的新闻中，两岸的新闻写作难免出现的一种局面是：无法摆脱政治立场以及事件与自身立场的关联等因素，因而也就不具备明显的可比性。非政治层面主要是指写作技巧、突出内容、语言风格等方面。只有对两岸有着共赢意义的、本身就抛开政治成分的事件，才能凸显所谓"非政治层面"的可比性。可喜的是，这一点在台湾关于桂台合作这样一个在大陆媒体看来比较严肃（涉及领导与政治活动）的事件报道中体现了出来。

广西与台湾进行经贸文化方面的友好互动始于2005年。尤其是2010年《海峡两岸经济合作框架协议》（ECFA）签订之后，桂台经贸合作无论从订单金额、合作领域、涉及人员范围等各方面都有长足发展，桂台经贸文化合作不断走向务实。桂台经贸文化合作论坛成为每年桂台合作中的盛事，见证盛事也成了两岸新闻媒体呈现给两地民众的新闻盛宴。新闻见证历史，自2009年每届桂台经贸文化论坛在台湾举办以来，广西壮族自治区党委宣传部、自治区人民政府台湾事务办公室组织出版单位对两岸媒体相关新闻报道进行了精心编辑，形成记载盛事、见证友谊的新闻报道集。本人有幸参与了其中两届桂台经贸文化合作论坛新闻报道的编辑工作，在此过程中，对台湾新闻作品个性化与趣味性的风格特点感触良多。

新闻有性格，叙述显姿态。新闻记者、报刊活动家邹韬奋先生在1937年总结他的办报经验时说道："刊物内容如果只是'人云亦云'，格式如果只是'亦步亦趋'，那是刊物的尾巴主义，这种尾巴主义的刊物便无所谓个性或特色；没有个性或特色的刊物，生存已成为问题，发展更没有希望了。"①他在论述报刊与民众的关系问题时，尤其主张用"一团和气和诸位好朋友促膝谈心"②，用生动的事实、活泼的形式使读者在不知不觉中受到教育与熏陶，反对端起架子、板起面孔，以导师自居的姿态。邹先生的这两点主张，其共通之处在于为新闻报道注入鲜活的气息，从而对抗格式化、套话式的新闻敷衍。综观桂台合作论坛这一事件的两岸新闻报道，台湾媒体的报道凸显出个性化、人性化和突出细节的特点。

在个性化方面，台湾媒体比较倾向于用各自的语言来表述同一事件，突出个性化的表述，而不是追求叙述严整、多家媒体稍加改动地采用通稿或以权威媒体报道为口径或依据。以下是两个典型例子。

第一个例子，对 2010 年广西经贸代表团抵达台湾一事的报道，大陆多家媒体所采用的标题多是《广西经贸文化交流团抵台》③，内容相差不大，主要是事件背景、项目概况、人员抵达、领导会面、领导表示，内容比较泛泛。相较而言，台媒对此事的报道就体现出各自不同的关注点和兴趣点。比如，《联合报》报道题为《广西团来了，"台企门槛打掉了"》，不仅在较短的篇幅内涵盖了事件背景、人员抵达、领导会面等一般程序，而且对领导表态的引用并不是大段陈列，而是摘取自己的兴趣点，个性地表达。对国民党荣誉主席吴伯雄的表态，直接引用并强调的是"(ECFA)得来不易，要好好珍惜"，对广西方面领导的反应称为"很应景"。大陆媒体往往在篇末例数随行人员，而台湾媒体则更多关注行程及活动的独特意义。

第二个例子，2010 年 7 月广西经贸代表团访台期间，广西首期农民培训班在台中大甲农牧场正式开班，19 名来自广西各地的农业带头人作为"草根大使"在台湾开始了为期 10 天的学习，对此事的报道，《人民日报》拟题为《广西农民培训班台中开课》，中央电视台报道题为《桂台农业合作培训班启动》，《广西日报》报道题为《广西首次组织农民赴台学习交流》，广西人民广播电台的报道题为《学习台湾经验，做强广西农业》，叙述的顺序一般是，导语介绍开班概况(时间、地点、人物)；主体部分主要是事件的意义与领导讲话。而台湾《中国时报》对该事件题为《广西农民来台取经 培训班开课》的报道，除了包含以上内容，还体现了该报对广西农业的认知，并以此作为此次农民培训班的重要背景："广西是大陆著名的'糖都'，高度重视农业和农村经济发展，近年来大力发展农业优势产业；为提升水稻、花卉、水果等附加价值及发展大陆休闲农业，广西壮族自治区特组团来台进行交流培训。"④这段文字不仅提供了事件背景，而且体现了该报对广西农业的认知，也从侧面体现出此次活动的重要意义，是令读者增加认知的一处亮点。

在细节把握与趣味性方面，台湾媒体比较注重对细节的展现，并将其在标题中加以强调。比如，2010 年广西代表团一行在花莲县受到热情款待，宾主尽欢，在中评社采写的报

---

① 几个原则，穆欣．邹韬奋工作文集．北京：新华出版社，1985：274.

② 意中事．生活周刊，1927，2(25).

③ 人民日报、人民日报海外版、广西日报、广西人民广播电台、广西电视台等。

④ 中国时报，2010-07-05(A12).

道《东台湾热情澎湃 郭声琨干了好几杯》中，细节频显，现场感十足。

【中评社花莲7月3日电（记者 康子仁）】广西壮族自治区党委书记郭声琨昨天晚间抵达花莲，受到县长傅昆萁和夫人徐榛蔚热情欢迎，县政府在郭下榻的饭店席开12桌，宴请远道而来的广西嘉宾。席间傅昆萁不断劝酒，逐桌敬酒时更经常一饮而尽，热情的气氛也感染郭声琨，一连干了好几杯，全场宾主尽欢，气氛HIGH到最高点。

为了迎接广西团，傅昆萁把所有县府主管全都找来，还请花莲当地有头有脸人士，包括副县长蔡运煌、秘书长赖兴雄和县议长杨文值、副议长赖进坤等人作陪，给足郭声琨面子，傅昆萁相当热情好客，席间不断劝酒，还陪同郭逐桌敬酒。

傅昆萁看到远道而来的宾客相当高兴，充分表现出好客的本性逐一敬酒，所有在场的来宾都感受到他的热情，也体验到东台湾淳朴又好客的人情味。

类似的报道还有《牛肉面当道 台湾工商界欢宴郭声琨》等，也可见到在大陆媒体报道中难得见到的趣味性描述。

【中评社台北7月2日电（记者 俞敦和康子仁）】台湾世贸中心董事长王志刚、台湾工业总会理事长陈武雄，今日中午代表台湾工商企业界欢迎宴请广西壮族自治区党委书记郭声琨。王志刚特别表示，因为郭声琨行程紧凑，可能没时间去品尝美味的台湾小吃，因此午宴特别更改菜色，安排了牛肉面、肉丸等台湾特色小吃，请郭书记品尝。

郭声琨致辞时表示，来台湾前，就听过台湾小吃最有特色，来台湾必须要吃台湾小吃，感谢王董事长安排。王志刚回应："上次上海市市长韩正来时，特别喜欢吃牛肉面，吃完一碗还再要了一碗，如果郭书记胃口好，也可以多吃几碗。"

另外，台湾对桂台文化交流合作论坛这样一件有着严肃意义的大事的报道，也不乏娱乐轻松的气息，比如中评社的《桂台青年彰化交流 俊男美女超吸睛》《寻找刘三姐女主角车永莉亮眼吸睛》，在"广西广播电视展播周"这一大事件的报道中，对一名演员集中笔墨，且非常真实。

【中评社台北7月2日电（记者 康子仁）】广西壮族自治区党委书记郭声琨率领千人经贸文化访问团来台，昨天下午率先启动"广西广播电影电视展播周"，将在台推广广西电影《寻找刘三姐》，女主角车永莉也随团来到台北。她告诉记者，这回是第二次到台湾，对台湾印象最深刻的就是夜市。

担任《寻找刘三姐》的女主角，车永莉与小虎队"乖乖虎"苏有朋演对手戏。她表示，前年曾经到台湾参加金马奖，她觉得台湾"挺好的，特别像上海"，上回到台湾，曾经到过台北士林夜市和台中逢甲夜市，对于鲁肉饭、珍珠奶茶、烤鸡排等小吃印象特别深刻。

广西电影《寻找刘三姐》《清水的故事》预计将于3日、4日晚间在花莲客家民族会馆演艺堂上映，车永莉也会在3日现身，赠送广西特色绣球给现场观众。

同一事件新华社的稿件题为《"刘三姐"再访台湾三度"变身" 更加多姿》，报道角度是由《寻找刘三姐》切入，引出去年（即2009年）歌舞剧《刘三姐》访台在小巨蛋演出的盛况，以及展望广西有望与台湾合作《印象日月潭》的美好前景。广西电视台《点亮广西之美 广西广播电影电视展播周在台北开幕》主要介绍领导的出席与致辞情况、展播周的内容组成以及所促成的两岸广播影视合作项目等。广西人民广播电台的报道《和声 和气 和谐——郭声琨率广西经贸文化代表团参访台湾综述（中）》则是一带而过，与新华社、广西电视台的报道同样，并无细节。

同时，还在台北启动了广西广播电影电视活动周，分别在花莲县和高雄市演出广西歌舞剧《刘三姐》和童话杂技剧《快乐的小雪猫》，在台湾各地展播了三部电影、十部电视剧、十个广播节目……

类似的差别还能体现在台湾中评社《少数民族美少女亲征圆山桂台论坛》一文中。

【中评社台北7月2日电（记者　俞敦和倪鸿祥）】广西壮族自治区党委书记郭声琨这次访台，许多当地少数民族姑娘随同前来，她们在2010年桂台经贸文化合作论坛开幕会，换上传统服饰表演与接待宾客，展现少数民族美丽风情，让整个严肃的论坛会场顿时亮丽起来。

而大陆媒体相同事件的标题却不会如此娱乐化甚至不会提及。

相较于大陆媒体的报道，台湾新闻报道突出个性和细节的现象之原因可以作如下总结：一方面，各媒体不局限于“通稿”，纷纷寻找和挖掘符合各自媒体风格定位的兴趣点和亮点；另一方面，对关于党政重大活动的报道，“严肃”姿态看来没有成为“必须”。新闻学研究者陈力丹先生说：“相当多的新闻被看不见的权力（政治和意识形态的、经济的、传统文化的）——自动地剪裁（很多问题不必上面下指令，记者编辑习惯性地自动剪裁了）、化装，原汁原味的新闻很少。”[①]并指出影响新闻真实的情形包括“把新闻事实类型化”“媒体有意无意地对事实命名、定义”[②]等。从这一角度而言，台媒关于桂台经贸文化合作论坛的一系列报道在这方面显然做得更好。

基于以上比较，我们不禁追究这样一个问题：以上所列举两岸新闻写作侧重内容与视角的不同，实质上究竟说明了什么问题呢？我认为是突出事件还是突出情怀的区别。大陆的报道无疑是突出事件，而台湾对同一事件的报道则是以细节和个性化的角度渲染氛围，突出情怀。

虽然，台湾新闻报道比大陆新闻报道更突出细节、个性化视角和事件情怀，然而，这些优点同时也产生了一些弊端。

第一，新闻叙述的活泼自由似乎纵容了对编校规范的忽视。台湾媒体对于编校问题的严肃性方面略逊于大陆媒体，比如以上引文“为提升水稻、花卉、水果等附加价值及发展大陆休闲农业，广西壮族自治区特组团来台进行交流培训”中“为……发展大陆休闲农业”和“广西……特组团”在地域范畴上并不是目的与行为的对应关系，应改为“为……发展广西休闲农业”。又如，不少台湾媒体（包括报纸与通讯社、新闻网站）对参加活动重要领导的姓名多有谬误。2009年桂台经贸文化论坛系列活动中，不少媒体将时任广西壮族自治区主席马飚的名字写错，类似错误在大陆的媒体中是严格控制、绝不能出现的。

第二，大陆媒体从事件的大局意义的角度去衡量和裁剪事件，锻炼语言，报道更加稳妥、全面。这种相对理性的报道态度显然更经得起字斟句酌的推敲，也能避免对事件节外生枝的偏颇把握。

综上所述，台湾媒体的新闻报道因凸显媒体个性化和内容趣味性而显现出更加生动

① 陈力丹.解析中国新闻传播学.北京：人民日报出版社，2012：155.

② 陈力丹.解析中国新闻传播学.北京：人民日报出版社，2012：156.

鲜活的气息，这是值得大陆媒体吸收借鉴之处；另外，在事件裁夺、文稿编校上也存在欠严谨的现象。桂台文化交流的目的在于取长补短、携手共进，共同继承和发扬中华民族灿烂文明。新闻作品珍藏历史，也蕴藏真知，虽然过去的已经成为旧闻，但无论从文章艺术还是新闻认知的角度都值得我们细致钻研、仔细回味。

参考文献

[1] 广西台湾事务办公室.深化交流合作宝岛行[M].桂林：广西师范大学出版社，2011.

[2] 台湾联合报[N].2010年7月2日.

[3] 联合晚报[N].2010年7月2日.

[4] 中国时报[N].2010年7月2日.

[5] 王灿发.新闻作品评析教程[M].北京：中国传媒大学出版社，2007.

[6] 甘险峰.当代报纸编辑学[M].广州：中山大学出版社，2008.

[7] 台湾中评网.

[8] 丁淦林.中国新闻事业史[M].北京：高等教育出版社，2002.

[9] 陈力丹.解析中国新闻传播学[M].北京：人民日报出版社，2012.

作者简介：

贾茜，女，1980年出生，河北省廊坊市人，汉族。毕业于中央民族大学文学与新闻传播学院，中国古代文学硕士，曾任广西师范大学出版社编辑，现任广西外国语学院文学院讲师。主要研究方向：中国古代文学，新闻学。

（审稿：李春醒）

桂台新媒体与传统媒体融合发展初探

广西外国语学院文学院　莫涵蓓

摘要：广西与东盟国家相连接，对台湾具有巨大吸引力。台湾非常重视中国-东盟自由贸易区，台资企业可通过媒体利用广西渠道与东盟联通，使桂台合作有更大的发展空间。桂台媒体为此多次举办交流周活动，旨在促进双方了解、交流与合作，为深化桂台经贸文化交流合作提供舆论支持。本文从新媒体和传统媒体融合、桂台媒体交流合作状况、桂台两岸媒体融合发展三个方面对桂台新媒体与传统媒体融合发展方式进行初步的探索。

关键词：新媒体　传统媒体　融合发展　桂台合作

一、新媒体的产生、发展及与传统媒体融合的趋势

（一）新媒体的产生与发展

随着计算机、互联网、移动智能手机技术的迅猛发展和快速普及，"新媒体"正在极大地改变着人们生活的各个方面。何谓新媒体？"新"是相对"旧"而言的，较之于报刊、广播、电视等传统媒体而言，新媒体是借助于互联网、无线网、卫星等途径以计算机、手机、数字电视等作为载体传播信息的一种媒体形态。新媒体时代，也就是数字化媒体时代。正如清华大学熊澄宇教授指出的，"所谓新媒体，或称数字媒体、网络媒体，是建立在计算机信息处理技术和互联网基础之上，发送传播功能的媒介的总和。"其实关于新媒体的确切定义，业界和学界目前尚未达成共识。新媒体只是一个比较通俗的说法，更严谨的表述应为"数字化互动式新媒体"。新媒体还有一个别称叫作"新兴媒体"。

新媒体的概念最早出现在1967年，美国哥伦比亚广播电视网（CBS）技术研究所所长戈尔德马克在电视录像的形态计划中提出了这一概念。1994年4月20日，中国正式接入国际互联网，从此中国的互联网基础设施建设取得了飞速发展，为中国新闻媒体的网络化、电子化提供了有力的技术支持。近些年来，中国新媒体在国家的大力支持下，在全球格局中开放而活跃，在技术和基础设施方面的自主研发与创新能力进一步提升，互联网和手机用户持续激增，影响力巨大的微博、微信等基于移动互联网的App不断涌现，中国新媒体产业不断向纵深推进，不断发展壮大。

与传统媒体相比，新媒体具有及时性、便捷性、开放性、个性化、海量性、互动性、融合性等显著优势和特点。

（二）新媒体和传统媒体融合的趋势

依托互联网这一载体的新媒体自问世以来就受到人们的欢迎，也有着自身与传统媒体不同的优势和特点，这些特点更符合时代发展的方向和趋势。互联网的基本理念是平等、开放，充分体现互动和包容精神。毫无疑问，新媒体是未来媒体发展的重点。随着经济和科技的飞速发展，滚滚而来的新媒体浪潮不仅改变了传媒业本身，更全面深入政治、经济、科技、文化和人们生活中的各个领域。在信息产业飞速发展的大背景下，新媒体和传统媒体在内容、渠道和终端等环节都在加速融合，新旧媒体不是相互取代，而是相互借力、互为补充，共同为经济发展、社会进步做贡献。“新媒体对于已有媒体并不是简单的替代，而是对已有媒体的某一种媒介功能的补救和补偿，这是一种技术的融合。如果简单地将传统媒体与新媒体的关系界定为取代关系，显然是缺乏思考的，是一种优势地位遭到威胁后的自我保护反应。”

二、桂台媒体交流合作状况

（一）桂台媒体合作背景概述

在陈飞宝的《当代台湾媒体产业》中有这样的叙述：“2008 年 5 月之后，两岸经济关系出现历史性、突破性转折，大陆海协会、台湾海基会不但启动已停滞多年的两会会谈，通过两会进行八次谘商会谈，完成签署经济相关的 18 项协议，特别是 2010 年 6 月，两岸经济合作构架协议(ECFA)的完成签署，‘不但是两岸突破政治纠葛对立的新纪元，而且为两岸建立经济互动往来之量程碑’。”两岸经济关系在 ECFA 的推动下，已紧密联结，不可分割。

自 2009 年 12 月国务院颁布《国务院关于进一步促进广西经济社会发展的若干意见》以来，广西与台湾经贸文化交往日益密切，且保持良好势头，广西主要领导连续几年率团赴台考察，富士康、统一企业、康师傅、冠捷、台泥等一大批台资企业先后到广西投资发展，对广西经济社会发展做了很大贡献。“‘十二五’期间，桂台经贸合作成果丰硕，一大批重要合作项目‘落地开花’，台资连续多年成为广西利用境外资金的主要来源之一，桂台进出口贸易也成为广西外贸的重要组成部分。”

近些年来，桂台交流合作持续升温，每年到广西交流、参观、旅游的台湾同胞人数超过 80 万人次，广西赴台人数有 3 万多人次。国务院将广西定位为中南、西南开放发展新的战略支点，截至 2015 年，广西累计批准台商规模以上投资 1645 项，合同台资 99.7 亿美元，实际到位 51.61 亿美元，在大陆西部省区中名列前茅。从桂台合作前景看，北部湾经济区是连接东盟的桥头堡，是台湾同胞们投资的热土。

原中共广西壮族自治区党委常委、宣传部部长沈北海曾指出，广西开放发展的重点是面向港澳台，面向东盟。中国-东盟自由贸易区在世界各大区域中发展最活跃、最强劲，2013 年中国与东盟国家贸易额突破 4000 亿美元，到 2020 年将达到 10000 亿美元。中国与东盟合作将迎来“钻石十年”，大陆与东盟的商机也是台湾的商机，广西将打造更好的投资环境，欢迎更多台资企业前来投资发展。台湾的科技、农业、生态、文化等方面有值得广西借鉴之处，希望台湾媒体更多关注广西，宣传推介广西，桂台媒体常来常往，都是一家人。

（二）桂台媒体合作交流回顾

自2011年以来，广西已连续5年举办桂台媒体高管交流周，以新媒体交流为主题，两岸媒体代表每年9～10月在广西研讨交流一周。历届桂台媒体高管交流周活动回顾如下：

（1）2011年9月19日，以台北市报业公会理事长林圣芬为团长的台湾部分主流媒体高管代表团抵达广西，桂台媒体高管交流周活动正式启动。参加交流周活动的媒体有广西日报、广西人民广播电台、广西电视台及各市媒体管理人员，台湾"中国时报"、联合报、工商时报等台湾主流媒体高层管理人员。交流周期间，媒体代表团一行赴桂林、南宁、北海、钦州、崇左等市，参观采访广西经济社会发展、涉台经济园区建设、产业发展、台资企业发展、市政建设、人文景观等。

（2）2012年10月，桂台媒体高管交流周活动在桂林拉开帷幕。活动为期6天，参访团赴南宁、桂林、河池等市，参观河池日报、电台、电视台，与自治区和桂林、河池等市委宣传、文化、广电等部门，以及区市报社、电台、电视台高管代表座谈交流，深入广西北部、西部、南部，体验广西美丽山水和白裤瑶等少数民族风情文化、巴马县长寿文化，通过参访交流，畅谈观感，分享经验，增进了解与友谊，积累感情与共识，促进交流与合作，进一步建立健全双方沟通联络渠道与合作机制，为全面深化桂台两地交流合作的舆论支撑积累人脉，打下基础，创造条件。

（3）2013年9月22日，以台北市新闻记者公会秘书长、台湾联合晚报总编辑特别助理林全洲为团长的台湾媒体高管代表团抵达桂林，与广西桂林、贺州等市新闻文化部门代表和媒体高管代表亲切相聚，开展为期6天、以桂林山水文化和贺州客家文化联谊为主题的参访交流活动。

（4）2014年9月23日，由广西壮族自治区人民政府台湾事务办公室主办的2014年桂台媒体高管交流周活动正式启动，台湾中时媒体集团、联合报系、台湾"中央社"、TVBS、台中电台等媒体高管抵达南宁，与广西区直属媒体、崇左市媒体高管一道，开展为期5天的主题交流活动。该次桂台媒体高管交流周主题是"新媒体·新挑战·新机遇"，活动期间举行桂台媒体高管座谈会，桂台两地十余家主流媒体高管、新媒体业务部门负责人围绕新媒体的议题，深入交流、畅所欲言、互相借鉴，加强桂台两地新媒体领域交流合作。

（5）2015年9月9日，传统媒体与新媒体融合发展两岸研讨会在广西南宁举办。新华网、中新网、中时电子报、联合报联合线上公司、天下杂志等媒体代表介绍了各自媒体在传统媒体与新媒体融合发展方面的经验，关键评论网、风传媒、澎湃新闻、今日头条等新兴网络媒体介绍了自身运营的做法。广西日报、广西新闻网、广西人民广播电台、广西电视台等媒体做了交流发言。参会代表们针对"新媒体与传统媒体发展"这一主题畅所欲言，发表对新媒体在繁纷复杂的现实社会中作用地位的不同看法，各自媒体在新媒体与传统媒体融合方面的情况与前景展望，并探讨"互联网＋"时代新媒体与传统媒体如何融合发展，如何提升公信力、影响力和经营水平，分别发表了意见和建议，交流了从事媒体工作的体会和对相关问题的见解。双方媒体就新媒体与传统媒体融合发展作了许多有益的探讨，相互吸取了传统媒体与新媒体融合发展方面有益的经验。

桂台媒体高管交流周迄今已举办5届，在活动之外，还有许多台湾媒体前来广西来参访、采访、观光旅游。台湾在新媒体发展上有较丰富的经验和较好的做法，通过座谈共同探讨媒体转型，探讨促进桂台媒体合作的新路径。

三、桂台两岸媒体融合发展的若干建议

桂台两岸媒体有着天然的合作优势。大陆高速增长的媒体市场，拥有数量庞大的参与和受众群体，台湾有较为先进的媒体转型经验和新媒体技术，不少新媒体有探索发展的亮点和特色。共同的语言和文化渊源是两岸媒体合作谋发展的重要基础。两岸媒体共同研讨新媒体与传统媒体融合发展，有利于相互借鉴、共议合作、共谋发展。

（一）共同探索新媒体与传统媒体融合的发展路径

当前新媒体独领风骚的势头不是绝对的，而是相对的。未来互联网发展如何，目前能看到的只是冰山一角，传统媒体不必灰心丧气。新旧媒体是相对而言的，在电视时代，广播被当作传统媒体，但近十年，广播依然保持了比较高速的增长。传统媒体更应该重视融合发展，改变传播形态，更好地为受众服务。在变革与机遇并存的时代，希望桂台媒体多交流合作，共同寻找媒体融合发展的新出路。

在2014年桂台媒体高管座谈会上，台北报业公会理事长、中视公司董事长林圣芬，以《纽约时报》为例，发表对传统报纸转型的看法。他认为，传统媒体面临着传媒的“网络悲歌”，表现在受众流失，广告收入减少，传统报纸依靠发行和广告的经营模式崩解，广播、电视收视、收听率也受到影响，世界各国传统媒体都面临这样的问题。面对新媒体的冲击，必须通过改革寻找出路。他认为，传统媒体要朝着多角化、文创产业方向经营，兼顾传统媒体的品牌价值、媒体平台效应、多角化经营和客制化服务，也许能走出一个新机遇。旺报总编辑王绰中认为，面对新媒体，传统媒体所受冲击非常大。适应信息载体的变化，报纸要改变载体，媒体转型朝着多元化经营方向，用媒体信誉提升营收，把媒体当作文化产业、娱乐经营，通过媒体整合各方面资源，成为优质的内容提供者。

（二）发挥区域优势，以中国-东盟自由贸易区发展为契机推进媒体融合跨越式进步

广西是西南地区最便捷的出海通道，是我国面向东盟的重要门户和前沿地带，在促进区域协调发展、深化与东盟开放合作、维护国家安全和稳定中具有重要地位。《国务院关于进一步促进广西经济社会发展的若干意见》中明确指出，“充分利用中国-东盟自由贸易区平台，推进泛北部湾经济合作与大湄公河次区域合作，深化与港澳台合作……”

政治、经济、科技、文化的发展自然离不开信息的沟通与传递。当今时代，信息的沟通与传递不再依靠单纯传统的纸质媒体，更多的是来自来势汹涌的新媒体。“中国-东盟”信息的互通，通过方便、快捷、即时、海量的互联网，变得四通八达，港澳台地区也因此第一时间通过互联网这一窗口获取“中国-东盟”合作的各类信息资源，更便捷、畅通地了解农业、

工业、电子商务、文化产业等方面的最新动态。要充分利用2014年以来每年"中国-东盟"博览会举办的契机拉近桂台媒体合作的距离，使之成为桂台媒体实现融合、两地产业融合跨越式发展的重要商机。

（三）积极探索"三网融合"技术，推进桂台媒体发展

2010年，国务院召开常务会议，决定加快推进电信网、广播电视网和互联网三网融合，并出台《推进三网融合整体方案》，我国的三网融合从2013年起结束试点阶段，全面进入推广阶段。"三网融合"是国家的战略政策，也是用户的需求，广电、电信、互联网需要运用创新的模式和合作共赢的思路来引领新媒体与传统媒体融合的进程。

"新媒体的快速崛起，即是因为有先进技术体系的支撑。媒体要实现智能匹配、融合发展，就要充分利用各种先进技术手段，创新传播形式。面对融合新趋势，我们必须抓住机遇，因势而谋，应势而动，顺势而为，进一步创新理念、创新手段和方法，努力在媒体融合发展之路上走稳走快走好。""三网融合是我国媒介融合的大产业背景和技术背景，IT业与电信业等产业力量将全面向传媒业渗透，更高层次的融合将在政府的推动下，在电信、IT业与传媒业等相关行业各类机构大汇流的基础上出现。"桂台媒体将在"三网融合"的大背景下继续积极探索，以期共同进步，并迎来新的发展。

参考文献

[1] 匡文波.新媒体概论[M].北京：中国人民大学出版社，2012.

[2] 唐磊，杨晨，张志樯.媒介融合视角下的报网互动——以重庆商报与腾讯大渝网合作为例[J].新闻导刊，2009(2)：10-12.

[3] 陈飞宝.当代台湾媒体产业[M].北京：九州出版社，2014.

[4] 桂台经贸合作落地开花[E].中国台湾网，2014年9月26日.

[5] 广西领导会见台湾媒体高管参访团[E].中国台湾网，2014年9月26日.

[6] 桂台媒体高管交流周活动启[E].中国台湾网，2011年9月19日.

[7] 广西举办2012年桂台媒体高管交流周活动[E].中国台湾网、广西台办，2012年10月26日.

[8] 广西举办2013年桂台媒体高管交流周[E].中国台湾网，2013年9月23日.

[9] 杨郑宝.传统媒体与新媒体融合发展两岸研讨会在南宁举办[E].广西新闻网，2015年9月9日.

[10] 桂台媒体高管畅谈"新媒体·新挑战·新机遇"[E].中共中央台办、国务院台办，2014年9月28日.

[11] 高峰.如何实现传统媒体与新媒体的融合发展[E].百度知道，2015年1月18日.

[12] 杨娟.中国媒介生产融合研究[M].北京：中国广播电视出版社，2014.

作者简介：

莫函蓓，女，1981年出生，广西玉林市博白县人。语言学及应用语言学硕士，广西外国语学院文学院讲师。主要研究方向：写作理论，应用写作（新媒体写作、对外汉语写作）。

（审稿：李春醒）

生态美学视阈下的刘克襄自然写作

广西外国语学院文学院　韦懿真　杨　东

摘要：自然写作是台湾著名作家刘克襄的重要创作形式。刘克襄自然写作的特点包含了他熟悉自然、了解自然的知识积淀，因此他的自然写作带有科学认知主义色彩。他把家园意识映射到自然的实体中，增加了文字的温度和意义。同时，生态环境问题给刘克襄带来了现实性思考，他对工业和科技给生态带来的冲击进行了一系列现代性的批判。刘克襄发现“现代人”和自然的相互存在关系是造成现代基本危机症结的原因之一，“现代人”对自然的保护处在一种缺位的存在状态。而自然之美无处不在，刘克襄将审美融于自然，发掘自然的内在价值，开启了自然写作的台湾时代。

关键词：生态美学　台湾刘克襄　自然写作

刘克襄是台湾台中人，1979 年毕业于台湾文化大学新闻系，1980 年服役于海军912 号军舰时与老鹰邂逅，退伍之后他一直与自然“保持联系”。他的“联系方式”多种多样，有诗集《河下游》《松鼠班比曹》等；有小说集《永远的信天翁》《风鸟皮诺查》《座头鲸赫连么么》等；有散文集《男人的菜市场》《十五颗小行星》《旅行札记》《消失中的亚热带》等；还有绘本《不需要名字的水鸟》《豆鼠私生活》……他被称作是台湾自然写作队伍中“投入时间最早、创作时间最长、作品数量最多”的作家，也成为学界广泛研究的对象。有研究者探索其创作的体裁与题材，如《猫的蹄筌——刘克襄诗作刍议》《台湾是的一个疑点——试论刘克襄的诗》《刘克襄动物小说研究》，也有将其自然写作回归到台湾地理范围中与其他作家进行综合研究，如《当代台湾自然写作初探》《台湾生态文学研究》《台湾的自然写作及其研究》等。

不过，自然写作是刘克襄创作的突出形式，更适合以生态美学的视角观照。曾繁仁认为，“生态美学是在新的时代经济与文化状况下提出来的人与自然、社会达到动态平衡、和谐一致的处于生态审美状态的存在观，是一种理想的审美的人生。”他提出，生态美学标志着人类对世界的总体认识由狭隘的人类中心主义转向了生态平衡、人与自然协调统一的新型关系。总的来看，刘克襄自然写作中生态意味是非常浓厚的。他运用多种技巧，从各个不同的层次探索台湾自然生态的变迁，从而具有了丰富的生态内涵。

一、自然是存在之家

台湾 20 世纪 70 年代末的生态环境运动使很多人投身于环保事业，也催生出刘克襄对自然生态的敏感性。他从对鸟的书写开始，逐步深入到对整个生态圈的展示，从而揭示出人类之于地球、之于自然应有的地位与关系，体现出他对于人类存在的思考。

自然于人，是何等的存在？刘克襄提出，并不是人类拥有自然、人类控制自然，人类在获益于自然的同时，与自然有一种胶着的、亲密的关系。他从这种亲密关系中捕捉得到一些启发，并发散自身的感官去感受，这个过程实际上就是刘克襄与自然的对话，对自然的审美。

刘克襄对自然有一种与生俱来的归属感。刘克襄曾笑称自己上辈子是一个“学艺不精的女巫”，“长时间炼药熬汤般，想透过这些物种的特质，多找到一些食用的可能……药草和蔬果的知识没好好通晓。老天才会今生要我艰苦行山，上乡下野，且大动文字，再用口鼻胃等身体感官，努力琢磨各种民俗之物的内涵”。也许就是这种“上辈子的渊源关系”让刘克襄如此认真细致地对动植物进行长期的追寻跟进、属性分析甚至试图拯救身边的自然，将自然作为自己存在之家。同时，他对自然的由衷喜爱与守护之情很大程度上决定了他的创作主题与描述方式：“每回我写出一部动物故事时，那无可言语的喜悦和满足，仿佛成功地守护了一座森林的欣然成长，我快乐地想着，每一位读过这些动物故事的孩童或大人，在心里也悄悄地滋生了一座森林。”

自然是刘克襄生活和精神的双重家园。生活的家园意味着实体的土地范围和周边的自然环境给予了我们降生且活下去的“根据地”，而精神家园产生的是一种极富黏合力的感情，对某一自然事物的羁绊和牵挂均产生于此。曾繁仁将“家园意识”作为生态美学的基本范畴，但他也认为“‘家园意识’的提出首先是因为在现代社会中由于环境的破坏与精神的紧张人们普遍产生一种失去家园的茫然之感”。人类渴求发展，而盲目的发展造成当下的生态危机。环境的危机影响到动植物的生存，刘克襄感知到了弱小生命遭受的威胁，并在他的小说中体现。刘克襄说，“动物小说作为一个自然写作的界面，既非那么孩童似的愚騃，但也不必屡屡背负人类破坏自然的原罪。面对地球日渐暖化，雨林遭到滥垦，水资源缺乏等危机，一个写作者，除了站在第一战线抗争，更大的责任是栽植梦想和希望。”“在他的视野里，鸟或许只是一种象征，他的镜头对准的是天空，而出现在他笔尖下的，则是影响天空的本源——站在大地上的人类。”这种反射的视角关系让人触动，矛头直指人类对自然的迫害，充满了为家园抱不平的正义感。

台湾就是刘克襄的家园，这是一个让刘克襄熟悉也舒服的地方，从他的文字中仿佛能看到他眼中脉脉含情。刘克襄对于台湾的理解实际上已经超出了地理版图的范围，而具有了更加恢宏的生态意义。在他的实践中作品中传达的是自然先于人类而存在，后期人类的介入一定程度上打扰了自然的运转，所以要带有补偿过错的心态，能力再大、欲望再多都不能颠覆人类始终是自然保护者这一角色，忘了此种存在方式，人类将不知道自己从何而来。

二、刘克襄自然写作的科学认知主义色彩

科学认知主义作为艾伦·卡尔松所提出的一个环境美学分支，被认为“其宗旨是强调科学知识在自然审美欣赏中的作用：确定欣赏边界、揭示审美特征、提升审美境界，甚至是审美价值之源……科学知识保证了自然审美欣赏客观性原则的实现，科学知识对任何

有效的自然欣赏而言都是必需的"。科学认知主义要求对自然这个审美对象必须有一定的博物学基础,要在相当的理性认识基础上才能生发出感性认知。当我们想起某些研究者对刘克襄所做的评价,"探索了台湾自然生态的衍替兴落,不仅具有较高的科普认知价值,而且具有丰富的文学性意义,兼具了知性与感性的特质",我们可以认为,刘克襄具有科普意义的自然写作有着明显的科学认知主义色彩。

事实上,科学认知主义色彩几乎弥漫了刘克襄自然写作的全部篇章。吴明益在刘克襄的自然写作中看到了其"糅合历史、自然科学的文学性表述"这一特质,他的自然书写带有明显的科普色彩,他笔下记录了他所见到的各种台湾自然事物,具有全面性和客观性。

首先,对铁路风物的好奇和对铁路旅行的热衷成就了奠定了《11 元的铁道旅行》;台湾生态环境运动期间对鸟类的观察研究,加上服役时期在海军 912 号军舰多次邂逅的老鹰等鸟类,刘克襄沉浸在了鸟类的生活世界,《风鸟皮诺查》《永远的信天翁》等都是他醉心于此的表现;21 世纪初,他开始钻研和拯救"失落的果蔬",走访多地的菜市场和果园,并素描其中的物种,绘制书中插图,让那些"失落的果蔬"活在了《岭南草本新录》《男人的菜市场》等书里;后来刘克襄进行了数次全台旅行,激荡起了无尽趣味的《里台湾》。

其次,刘克襄的自然写作又具有一定的阶段性。早期,他以鸟为创作中心写出的诸多"鸟文学"被称为"鸟人",到后来身影流连于高山丘陵和铁路旅行而相继被称为"山人""铁道旅行者"。"鸟文学"成为他自然写作初期最闪眼的部分,这归功于刘克襄多年鸟类研究的知识储备。刘克襄"对大自然的钟情尤其是对鸟类的喜爱,在他此后出版的数本诗集中更一一显示",不过随着他成为一名赏鸟者的时候,也发现了伴随的生态危机,这促使他穿梭在乡间小径、菜市村落寻找自然审美对象"被迫害"的原因、"失落"的原因,大量的考察实践使得他的对自然科学的认知猛跃增长。之后他把人文关怀、生态担忧也拓展到相关的自然风物上,"迄今 20 多年,创作的类别和范围几乎不曾离开山川地理和自然风物的题材。"

最后,刘克襄的自然写作作为环境文本的一种,他的写作方式不但有大量忠于自然的细节和真相,而且也具有隽永的文学内涵,是科学认知与审美的结合。几十年来田间地头、山野村落的走寻、访问,刘克襄成为"自然观察解说员",《旅鸟的驿站》《消失中的亚热带》《荒野之心》等都"既有对动植物的细腻观察和描写,又恰到好处地运用自然生态知识",同时,他的作品也具有恰当的自然审美欣赏。《野狗之丘》中朴实地记录的流浪狗们六百多天的生活、《男人的菜市场》中如数家珍的菜市场"奇遇"、《岭南本草新录》中平凡却又奇特的本草植物们的信息、《四分之三的香港——行山穿树遇见风水林》中展现的香港最神秘的一面……这种写实的写作手法多而不重、繁而不杂,细节都面面俱到,为读者提供了一种喜闻乐见的阅读体验。南方朔说,刘克襄的小说是"从内容到形式掺和了科学、哲理、小说、诗、绘画、戏剧、寓言、乡土诸因素完成的一册写作"。这就意味着他已经不仅仅是一个回答"是什么"的科普者,而生成了具有感性内涵的可读、可写的生态审美文本。

三、自然写作与现代性批判

自然与生态息息相关，自然写作当然也不能从生态美学中剥离开来，台湾“自然写作”浪潮本身就是在西方生态思潮和全球性环保运动的基础上形成的，是台湾日益恶化的生态环境及对其产生的忧思在文学创作中的折射。扛举台湾自然写作大旗的刘克襄，其创作也在这一现实性基础上展开。

自然写作的兴起与台湾工业发展造成自然生态环境破坏有密切关系。工业和科技代表的高速、快捷的发展方式不仅冲击了传统的社会结构，也破坏了自然界的生长规律。“现代性就像一把双刃剑，它既创造了巨大的物质财富，但也使现代人陷入一种异化的生存困境。”人们能做的就是自身能自觉反省，各个社会职能各有所属，各有分工，完整地体现在社会中潜含的价值。刘克襄也发现种种对生态进行反思的行为，让他看到了希望。

在现实生活中，环境污染、生态变化造成的危机一方面可作为刘克襄的写作源头，另一方面也是对社会环境管理制度漏洞的诘问。刘克襄在《凄丽地航向未知：白鲸记》中写道：“财团肆意开发土地，最后造成自然的反扑。以台湾为例，每年台风一到，大家就束手无策，只能期待老天保佑。在大自然反扑越来越不可抵挡下，人类也开始思考，如何避免过度开发，面临节能减碳的选择。”社会制度是否忽视了自然的吁求，能否在现代化与自然环境、物质文明与生态建设中获得平衡，是刘克襄自然写作中屡屡出现的内容。

刘克襄对现代性的反思，是从日常生活开始的，他呼吁从点滴开始建立民众的生态意识，不断告别现代工业文明所推出的各种于自然、于生态审美有所界限的生活方式。他说，“走路也百分百是对主流价值的反抗，对商业消费文明的反思。”这种看似漫不经心的方式，让刘克襄的足迹遍布了台湾等地区，能让他对比生态危机前后带来的变化，让他成为一个真正的自然写作者。“因为经验了新竹海岸荒地之辽阔，因为目睹了关渡沼泽的丰厚，更能切身地感受到，七十年代末乡野破败、土地凋零的危机。”刘克襄还在继续走路，继续为自然讨说法，在高速的科技时代寻找那个尘埃未能落定的答案。

四、结语

陈义芝说，“现代‘自然写作’，以人文地理探查为经，以动植物生态观察为纬，是趋于真与善的强力探求，不同于古代文士优游林泉我物两忘式的陶醉。现代自然写作者的书房流动在无名的溪流与山野，除环境史、生物学、生态理论等知识必须具备，还要有赤子的敏锐、诗人的情怀、苦行僧的毅力，能耐困顿孤寂。刘克襄正是这一类型散文家的典范。”这段话，其实深刻地总结出刘克襄自然写作的特点。和梭罗秉持的一些自然审美观相同，刘克襄也融入自然的活动中，让审美融于自然，并且找到了独特的审美方式。他在北台湾山区漫游，攀爬的山径、古道和自然步道几近300条，他用脚步丈量台湾来获得更精确的思考。他把对自然“至死不渝”的热切创作为诗歌时，龙应台都称他为“自然诗人”。不仅是让审美融于自然，刘克襄也把自己融于自然的一景一物中。

参考文献

[1] 孙燕华.当代台湾自然写作初探[D].上海：复旦大学中国语言文学系，2005：106.

[2] 曾繁仁.试论当代生态美学之核心范畴"家园意识"[J].温州大学学报：社会科学版，2010，23(3)：3-4.

[3] 刘克襄.岭南本草新录[M].北京：海豚出版社，2011.

[4] 姜辉.论台湾当代散文"自然写作"的解构与建构[J].当代文坛，2009(4)：77.

[5] 曾繁仁.当代生态美学观的基本范畴[J].文艺研究，2007(4)：19.

[6] 刘克襄.野狗之丘[M].杭州：浙江大学出版社，2010.

[7] 薛富兴.艾伦·卡尔松的科学认知主义理论[J].文艺研究，2009(7)：22-25.

[8] 余韵.刘克襄动物小说研究[D].福建：福建师范大学，2015：46.

[9] 吴明益.以书写解放自然——台湾现代自然书写的探索 1980—2002[M].台北：大安出版社.2004.

[10] 盖军静.现代性的自然之镜：生态学马克思主义的批判逻辑[D].福州：福建师范大学，2012：4.

[11] 刘克襄.凄丽地航向未知：白鲸记[M].北京：海豚出版社，2012.

[12] 刘克襄.漫行半甲子[J].大自然写作：香港浸会大学"2006 国际作家工作坊"专刊，2006：42-43.

[13] 陈义芝.新世纪散文家：刘克襄精选集[M].台北：九歌出版社，2003.

(本文系广西教育科学"十二五"规划 2015 年度立项课题"人文社科类专业大学生科研创新能力研究 "(课题批准号：2015C451)阶段性成果。)

作者简介：

(1) 韦懿真，女，1996 年出生，广西百色市人。广西外国语学院文学院 2014 级汉语言文学 1 班学生。主要研究方向：美学，文艺理论。

(2) 杨东，男，1982 年出生，新疆维吾尔自治区库尔勒市人，汉族。哲学硕士，广西外国语学院文学院教师。主要研究方向：生态美学，文艺理论。

（审稿：李春醒）

大数据时代桂台电子信息产业合作展望

广西外国语学院国际工商与公共管理学院　甘小花

摘要：大数据时代的来临，给电子信息产业的发展带来了前所未有的机遇和挑战。而作为全球电子信息产业龙头区域的台湾不会错失良机，这也为桂台电子信息产业合作搭建了良好的平台。文章从大数据时代的角度，展望桂台电子信息产业的合作与发展。

关键词：大数据　桂台电子信息　合作展望

近几年来，桂台产业合作取得了良好的发展，通过桂台电子信息产业合作，广西电子信息产业发展取得了较大的成绩。但是从整体上看，广西电子信息产业无论总量还是效益，与全国其他省（市、区）相比，都存在着较大的差距。大数据时代的来临，给电子信息产业的发展带来了前所未有的机遇和挑战。而作为全球电子信息产业龙头区域的台湾不会错失良机，这也为桂台电子信息产业合作搭建了良好的平台。把握好大数据带来的时代变革，积极推进桂台电子信息产业合作，对促进桂台经济发展具有重要意义。

一、大数据时代背景

大数据（Big Data，Mega Data）或称巨量资料，指的是需要新处理模式才能具有更强的决策力、洞察力和流程优化能力的海量、高增长率和多样化的信息资产。在维克托·迈尔-舍恩伯格及肯尼斯·库克耶编写的《大数据时代》中，大数据不用随机分析法（抽样调查）这样的捷径，而采用所有数据进行分析处理。大数据有 4V 特点：Volume（大量）、Velocity（高速）、Variety（多样）、Value（价值）。

“大数据”一词首次被提出是在 2011 年有关机构发布的研究报告——《大数据：创新、竞争和生产力的下一个新领域》之中。这份报告研究了数字数据和文档的状态，同时讲解了处理这些数据能够释放出的潜在价值。该报告认为：大数据是指基于海量、多样化的交易数据、交互数据与传感数据，通过快速获取、处理、分析等一系列手段以从中提取价值的技术、产品及服务。

大数据中的数据有着独特的含义。过去人们说的“数据”很大程度上是指“数字”，这些数字都是一个个数字或者是可以进行编码的简单文本，分析起来相对简单，如人们所说的客户量、业务量、营业收入额、利润额等，过去传统的数据解决方案（如数据库或商业智能技术）就能轻松应对；而今天人们所说的“大数据”则不单纯指“数字”，可能还包括“文本、图片、音频、视频……”等多种格式，其涵括的内容十分丰富，如人们的博客、微博、轻博客、音频视频分享、通话录音、位置信息、点评信息、交易信息、互动信息等，包罗万象。用正规的语句来概括就是，“数据”是结构化的，而“大数据”则包括了“结构化数据”“半结构化数据”和“非结构化数据”。

进入 2012 年，大数据一词越来越多地被提及，人们用它来描述和定义信息爆炸时代产生的海量数大数据时代来临，并命名与之相关的技术发展与创新。它曾经出现在《纽约时报》和《华尔街日报》的专栏封面，出现于美国白宫官网的新闻，现身在国内一些互联网主题的讲座沙龙中，甚至被嗅觉灵敏的国泰君安证券、国金证券、银河证券等写进了投资推荐报告。数据正在迅速膨胀并变大，它决定着企业的未来发展，虽然现在企业可能并没有意识到数据爆炸性增长会带来问题和隐患，但是随着时间的推移，人们将越来越多地意识到数据对企业的重要性。

大数据时代的到来，给企业带来的是挑战也是机遇，也给电子信息产业的发展带来了前所未有的机遇和挑战。把握好大数据带来的时代变革，积极推进桂台电子信息产业合作，对促进桂台经济发展具有重要意义。

二、桂台电子信息产业合作现状分析

电子信息产业是 20 世纪 80 年代以来发展最为迅猛的一个高度全球化的高科技产业。在这个高新技术产业领域，台湾地区占有重要地位。台湾地区从 70 年代进入电子信息产业，是 70 年代以来在高新技术领域中实现产业升级的成功典范。台湾电子信息产业最大的竞争优势是拥有完整的供应链，目前，台湾地区以及台资企业在电子信息产业内的布局已经几乎涉足电子信息产业的全价值链，实现了从研发设计到关键零部件制造、代工组装、营销和服务全价值链高端发展。

从产业链的角度来看，广西电子信息产业正处于初级发展阶段，已经初具产业特色，但是其主导产品还不是很明确，技术产品结构尚处于较低端位置，无法与产业链的高端靠拢与对接。广西应紧紧抓住契机，把握地域以及政策优势，针对台湾电子信息产业链，加强合作，有利于广西电子信息产业的进一步发展。

广西电子信息产业发展基础薄弱，整体规模较小。为扶持电子信息产业做大，广西壮族自治区党委、政府坚持对外开放，解放思想，创新思路，做出重大战略决策，敢于在无电子信息产业基础的北部湾地区布局电子信息产业基地。广西壮族自治区政府先后出台了系列优惠政策措施，从规划、土地、税收、物流、配套设施及资金等方面给予强有力的支持，引进国内外和境内外大型或骨干电子信息企业落户广西。各市也给予多项优惠，从招商、配套等多方面破题。经过多年的努力，广西电子信息产业发展已逐渐形成自己的特色，正在一步步做大做强。目前，已初步形成北海以生产计算机整机及零部件、平板显示器、电力电子、电子元件及组件等电子产品为主，南宁以生产通信、数字家电、智能仪表、新型电子元器件、汽车电子仪器、电线电缆等电子产品为主，桂林以生产微波通信、光电光通信、医疗器械、测量器具、机床电子、电线电缆、太阳能电池及组件、太阳能照明灯具、半导体照明等电子产品为主，贺州以生产铝电解电容器、电极箔等电子产品为主，梧州以生产手机主板、整机及笔记本电脑等电子产品为主，钦州以生产数字电视、液晶显示器、计算机整机及周边配件、微型机电、新型平板显示器、LED、电子元器件、数字音视频等电子产品为主的产业发展格局。

截至2014年9月，广西电子信息制造业完成工业总产值1016.42亿元，同比增长44.7%；工业销售产值989.73亿元，同比增长44.6%。电子信息产业正式成为广西第十个千亿元产业。广西北部湾经济区具有战略发展意义的《北海电子信息产业基地建设规划(2012—2020年)》通过广西壮族自治区相关部门评审，为驻园电子台商的发展提供又一个重要平台。广西电子信息产业在迅猛发展过程中台资企业在其中的贡献巨大，南宁富士康，北海建兴光电(光宝集团下属企业)、冠捷、冠德、建准，桂林力晶等知名台资企业成为中流砥柱。台资企业在电子信息产业的行业、资源、人才优势得到了充分发挥，电子信息产业已成为广西台资项目产业的重要聚集点。

三、大数据在电子信息产业中的商业价值

1. 从大数据中可重点分析对行业有价值的大数据

大数据的类型和内容因行业而异，每一类数据对于每个行业的价值是不一样的。比如电信行业的呼叫详细记录(CDR)，零售业、制造业或其他以产品为中心的行业的RFID数据，以及制造业(特别是汽车和消费电子)中机器人的传感器数据等。而在电子信息产业中的产品技术等信息需要作为重点来分析。

2. 使用社交媒体数据来扩展现有的客户分析

客户的各种行为比如评论品牌、评价产品、参与营销活动或表示他们的喜好等，会在客户中相互影响。社交大数据可以来自社交媒体网站，以及自有的客户能够表达意见及事实的渠道。人们可以使用预测性分析发现规律和预测产品或服务的问题，人们也可以利用这些数据来评估市场知名度、品牌美誉度、用户情绪变动和新的客户群。

3. 管理客户关系

客户管理应用的目的是根据客户的属性(包括自然属性和行为属性)，从不同角度深层次分析客户、了解客户，以此增加新的客户、提高客户的忠诚度、降低客户流失率、提高客户消费等。对中小客户来说，专门的CRM显然大而贵。不少中小商家将飞信作为初级CRM来使用。比如把老客户加到飞信群里，在群朋友圈里发布新产品预告、特价销售通知，完成售前售后服务等。

4. 探索大数据以发现新的商业机会

很多大数据都是来自一些新的来源，这代表客户或合作伙伴互动的新渠道。和任何新的数据来源一样，大数据都得去探索，通过数据探索，可以了解一些之前所不知道的商业模式和事实真相，比如在每月提交的数据报告分析表中的新的客户群细分、客户行为、客户流失的形式和最低成本的根本原因等。

5. 整合大数据以改善原有的分析应用

对于原有的分析应用，大数据可以扩大和扩展其数据样本，尤其在依赖于大样本的分析技术的情况下，比如统计或数据挖掘；而在欺诈检测、风险管理或精确计算的情况下同样也需应用大样本的数据。

随着云计算、移动互联网和物联网等新一代信息技术的创新和应用普及，社会信息化、企业信息化日趋成熟，社会化网络逐渐兴起。传感设备、移动终端正在越来越多地接入网络，各种统计数据、交易数据、交互数据和传感数据正在源源不断地从各行各业迅速生成，全球数据的增长速度之快前所未有，数据的类型也变得越来越多。种类广泛、数量庞大、产生和更新速度加剧的大数据聚蕴着前所未有的社会价值和商业价值，发展潜力十分巨大。数据对决策者的意义主要表现在三个方面：一是早期预警；二是实时感知；三是实时反馈。早期预警就是早期检测数字设备、服务、用户行业中的异常，可以在时间上快速响应危机。实时感知就是数据可以很细粒度地描绘现实情况，有助于制订行动计划和政策。实时反馈就是数据具有实时监测能力，可及时了解政策和行动计划的失效性，并做出必要的防护。在零售领域，对大数据的分析可以使零售商实时掌握市场动态并迅速做出应对。跨国公司沃尔玛已经开始利用各个连锁店不断产生的海量销售数据，并结合天气数据、经济学、人口统计学进行分析，从而在特定的连锁店中选择合适的上架产品，并判定商品减价的时机。在互联网领域，对大数据的分析可以为商家制定更加精准有效的营销策略提供决策支持。Facebook、Ebay 等网站正在对海量的社交网络数据与在线交易数据进行分析和挖掘，从而提供点对点的个性化广告投放。在公共事业领域，结合各种数据的分析和挖掘可以提高公共管理的效率。欧洲多个城市通过分析实时采集的交通流量数据，指导驾车出行者选择最佳路径，从而改善城市交通状况。联合国也推出了名为"全球脉动"(Global Pulse)的新项目，希望利用"大数据"来促进全球经济发展。

据赛迪顾问统计，2012 年中国各行业大数据 IT 投资已经超过 4.5 亿元，年增长率达 78.9%，在未来 3～5 年总投资规模有望超过百亿元。未来几年，人们将会看到那些真正理解大数据并能充分利用的企业会迅速脱颖而出，同时，大数据也将从企业领域扩展到社会领域，更多地惠及民生。

大数据时代已经来临，它将在众多领域掀起变革的巨浪。在电子信息产业领域，人们会充分运用大数据对应用模式和商业模式进行研究。有理由相信，在国家的统筹规划与支持下，通过各地方政府因地制宜地制定大数据产业发展策略，通过国内外 IT 龙头企业以及众多创新企业的积极参与，大数据产业未来发展前景十分广阔。

四、大数据时代桂台电子信息产业合作展望

首先，从价值链上做好工作。将大数据产业链与电子信息产业链相结合，针对台湾电子信息产业链，抓住龙头，配套引进，加快形成完整产业链和产业集群。台湾电子信息产业最大的竞争优势是拥有完整的供应链，要充分利用大数据平台得到的关于电子信息产业供应链的资源信息。广西壮族自治区对台湾电子信息产业的招商应在产业链、价值链上下功夫，紧盯产业链条上的企业，招大引强，配套引进，精准招商，定向推介，集群承接，充分发挥龙头企业的作用，加快配套企业引进和培养本土配套企业，壮大上下游产业，力争形成从研发设计到代工制造、品牌营销的完整产业链，提升产业和产品竞争力，着力引导台资电子产业在有一定基础的南宁、北海、钦州发展。

其次，充分利用大数据平台获取关于主导产品的信息资源，确定产业发展重点，抓好

主导产品的发展，形成竞争优势。

最后，打造电子信息这样的高新产业，要形成大数据完整的产业链和产业集群，需要重视数据分析专业人才的培养，建成有规模的行业大数据应用平台，实现桂台大数据创新资源的聚集整合。

加快发展以大数据为基础的电子信息产业，对于桂台电子信息产业合作发展具有重要的战略意义。桂台双边相关企业要有紧迫感和责任感，坚定信心和决心，以大数据为引领，推动电子信息产业进入快车道，打造升级版，实现跨越式发展。

大数据时代的来临，给电子信息产业的发展带来了前所未有的机遇和挑战。把握好大数据带来的时代变革，积极推进桂台电子信息产业合作，对促进桂台经济发展具有重要意义。桂台双边相关企业要充分把握机遇，提升大数据对经济社会发展的带动作用，推动大数据行业应用，促进生产效率提升。实施大数据解决方案，推动商业模式创新，以大数据应用和商业模式创新为重点，研发和引进一批关键技术，推动实施电子信息产业大数据解决方案，聚集桂台电子信息产业大数据创新资源，打造桂台大数据创新中心，促进桂台电子信息产业合作与发展。

参考文献

[1] 谭冠辉. 新形势下桂台电子信息产业合作与发展展望[J]. 市场论坛，2007(10)：29-31.

[2] 雷国雄. 台湾地区电子信息产业升级转型的经验分析[J]. 商场现代化，2010(12)：112-113.

[3] 容静文. 桂台产业合作领域及区域布局[J]. 市场论坛，2014(07)：11-13.

[4] 杜永红. 大数据下的互联网金融创新发展模式[J]. 中国流通经济，2015(07)：70-75.

[5] 孟小峰，慈祥. 大数据管理：概念、技术与挑战[J]. 计算机研究与发展，2013(01)：147-171.

[6] 赵彦云. 对大数据统计设计的思考[J]. 统计研究，2015(06)：32-39.

作者简介：

甘小花，女，1984 年出生，江西省抚州市南丰县人。毕业于广东工业大学，管理学硕士，助理研究员、经济师，现为广西外国语学院国际工商与公共管理学院讲师，公开发表论文 6 篇。

（审稿：韦克俭）

ISBN 978-7-302-45468-7
9 787302 454687
定价：38.00元